Narratori

CARLO LUCARELLI
MASSIMO PICOZZI

Nero come l'abisso

Storia dell'omicidio nell'antichità

SOLFERINO

Ringraziamo Antonio Gurrado per le preziose ricerche storiche e la collaborazione.

SOLFERINO

www.solferinolibri.it

Tratto dal podcast *Nero come l'abisso*,
di Massimo Picozzi e Carlo Lucarelli,
prodotto da Audible Original

ISBN 978-88-282-1551-6
Prima edizione: ottobre 2024

Nero come l'abisso

A Logan... ben arrivato!

Massimo

Ad Angelica e Giuliana,
in un mondo che vada sempre avanti.

Carlo

1
Attila

Sangue

In gergo medico si chiama epistassi, oppure rinorragia, e indica la perdita di sangue dal naso, che può essere sia venoso sia arterioso.

Di solito si verifica nei giovani, e non è un grosso problema.

Almeno non sempre, perché può accadere che dipenda da una perforazione del setto nasale, da un disturbo della coagulazione, da una crisi ipertensiva o, raramente, da un tumore.

Certo, se l'epistassi è posteriore, e lo scolo di sangue prende le vie aeree, la faccenda si fa seria; com'è capitato a un celebre personaggio della storia, il cui nome è strettamente legato al declino e alla caduta dell'Impero romano.

Il suo nome è Attila, condottiero e sovrano degli Unni.

476 dopo Cristo

> E fu così che l'Impero dei Romani presso [la città di] Roma sull'intero mondo venerabile, e quella dignità augustale, che in tempi antichi fu assunta da Ottaviano Augusto, perì con questo Augustolo nell'anno 1209 dalla fondazione della città, nell'anno 517 da Gaio Cesare, che senza dubbio fu il primo ad ottenere l'accentramento del potere [principato] nelle sue sole mani, nell'anno 475 dall'incarnazione del Signore.

Così racconta Paolo Diacono, nella sua *Historia romana* scritta nell'VIII secolo, citando la destituzione dell'ultimo imperatore a opera di Odoacre, il re degli Eruli; anche se in realtà il processo di declino era già in atto da decenni, e certo non dovuto alle sole scorrerie dei barbari.

Perché a svolgere un ruolo decisivo c'è da ricordare l'estensione spropositata dell'Impero, che di fatto l'ha reso praticamente ingovernabile; e ancora l'avanzata del cristianesimo, con i radicali mutamenti che si è portato appresso, le epidemie, le carestie, la debolezza e la corruzione degli ultimi regnanti.

Nonostante la sua storia millenaria, una volta caduto l'Impero d'Occidente non avrà mai più la forza di recuperare legittimità e potere, a differenza dell'Impero d'Oriente, o bizantino se preferite, che manterrà la propria autorità, cedendo all'offensiva turco-ottomana solo nel 1453.

Nascita di un mostro

Fissare una data precisa e un singolo evento per parlare di fine dell'età antica è ovviamente una convenzione, così come attribuire ai barbari ogni responsabilità è a dir poco banale.

Non c'è però dubbio che il più celebre tra gli invasori dell'Impero, vera icona di crudeltà e ferocia, capace di unificare, per la prima volta, la gran parte dei popoli barbarici d'Eurasia, porti il nome di Attila.

Ma quanto c'è di vero nella tremenda fama che ancora oggi lo accompagna?

Della sua biografia, in effetti, non conosciamo molto.

Nasce attorno al 395, figlio di Munzuco, fratello di re Octar.

Per quarant'anni, la vita di Attila resta avvolta dal mistero.

È molto probabile che nel 422 partecipi all'incursione degli Unni in Tracia sotto la guida di re Octar, con i Romani costretti a versare un pesante tributo per convincerli a fermarsi nella zona dei Carpazi.

A Octar succede un altro fratello, Rua, il cui primo impegno è negoziare il rilascio degli Unni caduti in mano nemica durante la campagna militare.

Il regno di Rua è tuttavia assai breve, perché lo sfortunato sovrano viene centrato in pieno da un fulmine dopo qualche mese.

Possiamo dedurre che la morte lo colga senza eredi diretti, perché il trono passa ai due nipoti, Attila e Bleda.

Anche a loro tocca il compito di trattare la restituzione dei prigionieri, ma decidono di farlo mostrando i muscoli, perché sia chiaro che con loro non si scherza.

Si presentano a Margus, nell'attuale Serbia, dove hanno dato convegno agli ambasciatori romani. Si fanno trovare a cavallo e non smontano, per rimarcare la loro natura guerriera, e non solo; secondo le tradizioni unne, infatti, un uomo possiede meno valore e dignità a piedi che ritto sulla sella.

Ai Romani, un po' spiazzati e a disagio, non resta che rimanere a cavallo pure loro, già vittime di una sottile soggezione psicologica.

Un vantaggio che si traduce in un accordo conveniente per Attila e Bleda: oltre al rilascio dei prigionieri, i fratelli impongono ai Romani di non stringere alleanze con i popoli con cui sono in conflitto. E ancora, ottengono che ogni anno i Romani paghino la bellezza di settecento libbre d'oro.

Certo, quella di mercanteggiare senza scendere da cavallo è una bella trovata, ma a incutere timore è l'aspetto stesso di Attila.

Non è particolarmente alto ed è piuttosto tozzo, ma ha un torace possente, su cui poggia una testa sproporzionata.

Il naso è piatto, la carnagione scura, gli occhi sono celesti secondo alcuni, e neri secondo altre e più attendibili fonti.

Di lui si narra il coraggio, lo sprezzo del pericolo e l'indifferenza nei confronti della morte.

In battaglia, quando teme di venire sorpreso dai nemici, non esita a nascondersi tra le cataste dei cadaveri insepolti. E ai suoi uomini dà ordine di gettarlo nelle pire dei corpi in fiamme, nel caso rischi la cattura: meglio morire bruciato che cadere prigioniero.

Ha costumi frugali e non vuole rimarcare le distanze dai suoi soldati, salvo non si tratti di belle donne, per le quali ha una passione, e che spesso gli vengono offerte in dono.

Si ritiene un uomo fortunato, peccato che a infastidirlo ci sia il fatto che, ogni tanto, gli esca sangue dal naso.

Più di qualsiasi condottiero barbaro, Attila colpisce la fantasia della gente. La sua efferatezza lo fa passare per disumano, nel senso letterale del termine: inizia infatti a diffondersi la voce che il capo degli Unni abbia origini mostruose.

Si racconta che il sovrano Ostrubal, re dei pagani d'Ungheria, abbia una figlia molto bella. Dovendo sceglierе a chi darla in sposa, opta per l'erede dell'Impero romano d'Oriente, e non è disposto ad accettare un pretendente di lignaggio inferiore.

Teme però che nel frattempo la ragazza si innamori di qualche bellimbusto spiantato e, per andare sul sicuro, la fa rinchiudere in una torre impenetrabile, con la sola compagnia di damigelle che hanno il compito di sorvegliarla.

Perfino il cibo le viene consegnato tramite una carrucola, così che non ci sia contatto con servi, camerieri e cuochi.

Per unica compagnia ha un cucciolo di levriero bianco, il più nobile dei cani, il più elegante, rapido e feroce. L'animale è il solo conforto della ragazza, nell'attesa che la trattativa fra il padre e l'imperatore vada a buon fine. Lo tratta come un bambolotto, e non riesce a addormentarsi senza tenerlo abbracciato nel suo letto.

La data delle nozze, tuttavia, sembra allontanarsi. La ragazza inizia a sentire dentro di sé il desiderio di essere amata, sia spiritualmente che carnalmente; la solitudine cui è costretta la conduce sull'orlo della follia, fino a che, una notte, si sente prendere fra le braccia da un amante appassionato, che la bacia dappertutto e fa dolcemente l'amore con lei.

È il levriero, che non è più un cucciolo.

Disperando di avere mai compagnia maschile, la ragazza lo lascia fare soddisfacendo le sue voglie.

Trascorre qualche settimana, e gli abiti rivelano una sospetta rotondità, tra la disperazione delle damigelle che non capiscono cosa e come sia successo.

Anche il padre va su tutte le furie, ma si placa quando la ragazza, con candore, gli racconta l'accaduto.

Dimentica le nozze con il figlio dell'imperatore, ormai impossibili, e ripiega su un matrimonio riparatore con un barone ungherese, cui la giovane si concede immediatamente, in modo da fargli credere che il nascituro sia frutto dei suoi lombi.

Viene così al mondo una creatura mostruosa, metà uomo e metà bestia: un bambino che sarà nobile, feroce e rapido come un levriero.

Quel bambino si chiama Attila.

Le invasioni barbariche

È possibile capire la figura di Attila, tanto nella realtà quanto nell'immaginario, solo collocandola all'interno di quel fenomeno confuso e controverso passato alla storia con l'espressione «invasioni barbariche».

Le invasioni iniziano nel I secolo dopo Cristo e terminano nel V, quando l'Impero romano d'Occidente viene del tutto barbarizzato, per poi crollare nel 476.

In realtà non si tratta sempre di vere e proprie invasioni.

Non dobbiamo immaginare confini saldamente vigilati, travolti da un attacco in grande stile, condotto da orde di feroci popoli confinanti.

In realtà, gran parte delle invasioni barbariche è più simile a un movimento migratorio, a volte pacifico e che vede protagonisti gruppi contenuti, a volte più aggressivo, ma di rado strutturato e sistematico, che coinvolge al massimo poche migliaia di individui.

«Barbaro» è un termine onomatopeico.

Sono i Greci a coniarlo per definire i popoli stranieri e il loro incomprensibile modo di parlare, più un abbaiare che un articolare parole, un «bar bar» tanto simile al verso dei cani.

Presunzione? Certamente, ma i Romani non sono da meno, visto che bollano con uno spregiativo «barbaro» tutto ciò che non è figlio dei loro princìpi: ordine, severità, organizzazione e inurbamento.

Per esempio, alla fine del II secolo, la colonna che celebra le gesta di Marco Aurelio mostra i barbari come bestie feroci, il cui aspetto selvaggio contrasta con la nobiltà di portamento dei Romani.

Ma la loro immagine, in realtà, non è sempre negativa.

Poco meno di un secolo prima, la Colonna Traiana li raffigura infatti vestiti d'abiti eleganti e dal contegno più che dignitoso.

Quando però il cristianesimo diviene la religione ufficiale, verso il IV secolo, ecco un ulteriore motivo di sprezzante distinzione: a differenza dei fedeli in Cristo, i barbari professano fedi pagane, confuse e sanguinarie.

Il fatto che siano crudeli, in realtà, per i Romani non è per forza un male; significa che hanno natura di guerrieri, e come tali possono far comodo all'Impero.

Nel III secolo, i primi barbari a conquistare visibilità sono i Goti, che dal Mar Nero si spingono fino alla Grecia, divisi in genti dell'Ovest, i Visigoti, e popoli dell'Est, gli Ostrogoti.

Ci sono poi i Burgundi, che dalla Scandinavia si spostano verso la Polonia, unendosi ai Vandali.

I Romani cercano soluzioni per integrarli, e un metodo è quello di trapiantarne piccoli gruppi dopo averli fatti prigionieri; per esempio, Diocleziano e Galerio, sconfitti i Sarmati giunti dalla parte meridionale della Russia, li spostano in Pannonia, nella zona del Danubio.

Distribuire i popoli barbari dove è più utile alle esigenze dell'Impero è per certi versi uno strumento di controllo.

Un'altra modalità pacifica consiste nell'ospitare intere popolazioni, come accade nel IV secolo con gli Alemanni; quando chiedono accoglienza, l'imperatore Valentiniano permette loro di stabilirsi in una zona pressoché disabitata lungo il Po.

Una terza soluzione è quella di non assimilarli, ma trattarli da alleati; succede sempre nel IV secolo, quando le invasioni si fanno tanto frequenti da rendere impossibile fronteggiarle.

Per questo, durante il regno di Graziano, Roma assolda barbari come mercenari, e stringe alleanze con intere popolazioni affinché combattano contro le genti che di volta in volta appaiono più minacciose.

È per questo che i Romani cercano un contatto con gli Unni.

Gli Unni

Quello degli Unni è un popolo composito; originari della Mongolia, da nomadi si sono fatti stanziali, pur in modo non assoluto.

Praticano l'agricoltura e l'allevamento; apprendono i rudimenti del commercio, anche se sulle prime si limitano a un'economia di baratto, scambiando prodotti agricoli e bestiame con i popoli vicini.

Se la cavano come artigiani, soprattutto nella fabbricazione di armi; in particolare un tipo d'arco in legno, corno di bufalo e tendine di cervo, uno strumento facile da maneggiare anche in sella a un cavallo, capace di scagliare frecce a grande distanza.

Pure le loro spade sono di ottima fattura, ed è probabile che abbiano inventato le staffe, che consentono di montare con maggior agilità e sicurezza.

A cavallo si svolge buona parte della loro vita, al punto che lo utilizzano come strumento per cucinare: il loro modo di frollare la carne consiste infatti nell'infilarla sotto la sella, mentre cavalcano.

E, col trascorrere del tempo, la loro diventa un'economia fondata sulla guerra. Combattendo scoprono di poter sottomettere intere popolazioni e di poter chiedere loro tributi; ma spesso basta minacciare stragi e devastazioni per riempire le casse d'oro.

Veri e propri ricatti, che garantiscono una pessima fama.

Anche se documenti e testimonianze non li descrivono più crudeli di altri, in un'epoca dove saccheggi e omicidi sono all'ordine del giorno, gli Unni sono bravi a spargere il terrore, lasciando che si diffonda la notizia d'essere dediti al cannibalismo.

E poi ci sono i predicatori, come Efrem il Siro, che nelle pubbliche piazze parla di loro come testimoni della collera divina, inviati dal Signore per punire il peccato e la corruzione dei costumi.

Gli Unni diventano così il «flagello di Dio», la sferza fatta di cordicelle che si diramano da un'impugnatura per terminare con una pallina di piombo.

Il danno che provoca non si limita al primo impatto, ma

prosegue con le strisce di pelle che si staccano dal corpo quando la frusta è ritirata per prepararla al colpo successivo.

Degli Unni, Efrem racconta usanze raccapriccianti, tipo che prima di combattere accendano un falò e radunino le donne gravide disponendole a gambe larghe davanti alle fiamme. E una volta abbrustoliti i feti, li estraggono dal ventre delle loro madri per compiere riti propiziatori, prima di mangiarseli.

Ma è forte il dubbio che, con tutte le battaglie in cui erano impegnati, praticare ogni volta sacrifici del genere li avrebbe presto lasciati senza compagne ed eredi.

Questo, però, il predicatore non lo chiarisce.

Fatto sta che per i Romani sono animali a due zampe, tozzi e deformi, particolarmente brutti e vestiti di puzzolenti pelli di bestie; non sembrano nemmeno adorare una qualche divinità.

Verso occidente

La prima comparsa degli Unni, secondo le fonti storiche, si registra attorno al 375 dopo Cristo. Abitano le terre a est del fiume Don, che dal massiccio della Russia centrale arriva fino al Mar d'Azov, a nord-est della Crimea.

E da lì iniziano a puntare verso occidente.

Prima sconfiggono gli Alani, una popolazione di origine iranica, poi passano a combattere contro i misteriosi Grutungi, probabilmente imparentati col ceppo degli Ostrogoti.

Dopo una rapidissima avanzata, si alleano con Goti e Alani, penetrando nei territori dell'Impero, alla ricerca non soltanto di cibo, ma anche di oro e preziosi.

Per i barbari si tratta di soddisfare bisogni primari e di sete di ricchezze, per l'Impero di difendere i propri confini.

Valente, che governa la parte orientale dell'Impero, conduce in prima persona l'esercito romano e finisce per perdere la vita.

Ferito nella battaglia di Adrianopoli, viene portato al riparo di una tenda, ma i barbari, non soddisfatti della vittoria, danno fuoco all'alloggio, carbonizzando il povero imperatore.

Nella notte, un terzo dei soldati romani fugge; gli altri giacciono a terra, morti.

È l'inizio del mito della crudeltà e dell'imbattibilità degli Unni.

La battaglia di Adrianopoli, il 9 agosto 378, segna anche un momento chiave nel rapporto tra gli schieramenti.

Infatti, col successivo trattato, l'imperatore Teodosio concede ai Goti di occupare alcuni territori dell'Impero.

Di fatto, significa che c'è un punto dei confini che Roma ha deciso di non difendere più.

L'importanza militare degli Unni cresce esponenzialmente: vengono chiamati a combattere altri popoli, per esempio gli Alemanni, piazzati fra il Nord della Lombardia e la Svizzera; ma non vogliono essere integrati, mantenendo il ruolo di braccio armato di una realtà che non si riconosce come romana, ma combatte per l'Impero dietro compenso.

Verso l'inizio del V secolo uno dei loro re, Uldino, approfitta dell'incertezza per trarre vantaggi: da un lato mette i suoi uomini al servizio del generale Stilicone, nella guerra contro Goti e Sarmati che stanno invadendo la Penisola. Dall'altro, compie incursioni in Tracia, cercando di assicurarsi nuove regioni.

Poi, nell'inverno del 406, camminando sui ghiacci che coprono il fiume Reno, un grosso contingente di Alani, Suevi e Vandali attraversa la Germania, arriva in Gallia e, da lì, si spinge fino alla Spagna.

Nel 410 il re visigoto Alarico realizza l'impensabile.

Pretende un tributo esorbitante da Onorio, imperatore romano d'Occidente, che però indugia, sia per l'affronto, sia per l'entità della somma richiesta.

Per tutta risposta, Alarico cala su Roma e la saccheggia.

Anche se non è più la capitale, nel frattempo spostata a Ravenna, il contraccolpo è devastante.

Roma, il centro dell'Impero e di tutta la civiltà, messa a ferro e fuoco da un'orda di barbari incivili!

Onorio, nel tentativo estremo di difendersi, chiede aiuto agli Unni, e nel far ciò commette due errori imperdonabili.

Il primo, perché quell'aiuto non arriverà mai, e il secondo perché invocandolo in un momento di difficoltà riconosce quanto gli Unni siano indispensabili.

E così loro, i barbari che arrivano dalla Mongolia, sentono che nulla potrà più fermarli.

Sovrano spietato

Se le voci dei contemporanei e dei posteri hanno esaltato Attila fino a dipingerlo come un mostro, probabilmente ve n'è qualche ragione.

Il punto di svolta della sua vita avviene nel 445, quando decide che è tempo di regnare da solo. Per farlo ha un unico modo, sbarazzarsi del fratello Bleda, con cui divide il trono.

Su come vadano le cose, le fonti chiariscono poco.

Alcune parlano di un complotto ordito con Onigesio, suo uomo di fiducia, e con il condottiero germanico Edecone, che ha nominato generale del proprio esercito.

Ma a far fuori il rivale potrebbe averci pensato Attila stesso, anche se non è chiaro in che modo.

Di fatto, da quel momento solo due popoli sono più potenti del suo: i Visigoti e i Romani, ed è a loro che Attila rivolge le attenzioni.

Lo fa con il conforto di uno strano accadimento, una sorta di prodigio: la storia vuole che un contadino unno, portando al pascolo una vacca, si accorga che l'animale perde sangue da una zampa.

Seguendone la scia a ritroso, l'uomo arriva fino al punto in cui, a terra, vede una lama che la vacca ha calpestato ferendosi.

Il contadino porta allora l'arma al suo re, che ricevendola la riconosce. Come faccia non si sa, tuttavia è preso da una grande agitazione ed esclama: «Ma questa è la spada di Marte!».

L'arma del dio della guerra, il condottiero celeste che ha garantito ai Romani centinaia di vittorie, ora è nelle mani di Attila e del suo popolo, che possono così procedere forti dei favori divini.

Dopo un terremoto che devasta la Tracia, gli Unni decidono nuovamente di spostarsi, violenti e inarrestabili; raggiungono la Grecia, poi la Serbia e la Bulgaria fino ai Dardanelli.

E Costantinopoli, capitale dell'Impero romano d'Oriente, non è lontana.

I Romani non possono restare a guardare.

Prima cercano di fermarli combattendo, ma vengono sonoramente sconfitti. Non resta allora che la strada del negoziato, però il tributo in oro che nel passato Attila e Bleda hanno fissato in settecento libbre annue, ora viene triplicato, arrivando a duemilacento l'anno!

Le conseguenze sulla situazione economica e sociale dell'Impero sono drammatiche.

La tangente è talmente elevata da imporre l'aumento delle tasse, e l'obbligo di versarle per chi, fino ad allora, ne era stato esente.

I nobili devono all'improvviso rinunciare al loro stile di vita. Vendono proprietà, arredi e gioielli, ma la pressione fiscale non si placa, perché implacabile è l'avidità degli Unni.

Gettati sul lastrico, ridotti in miseria per riempire le casse di Attila, non sono pochi i cittadini romani che si tolgono la vita.

Anziché impietosirsi, il re degli Unni comprende di poter alzare la posta.

Con la scusa di una disputa amministrativa, manda un'ambasciata a battere cassa a Costantinopoli. Non si presenta di persona, lascia che sia Edecone a condurre la trattativa, ottenendo che una delegazione bizantina ricambi la visita.

Il contrasto fra le due corti non potrebbe essere più stridente.

Se gli Unni sono colpiti e financo divertiti dallo sfarzo della reggia d'Oriente, gli ambasciatori dell'Impero sono a dir poco sgomenti quando incontrano Attila.

Anzitutto, per concedere udienza, il sovrano si fa pagare: ma questo è prevedibile per chi da sempre considera i Romani come un forziere personale.

Il fatto è che non riceve gli inviati a palazzo, ma sotto una tenda, seduto su uno scranno di legno.

Anche se perplessi, gli ambasciatori si inginocchiano con deferenza, porgendogli le lettere con cui l'imperatore lo saluta; ma il re degli Unni non reagisce bene.

Legge la lista dei prigionieri che i Romani promettevano di restituire, poi rispedisce a casa uno dei delegati a chiedere se i Romani vogliano per caso la guerra.

Gli altri li tiene con sé come ostaggi, e li aggrega alla propria carovana che muove verso il palazzo reale.

Con ulteriore sorpresa degli ambasciatori, Attila interrompe il tragitto per prendere in sposa la ragazza di un villaggio, non si sa quanto consenziente.

E quando trovano riparo in un altro villaggio per sfuggire a una tempesta, Attila e i suoi ricevono in dono cibo, ma soprattutto donne pronte a soddisfarli.

Anche il palazzo reale non è come se lo figuravano i Romani d'Oriente. È tutto in legno, circondato da una palizzata ornata da torri, e all'arrivo del sovrano ecco avanzare l'immancabile corteo di belle ragazze appena velate, che lo accolgono danzando.

Prima del banchetto, vengono servite pietanze che Attila consuma senza scendere da cavallo, con i servi che tengono sollevati i vassoi d'argento alla sua altezza.

La cena si svolge più tardi, all'interno del palazzo, con il re al centro della scena, adagiato su un giaciglio imbottito, il fido Onigesio alla sua destra e i figli alla sinistra.

Beve da una coppa che alza all'indirizzo dei presenti, che prontamente ricambiano la cortesia.

I convenevoli durano parecchio, fino all'arrivo delle prime portate.

C'è di che rimpinzarsi, ma al re piace apparire misurato, così si limita a un poco di carne servita su un tagliere in legno. Di legno è anche la sua coppa, mentre le stoviglie dei commensali sono di metallo prezioso, oro e argento.

Dopo aver cantato le lodi del re a ogni piatto, la fine del banchetto si accompagna al racconto dettagliato delle sue imprese militari.

Complice il vino, si diffonde tra i presenti una certa allegria, da cui però il re non si fa contagiare; posato il capo sui cuscini, sembra annoiato, ed è facile comprendere il perché: alle cerimonie preferisce l'azione, alle chiacchiere il rumore delle spade e le urla dei nemici feriti in battaglia.

Leggende

Sono tante le leggende di cui Attila è il protagonista, spesso presenti nella mitologia di popoli diversi, dagli ungheresi ai tedeschi.

Non gli manca un posto nel martirologio, beninteso non come santo, ma come carnefice di martiri cristiani.

Succede per esempio con la storia di Orsola, figlia del re di Bretagna e ragazza di rara bellezza.

Si narra che un principe pagano si innamori di lei e decida di sposarla. La giovane è combattuta, perché da un lato la ripugna unirsi a un uomo che rifiuta i sacri precetti; ma dall'altro sa che il suo primo dovere è l'obbedienza al padre, che desidera le nozze.

Alla fine, acconsente.

Si decide allora che parta subito per l'Oriente, dove incontrerà il suo promesso sposo; ad accompagnarla dieci nobili illibate, ciascuna delle quali con un seguito di altre mille vergini.

È un viaggio lunghissimo, tanto che per giungere a Colonia il folto gruppo impiega ben tre anni.

Ma arrivata nella cittadina tedesca, Orsola ha una visione: un angelo le ordina di recarsi a Roma in pellegrinaggio, se non vuole che il matrimonio con il pagano le costi la dannazione eterna.

Orsola obbedisce, e le compagne la seguono, ma di ritorno trovano ad attenderle un'orda di soldati selvaggi dall'aria truce.

Sono gli Unni, ed è facile immaginare la loro reazione quando vedono avanzare una processione interminabile di giovani fanciulle.

Si avventano su di loro violandone i corpi, per poi colpirle con frecce, spade e mazze.

È una carneficina.

Orsola perde la vita, e con lei quasi tutte le vergini.

Solo poche si salvano, fingendosi morte nel cumulo di cadaveri accatastati, fino a quando appare una seconda visione; questa volta è destinata ai barbari, che si trovano circondati da migliaia di soldati armati fino ai denti: sono le anime delle undicimila vergini, nelle vesti di militi di Cristo.

Consapevole di non poter sconfiggere l'esercito divino, ad Attila non resta allora che ordinare la ritirata.

Ancora più sconcertante è la vicenda che lega Attila a una delle più grandi saghe della tradizione germanica, quella dei Nibelunghi, ripresa nell'immortale ciclo lirico di Richard Wagner.

Rimasto vedovo, Attila sente parlare di un'affascinante principessa dei Burgundi di nome Crimilde.

Costei, però, è cristiana, e il re degli Unni teme che il fatto rappresenti un ostacolo insuperabile.

Manda allora un corteo di cinquecento cavalieri per chiederne la mano, e la donna accetta solo quando la rassicurano: alla corte di Attila vige la più grande tolleranza verso i fratelli in Cristo.

Il matrimonio, a dir poco sfarzoso, dura diciassette giorni.

Per Crimilde si tratta in realtà delle seconde nozze: il fratello Guntario, per mezzo del fido consigliere Hagen, ha infatti ucciso il suo primo marito, temendo si accaparrasse il bene più prezioso del regno: il tesoro dei Nibelunghi.

La ferita ancora brucia nell'animo di Crimilde, che invita i familiari al ricevimento, col solo scopo di vendicarsi.

Attila è all'oscuro di tutto, e accoglie di buon grado le centinaia di Burgundi che si presentano al seguito di Guntario e di Hagen.

Certo lo sorprende vedere che tutti gli invitati sono armati, ma Hagen lo rassicura: è un'antica usanza burgunda quella di presentarsi in uniforme nelle occasioni importanti.

Dopo la celebrazione della messa, la festa ha inizio con un torneo cavalleresco. Ma non si tratta di una contesa come le altre, e lo si comprende quando uno dei soldati di Crimilde, duellando col fratello di Hagen, gli mozza il capo.

Per tutta vendetta, Hagen si precipita sul giovane figlio di Attila e Crimilde, e lo decapita con un colpo tanto violento che la testa del ragazzo vola dritta in grembo al re.

Scoppia così una battaglia che coinvolge schiere di combattenti; Attila e Crimilde, fortunosamente portati in salvo, chiamano rinforzi che si lanciano in una lotta senza quartiere contro i Burgundi, dentro e fuori dal palazzo.

Alla fine, Guntario e il fido Hagen vengono catturati e portati al cospetto della regina, che pone loro una scelta: o le riveleranno dov'è nascosto il tesoro dei Nibelunghi oppure li farà uccidere.

L'orgoglioso Guntario non ha alcuna intenzione di cedere al ricatto della sorella; Crimilde, altrettanto ferma, non versa una lacrima quando la spada di un soldato unno si abbatte sul suo collo.

Anzi, mossa da una collera travolgente, impugna la stessa arma per decapitare Hagen, vendicando così la morte di suo figlio: una testa tagliata per una testa tagliata.

L'orrore della scena è tale che il maestro d'armi Ildebrando impazzisce, si avventa sulla regina e la fa a pezzi, senza che Attila riesca a opporsi, del tutto sopraffatto dagli eventi.

Le incursioni in Occidente

In realtà Attila è assai più reattivo di come appaia nella saga dei Nibelunghi, e meno efferato di quanto lo descriva il martirio di sant'Orsola.

A muoverlo non è mai la crudeltà fine a sé stessa, ma un calcolo razionale e un obiettivo chiaro: accumulare quanto più potere per sé e quanto più denaro per gli Unni.

Per questo, dopo aver minacciato l'Oriente, Attila si volge a occidente.

Accarezza un'idea formidabile, quella di governare non solo sugli Unni ma anche sui Romani, di diventare imperatore non con la guerra, ma con un matrimonio.

La prescelta si chiama Onoria.

È la sorella dell'imperatore Valentiniano III, che l'ha associata al trono col titolo di Augusta. Decisione che obbliga la donna al voto di castità, perché sposandosi e generando eredi metterebbe a rischio l'esclusività del titolo di suo fratello.

La carne, tuttavia, è debole e Onoria si trova un amante, ma quando la tresca viene a galla l'uomo viene ucciso e lei è costretta alle nozze con un vecchio e innocuo membro della nobiltà romana.

Onoria non ci sta, e si rivolge ad Attila inviandogli il proprio anello in pegno.

È l'occasione che il re degli Unni sta aspettando.

Le risponde chiedendo la sua mano; sa che Onoria è pronta a tutto pur di liberarsi del marito; inoltre, è sicuro che, sposandola, gli spetti metà dell'Impero romano d'Occidente.

Quanto all'altra metà, generosamente concede che resti a Valentiniano.

In parte sgomenti, in parte divertiti dalla proposta, gli ambasciatori dell'Impero spiegano ad Attila che non è possibile realizzarla.

Anzitutto Onoria è già sposata e, a differenza degli Unni, i Romani non praticano la poligamia. Inoltre il titolo di Augusta che Valentiniano le ha concesso è puramente onorifico, e non la rende signora di nulla.

Né Attila può sperare di poter ereditare l'Impero sposando Onoria e attendendo la morte di Valentiniano, perché il titolo segue una linea di successione esclusivamente maschile.

A nulla vale l'anello, anche se pegno d'amore.

Preso atto che i Romani non vogliono sentir ragione, ad Attila non resta che impugnare le armi.

Al suo seguito non ci sono solo gli Unni: ha radunato Burgundi, Ostrogoti, Gepidi, Alani, Eruli.

Le fonti antiche certo esagerano un po' quando parlano di cinquecentomila soldati, ma di sicuro il suo è uno schieramento imponente.

Partendo dalla Pannonia, si dirige verso il fiume Reno.

Il suo piano non è quello di rapire Onoria e convolare a nozze, ma di distruggere l'Impero conquistandone i territori.

Del resto, se i Visigoti erano già riusciti a penetrare fino a Roma, perché non poteva farlo anche lui, forte di un seguito ben più consistente e agguerrito?

È la Pasqua del 451.

La prima città che attacca è Metz, che mette a ferro e fuoco sterminandone la popolazione.

Da lì si sposta verso occidente, e la meta sembra chiara a tutti: Parigi.

Quando in città giungono notizie della devastazione di Metz, i parigini si affrettano a fuggire, caricando sui carri tutto ciò che possono.

Ma c'è chi reagisce, e fra questi Genoveffa, nobile vergine che l'arcivescovo Germano ha consacrato a Dio.

Genoveffa fa parte dell'élite romana convertita al cristianesimo, e vede con disprezzo la codardia dei suoi concittadini. Così riunisce attorno a sé le altre pie donne, dando vita a un movimento spirituale che non risponde alla minaccia dei barbari con la fuga, ma con la resistenza.

Esortano i cittadini a non abbandonare Parigi e a unirsi a loro; organizzano turni incessanti di preghiera; mortificano il proprio corpo con digiuni prolungati.

Sulle prime, raccolgono solo ostilità; paiono a tutti presuntuose e sconsiderate. Qualcuno propone di prendere Genoveffa e lapidarla o, in alternativa, gettarla da una rupe.

La giovane, tuttavia, appare incrollabile, con le sue preghiere e i digiuni.

Si fa così strada nei parigini la speranza che lei e le sue compagne possano aver ragione del nemico.

Il traffico di persone e merci diretto fuori dalle mura prima rallenta, poi cessa del tutto; il movimento raccoglie sempre più consensi, aumentano le conversioni, e a un certo punto pare che tutta Parigi preghi, che tutta Parigi digiuni.

Forse è un miracolo, forse no, fatto sta che Attila sorprende tutti piegando verso sud e portando il proprio esercito a Orléans, dove arriva un mese dopo.

Il racconto di Attila che risparmia Parigi ha tuttora una gran presa sull'immaginario dei francesi; un po' come la storia della mancata distruzione della capitale da parte dei nazisti.

Quanto a Genoveffa, la chiamano santa già durante la sua lunga vita, durata novant'anni, e grazie all'impresa contro Attila e altri prodigi diventerà la patrona di Parigi.

Va però aggiunto che il sollievo dei parigini non è per nulla condiviso dagli abitanti di Orléans, che Attila mette sotto assedio.

La popolazione confida nell'arrivo dell'esercito romano al comando del condottiero Ezio, e nel frattempo dà vita a un movimento di resistenza spirituale, come accaduto a Parigi.

Purtroppo senza lo stesso successo.

È il vescovo Agnano a portare alcune reliquie dei santi sulle mura della città, percorrendone il perimetro mentre recita Salmi dell'Antico Testamento.

Ciò che ottiene sono tre giorni di pioggia torrenziale, che costringono a interrompere l'assalto. Tutto tempo guadagnato in attesa dei rinforzi romani, irrobustiti da schiere di mercenari visigoti.

Alla fine gli Unni riescono a sfondare, ma sono obbligati a ritirarsi dal sopraggiungere di Ezio e dei suoi alleati.

La lunga traversata della Francia, l'errore strategico di non aver preso Parigi, l'impegno profuso nell'assedio di Orléans portano Attila a pensare che sia meglio ritirarsi.

O, più probabilmente, a questo lo convincono i responsi degli aruspici, che nelle viscere degli animali sacrificati leggono terribili presagi per lui e il suo popolo.

Ripiega quindi verso nord-est, con l'obiettivo di tornare a casa.

Il 20 giugno l'esercito di Attila e quello romano si scontrano a Châlon, nella Marna, in quella che passa alla storia come la battaglia dei Campi Catalaunici.

Attila infiamma le sue truppe incitandole al disprezzo verso i Romani: sono pavidi, come hanno dimostrato pagando tributi sempre più esosi pur di non combattere; e, quando impugnano le armi, devono chiedere aiuto ad altre genti che chiamano barbare.

Il confronto è a dir poco epico.

Attila si trova in grande difficoltà almeno una volta, e per salvarsi la vita è costretto a nascondersi dietro una fila di carri.

Peggior sorte tocca a Teodorico, il re visigoto alleato dei Romani: cade da cavallo durante una carica, e viene calpestato a morte dai suoi stessi soldati; anche suo figlio Torismondo viene ferito alla testa.

Quanto a Ezio, si fa strada fra gli Unni ma si ritrova solo e circondato, e sfugge alla morte per un soffio.

Alla fine, i Campi Catalaunici segnano la grande sconfitta di Attila. Il mattino dopo si contano i cadaveri di 165.000 soldati d'entrambe le fazioni riversi sul campo di battaglia.

Ciò nonostante, il re degli Unni vuole continuare a combattere. Sa di aver perso, ma ancora crede di poter capovolgere le sorti del confronto.

Non così l'esercito romano.

L'esperto Ezio, consapevole delle perdite inflitte e subite, non intende procedere oltre; morto re Teodorico, spinge l'erede Torismondo a tornare in fretta nel regno dei Visigoti, prima che altri approfittino della sua assenza.

Poi fa giungere un messaggio ad Attila, rivelandogli che quella stessa notte Torismondo sarebbe tornato coi rinforzi, altri centomila uomini.

Non è vero, ma basta a convincere Attila che è il caso di lasciare il campo.

Gli Unni in Italia

Eppure la sconfitta non gli va giù.

Una volta tornato in Pannonia, non smette di pensare al fallito piano di conquista.

Così la primavera successiva decide di riprovarci, e stavolta mira direttamente alla Penisola italiana, iniziando dalla città strategica di Aquileia.

Anche questa volta lo scontro dura a lungo, e anche in questo caso un segno arriva dai volatili, ma senza che ci sia il bisogno di squartarli: mentre l'assedio procede a rilento e i suoi uomini appaiono sempre più stanchi, Attila nota uno stormo di cicogne che dalla città fugge verso il mare; vuol dire che dietro le mura i viveri scarseggiano, e allora esorta i suoi uomini a un ultimo sforzo.

Grazie alle sue parole, e ad alcune rudimentali macchine da guerra, gli Unni entrano in città, devastandola.

È il primo di numerosi saccheggi che Attila compie nel Nord-est dell'Italia, prima di stabilire il proprio quartier generale a Padova, dove mette a punto il suo piano, quello di rinnovare l'impresa di Alarico, il capo dei Visigoti che ha conquistato Roma nel 410 dopo Cristo.

Sono passati meno di cinquant'anni, e Attila sente che l'impresa è possibile.

Muove il proprio esercito verso sud, ma la notizia corre più veloce dei suoi soldati: i Romani la intercettano e decidono di giocarsi il tutto per tutto.

Sanno che c'è una cosa che ad Attila piace quanto combattere: umiliare ed essere riverito.

Gli piace sentire il nemico che lo implora e si dichiara pronto a ogni cosa pur di ottenere la clemenza del potente re degli Unni.

Per questo i Romani, anziché attendere l'inevitabile aggressione, decidono di andargli incontro.

Non tanti, solo una piccola delegazione, di cui fanno parte due senatori, Avenio e Trigezio.

Ma è la loro guida a fare la differenza: si tratta di Leone Magno, il papa in persona.

L'incontro si svolge al passaggio del fiume Mincio, presso Mantova, e la scena è memorabile, almeno per come ci è stata tramandata.

Il re unno, bardato da guerriero e fieramente seduto a cavallo, in testa ai propri uomini, vede venirgli incontro la delegazione romana, da cui si stacca un sol uomo.

Avanza umilmente a piedi, è vecchio, con il volto ornato da una lunga barba bianca. Non gli parla con arroganza, ma come un buon padre farebbe con un figlio ribelle, un po' con dolcezza un po' con toni di pacato rimprovero.

Nessuno sa cosa si siano detti.

Di sicuro Attila è colpito dall'atteggiamento di Leone Magno. E per quanto non sia cristiano, lo esalta sapere che per trattare si sia scomodato niente di meno che il papa.

Fatto sta che, alla fine del colloquio, volta il cavallo e annuncia ai suoi uomini che non si va più a conquistare Roma, si torna al di là del Danubio.

Morte al matrimonio

Sono varie le interpretazioni che gli storici danno dell'improvviso e letterale voltafaccia.

Quasi nessuno crede che a convincere l'Unno siano state l'autorevolezza e le parole del papa, per quanto Leone I fosse già venerato mentre era ancora in vita.

Fonti cristiane parlano di una visione, di due figure armate comparse alle spalle del pontefice, che, a gesti, avrebbero fatto intendere ad Attila che se non avesse obbedito al sant'uomo, l'avrebbero ucciso seduta stante: si sarebbe trattato di san Pietro e san Paolo, trasformati da martiri in killer.

A confermare la versione, in un suo celebre affresco, Raffaello Sanzio ritrarrà gli eletti come eroi volanti, con le spade sguainate, pronti ad abbattersi su Attila e il suo esercito.

Dettaglio non trascurabile, dietro il barbaro l'artista dipingerà una scia di fiamme, a ricordare le città distrutte, i villaggi saccheggiati, le genti trucidate.

È però inverosimile che Attila e il papa si siano davvero incontrati faccia a faccia, come racconta la tradizione, senza badare ai consueti cerimoniali.

Più probabile che Attila si sia messo in marcia da Padova non proprio convinto del progetto, e che l'incontro con la delegazione romana abbia contribuito a fargli cambiare del tutto idea.

Magari, avanzando, lo hanno invece intimorito le centinaia di cadaveri abbandonati ai bordi delle strade, vittime della malaria.

Ma la verità potrebbe essere ancor più semplice e scontata: oltre al papa, l'ambasciata romana si sarebbe presentata con oro e gioielli donati da Valentiniano III, imperatore d'Occidente, per farsi perdonare del mancato matrimonio con la sorella Onoria.

Infine, potrebbe essergli giunta la notizia che, mentre puntava su Roma, le truppe dell'imperatore Marciano stavano avanzando verso i suoi confini, pronte ad attraversare il Danubio.

Tra tutte, quest'ultima ipotesi pare la più fondata, anche perché coerente con i fatti successivi.

Una volta rientrato in Pannonia, dopo aver trascorso un inverno tranquillo, con l'avvicinarsi della primavera del 453 Attila progetta una nuova campagna militare, rivolgendo le proprie attenzioni a oriente.

Lo fa per vendicarsi del tentativo d'incursione di Marciano e, forte dell'esperienza maturata di recente, ritiene che i territori d'Occidente siano troppo complessi da conquistare e governare.

La prospettiva di una nuova campagna militare, di nuovi combattimenti e di nuove conquiste lo elettrizza, come d'altronde gli è sempre accaduto.

Galvanizzato, decide di prendersi una nuova moglie.

La scelta cade sulla giovane Ildico, e le nozze si celebrano in pompa magna, come vuole la tradizione delle cerimonie unne.

Questa volta, però, il re Attila si lascia andare.

Cede agli eccessi nelle libagioni e, felicemente ubriaco, si corica con la compagna.

Epistassi, o rinorragia, direbbe il medico di oggi.

Durante il sonno, torna a colargli il sangue dal naso, solo che stavolta non se ne accorge, stordito com'è dall'alcol.

Gli finisce in gola, poi nei polmoni.

Attila muore soffocato nel proprio sangue, un destino tragicamente ironico per un condottiero che non ha esitato a versare quello di intere popolazioni.

Al mattino Ildico si sveglia, fa per scuoterlo, ma si rende presto conto che il marito giace senza vita; la ragazza è ancora vergine, perché Attila, complice il vino, non è nemmeno riuscito a consumare il matrimonio.

Per onorare la sua morte, gli Unni non piangono, ritenendolo una debolezza, ma ciascun guerriero afferra un coltello e si sfregia, senza battere ciglio, così da portare per sempre sul viso il segno del dolore.

Poi espongono il cadavere in una tenda, attorno a cui, a turno, recitano un lamento funebre, un canto che parla del re che ha governato sul più grande numero di popoli, un re capace di spargere il terrore, ma di mostrarsi generoso con chi gli giurava fedeltà.

Segue, immancabile, un grande banchetto funebre, dove il dolore si mescola alla festa, mentre il corpo del defunto è ancora esposto.

È l'ultimo atto pubblico del re.

Il cadavere di Attila viene seppellito di nascosto, di notte, senza che nessuno veda, perché per le usanze barbare non è cosa onorevole, un po' come scendere da cavallo.

Le bare sono tre, una all'interno dell'altra.

Il cadavere viene posto in una cassa di ferro, il materiale delle spade usate per combattere.

La bara di ferro viene poi sistemata dentro una d'argento, a ricordare i tributi versati dai popoli sottomessi.

Infine, il sarcofago d'argento viene piazzato in una bara d'oro, simbolo del potere regale, destinato a durare per l'eternità.

Nella fossa, insieme al triplice feretro, vengono seppelliti gli oggetti che più aveva amato in vita: qualche gioiello, certo; la falera, il disco metallico che utilizzava come ornamento dell'armatura, ma, soprattutto, le sue armi.

Quando la terra lo ricopre per intero, non lasciandone che il ricordo, gli Unni uccidono i becchini che l'hanno appena seppellito.

Il loro modo per consegnare al mito la storia del «flagello di Dio».

2
Ipazia, la filosofa

Una vittima indifesa, fatta a pezzi dalla folla.

Una donna legata al mondo pagano, e per questo vessata dalla Chiesa.

Una scienziata che paga con la vita l'aver messo in discussione il sistema di potere declinato al maschile.

Una sapiente dalla mente eccezionale, nell'Egitto del V secolo dopo Cristo.

Per molti, una martire.

Ipazia è questo e altro, una figura tanto potente da conquistare l'immaginario collettivo, che ne ha fatto l'icona di un femminismo *ante litteram*.

Tanto che nel 2009 il regista premio Oscar Alejandro Amenábar le ha dedicato un film; lo ha intitolato *Agora*, e ha voluto che a interpretarne il ruolo fosse una star come Rachel Weisz, anche lei vincitrice agli Academy Awards.

Certo si è preso delle libertà, a cominciare dalla protagonista, perché non conosciamo nulla della bellezza di Ipazia; quindi, non sappiamo se poterla paragonare a quella dell'attrice.

Per certo le età non collimano.

La donna ritratta sul grande schermo è giovane, oltre che avvenente; Ipazia, quando la parabola della sua vita giunge al termine, è una donna presumibilmente sulla sessantina.

E nel V secolo, periodo in cui la vita media non arriva alla trentina, contarne il doppio significa essere decisamente vecchi.

Ipazia nasce nel 355 dopo Cristo ad Alessandria d'Egitto.

È figlia di Teone detto «il Divino», un filosofo che in città vanta grande considerazione e rispetto.

Su di lui le fonti storiche concordano poco.

Alcune dicono sia il rettore del Museo di Alessandria, edificato sotto il governo di Tolomeo I e punto di incontro per gli intellettuali del tempo, fra cui il celebre matematico Euclide.

Secondo altri, invece, a Teone sarebbe stato affidato il Serapeo, testimonianza della sensibilità religiosa dell'epoca, tempio dedicato a uno degli dèi più importanti dell'Egitto ellenistico; il suo nome è Serapide, una creatura dalle forme in parte umane, ma con aspetti propri del dio Api e di Osiride.

Come che sia, quando Ipazia nasce, Teone è un personaggio in vista della cultura alessandrina, sia per il ruolo pubblico che riveste sia per la sua credibilità in materia scientifica.

Il suo primo campo di studio è la geometria.

Ha infatti curato, annotandola, un'edizione degli *Elementi* di Euclide d'importanza capitale: senza il suo commento, con cui ci ha trasmesso i contenuti dell'opera, i principi della geometria euclidea sarebbero probabilmente caduti nell'oblio.

Con la stessa passione, si è poi dedicato all'astronomia, raccogliendo le tavole dei corpi celesti di Tolomeo e commentando la sua opera più importante, l'*Almagesto*.

Di suo, Teone disserta su vari argomenti.

Ovviamente su pianeti e stelle, dedicando un saggio all'astrolabio, lo strumento che riproduce la volta celeste permettendo di localizzarne la posizione.

Ma si dedica anche alla fisica, con un lavoro sull'ottica; all'ingegneria, con un testo sulle esondazioni del Nilo e sulle misure per contenerle; infine, si occupa perfino di ornitologia, con uno scritto dedicato all'osservazione degli uccelli e al verso dei corvi.

Teone ha un alto concetto di sé, sostenuto dall'apprezzamento dei concittadini, e ritiene che poco gli manca per garantirsi l'immortalità; e quel poco consiste in un erede pronto a succedergli.

Quando nasce, non si cura che sia una bimba: è a lei che decide di affidare il proprio sapere, formandola sin dai primi anni di vita allo studio delle scienze.

La scelta stessa del nome testimonia le grandi attese dell'uomo.

Ipazia significa infatti «altezza elevata», anche nel senso metaforico di «grande rilevanza», «notevole ingegno».

In breve tempo, Teone si rende conto che la figlia ha un talento naturale, una capacità di comprensione eccezionale, un'elevata rapidità di calcolo e una facilità d'astrazione fuori dal comune.

È quest'ultima dote a colpirlo in modo particolare.

Se Teone si è sempre occupato degli aspetti più pratici della filosofia, quelli relativi allo studio della natura, Ipazia possiede gli strumenti per salpare e navigare nell'immenso oceano della sapienza astratta.

Quella dei grandi pensatori, di Platone, di Aristotele.

Rapidamente Ipazia supera il maestro, la figlia sovrasta il padre; dalle ricerche di tecnica astronomica passa alle leggi generali dell'universo; da lì si sposta allo studio della matematica e, infine, affronta le grandi domande filosofiche, cui fanno capo i principi di ogni sapere.

Ipazia è una ragazza e poi una donna anticonformista.

Indossa il tribon, il mantello di stoffa grezza usato dai filosofi cinici; quelli come Diogene, che viveva in una botte, mangiava avanzi e soddisfaceva i propri bisogni, naturali e sessuali, in pubblico.

«Cinico», infatti, in greco significa «simile a un cane».

Prende l'abitudine di passeggiare per le strade di Alessandria e discutere di filosofia con chiunque si mostri interessato, spiegando le grandi teorie, trattando gli uomini da pari a pari.

È spesso l'unica donna ospite di consessi e riunioni, e non mostra alcun segno d'imbarazzo nel trovarsi in contesti riservati a un pubblico maschile.

La scuola di Ipazia

Dopo aver molto letto e ascoltato, Ipazia abbraccia il campo della filosofia neoplatonica.

Si tratta di una corrente fondata nel III secolo dopo Cristo da un grande pensatore egiziano, Plotino, e che all'epoca rappresenta uno degli approdi più complessi.

La teoria di Plotino è che il mondo sia formato da cose molteplici, ma che la condizione necessaria della molteplicità sia l'unità. Perciò tutti gli esseri si collocano su una scala gerarchica, in cima alla quale c'è il concetto di unità, che Plotino chiama Uno, con la «U» maiuscola.

L'Uno si colloca al di là del tempo e dello spazio: è infinito, privo di forma, e dotato di una potenza illimitata, una vera e propria «sovrabbondanza dell'essere».

E da tale sovrabbondanza, come da un vaso che trabocca, emana il mondo, con le sue molteplici creature.

Questo è ciò che Ipazia riprende per insegnarlo, perché presto la figlia di Teone raccoglie un tale consenso da poter aprire una propria scuola; il talento nell'educare non le manca, anzi, si dice sia tanto abile da lasciare i suoi alunni sbalorditi.

Alcuni finiscono per innamorarsene.

Del resto, è comprensibile: parte delle lezioni sono dedicate al concetto di amore platonico, quel legame che si instaura fra maestro e allievo che condividono la passione per le idee e la sete di conoscenza.

Certo, l'amore platonico è un sentimento puro, e non è facile governarlo quando l'insegnante è una donna affascinante e i discepoli giovani dal cuore facile a infiammarsi.

Accade così che un alunno si trasformi in un corteggiatore insistente e inopportuno.

Mentre i compagni si trattengono davanti alla Maestra, alla sua scienza e al rigore con cui la espone, il ragazzo non riesce a frenarsi e le dichiara i propri sentimenti.

Ipazia reagisce in modo benevolo ma fermo.

Spiega allo spasimante che ciò che prova, in realtà, è una confusa miscela di due sentimenti: l'amore ideale, che innalza l'animo umano fino all'iperuranio, e il desiderio fisico, che è solo una catena che lega il corpo a terra.

Lo esorta perciò a liberarsi attraverso la disciplina più bella e pura, la musica, dove i suoni riproducono, secondo Platone, l'armonia perfetta dei corpi celesti.

La passione dell'allievo, tuttavia, non si placa al suono di una cetra, e lui incalza, avanzando profferte d'amore e sesso che Ipazia non vuol più ascoltare.

Così trova un'originale e drastica soluzione per dissuaderlo.

Succede a lezione, quando Ipazia si presenta con un panno arrotolato.

Guarda i suoi discepoli, senza parlare, poi si avvicina al pretendente e, con un gesto teatrale, glielo porge dicendogli: «Ecco! Questo è ciò di cui ti sei innamorato».

Aperta, la pezza appare impregnata di un liquido rosso, l'impronta del flusso mestruale.

Il messaggio è chiaro: ciò di cui il ragazzo si è invaghito è qualcosa di corruttibile e financo repellente.

Il vero amore va riservato alle cose pure.

Sistemato il giovane, Ipazia può chiarire ai propri alunni il punto più complicato della teoria neoplatonica, il rapporto fra l'Uno e il mondo.

Spiega che l'Uno è perfetto, quindi non ha bisogno del mondo; che però si è creato inevitabilmente, perché l'Uno, che pur trabocca di essere, nondimeno ne resta sempre ricolmo.

Per questo fra l'Uno e il mondo ci sono delle ipòstasi, degli enti intermedi: anzitutto l'Intelletto, che sorge dalla contemplazione dell'Uno e contiene i modelli eterni di cui le cose nel mondo sono l'imitazione; poi l'Anima, che plasma il cosmo e gli dà vita.

Quando gli allievi, inevitabilmente, faticano a comprendere, Ipazia ricorre a un esempio: l'Uno è come la luce, che esiste indipendentemente da ciò che le capita di illuminare.

L'Intelletto è come il sole, che è definito dalla luce, ma non è la luce.

L'Anima, infine, è come la luna, che non emana luce di per sé; brilla di luce riflessa ma, ciò nonostante, è sufficiente a illuminare.

Prima di Ipazia

Ipazia non è il primo genio al femminile che la storia ricordi.

Nell'Antico Regno d'Egitto era vissuta Peseshet, pioniera della medicina.

Già all'epoca le discipline scientifiche riscuotevano grande successo nella terra delle piramidi, e nell'arco di tempo che va dall'Antico Regno al Periodo tardo si registrano almeno centocinquanta guaritori riconosciuti, stimati professionisti la cui fama valicava i confini del paese.

Le loro pratiche erano legate alla tradizione, con l'uso di pozioni e unguenti affiancati a litanie e riti propiziatori.

Nei papiri e nelle iscrizioni giunte sino a noi, Peseshet viene citata come «somma medica», come «responsabile delle guaritrici», a dimostrazione che non fosse l'unica donna terapeuta, ma solo la prima di cui abbiamo testimonianza.

Il suo nome compare nella tomba del figlio, ufficiale del regno della IV dinastia seppellito a Saqqara nel 2400 avanti Cristo, che sulla stele dedicata alla madre ha fatto incidere: «Ha raggiunto un'età molto avanzata conquistando onore di fronte al grande Dio».

Ma a confronto della pur valida Peseshet, Ipazia sembra un gigante, un genio che cresce ad Alessandria, città fondata nel 331 avanti Cristo da Alessandro Magno.

Si racconta sia stato lo stesso condottiero a curarne la planimetria, tracciandola al suolo con dei chicchi di grano per segnare le mura e le vie principali.

A dar retta al geografo Strabone, nel volgere di pochi secoli Alessandria diventa una metropoli con strade ampie e edifici imponenti, primi fra tutti il Faro e il monumentale sepolcro di Alessandro Magno.

Inoltre, è densamente popolata: ai tempi dell'Impero di Augusto ci vivono circa trecentomila abitanti, e solo Roma ne ha di più.

Quando Ipazia è ancora una bambina, nel 365, la città viene travolta da uno tsunami; un'onda alta almeno dodici metri si abbatte sui palazzi vicini alla costa, distruggendoli e causando quasi cinquemila vittime.

Si riprende in fretta, e la sua vocazione commerciale la rende presto una realtà cosmopolita.

Sorge così il problema di come far convivere genti diverse, che parlano la stessa lingua negli affari, ma non nelle questioni religiose.

In città, oltre alla maggioranza egizia, sono presenti minoranze greco-macedoni ed ebree; all'inizio non sembrano pestarsi troppo i piedi, ma le difficoltà arrivano coi cristiani: e prima ancora che di un problema dottrinale, si tratta di un problema politico.

Alessandria fa infatti parte dell'Impero romano sin dalla sua fondazione; ai possedimenti di Roma viene inclusa nel 31 avanti Cristo, dopo la battaglia di Azio, in cui Ottaviano sconfigge l'ex alleato Marco Antonio e la sua amante, la regina Cleopatra.

Dopo l'annessione all'Impero, Alessandria segue i cambiamenti e le profonde modifiche che lo attraversano.

È il 313 quando l'imperatore Costantino, con il suo storico editto, concede la libertà di culto ai cristiani.

Costantino, in realtà, non aderisce ufficialmente alla nuova religione, tanto che si converte e accetta i sacramenti solo in punto di morte, nel 337.

Ma è probabile che qualcosa di importante lo avesse già convinto, un fatto successo alla vigilia della battaglia di Ponte Milvio.

Prima di scontrarsi con l'usurpatore Massenzio, alle porte di Roma, all'imperatore sarebbe apparsa in cielo una croce di luce, la stessa croce simbolo dei cristiani, con sotto la scritta «*In hoc signo vinces*», ovvero: «Sotto questo segno vincerai».

Sulle prime Costantino non aveva saputo come interpretare la visione; ma quella stessa notte gli era apparso in sogno Gesù, che gli aveva detto di cucire il simbolo sugli stendardi del proprio esercito.

Di lì a poco l'esercito di Massenzio sarebbe stato sconfitto, e il suo stesso comandante avrebbe perso la vita.

I cristiani ad Alessandria

È dunque per volere di Costantino che, ad Alessandria, i cristiani vengono accolti; la pratica della loro fede ora è legale e convive pacificamente a fianco del paganesimo, sia quello popolare, di origine egizia, che ad Alessandria va per la maggiore, sia quello più raffinato, sostenuto dai neoplatonici, che trova sostegno nelle teorie di Plotino.

O, almeno, «dovrebbe» conviverci in pace.

Perché nel 391, quando Ipazia si avvicina ai quarant'anni, accade che l'imperatore Teodosio proclami il cristianesimo nuova religione di Stato, capovolgendo i rapporti di potere: se un tempo erano i cristiani a essere in minoranza, e i pagani a godere dei favori della tradizione, ora non è più così.

Certo, possono continuare a venerare i propri dèi, ma basta un anno perché venga promulgato un secondo editto, questa volta non solo favorevole ai cristiani, ma espressamente contro i pagani.

I loro riti e culti vengono ufficialmente messi fuori legge.

Significa che non possono esserci alternative al cristianesimo, con un notevole contraccolpo per Alessandria e le sue radici storiche.

È stata infatti la cultura egizia, in tempi assai remoti, a regalare al mondo le prime forme di spiritualità organizzata, a stabilire principi e leggi in ossequio al dio-sole Amon-Ra, ad Anubi, protettore dei morti, a Seth il distruttore, al dio-falco Horus, al saggio Toth e alla dea della guerra Sekhmet. Fino alla dea Iside, protettrice della maternità, e come tale assunta nei culti misterici dell'antica Roma.

Per quanto ormai romanizzato, l'Egitto si sente ancora luogo d'origine del paganesimo; lo stesso nome «Egitto» significa «casa dell'anima di Ptah», il dio creatore.

L'editto del 392 stravolge il paese, privandolo del respiro che l'ha permeato per millenni.

Il culto di Serapide

Al tempo, guida e riferimento dei cristiani di Alessandria è Teofilo, un fondamentalista convinto che il potere di un patriarca non debba limitarsi all'ambito spirituale, ma debba estendersi a quello politico.

È il diretto interlocutore dell'imperatore per quel che concerne l'amministrazione di Alessandria, e non si fa scrupolo di disobbedirgli se il suo giudizio lo porta altrove; o se teme di vedere sminuita la propria autorità.

Quando nel 392 il paganesimo viene messo fuori legge, Teodosio raccomanda espressamente di fare una distinzione: essere inflessibili contro la dottrina pagana e il culto degli idoli, ma benevoli e clementi nei confronti dei pagani in quanto individui.

Teofilo, ovviamente, non è d'accordo.

E mentre medita più drastiche soluzioni, dà ordine che gli edifici destinati ai culti blasfemi vengano demoliti e convertiti alla pratica della vera fede.

La scelta non può che irritare parecchi alessandrini, che insorgono costringendolo a nascondersi nel tempio di Mitra, divinità d'origine persiana da tempo adottata all'ombra delle piramidi.

A Teofilo, però, non piace perder tempo, e approfitta del confino per ordinare ai suoi operai di abbattere statue e ornamenti.

Ma mentre sfondano il pavimento, ecco apparire qualcosa di sconvolgente, un oggetto bianco, arrotondato e liscio che sembra proprio un teschio.

Lo estraggono e scoprono che si tratta davvero di un cranio, e non ce n'è solo uno, ma decine.

Teofilo non ha dubbi: quelli sono i resti di uomini e donne sacrificati durante gli empi rituali dei pagani!

La notizia è tale da infiammare gli animi, e il patriarca lo sa bene; la sfrutta scatenando disordini di piazza, aizzando scontri fra le diverse fazioni; i pagani vengono aggrediti e uccisi, ma anche ai cristiani le cose non vanno meglio: molti di loro vengono catturati e trascinati per le strade di Alessandria prima d'essere rinchiusi nel Serapeo.

Almeno, questa è la versione della parte cristiana; secondo le fonti pagane, invece, la storia dei sacrifici umani è un'invenzione costruita ad arte dal perfido Teofilo; perciò, non c'era alcuna ragione per attaccare il Serapeo.

Quale che sia la verità, la situazione precipita e i cristiani prendono d'assalto l'edificio.

Entrati nel tempio, si trovano davanti la mastodontica statua del dio Serapide, oggetto del culto più diffuso fra i pagani di Alessandria, introdotto da Tolomeo I fra il IV e il III secolo avanti Cristo.

Fondendo elementi della tradizione egizia con quelli del paganesimo greco, sommando in un'unica figura caratteristiche di differenti divinità, Serapide è stato in grado di conquistare non solo l'Egitto, ma anche la sensibilità monoteistica degli ebrei.

Un riferimento per popoli diversi, e nondimeno un dio temibile, tanto che se qualcuno avesse osato avvicinarsi alla sua effigie e toccarla con mano, avrebbe scatenato un terremoto capace di ridurre la città in un cumulo di macerie.

La distruzione del Serapeo

Per i cristiani quella storia è solo un mucchio di sciocchezze, ma ciò non toglie che la statua rappresenti un bersaglio fondamentale. Perché abbatterla significa colpire il simbolo stesso del paganesimo ad Alessandria, il punto d'incontro fra le tradizioni religiose estranee al cristianesimo.

Per questo il Serapeo viene preso d'assalto

Vinte le resistenze degli ultimi difensori, è Teofilo stesso a dare l'ordine: che l'effigie del dio sia decapitata, mozzando così la testa all'idolatria.

Incuranti delle leggende e delle maledizioni, gli uomini del patriarca si arrampicano fino in cima e iniziano a menare colpi di scure, fino a quando il capo di Serapide non si stacca dal busto rotolando a terra.

È solo in quel momento che si scopre che la statua è cava, e ospita centinaia di topi che fuggono terrorizzati, profanando i pavimenti del tempio.

Per gli assalitori il messaggio è chiaro: i disgustosi animali celati dal marmo rappresentano il marciume profondo di un paganesimo pronto a crollare.

L'imponente scultura viene ridotta in piccoli frammenti, salvo la testa, trascinata per le strade della città, in mezzo al fango e alla polvere.

I pagani assistono inermi e inorriditi allo spettacolo, sbeffeggiati dai cristiani che chiedono loro perché il grande Serapide non si sia difeso. E cosa ne è stata della sua collera, pronta a far tremare la terra?

Il patriarca contro i pagani

C'è però un'altra vicenda legata alla devastazione del Serapeo, un evento di capitale importanza nella storia della civiltà: la distruzione della biblioteca di Alessandria d'Egitto, che conservava più di settecentomila testi.

Secondo alcuni sarebbe avvenuta nel 48 avanti Cristo, per mano di Giulio Cesare; ma documenti che ne confermano l'esistenza in epoca successiva suggeriscono che, se danno vi sia stato, abbia riguardato una parte limitata, magari una sola ala.

Altre fonti parlano del 270 dopo Cristo, quando l'esercito dell'imperatore Aureliano e quello della regina di Palmira, Zenobia, si scontrano proprio ad Alessandria radendo al suolo il quartiere della reggia, che al suo interno ospitava la biblioteca.

Non sono pochi, tuttavia, gli storici che ritengono la distruzione contestuale all'assalto al Serapeo, come se la biblioteca fosse una specie di estensione e completamento del tempio.

Ciò proverebbe l'accanimento dei cristiani contro ogni aspetto della cultura pagana: non solo il culto degli idoli, ma anche la lettura, la scrittura, in sintesi, la conoscenza.

Quella combattuta dai cristiani ad Alessandria sarebbe perciò una vera e propria *culture war*, come la chiameremmo oggi: il tentativo di esercitare un'egemonia culturale, cancellando le tradizioni anche con metodi violenti.

Da quando il cristianesimo è religione di Stato, e il paganesimo è dichiarato illegale, la Chiesa di Alessandria acquisisce non solo grandi ricchezze ma, soprattutto, una notevole forza politica.

Il patriarca di Alessandria, potente quanto un papa a Roma, ordina e dispone a suo piacimento, senza badare a chi, almeno formalmente, dovrebbe gestire gli aspetti politici.

Tale funzione toccherebbe infatti all'augustale, il rappresentante dell'Impero romano, una sorta di amministratore delegato.

Dovrebbe, appunto.

Perché, nei fatti, i cristiani alessandrini, sempre più numerosi e tutelati, riconoscono l'autorità di Teofilo ben più di quanto accettino di seguire le disposizioni dell'Impero.

Naturalmente la Chiesa stessa non è immune da divisioni interne, lotte intestine legate alla presenza di correnti rivali.

Anche l'elezione di Teofilo è determinata dal decisivo intervento di monaci ed eremiti venuti dal deserto, che non nascondono il loro fondamentalismo.

Con la vittoria di Teofilo, Alessandria diventa così il centro di un cristianesimo rigido e intollerante. E i suoi sostenitori, lasciato l'isolamento scelto in spregio al mondo e alla sua corruzione, giunti in città si lasciano andare a gesti di scoperta violenza; atti cui Teofilo guarda con favore e che l'augustale si rassegna ad accettare.

San Cirillo

La situazione non cambia quando, morto Teofilo, nel 412 gli succede il nipote Cirillo, quindicesimo patriarca di Alessandria.

Le sue intenzioni sono chiare: proseguire in continuità con la linea dello zio, una linea di aggressione verso i pagani, che mira innanzitutto a prevenire e reprimere ogni accenno di rivalsa per la distruzione del Serapeo.

Né ha intenzione di scendere a compromessi con Oreste, inviato dall'Impero per gestire la preoccupante situazione alessandrina.

Una delle sue prime decisioni è quella di colpire la sede dell'oracolo di Iside ad Abukir, luogo sacro degli egizi per le miracolose guarigioni che vi avvengono.

Senza minimamente dar retta alle proteste della gente, Cirillo lo trasforma in un luogo di culto dedicato ai santi Ciro e Giovanni.

Una scelta non casuale, perché i due sono stati martirizzati da Diocleziano, perciò simboleggiano la sofferenza patita dai cristiani; lo stesso dolore che i cristiani di Alessandria, ora al comando, possono infliggere ai persecutori di un tempo.

Che Cirillo non sia uomo incline al compromesso, lo si capisce da un altro episodio della sua vita, centrato su un aspetto dottrinale, che oggi potrebbe apparire capzioso, ma che all'epoca rivestiva grande importanza.

La vicenda riguarda una polemica che lo contrappone a Nestorio, vescovo di Costantinopoli, che nega il titolo di «madre di Dio» attribuito alla Madonna.

Una disputa che rimanda alle radici stesse del cristianesimo, e che per Cirillo è una questione di vita o di morte.

Il rispetto dell'ortodossia, per lui, è infatti la priorità assoluta.

Secondo Nestorio, Maria è madre esclusivamente della parte umana di Gesù, e non di quella divina: pertanto, va chiamata «madre dell'uomo», e non «madre di Dio».

Cirillo invece tuona che si tratta di eresia, perché distinguendo fra la natura umana e quella divina di Gesù si finisce per separarle in due diverse entità.

Nel 429 Cirillo scrive a Nestorio ammonendolo sui rischi che corre. Ne segue uno scambio che sfocia in un conflitto, e ai due non resta che rivolgersi a papa Celestino I, che convoca un sinodo a Roma per dirimere la questione.

Il consesso romano dà ragione a Cirillo, e gli affida il compito di comunicare a Nestorio un ultimatum: o rinnega il suo pensiero e accetta il ruolo di Maria come madre di Dio, oppure sarà deposto e scomunicato.

Nestorio, ovviamente, non gradisce né la minaccia né il fatto che il papa, per parlare con lui, utilizzi come intermediario il patriarca di Alessandria; non sopporta che il potere di Cirillo sia superiore al suo, che è pur sempre il vescovo di Costantinopoli.

Chiede allora l'intervento di Teodosio II, nipote di quel Teodosio I che ha reso il cristianesimo religione ufficiale, e poi ha diviso l'Impero in due: quello d'Occidente, con capitale prima Milano e poi Ravenna, e quello d'Oriente, con sede imperiale a Costantinopoli.

Nestorio lo invita a indire un concilio, per dirimere la questione teologica, ma soprattutto per dimostrare d'essere caro all'imperatore più di quanto Cirillo sia stimato dal papa.

È uno scontro di potere in piena regola.

E Cirillo non ci sta a perderlo.

Quando, nel 431, Teodosio II fissa l'incontro a Efeso, sulla costa turca del Mediterraneo, il primate di Alessandria anticipa i tempi e arriva prima del gruppo salpato da oriente.

Fa poi in modo di avviare subito i lavori, nonostante il parere contrario del delegato imperiale, e fa approvare la propria posizione religiosa prima ancora che il patriarca Giovanni di Antiochia e i vescovi siriaci, sostenitori delle idee di Nestorio, siano sbarcati.

Nestorio, appena scopre quel che è successo, strepita a gran voce, pretendendo che il concilio venga riaperto.

All'imperatore, decisamente irritato, non resta che ristabilire l'ordine, e lo fa arrestando entrambi i contendenti.

Da qui si nota di che pasta sono fatti i due: Nestorio, più debole, viene deposto e spedito in esilio, dove finisce per morire nel deserto.

Cirillo riesce invece a fuggire e, rientrato ad Alessandria, impone al clero la sua interpretazione: Gesù è «vero Dio e vero uomo» e, di conseguenza, alla Madonna compete il titolo di «madre di Dio».

Il patriarca di Alessandria si dimostra così un uomo capace di ricorrere a stratagemmi, pronto a qualsiasi azione pur di affermare la fede cristiana, all'interno della quale ritiene d'essere il degno rappresentante della più pura ortodossia.

Ciò lo rende, ovviamente, uno dei principali avversari del paganesimo, e non sorprende che sotto il suo mandato trovi la morte Ipazia, donna, pagana e scienziata.

Nondimeno, Cirillo è venerato come santo sia dalla Chiesa

d'Oriente che da quella d'Occidente: e ancora nel 1882 papa Leone XIII lo include nel ristrettissimo novero dei dottori della Chiesa, con il titolo di *doctor Incarnationis*, dottore dell'Incarnazione, a testimonianza del suo impegno nel definire puntualmente il ruolo della Madonna nella storia e nella teologia.

Cirillo contro Ipazia

> Le donne tacciano nelle assemblee, perché non è loro permesso di parlare; stiano invece sottomesse, come dice anche la legge. Se vogliono imparare qualcosa, interroghino i loro mariti a casa, perché è vergognoso per una donna parlare in assemblea.

Così scrive san Paolo apostolo, nella *Prima lettera ai Corinzi* (14,34-35).

Il patriarca Cirillo la pensa esattamente allo stesso modo.

Perciò mal sopporta questa donna, Ipazia, famosa e benvoluta per la sua eloquenza, per i modi austeri, per l'abilità con cui modera le controversie e per l'intelligenza che manifesta tanto nelle aule della sua scuola, quanto nelle conversazioni private.

Cirillo non tollera, in particolare, che siano gli stessi uomini delle istituzioni, primo fra tutti l'augustale Oreste, a mostrarsi ammirati e a consultarla in materia di governo e di amministrazione della giustizia.

In realtà non sorprende che Oreste guardi a lei con favore.

Dal punto di vista strettamente politico, infatti, Ipazia rappresenta una delle famiglie dell'aristocrazia cittadina.

Dopo la morte del padre Teone, avvenuta nel 405, Ipazia ha preso in mano le redini della famiglia, con i suoi beni e il suo prestigio.

È inevitabile che Oreste le presti ascolto.

Probabilmente è questo il principale motivo dell'ostilità di Cirillo, ancor più del fatto che sia donna, pagana e sapiente.

Infatti, una volta sconfitto il paganesimo religioso, il vero ostacolo per la Chiesa cristiana ad Alessandria resta quello delle nobili famiglie, in una città che conta una solida aristocrazia dalle tradizioni ben radicate.

Alcune di queste casate si sono convertite, facendo atto di sottomissione al vescovo e rafforzando così il suo potere temporale. Altre famiglie, invece, non lo hanno fatto, e fra queste, quella di Teone e di sua figlia Ipazia.

Per questo Cirillo inizia a diffondere calunnie, così da fomentare l'ostilità del popolo nei suoi confronti.

Fa spargere la voce che Ipazia sia sì una filosofa, ma che dedichi buona parte del suo tempo alla magia nera.

Quanto agli studi di astronomia, si tratta piuttosto di «inganni satanici», invocazioni astrologiche per compiere incantesimi. Allo stesso modo, il fatto d'avere giovani maschi per allievi prende una coloritura sessuale.

Quanto al favore dell'augustale Oreste, c'è una facile spiegazione: è stato sedotto, probabilmente con l'uso di pozioni e filtri d'amore, vista l'età non più giovane di Ipazia, prossima alla sessantina.

La prova della corruzione sta nel fatto che l'uomo ha smesso di frequentare la chiesa, uno scandalo per il rappresentante di un Impero che ha nel cristianesimo la sua religione di Stato.

Ma i pagani non sono l'unico avversario di Cirillo.

La sua smania di mondare Alessandria da ogni cultura che non sia quella cristiana coinvolge gli ebrei, che da secoli in città vantano una fiorente colonia.

In questo, Cirillo segue le orme dello zio, capace d'innescare una tensione crescente fra cristiani e pagani, ricorrendo a episodi forse inventati, come il ritrovamento dei teschi umani nel tempio di Mitra.

Davanti all'ostilità crescente, gli ebrei convincono Oreste ad arrestare uno dei principali sostenitori di Cirillo, tale Ierace. Costui è una specie di agitatore, un maestro di retorica versato nel parlare in pubblico, che il patriarca utilizza per ammonire i pagani esortandoli alla conversione, compito che l'uomo assolve con toni coloriti e a tratti minacciosi.

Oreste, che non tollera Cirillo, acconsente di buon grado all'arresto di Ierace, e lo fa torturare in pubblico; un gesto che non può restare senza conseguenze, perché gli ebrei si sentono autorizzati a trattare con la stessa violenza i cristiani più fondamentalisti.

Così, quella notte, tendono un agguato a un gruppo di loro e li uccidono a sangue freddo.

I parabalani: monaci assassini

Nelle poche fonti che ne parlano, i dettagli al riguardo sono piuttosto incerti; in realtà, e questo la dice lunga, ancora oggi nessuno sa se gli ebrei abbiano davvero commesso le violenze di cui sono stati accusati.

Probabilmente no, perché a leggere le lettere pastorali con cui Cirillo esorta i cristiani all'antigiudaismo, le accuse sono sempre le stesse, e fanno capo alla colpa originaria degli ebrei: quella d'aver crocefisso Gesù Cristo.

Sia avvenuto o meno l'agguato mortale, entrano ora in scena i parabalani, monaci provenienti dalle vicine terre di Nitria, il cui compito originario è quello di prestare assistenza ai malati.

Il termine «parabalani» significa infatti «portantini» o «barellieri», ma può essere inteso nel senso più vasto di monaci-infermieri o monaci ospedalieri.

Socrate Scolastico, memorialista dell'epoca, li descrive come dotati di uno «spirito incandescente» e dell'«impassibilità ascetica della sovversione».

La loro missione, infatti, passa dall'attenzione ai corpi alla cura delle anime, svolta in modo a dir poco sbrigativo, senza guardare in faccia a nessuno, fra minacce e conversioni forzate.

I parabalani diventano così il braccio armato di Cirillo.

Sono loro ad aizzare i cristiani contro gli ebrei, chiamandoli alla vendetta per quel misterioso assalto, forse mai avvenuto.

I disordini che seguono sono l'ideale per i piani di Cirillo, che opta per una soluzione drastica: cacciare gli ebrei da Alessandria, dove hanno pacificamente vissuto per secoli, e requisire le loro sinagoghe per trasformarle in chiese.

È chiaro che Cirillo punta al dominio assoluto della città, scavalcando Oreste, cui spetterebbe il governo per nomina imperiale.

Anche in questo, gli tornano utili i parabalani.

Nel 415, durante un corteo solenne cui partecipa l'augustale, i monaci iniziano a insultarlo, accusandolo di essere «un elleno, un sacrificatore».

Poco conta che il delegato dell'Impero si difenda con lucidità, ribadendo di essere cristiano, per di più battezzato da Attico, vescovo di Costantinopoli.

Una replica che scalda ancor più gli animi, perché i parabalani, fiancheggiatori di Cirillo, sostengono il primato della sede di Alessandria su quella di Costantinopoli.

Gli insulti diventano una sassaiola, e Ammonio, uno dei monaci più esagitati, mira alla carrozza dell'augustale, centrando Oreste alla testa.

Alla vista del sangue che gli sgorga dal capo, Oreste perde le staffe, e dà ordine che l'autore del gesto di lesa maestà venga immediatamente fermato.

Ammonio viene quindi tratto in arresto dalle guardie imperiali e, così com'era successo con Ierace, torturato davanti a tutti.

Le sevizie sono tali, e i tormenti così prolungati, che Ammonio non sopravvive.

Per Cirillo è l'ennesima occasione da non farsi sfuggire.

Fa celebrare un funerale solenne in onore del parabalano ucciso, attribuendogli il titolo di Ammonio il martire, a rimarcare che i sospetti dei bravi fedeli sono fondati: Oreste ormai è diventato come i pagani, un nemico pronto a martirizzarli per contrastare la vera fede.

Nel contesto di una tale tensione religiosa, politica e culturale l'innocente Ipazia finisce per perdere la vita.

La morte di Ipazia

Tutto inizia quando, passando per le vie di Alessandria, Cirillo nota uno strano affollamento.

Davanti alla porta di una casa si accalcano uomini e cavalli, alcune persone entrano ed escono, mentre altre aspettano, in attesa di qualcosa.

Incuriosito, Cirillo domanda di che si tratti.

Gli rispondono che quella è la casa di Ipazia, la filosofa e scienziata, e che un giorno la settimana lo dedica ai cittadini in cerca di un parere o di un consiglio.

Davanti alla scena, testimone della stima e dell'affetto che la donna suscita negli alessandrini, Cirillo prova una gran rabbia.

È marzo, tempo di Quaresima.

I monaci parabalani sono a digiuno da settimane, privazione che li rende ancora più intolleranti e incattiviti.

Cirillo parla con il loro capo, Pietro il Lettore.

È un abboccamento riservato, che si conclude con una consegna ben precisa.

Come già accaduto con gli ebrei, e con la sfilata dove Oreste è stato colpito da una pietra, i parabalani hanno il compito di scatenare l'inferno, trascinando la folla accecata dalla fede.

Vedono Ipazia uscire di casa e salire sulla sua carrozza, mentre il gruppo di postulanti si allontana per le strade di Alessandria.

Ma non colpiscono subito, attendono che il corteo giunga in uno spiazzo gremito di gente.

Al segnale lanciato da Pietro il Lettore, i parabalani assetati di sangue assaltano la carrozza afferrando la donna, che tenta invano di resistere.

La trascinano fuori e la gettano a terra, mentre tutto attorno si agita un capannello di curiosi, che chiedono a gran voce cosa stia succedendo, perché se la stiano prendendo con quella povera vecchia.

Altro che povera vecchia, ribattono i monaci!

Quella è Ipazia, pagana, astrologa e strega; è la nemica del vescovo Cirillo che ha sedotto l'augustale Oreste, convincendolo a ripudiare il cristianesimo.

La folla s'ingrossa attorno ai parabalani, che continuano a trascinare Ipazia, squarciandole le vesti e le carni.

Si fermano solo davanti al Caesareum, ed è una scelta carica di significato.

Il tempio l'ha eretto Cleopatra in onore di Giulio Cesare, del quale era l'amante; ma una volta sconfitti gli egizi e conquistata Alessandria, Augusto ha destinato l'edificio al culto dell'imperatore, ovvero di sé stesso.

Come tale il Caesareum era sopravvissuto ai secoli, fino all'editto di Teodosio, e una volta trasformato in chiesa cristiana, Cirillo lo ha scelto come proprio quartier generale.

Trascinando Ipazia fino al Caesareum, dunque, i parabalani stanno affermando due cose.

La prima è che stanno consegnando Ipazia al loro mandante, il patriarca, affinché veda coi propri occhi la fine cui è destinata una pagana ostile alla Chiesa.

La seconda è che il sacrificio si consumerà in un luogo simbolo e testimonianza del passaggio dal paganesimo alla vera fede, del potere dall'imperatore al patriarca.

Una volta davanti al Caesareum, i parabalani non sono più soli.

Con loro una folla di cristiani accecati da un rabbioso e incontenibile fanatismo.

Si gettano sulla donna colpendola con tutto ciò che trovano; raccolgono cocci di vetro e frammenti di tegole e glieli conficcano nel corpo.

Il dolore è indicibile, ma Ipazia respira ancora quando un uomo le si avvicina, le prende il mento con una mano e con l'altra le pianta una scheggia nell'orbita.

Prima le cava un occhio, poi l'altro.

Le squarciano il petto, le cavano le viscere.

Qualcuno le strappa il cuore e lo getta lontano.

Il massacro continua fino a che, del corpo di Ipazia, restano solo brandelli.

I parabalani li ammucchiano alla bell'e meglio su una pira cui danno fuoco.

Ciò che resta della donna più capace e straordinaria del suo tempo è solamente un pugno di cenere.

Santa Ipazia

Ad Alessandria, un secolo prima dell'omicidio di Ipazia, un'altra donna è vittima di una fine orribile.

Si chiama Caterina.

Di famiglia aristocratica, è una diciottenne di particolare virtù e bellezza, testimoniata anche dal nome, che in greco vuol dire appunto «seguace di Cristo».

Siamo nel 305, l'anno in cui abdicano Diocleziano e Massimiano, e Massimino Daia viene eletto cesare per l'Oriente; mancano otto anni all'editto di Costantino, molti di più a quello di Teodosio, e ciò significa che l'Impero è interamente pagano, e che i cristiani esercitano di fatto un culto clandestino, per quanto sempre più diffuso.

Quando Massimino arriva ad Alessandria come rappresentante dell'Impero, tra i suoi primi atti c'è quello di indire memorabili festeggiamenti; non solo danze e banchetti, ma pure sacrifici di animali uccisi in onore delle divinità pagane, tra la folla giubilante degli alessandrini.

Fra tutti, solo una persona ha il coraggio di opporsi al governatore: è Caterina, che gli si para innanzi intimandogli di interrompere i sacrifici, ripudiare il paganesimo e accogliere la fede in Gesù Redentore.

È una provocazione inaudita, ma sulle prime Massimino ne è divertito, e si mette a discutere con la ragazza provando a essere lui a convertirla.

Caterina non cede di un millimetro, e il governatore allora passa la palla agli intellettuali pagani del suo seguito. Con il risultato che Caterina li convince dei suoi argomenti, uno a uno.

Ammirato dalla fermezza e dall'abilità della ragazza, Massimino non vuole ricorrere alle maniere forti, anzi: visto che la giovane è nobile, bella e intelligente, e considerato il coraggio che ha dimostrato nell'affrontarlo, la chiede in sposa seduta stante.

È certo che la ragazza sia felice di accettare la proposta, ponendo un lieto fine all'imbarazzante situazione.

Ma Caterina risponde con un «no» secco e inequivocabile.

A questo punto, Massimino Daia non ci vede più.

Ordina che la giovane sia arrestata e sottoposta a tortura.

Il corpo di Caterina viene dunque collocato su una ruota dentata perché ne faccia strazio.

Ciò che accade, tuttavia, ha dell'incredibile.

Mentre i denti della ruota affondano nelle carni di Caterina, le ferite si rimarginano all'istante, e dall'orrenda macchina la giovane esce viva e vegeta.

Il governatore, allora, decide di andare per le spicce, e dà ordine a un soldato di sguainare la spada e decapitarla.

Stavolta, Caterina non ha scampo, ma appena la sua testa viene spiccata dal corpo, appaiono degli angeli che raccolgono il cadavere, portandoselo via in volo, per lasciarlo su un'altura del Sinai, che ancora oggi si chiama Gebel Katherina, il monte di Caterina.

Santa Caterina, vergine e martire, entra così a far parte del martirologio cristiano; la sua celebrazione cade il 25 novembre, un mese prima di Natale, e secondo la leggenda i due giorni presentano sempre le stesse condizioni meteorologiche.

A causa del supplizio subito con la ruota, Caterina diviene la protettrice dei mugnai; ma non basta: per la sua capacità nel dibattere con i sapienti del governatore, si merita il titolo di patrona dei filosofi.

La storia sembra fare il paio con quella di Ipazia ed esserne una sorta di contrappeso, salvo un piccolo dettaglio: non ci sono testimonianze certe della vita di Caterina.

Anzi. Anche se il martirio di Caterina precede di oltre un secolo la morte di Ipazia, i primi riferimenti alla giovane alessandrina compaiono soltanto alcuni secoli dopo.

Sono considerazioni che alimentano dubbi.

È possibile che la storia di santa Caterina d'Alessandria, se non del tutto inventata, sia stata per lo meno idealizzata e fatta circolare per bilanciare il terribile destino di Ipazia.

Creare un precedente di segno opposto avrebbe potuto

pareggiare, se non addirittura giustificare, il trattamento riservato dai cristiani alla martire pagana.

Del resto, le somiglianze fra le donne sono notevoli.

Ambedue alessandrine, sono versate nella filosofia mostrando fin da bambine un'intelligenza brillante; ed entrambe sono vittime di corteggiamenti indesiderati, cui rispondono negandosi sdegnosamente.

Il corpo di Ipazia viene trascinato per strada e fatto a brandelli da cocci acuminati; quello di Caterina è straziato, benché poi miracolosamente sanato, dai denti di una ruota.

Soprattutto, sia Caterina che Ipazia restano salde nella loro fede provocando in pagani e cristiani una collera tale da finire assassinate.

Sono tanti gli elementi che concorrono a delineare un'ipotesi sorprendente: santa Caterina non è solo una martire creata ad arte, secoli dopo, per controbilanciare la tragica storia di Ipazia.

Con ogni probabilità santa Caterina «è» Ipazia.

Col passare dei secoli, la sua parabola è stata accolta dal cristianesimo, che l'ha uniformata a quella dei suoi martiri, costruendole attorno una leggenda a ruoli invertiti: non più una pagana perseguitata dai cristiani ma, come spesso è accaduto, una cristiana tormentata dai pagani.

Così, dopo secoli, la filosofa pagana è assurta agli altari della stessa fede che l'ha martirizzata.

3
Diocleziano

Le prime persecuzioni

Per secoli, il cristianesimo è *religio illicita*, ed è quindi proibito praticarla tra i confini dell'Impero.

Lo dichiara Nerone, e chi non rispetta la sua volontà può essere processato e condannato a pene che vanno dall'ammenda alla morte.

C'è quindi da aspettarsi che la sua diffusione rallenti, per poi sparire nell'arco di alcuni lustri.

Di fatto, lo sappiamo, le cose vanno diversamente.

Anzitutto perché a denunciare il crimine dev'essere un cittadino di provata correttezza e onestà; Traiano, per esempio, dispone di non tener conto delle soffiate dei delatori anonimi.

Inoltre, è solo quando i cristiani iniziano a rappresentare una minaccia concreta per la stabilità politica di Roma che il numero e la gravità delle accuse si fanno importanti.

Infine, i Romani, con il loro affollato pantheon, faticano a distinguere cristiani e giudei. Per loro chi venera un solo Dio in realtà non crede in nulla, tant'è che per Domiziano, sul finire del I secolo, il capo d'accusa per un cristiano è quello di essere ebreo e insieme ateo.

Solo a metà del II secolo dopo Cristo, con l'ascesa al trono di Marco Aurelio, si avvieranno indagini sistematiche senza il bisogno di una denuncia circostanziata.

Ma in quei cent'anni, i cristiani sono cresciuti di numero e influenza, a colpi di battesimi e conversioni. Un ulteriore aiuto arriva nel 212, quando la cittadinanza viene estesa a tutti gli abitanti dell'Impero; pur continuando a infrangere la legge, i loro diritti aumentano, perché ognuno di loro è «*civis romanus*».

A metà del III secolo, però, l'imperatore Decio scatena una violenta persecuzione.

Risoluto conservatore in materia religiosa, uno dei suoi primi atti è l'editto del 250 che prevede l'obbligo per ogni famiglia di sacrificare pubblicamente all'imperatore e a una divinità romana, non importa quale.

Compiuta l'offerta, un funzionario dell'Impero rilascia un certificato detto *libellus*, che attesta l'atto di lealtà.

Dal sacrificio vengono esentati i giudei, ma non i cristiani.

Alcuni di loro, detti lapsi, finiscono per accettare, sconfessando la fede in Dio, Gesù e i santi tutti.

Non manca certo chi inganna il sistema, mandando qualcun altro al proprio posto; i più ricchi non ci perdono tempo: mettono mano al portafoglio e ottengono il certificato corrompendo direttamente i funzionari.

Molti però si rifiutano di prender parte al rito, com'è il caso di Fabiano.

Salito al soglio pontificio per via di una miracolosa colomba che gli si era posata in testa durante l'elezione del 236, papa Fabiano non ci pensa proprio a onorare Giove, Marte, Nettuno o chi per essi.

I funzionari imperiali lo chiudono allora in una cella e ce lo lasciano a morire di fame, cosa che avviene puntualmente nel gennaio del 250.

Ma torniamo a Decio e alle sue ragioni: se nei due anni

in cui regna si accanisce sui cristiani, è per dare un segnale di forza e fermezza in un periodo storico in cui i confini dell'Impero sono minacciati dai barbari.

Pochi anni e tocca a Valeriano appoggiare nuovi soprusi; questa volta il motivo è il diffondersi della peste, segno che gli dèi non gradiscono chi predica il Vangelo.

O almeno, lui la interpreta così.

All'inizio le sanzioni sono contenute; la pena massima è l'esilio, e prima c'è il divieto di riunirsi tanto in pubblico che in privato.

Passano tuttavia pochi mesi e il Senato chiede di inasprire le misure. Si stabilisce che la pena per i sacerdoti di ogni ordine e grado sia la morte; per i nobili c'è il declassamento, per le matrone l'esilio, per i funzionari imperiali la riduzione in schiavitù.

Anche in questo caso un papa ci lascia le penne.

È Sisto II, che nel 257 sfida apertamente Valeriano riunendo i fedeli in un luogo pubblico, il cimitero di Pretestato sulla via Appia: alcuni documenti attestano che un manipolo di soldati irruppe sulla scena e lo decapitò all'istante.

Ma la diffusione del cristianesimo non si arresta.

E non sembra un caso che i due grandi persecutori del III secolo facciano una brutta fine: Decio muore in battaglia affrontando i Goti, mentre Valeriano viene preso prigioniero dai Sasanidi, sul confine fra l'Impero romano e quello persiano, e muore poco dopo.

Il successore di Valeriano, suo figlio Gallieno, decide allora di cessare le ostilità: teme che la cattura del padre dimostri che gli dèi hanno cambiato idea, e che sia meglio non irritarli ulteriormente.

E poi si vocifera che perfino sua moglie, Salonina, si sia convertita.

Quale che sia il motivo, Gallieno cancella le sanzioni e

tecnicamente, a partire dal 260, il cristianesimo cessa di essere *religio illicita*.

Nel 337 lo stesso imperatore Costantino si converte, mentre nel 380 Teodosio lo proclama religione di Stato.

Ma prima di arrivare al pieno riconoscimento, i cristiani devono affrontare un'ultima prova: la grande persecuzione di Diocleziano.

Un Impero nel caos

Nel III secolo dopo Cristo, l'Impero romano è sull'orlo del caos.

La peste e altre epidemie flagellano la popolazione, i terreni giacciono incolti, la gente muore per la fame e la violenza delle bande criminali.

Ma i problemi, oltre che sociali, sono anche politici; è la cosiddetta epoca degli imperatori-soldato, un periodo di crisi dove il passaggio da un regnante all'altro segue regole confuse.

All'improvviso, in qualche punto di un Impero sterminato che si estende da Spagna e Marocco fino al Medio Oriente, c'è una milizia che prende il proprio generale e lo nomina imperatore.

Così, e non di rado, le proclamazioni avvengono in contemporanea, portando a sanguinose lotte fratricide.

Tutto inizia nel 192, con la scomparsa di Commodo, l'ultimo della dinastia degli Antonini, sovrani che hanno reso l'Impero solido e prospero.

Dopo cinque anni di guerra civile, la spunta Settimio Severo, originario del Nord Africa, che abbandona il titolo di *princeps*, inteso come *primus inter pares*, per assumere quello di *Dominus ac Deus*, ovvero di «Signore e Dio».

Un modo spiccio per giustificare una presa di potere discutibile nei modi, e preoccupante negli effetti.

Il suo successore, Caracalla, promulga la *Constitutio Antoniniana*, che estende la cittadinanza romana agli abitanti di qualsiasi parte dell'Impero, purché non ridotti in schiavitù.

Da questo momento, il baricentro del potere si sposta da Roma alle province; anche quelle remote e difficilmente controllabili assumono grande rilievo.

È però Caracalla stesso a patirne gli effetti.

Viene infatti assassinato da una delle sue guardie, manovrata da Macrino, il prefetto del pretorio che gli succede al trono, ma solo per pochi mesi.

Macrino viene infatti assassinato e sostituito dal giovanissimo Eliogabalo, che introduce sofisticati culti orientali, e si interessa più di religione che di politica; questa la delega al cugino, Alessandro Severo, ma quando si accorge dell'ascendente che esercita sui soldati, dichiara ribelle lui e chiunque gli sia fedele, ordinando che siano tutti giustiziati.

I soldati, allora, insorgono davvero.

Invitano Eliogabalo in un accampamento, dove l'imperatore si presenta accompagnato dalla madre, Giulia Soemia.

Davanti alla malaparata, l'imperatore scappa, nascondendosi in una latrina; lì Giulia lo raggiunge, e sentendolo piangere lo abbraccia, nel vano tentativo di confortarlo.

Una volta decapitati, i loro corpi nudi vengono trascinati per le strade, fatti a brandelli e infine gettati nelle fogne.

Da questo momento il ruolo dell'esercito assume sempre maggior rilievo, non solo nella politica di espansione e di controllo, ma nella scelta diretta dell'imperatore.

Torniamo, per esempio, al già citato Valeriano, fatto prigioniero nel 260 mentre combatte i Sasanidi.

Dovrebbe succedergli il figlio Gallieno, ma Odenato, capo politico e militare in Oriente, si autonomina «re dei re», mentre in Occidente, nell'Impero delle Gallie, a essere eletto è Marco Postumo.

L'andazzo è dunque quello di imperatori che non hanno legami col Senato, come da tradizione, ma che vengono nominati per acclamazione; e, una volta sul trono, cercano consenso con azioni violente e opere di propaganda, vantando la protezione di una qualche divinità di cui si dicono gli emissari in terra.

Meno l'affermazione è credibile, più il novello imperatore cerca di dar rilievo a sé stesso e al proprio ruolo; peccato che in qualche punto dello sterminato Impero compaia presto un rivale acclamato da altre truppe e pronto a rivendicare il titolo.

Fra gli imperatori-soldato spicca, nel 235, Massimino il Trace, dove la Tracia grossomodo coincide con la zona meridionale della Bulgaria.

È il primo barbaro a essere eletto, il primo a non essere mai stato a Roma, e nemmeno ci andrà mai.

Trascorre infatti il suo breve regno impegnato in campagne militari, e muore nell'assedio di Aquileia, difesa dalle milizie inviate dal Senato di Roma, per impedirgli di giungere nella capitale.

A tradirlo sono i suoi stessi soldati, che cerca di impietosire facendosi scudo del figlio, col risultato che a morire tocca prima al bambino, poi al padre.

Il ruolo di Roma è sempre più marginale.

Resta l'abitudine che gli imperatori vi si rechino per inaugurare il proprio regno, ma si tratta solo di visite simboliche.

Intanto, continuano a cadere come foglie.

Gordiano si suicida un mese dopo l'ascesa al trono; Pupieno e Balbino, eletti simultaneamente dal Senato, finiscono assassinati dai pretoriani in un colpo di Stato.

Vittime di trame militari sono poi Treboniano Gallo, Volusiano ed Emiliano.

In Siria, il generale Macriano Maggiore non solo si fa proclamare imperatore, ma fa eleggere imperatori anche i suoi figli, Macriano Minore e Quieto. Inutile dire che fanno tutti una brutta fine.

In Pannonia, dopo Ingenuo, tocca a Regaliano.

In Rezia è la volta di Aureolo.

Nel 275, dopo cinque anni di regno, Aureliano viene assassinato dai pretoriani, Tacito viene avvelenato, Floriano ucciso da una spia dopo 88 giorni di governo; Probo resiste sei anni, Caro e Carino circa due anni ciascuno, mentre Numeriano muore nel 284, forse avvelenato dal suocero.

È il suo successore, Diocleziano, a porre fine al caos, riformando l'Impero e trasformandolo in modo radicale.

Per riuscirci, e non finire anzitempo vittima di qualche congiura, non esiterà a far scorrere il sangue.

Tanto sangue.

Diocleziano

Poco ci è noto della vita di Diocleziano.

Da secoli ci affidiamo a vaghi accenni in rari documenti, a congetture storiche più o meno audaci, a leggende create dal cerchio magico dello stesso imperatore, e ad aneddoti verosimili, diffusi dai nemici cristiani.

Certo è che il suo vero nome non è Diocleziano, ma Gaio Diocle, e che probabilmente nasce il 22 dicembre di un anno tra il 240 e il 245 a Doclea, nell'odierna Croazia.

La sua è una famiglia umile; il padre è un liberto, al servizio del senatore romano Anullino presso cui esercita il mestiere dello scriba.

Ragazzo brillante, ma privo di risorse, non gli resta che puntare alla carriera militare.

Mentre è di stanza in Mesia, viene nominato *dux*, comandante di truppa, e successivamente *comes domesticorum*, capo dei domestici.

Il titolo non deve trarre in inganno, perché i *protectores domestici*, comandati dal *comes domesticorum*, occupano un ruolo importante a palazzo, quello di guardie del corpo dell'imperatore.

I riconoscimenti gli arrivano in un momento imprecisato tra il 270 e il 283, quando sul trono si susseguono ben sette imperatori, alcuni di loro contemporaneamente.

Se non è possibile ricostruire nei dettagli l'ascesa di Diocleziano, è facile comprendere come ne abbia affrontato le tappe: il valore e il coraggio dimostrati in battaglia gli meritano ruoli di responsabilità che sempre più lo avvicinano alla figura dell'imperatore di turno; così all'incarico militare succede un mandato politico, e nel 283 arriva la nomina a console suffetto.

Dalla caduta dell'ultimo dei sette re di Roma, nel lontanissimo 509 avanti Cristo, Roma ha fondato il suo governo sulla figura dei consoli, i magistrati di più alto grado nella repubblica che, a due a due, vengono eletti all'inizio di ogni anno.

Il consolato resta, pur ridimensionato, anche nel corso dell'età imperiale, e con l'ampliamento del corpo politico si aggiungono nuove cariche.

Si tratta di consoli in sovrannumero, che non entrano in carica all'inizio dell'anno ma nei mesi successivi e ricoprono ruoli di importanza appena minore.

Sono, appunto, i consoli suffetti: personaggi che si sono distinti nell'agone politico o militare, dei quali Roma riconosce l'importanza affiancandoli ai due consoli tradizionali.

Tutto ci porta a pensare che Diocleziano sia riuscito nell'impresa di passare da figlio di un liberto a console, quindi a senatore.

Il Senato è la struttura di governo che la leggenda fa risalire a Romolo, e sopravvive per tutto l'arco della storia romana.

Anche oltre, a dire il vero, perché nonostante l'Impero d'Occidente cada nel 476 dopo Cristo, l'assemblea continua a riunirsi con Odoacre, re degli Eruli, e sotto i capi barbari che governano dopo di lui.

È solo all'inizio del VII secolo dopo Cristo che il Senato, riunito sempre più di rado, viene sciolto, e il luogo in cui si riuniva, la Curia Iulia nel Foro Romano, è trasformato in chiesa.

La carriera di Diocleziano è dunque un *cursus honorum* d'eccellenza: dopo essere stato condottiero, capo della milizia personale dell'imperatore, console e senatore, solo un titolo gli manca.

Della proclamazione conosciamo la data esatta, il 20 novembre del 284, e le circostanze che l'hanno resa possibile.

Imperatore

Nel 283 regnano Caro e i suoi figli, Carino e Numeriano.

E se al padre si aggiunge il titolo di «Augusto», i giovani si meritano l'appellativo di «Cesari».

Carino viene promosso ad Augusto quando Caro e Numeriano partono per una spedizione militare in Persia, nella prolungata e snervante guerra contro i Sasanidi.

Ma la campagna viene funestata da una tragedia.

Caro consulta un oracolo che gli suggerisce di procedere nell'avanzata, ma fino a un certo punto e non oltre; l'imperatore però non resiste e, poco dopo aver superato il limite indicato dal veggente, viene incenerito da un fulmine caduto a ciel sereno... in Medio Oriente e in piena estate.

A questo punto l'Impero passa nelle mani dei due figli: Carino in Occidente e Numeriano in Oriente.

Ma quest'ultimo, nel timore di finire ai margini, decide di tornare a Roma.

Il viaggio è una tortura: Numeriano, infatti, ha una malattia agli occhi che gli impedisce di esporsi alla luce. Utilizza pertanto una lettiga, con le tende sempre tirate, cui ha accesso un unico consigliere, suo suocero Arrio Apro, prefetto del pretorio.

Dopo ogni consultazione, Arrio esce dalla portantina e trasmette ai soldati gli ordini dell'imperatore.

Un giorno, giunti nei pressi di Antiochia, i soldati si accorgono di qualcosa di strano: dalla lettiga emana un fetore disgustoso. Forse il morbo dell'imperatore si è diffuso ad altri organi, ma nessuno ha mai sentito un tanfo simile.

Per mettere fine alle voci, ad Arrio Apro non resta che far visita all'imperatore, con cui s'intrattiene alcuni minuti prima di congedarsi e rassicurare tutti: è vero, Numeriano è peggiorato, ma non tanto da interrompere il viaggio.

Quando però il puzzo si fa insopportabile, i soldati prendono coraggio ed entrano nella lettiga dell'imperatore.

Lo trovano morto da un pezzo, evidentemente avvelenato dal suocero, che tuttavia si dichiara estraneo al delitto.

In effetti non si comprende quale potesse essere il suo piano; forse contava di far sparire il cadavere senza che nessuno se ne accorgesse, e davanti al mistero di un corpo volatilizzato, sperava che le truppe lo proclamassero nuovo imperatore.

C'è però un'altra teoria, forse più inquietante, e coinvolge Diocleziano, che viaggia al seguito della spedizione.

Non appena si scopre che l'imperatore è morto, Diocleziano è il primo ad accusare Arrio Apro d'averlo ucciso.

In quanto capo delle guardie del corpo il suo è un parere decisivo, e fa dunque condurre l'uomo al suo cospetto.

Non lo degna di uno sguardo.

Si limita a fissare il cielo e, sguainando la spada, lo passa a fil di lama, mentre pronuncia una frase sibillina: «Non desidero il regno».

Sono in pochi a capirla, solo quelli che erano con lui a Liegi nel 270 e che avevano assistito a questa scena: aveva appena consumato il pasto in una locanda, questionando sul prezzo, quando gli si era avvicinata una druidessa, rimproverandolo per la sua avarizia; Diocleziano le aveva risposto che appena divenuto imperatore non avrebbe più badato a spese.

La donna gli aveva allora profetizzato che ci sarebbe riuscito, ma solo dopo aver ucciso un cinghiale, *aper*, in latino.

E Arrius Aper, Arrio Apro, è il nome del traditore.

Una coincidenza, o più probabilmente una bella storia costruita a posteriori.

Con l'uccisione di Arrio, Diocleziano dimostra la propria fedeltà all'imperatore assassinato, e l'inflessibilità nel difendere l'Impero.

Qualcuno lo acclama il nuovo Enea, il rifondatore di Roma o, almeno, della sua credibilità. Ma anche senza arrivare a tanto, gli ufficiali presenti non hanno dubbi: il nuovo imperatore non può che essere Diocleziano.

Il grande riformatore

È in quel momento che Gaio Diocle assume il nome di Gaio Valerio Diocleziano, cui un paio d'anni dopo aggiungerà anche un Aurelio. È un tentativo di romanizzarsi, prendendo appellativi dalla storia imperiale, con cui Diocleziano dichiara di volersi muovere in continuità.

Anche la modifica da Diocle a Diocleziano è una mossa strategica. Infatti, nella tradizione romana, il suffisso «-iano» è aggiunto ai nomi di chi viene adottato; così, cambiando il proprio nome, Diocleziano si dichiara adottato da Carino, l'imperatore sul trono.

È tuttavia un gesto che Carino non riconosce, tanto che decide di muovergli guerra.

Le sue truppe avanzano verso est, fino alla confluenza fra Danubio e Morava, appena sopra Belgrado, e lì trovano schierate le milizie di Diocleziano.

Siamo nell'estate del 285 e la battaglia ha uno sviluppo sorprendente: consapevoli dell'abilità di Diocleziano, molti si aspettano una sua facile vittoria; ma, contro ogni pronostico, sono gli avversari a prevalere, anche se di poco.

Peccato che, entusiasta per l'inatteso successo, Carino ecceda nel bere, e trascinato dagli istinti, inizi a molestare ogni donna che incontra, fra cui anche le mogli dei suoi ufficiali, che non tollerano l'offesa.

Così alcuni, più irritabili di altri, con un balzo gli saltano addosso e lo ammazzano a coltellate.

Anche su questo episodio, tuttavia, si allunga l'ombra della congiura. Diocleziano ha una quinta colonna in Tito Claudio Aristobulo, prefetto al pretorio di Carino, al quale promette di mantenere il posto se lo aiuterà a disfarsi del rivale.

E Aristobulo è, molto probabilmente, colui che fomenta la reazione sanguinaria dei soldati agli eccessi di Carino.

Diocleziano diventa così l'unico imperatore legittimamente riconosciuto, e provvede subito alla *damnatio memoriae* del rivale, cancellando ogni traccia della sua passata esistenza.

È un segnale del modo in cui intende governare: da un lato grande coraggio nell'introdurre novità radicali rispetto al passato, dall'altro pugno di ferro nei confronti di chiunque osi ostacolarlo.

La tetrarchia

La sua riforma più famosa è l'istituzione della tetrarchia, letteralmente il «governo dei quattro».

Diocleziano, infatti, non ha figli maschi.

La moglie Prisca, a cui si è legato ben prima che la sua carriera decollasse, gli ha dato una sola figlia femmina, Valeria, e non è possibile che una donna ascenda al trono di Roma.

Pertanto, se vuole garantire continuità alla propria stirpe, Diocleziano deve inventarsi una diversa strategia.

Decide così di associare al trono tre figure, con cui divide le incombenze imperiali.

Il sistema è complicato ma funzionale, garantendo nuove procedure nella gestione del potere.

In sintesi, a capo dell'Impero ci sono quattro regnanti.

Due di questi sono denominati «Augusti», per via della loro età ed esperienza; gli altri due, più giovani, sono chiamati «Cesari».

A questi ultimi è garantita l'eredità al trono: quando gli Augusti non ci saranno più, per morte o rinuncia, saranno i Cesari a subentrare.

In quel modo, i Cesari diverranno Augusti, e nomineranno due nuovi Cesari garantendo la continuità della linea dinastica.

È un impianto che, anzitutto, regolamenta la successione al trono. Poi, ripartisce le incombenze di governo fra più soggetti, cosa già avvenuta in precedenza, ma sempre lasciata alla libera iniziativa, se non all'improvvisazione.

Infine, con un sistema sostanzialmente meritocratico, delega le scelte decisive per l'Impero a un gruppo di persone competenti e che agiscono di concerto.

La gerarchia all'interno dei tetrarchi è ispirata, benché mai espressamente dichiarata, ad aspetti religiosi.

Poiché con l'avvento degli imperatori-soldato, nel clima di sostanziale anarchia del III secolo, è sorta l'abitudine di legare chi regna ai favori di una divinità, Diocleziano stabilisce che i due Augusti siano posti sotto la protezione, rispettivamente, di Giove e di Ercole.

Un Augusto assume perciò l'appellativo di Giovio, l'altro di Erculeo.

Ma, nella mitologia romana, Ercole è figlio di Giove; perciò il suo sostegno è meno importante di quello assicurato dal dio del fulmine, che Diocleziano tiene per sé.

In questo modo, si ritrova a essere sì uno dei quattro imperatori, ma con ogni evidenza il più importante.

È infatti l'Augusto Giovio, superiore all'Augusto Erculeo, al Cesare Giovio e al Cesare Erculeo.

Per giungere alla nuova forma di governo occorre qualche anno. Il primo a entrare in squadra, come Augusto Erculeo, è un soldato della Pannonia, Massimiano. Per Diocleziano è la persona più fidata, già suo compagno d'armi, e lo affianca dal 286.

I Cesari arrivano nel 293.

Sono Costanzo, detto «Cloro» per via del pallore giallastro dell'incarnato, e Galerio.

Quanto alla residenza imperiale, Diocleziano si prende Nicomedia, antica città nel Nord della Turchia, dove pone la corona di Cesare sul capo di Galerio; a Massimiano viene lasciata la sede di Milano, dove viene poi incoronato Costanzo.

Così, di fatto, si gettano le basi della divisione tra Impero d'Oriente e Impero d'Occidente.

A Galerio, Diocleziano dà poi in sposa sua figlia, mentre Costanzo si imparenta con Massimiano.

I tetrarchi diventano una specie di grande famiglia, e come accade nel gruppo scultoreo di San Marco, a Venezia, vengono ritratti abbracciati e con fattezze indistinguibili, quattro incarnazioni dello stesso principio: il potere imperiale.

Un paradosso, se si pensa che la vastità dei territori e gli impegni militari per salvaguardarne i confini impediscono una sola riunione in cui siano presenti tutti, Cesari e Augusti.

Ma l'Impero funziona, suddiviso in quattro aree, ciascuna delle quali è sottoposta al governo diretto di un imperatore.

Diocleziano, intanto, miete successi nelle campagne militari passando di vittoria in vittoria.

Riforma l'esercito rendendolo più strutturato e adeguato, incrementando notevolmente il numero delle reclute.

Rivede il sistema fiscale in modo che da un lato risulti più giusto, dall'altro garantisca maggiori introiti alle casse imperiali.

Riorganizza anche la geografia politica dell'Impero, modificando i confini delle province, rendendole più numerose e piccole, così da essere meglio gestibili.

L'Italia, che dalle origini è sempre stata un territorio amministrato direttamente da Roma e non una sua provincia, assume ora la stessa organizzazione dei più remoti angoli dell'Impero.

D'altro canto, l'Augusto non accetta che la propria autorità sia messa in discussione, che la sua immagine venga macchiata.

Quando Galerio viene sconfitto dal re persiano Narsete, ecco che Diocleziano dimentica la parità fra i tetrarchi: fa percorrere al Cesare un intero miglio a piedi, per umiliarlo davanti ai soldati romani sconfitti non dal nemico ma dalla pochezza tattica del loro comandante.

Che Diocleziano abbia a cuore la propria immagine, lo si comprende poi dall'enorme cantiere, quello delle terme a lui dedicate.

È Massimiano a dare avvio al progetto nel 298, smantellando un intero quartiere per costruire un complesso grande due volte quello di Caracalla.

In ogni angolo campeggiano iscrizioni dove i regnanti vengono chiamati «gli invincibili Diocleziano e Massimiano», ed è spiegato che Massimiano è sì l'autore materiale delle terme, ma le ha progettate consacrandole «al nome di Diocleziano, suo fratello».

Le manie di grandezza, probabile compensazione delle sue umili origini, non si limitano tuttavia alle guerre, alle riforme o agli splendidi edifici, ma si rivelano chiaramente in ambito religioso.

Dominus

Diocleziano introduce il culto dell'imperatore, imponendo d'essere pubblicamente adorato; dispone quindi nuove regole in tema d'abbigliamento, rendendolo più lussuoso, ornandosi le vesti con gemme e preziosi.

Prende il titolo di *dominus*, «signore», e se in passato agli imperatori erano rivolti i saluti riservati alle più alte cariche, Diocleziano dà il via all'usanza della *proskynesis*, l'atto di inginocchiarsi al suo passaggio.

Se poi gli si vuole consegnare un dono, bisogna farlo a mani velate, così che non rischi d'essere contaminato.

Nelle zone orientali dell'Impero viene persino adottato un nuovo calendario, che registra il tempo a partire dalla sua presa di potere, dove il 284 diventa perciò l'anno zero.

In realtà a Diocleziano, anche se indirettamente, dobbiamo il nostro modo di contare gli anni.

Succede infatti che Dionigi il Piccolo, un monaco che vive a Roma nel VI secolo, trovi inaccettabile che in un mondo ormai cristianizzato il calendario inizi con l'ascesa al trono di un pagano; per di più responsabile della più grande persecuzione della storia.

Ma non lo convince nemmeno il computo *ab urbe condita*, quello che muove dalla fondazione di Roma.

Perché allora non partire dal momento in cui, secondo i cristiani, la storia è radicalmente cambiata?

Perché non fissarlo nel vagito di un piccolo, nato a Betlemme?

Perché non distinguere fra un avanti Cristo e un dopo Cristo?

Con il nuovo conteggio, la fondazione di Roma avviene nel 753 avanti Cristo e l'ascesa di Diocleziano nel 284 dopo Cristo.

Solo che Dionigi sbaglia i calcoli.

Finisce per collocare la nascita di Gesù qualche anno dopo rispetto al momento in cui è davvero avvenuta.

Pertanto, l'intera nostra stima del tempo si fonda su un errore.

Se infatti si considera il passaggio della stella cometa, gli atti e i documenti di Ponzio Pilato, il censimento voluto dall'imperatore, Gesù risulta nato il 6 avanti Cristo.

Il ritorno della persecuzione

Giunto ai quarant'anni, a Diocleziano non basta più un posto in seconda fila tra le divinità romane; proprio non tollera chi adora un altro dio, come fanno i cristiani.

È questo lo scenario in cui decide di tornare a un'antica tradizione dell'Impero: la persecuzione sistematica dei cristiani.

La prima avvisaglia arriva nel 302, quando il proconsole d'Africa scrive a Diocleziano denunciando una setta, un gruppo di esagitati che ritiene pericoloso; si tratta dei manichei, il cui culto è stato fondato dal profeta Mani, e si basa sulla contrapposizione tra un principio del bene e un principio del male.

Non sono cristiani, ma a Diocleziano vanno benissimo per dare l'esempio: in fondo il culto manicheo nasce nell'Impero sasanide, da tempo acerrimo nemico di quello romano.

Colpire duramente i manichei è un modo per dimostrare come, agli occhi dell'imperatore, politica e religione costituiscano una cosa sola.

Passa all'incirca un anno e questa volta tocca proprio ai cristiani.

Diocleziano e Galerio si trovano ad Antiochia, intenti a celebrare un sacrificio per trarre presagi sull'imminente campagna militare.

È una cerimonia religiosa, e insieme un atto pubblico e di grande rilievo, ma qualcosa va storto, e non si riesce a giungere a un responso.

Diocleziano non è tipo da tollerare inciampi: irritato, si rivolge all'aruspice e gli chiede ragione dell'intoppo.

L'uomo gli risponde che ci sono troppi cristiani tra i soldati, a cominciare dalle stesse truppe che li circondano in quel momento. E questo ha irritato profondamente gli dèi, che taceranno fino a quando il problema non sarà risolto.

Il primo decreto di Diocleziano, dunque, è volto a impedire ai cristiani di far parte dell'esercito e, per estensione, di coprire alcun ruolo come funzionari imperiali.

A suggerire l'opportunità di atti più radicali è probabile siano due intellettuali: Porfirio, filosofo neoplatonico, e soprattutto Ierocle di Alessandria.

Quest'ultimo accusa i cristiani d'essere illogici e assurdi, di confondere un mortale, Gesù, con il figlio di Dio, di credere ai suoi miracoli ma non a quelli, ben più spettacolari, compiuti dal contemporaneo Apollonio di Tiana; lui sì che faceva magie, che appariva e scompariva quando gli pareva, e, per finire, era davvero salito in cielo.

Non è da escludere che a fomentare gli animi ci pensi Galerio; il delfino di Diocleziano, infatti, ha una madre fedele agli antichi culti, fin quasi ossessiva.

La irritano oltremodo i cristiani, che ostentano pubblicamente i loro digiuni e le preghiere.

È facile immaginarla incitare il figlio a prendere provvedimenti, e Galerio insistere affinché Diocleziano passi alle maniere forti: ripristinare i sacrifici obbligatori e bruciare vivo chiunque si rifiuti di praticarli.

L'imperatore decide così di consultare l'oracolo di Apollo, e l'intervento della divinità finisce per risultare decisivo non solo per i Romani ma anche per i cristiani.

L'imperatore, infatti, avvia la persecuzione dopo che il dio gli concede il suo appoggio; i cristiani, d'altro canto, si convincono che l'improvvisa ostilità, dopo decenni di pacifica convivenza, è una prova voluta dal Signore, stanco della troppa corruzione e delle infinite eresie.

L'accanimento di Diocleziano viene dunque vissuto come un atto di purificazione sia da parte dei persecutori che dei perseguitati.

Tutto precipita nell'inverno del 303, in occasione della festa dedicata a Terminus, il Dio che protegge i confini geografici e culturali dell'Impero.

La motivazione ufficiale è che «i cristiani hanno abbandonato la dottrina dei loro antenati; [...] hanno abbandonato il buon senso, e si sono dati a una tale arroganza da non seguire più gli insegnamenti degli antichi ma da farsi, ciascuno come gli pareva, le proprie leggi, riunendo numerose persone per osservarle».

Il 23 febbraio iniziano le violenze: viene saccheggiata la chiesa di Nicomedia, città in cui Diocleziano ha stabilito la sua sede imperiale. Altre chiese vengono distrutte, le statue abbattute a martellate. I cristiani vengono perquisiti e obbligati a consegnare i testi sacri affinché siano dati alle fiamme.

Agli aristocratici toccano le catene della schiavitù, le classi nobiliari perdono lo status, e tutti sono privati del diritto d'accusa e difesa in tribunale.

La situazione si complica quando una mano ignota appicca il fuoco al palazzo imperiale di Nicomedia. Subito si sparge la voce che sia colpa dei cristiani, ma non è escluso che il responsabile sia lo stesso Galerio, alla ricerca di un pretesto per inasprire i toni.

Comunque sia, l'effetto è inevitabile.

Diocleziano dà ordine che chi oppone resistenza sia torturato, un trattamento che da tempo l'Impero riservava ai delinquenti delle classi più povere ed emarginate.

Quando un secondo incendio divampa nel palazzo imperiale, Diocleziano emana un nuovo editto.

Questa volta fa arrestare tutti i membri del clero, costringendoli a sacrificare agli dèi; in uno scenario surreale, coppie di soldati tengono fermi i sacerdoti mentre altri due muovono loro le braccia.

Chi si piega al culto pagano ottiene la libertà, chi resiste viene torturato fino a quando non cede; e per chi ancora sopporta, la crudeltà delle sevizie è tale da non lasciare scampo.

Diaconi, sacerdoti e vescovi vengono gettati in carceri che già traboccano di delinquenti comuni; tanto che, nell'autunno del 303, Diocleziano è costretto a concedere un'amnistia, da cui tuttavia esclude i cristiani.

L'anno successivo, la persecuzione trova nuovo carburante in un terzo editto, anche questo probabile frutto della volontà di Galerio, più che dello stesso Diocleziano.

E le condanne dirette a morte?

Ci sono, ma non sono numerose.

È il caso per esempio di Romano di Antiochia, che diverrà martire e santo.

Diacono, scandalizzato nel vedere i confratelli cedere e rassegnarsi a compiere sacrifici agli dèi pagani, non teme di ammonirli pubblicamente, gridando loro di mantenersi saldi nella fede.

Cosa che i funzionari imperiali, naturalmente, non gradiscono. Danno così l'ordine di arrestarlo, ma, visto che non smette di strepitare, di tagliargli prima la lingua.

E, una volta in carcere, dopo aver patito le abituali torture, viene strangolato con un laccio da uno zelante soldato.

I numeri della strage

Tra racconti d'indicibili violenze e di martiri indomiti, resta un dato di fatto: la grande persecuzione di Diocleziano, alla fine, non è poi così terribile.

Almeno nei numeri.

Dura sì per otto anni, ma se l'accanimento è severo a Oriente, non altrettanto accade nelle terre d'Occidente.

In Italia si interrompe formalmente già nel 306.

Le cifre poi non tornano; documenti attendibili parlano di meno di un centinaio di vittime, un po' poche per parlare di strage.

Perché dunque quella di Diocleziano passa alla storia come «grande persecuzione»?

Più per l'efficacia che per la crudeltà.

Quando nel 305 Diocleziano e Massimiano abdicano, lasciando il ruolo di Augusti a Galerio e Costanzo Cloro, probabilmente ritengono il cristianesimo una stravaganza prossima alla fine.

Il loro accanimento, almeno a est, ha infatti abbattuto la struttura della Chiesa: i vescovi sono stati deposti, le case del Signore bruciate, i sacerdoti costretti a praticare riti pagani, i fedeli convinti, con le buone o con le cattive, a consegnare i testi sacri e a tornare ai costumi degli antenati.

Ma gli imperatori dimissionari non sanno che la loro campagna d'odio si trasformerà in un incredibile strumento di propaganda. Aggrediti e dichiarati fuori legge, i cristiani trovano nuovo vigore per radicarsi nell'Impero, compattandosi ed esaltando le infinite storie delle loro vittime, in un martirologio che prende i toni della leggenda.

Una famiglia cristiana

Sono tanti i racconti che fioriscono attorno alla persecuzione dei cristiani.

Cominciano sempre con i cruenti dettagli delle torture inflitte ai martiri, per terminare con un finale consolatorio: la morte parimenti atroce dei loro aguzzini.

Prendiamo per esempio la fine di Galerio, per molti il vero responsabile della persecuzione.

Poco dopo l'editto generale di tolleranza, che nel 311 pone fine a lotte e soprusi, al Cesare Giovio va in gangrena un arto, e nulla può alleviare il dolore dell'avanzante, inesorabile putrefazione.

Un destino che risparmia Diocleziano, del cui trapasso conosciamo poco.

Nulla di sorprendente per un imperatore la cui vita è avvolta dal mistero, tanto che nemmeno sappiamo che faccia avesse, perché non c'è effigie giunta fino a noi che sia simile a un'altra, si tratti di sculture o di monete.

C'è poi una vicenda avvolta da un velo d'ombra: il sospetto che a indurlo ad abdicare sia stata la scoperta della conversione al cristianesimo della moglie Prisca e della figlia Valeria.

Una scelta originata da un fatto curioso, ovvero lo strano turbamento in cui cade la figlia dell'imperatore, cui nessun medico riesce a dare spiegazione e cura.

Almeno fino a quando non si consulta Ciriaco, un ricco romano convertito.

L'imperatore lo convoca a palazzo, non è chiaro a quale titolo, e l'uomo risolve presto il mistero: non c'è nessuna malattia, il problema è che la ragazza è posseduta.

Pratica, dunque, un esorcismo e la libera dalla diabolica possessione.

Impressionate e riconoscenti, la moglie e la figlia di Diocleziano si convertono al cristianesimo.

Diocleziano no, ma regala una casa al guaritore e lo mette al riparo dalle persecuzioni. Peccato che la sua protezione venga meno nel momento in cui decide di abdicare.

Ci pensa Massimiano a ucciderlo, e la storia ci potrebbe anche stare, non fosse per una serie di fatti che non tornano.

Per esempio, i documenti dicono che la figlia dell'imperatore si chiamava Artemia e non Valeria; lo stesso miracolo, poi, Ciriaco lo aveva già compiuto con il re di Persia. Ma soprattutto non si capisce come Massimiano abbia potuto sfidare Diocleziano, visto che entrambi avevano simultaneamente rinunciato al trono.

Le voci si spargono, fioriscono nuove versioni, prontamente riprese dalla propaganda cristiana; un racconto suggestivo narra di come la moglie di Diocleziano abbia abbandonato l'antica fede non per via di Ciriaco, ma dopo aver conosciuto di persona san Giorgio e assistito al suo supplizio.

Giorgio è un soldato dell'Impero, originario della Cappadocia, promosso guardia del corpo di Diocleziano fino a quando si converte rifiutandosi di sacrificare agli dèi.

Per questo viene sottoposto alle solite torture: lasciato sospeso a mezz'aria e battuto come una pignatta, lacerato con una spada e gettato in carcere, infine tagliato in due con una ruota irta di chiodi.

Ciò nonostante, Giorgio non muore.

O, secondo alcune fonti, trapassa e risorge.

Converte i commilitoni e uccide chi non lo segue, entra in un tempio pagano abbattendone le statue, risuscita persone sepolte prima della nascita di Cristo, le battezza e le fa sparire di nuovo, per timore che siano perseguitate, ora che sono cristiane.

In tutto ciò, converte anche l'imperatrice, causando l'ira di Diocleziano che lo fa decapitare.

Lo stesso trattamento riserva alla moglie, che sarà di lì a poco venerata col nome di santa Alessandra da Roma.

A chi contesta che la consorte dell'imperatore si chiamava Prisca e non Alessandra viene risposto che non c'è contraddizione: evidentemente, Alessandra era stata la sua prima moglie.

Ma ecco un'altra storia fantastica, che ancora una volta vede al centro Diocleziano e le sue malefatte.

Si racconta che l'imperatore, colpito dalla bellezza della nipote Susanna, decida di darla in moglie a Massimiano, l'Augusto Erculeo.

Ma Susanna non ci pensa proprio a sposare un pagano e, quando le mandano gli ambasciatori per convincerla, lei non si scompone e li converte tutti.

Allora Diocleziano organizza una trappola: fa in modo che la ragazza si ritrovi sola con Massimiano; costretta con la forza a un rapporto, a Susanna non sarebbe rimasto che accettare un matrimonio riparatore.

Quando però arriva nel luogo convenuto, Massimiano si trova davanti un angelo, che si piazza sopra Susanna e lo costringe alla fuga.

Esasperato, Diocleziano ordina il martirio della fanciulla:

a raccogliere con un panno il sangue che le sgorga dal collo è la stessa moglie dell'imperatore, che si è convertita al cristianesimo ma che in questa versione non si chiama né Prisca né Alessandra.

Il suo nome è Serena.

La legione tebea

Un'ultima, mirabolante epopea, è quella di un intero esercito condannato al martirio.

Si chiama «legione fulminante» perché è composta da soldati di grande valore, preziosissimi nella guerra che l'Impero romano combatte contro i Sasanidi, ai confini con la Persia.

Ne fanno parte seimila uomini originari di varie zone dell'Asia e dell'Africa: l'Etiopia, la Nubia e soprattutto la Tebaide.

Per questo è nota anche come «legione tebea».

Ma la sua vera particolarità è che il comandante, Maurizio, accoglie solo soldati di provata fede cristiana.

La fama dell'unità militare si diffonde rapidamente in tutto l'Impero, al punto che l'imperatore Massimiano ne chiede l'intervento in Occidente, per combattere contro i barbari.

La legione raggiunge Massimiano a Octodurum, città della Svizzera francese che oggi si chiama Martigny.

Prima della battaglia, l'imperatore ordina che tutti i soldati pratichino i consueti sacrifici in onore degli dèi, ma la legione tebea si rifiuta.

Maurizio dichiara a chiare lettere che lui e i suoi uomini seguono esclusivamente il culto cristiano.

Ciò che accade dopo ha del clamoroso.

Maurizio intima ai suoi uomini di seguirlo e, lasciando l'imperatore con un palmo di naso, porta la legione tebea nella vicina cittadina di Acaunum, oggi nota come Saint-Maurice.

Per Massimiano l'affronto è senza pari: non solo il comandante e i suoi uomini hanno disatteso i suoi ordini, ma lo hanno umiliato con una diserzione pubblica.

La punizione non può che essere esemplare.

L'imperatore comanda al resto delle truppe di abbandonare gli scontri col nemico e di darsi all'inseguimento dei fuggitivi.

Una volta catturati, dispone che siano flagellati fino a che non riconoscano il proprio errore, si pentano e rientrino nei ranghi. Ovviamente non prima di aver sacrificato agli dèi.

Ma, come un sol uomo, l'intera legione rifiuta.

Massimiano dispone allora che sia praticata la decimazione, ovvero che ogni dieci uomini ne venga preso uno e sia subito decapitato.

Muoiono così circa seicento soldati.

Anche questo però non smuove i compagni d'arme.

La loro fermezza irrita l'imperatore, che dà ordine siano sterminati; ma desta anche l'ammirazione degli altri soldati: alcuni dei militi dell'imperatore si rifiutano di uccidere i propri colleghi cristiani, e patiscono la stessa sorte, vittime di una carneficina tutta interna all'esercito romano.

Nessuno deve farla franca, tuona l'Augusto, così la caccia ai superstiti si estende a tutto il Nord Italia.

San Secondo viene catturato prima ancora di raggiungere le Alpi. Incatenato, lo trascinano in un paesino del Biellese dove viene giustiziato.

Sant'Alessandro, vessillifero della legione, riesce a fuggire a Milano. Scelta poco accorta, poiché si tratta della sede imperiale: infatti Massimiano riesce a scovarlo e lo fa imprigionare.

In suo soccorso gli appare tuttavia san Fedele, che gli mostra come evadere e raggiungere la città di Como.

Qui, di nuovo, sant'Alessandro viene arrestato e questa volta condannato a morte; i suoi carcerieri, però, colgono l'alone di santità che lo circonda e, intimoriti, non osano torcergli un capello.

Lo lasciano andare e lui corre a Bergamo, dove anziché nascondersi si dà alla pubblica predicazione. È l'ultima tappa della sua vita terrena.

Di nascosto, alcuni cristiani ne recuperano il corpo per dargli sepoltura; mentre lo trasportano, per riposarsi, lo posano su un prato; e il sangue che gocciola dal collo, al contatto con l'erba, dà miracolosamente vita a splendidi fiori.

San Giuliano, invece, viene accolto in un piccolo villaggio. Finisce ucciso dagli altri pastori locali, invidiosi del suo gregge.

I santi Avventore e Ottavio vengono presi e decapitati vicino a Torino; san Solutore, loro compagno di fuga, si rifugia in una caverna, ma viene scoperto e ucciso.

I loro cadaveri vengono seppelliti insieme in una fossa scavata apposta da una pia donna.

San Besso riesce a raggiungere la val Soana, dove si dedica a una rapida opera di evangelizzazione. Quando però viene scovato, i pagani lo uccidono lanciandolo dalla sommità del Monte Fautenio, sulle alpi liguri; schiantandosi al suolo, il suo corpo lascia un'impronta su cui verrà poi innalzato un santuario.

Sant'Antonio di Tebe, seppur ferito, riesce a raggiungere Piacenza. Scelta la strada della predicazione, viene facilmente scoperto e lì tratto in arresto.

Gli viene imposto di onorare Minerva, ma nuovamente si rifiuta; stavolta viene decapitato per direttissima, e il suo corpo gettato nel fiume Trebbia.

Anche san Valeriano viene raggiunto da soldati fedeli a Massimiano mentre predica in val di Susa. In attesa del martirio, si inginocchia a pregare, lasciando un'impronta incancellabile al suolo.

Santa Varena, vivandiera della legione tebea, trascorre fra le Alpi Svizzere il resto della vita: breve, tuttavia, poiché si dedica alla cura dei lebbrosi, viene contagiata e muore.

Solo pochissimi membri della legione tebea riescono a mettersi davvero in salvo; vagheranno per le valli lombarde e piemontesi, convertendo contadini e pastori.

Uno di loro, san Donnino, riuscirà a fare miracoli anche dopo essere stato decapitato.

Raccolta la propria testa sottobraccio, guada un fiume e guarisce una donna morsa da un cane rabbioso.

4
Commodo

Marco Aurelio: l'imperatore filosofo

Se qualcuno si prendesse la briga di stilare una classifica degli imperatori ideali, al primo posto metterebbe senz'altro Marco Aurelio.

Nato Marco Annio Catilio Severo, nel 161 dopo Cristo inizia a regnare su Roma con il nome di Marco Aurelio Antonino.

Non solo è accorto nell'amministrazione e coraggioso sul campo di battaglia, ma si distingue per la sua vena d'intellettuale, amante delle lettere e versato nella pittura.

La sua vera passione, però, è la filosofia.

Segue la dottrina degli stoici, i pensatori più rigorosi e austeri, secondo i quali l'uomo non può opporsi al proprio destino, determinato dalla struttura stessa dell'universo. Perciò, quale che sia il ruolo che ci tocca in sorte, va accettato con distacco e fermezza.

Vale per chi, come il filosofo Epittèto, nasce schiavo, e per chi, come Marco Aurelio, è destinato a comandare un Impero.

Marco Aurelio aderisce alla dottrina con sobrio trasporto. Pur non dotato di una costituzione fisica robusta, pratica gli insegnamenti dello stoicismo fino alla privazione dei piaceri.

È di sicuro l'imperatore meno interessato all'ostentazione che si sia mai visto.

Questo lo favorisce durante le campagne militari, con tutti i disagi che comporta la vita negli accampamenti.

E al fronte lo troviamo spesso, impegnato a combattere contro i barbari che arrivano dalla Germania.

Sono loro a rappresentare la principale minaccia per Roma.

Divisi in due grandi tribù, i Quadi e i Marcomanni, prima si ammassano all'altezza del Danubio, poi da lì avanzano fino alle Alpi, e dopo aver valicato la naturale linea di difesa, sfondano in Veneto, arrivando nei pressi di Aquileia.

Marco Aurelio, da ottimo comandante e saldo stoico, non batte ciglio. Sa che per fermarli avrà bisogno di rinforzare l'esercito, di aumentare gli organici, e questo comporta un costo.

Non ci pensa un minuto a impegnare parte del tesoro imperiale pur di mettere insieme nuove legioni.

Marco Aurelio stabilisce il suo quartier generale a Carnunto, al confine tra l'Austria e la Slovacchia, praticamente a due passi da Bratislava.

Lì resta a combattere i Quadi per tre anni, dal 169 al 171.

Ai generali, che lo seguono fedelmente, dice che la vera Roma è lì, nel luogo in cui l'imperatore ne difende i confini.

L'imperatrice e i gladiatori

Sconfitti i Quadi, nel 172 arriva la prima vittoria sui Marcomanni, e contenuto il problema al Nord, Marco Aurelio può dedicarsi alle campagne difensive in Oriente.

Accanto a lui, inseparabile, la moglie Faustina Minore, che manifesta una particolare passione per i giochi gladiatori.

Ne è ossessionata, tanto che si racconta si sia immersa in

una vasca colma del sangue dei lottatori uccisi, ed eccitata dall'esperienza si sia congiunta al marito concependo due gemelli: Lucio Elio Aurelio Commodo e Tito Aurelio Fulvio Antonino, che scompare nel 165, a soli quattro anni.

Nel 169 muore anche l'ultimo figlio, Marco Annio Vero Cesare, lasciando Commodo unico erede maschio.

Presto si trova ad accompagnare la mamma nelle arene, godendo di scene poco indicate per l'animo di un bambino.

A meno di dar retta a un'altra diceria: Faustina non si sarebbe limitata al bagno di sangue, ma avrebbe avuto come amante un gladiatore; i gemelli sono stati il frutto dell'adulterio, presto coperto da un frettoloso rapporto col marito, nel fondato timore che se l'imperatore l'avesse scoperta il suo destino non sarebbe stato piacevole.

Ma al di là delle voci, Faustina si mostra moglie devota.

Segue l'imperatore nelle campagne in Europa, quindi in Cappadocia, nel cuore dell'odierna Turchia.

Ed è proprio qui che, nell'estate del 175, la donna si ammala e muore.

Ignaro delle maldicenze, o indifferente come uno stoico che si rispetti, Marco Aurelio seppellisce la moglie con tutti gli onori, e nel luogo dove è mancata fonda una nuova colonia, cui dà il nome di Faustinopolis.

Non solo: la fa divinizzare, le dedica un tempio a Roma, e infine istituisce un fondo per fanciulle bisognose, le *puellae Faustinianae*.

Il tempo di piangere la compagna, e Marco Aurelio si ritrova di nuovo con il problema dei Marcomanni.

È il 177 e l'imperatore stabilisce il suo quartier generale a Vindobona, la città che oggi chiamiamo Vienna.

Stavolta, però, a complicare le cose ci si mette un'epidemia mortale.

La peste antonina

Passata alla storia come «peste antonina», probabilmente si tratta di vaiolo. Negli sterminati territori dell'Impero, circola in realtà da qualche anno, e i suoi sintomi sono descritti da Galeno, dopo Ippocrate il più grande medico dell'antichità.

Chi è colpito dall'infezione ha febbre, vomito, gonfiore alla gola, un senso di sete continua, sfoghi cutanei con pustole; è prostrato da una diarrea nerastra e, quando tossisce, emana un odore ripugnante.

In un gran numero di casi, chi la contrae resiste giusto un paio di settimane.

Il primo focolaio si registra nel lontano Oriente, probabilmente in Cina, e da qui l'infezione si sposta con le navi lungo la via della seta, fino ad arrivare a Roma.

Non è però escluso che l'epidemia sia scoppiata tra i soldati dell'Impero impegnati nel Levante.

Qualcuno arriva a sostenere che il paziente zero sia stato il generale Lucio Vero, che dal 161 governava con Marco Aurelio. Impegnato a Seleucia, nell'attuale Iraq, pare che Vero abbia profanato alcune tombe per depredarle, contraendo il morbo dai cadaveri.

Ma c'è un dato che non torna: se la peste scoppia nel 165 per colpa di Lucio Vero, come mai il generale e imperatore ne sarebbe morto solo quattro anni dopo, nel 169?

L'unica certezza è che l'epidemia ha un impatto devastante.

Dione Cassio, cronista romano attivo fra il II e il III secolo, racconta di duemila morti al giorno nella sola città di Roma; altri arrivano a contarne cinquemila.

Gli storici di oggi, fonti alla mano, sostengono che le vittime siano state oltre settanta milioni, pari a un terzo degli abitanti del mondo conosciuto.

Tra i più colpiti, costretti a vivere a stretto contatto, ci sono i soldati delle legioni romane, che all'epoca comprendono 150.000 uomini.

I ranghi falcidiati dalla peste mettono in crisi Marco Aurelio, e proprio nel momento in cui ha bisogno di contrastare i nuovi attacchi dei popoli germanici.

La morte di Marco Aurelio

All'imperatore non resta che arruolare chiunque torni utile alla causa: i liberti, ex schiavi che hanno riscattato la propria indipendenza; i criminali, spediti al fronte anziché in galera; i gladiatori, già allenati al combattimento; perfino gli stessi germani caduti prigionieri.

Ma l'epidemia non fa distinzioni tra un nobile e un contadino, tra un grande condottiero e un umile soldato, così nel 180, mentre è acquartierato a Vindobona, Marco Aurelio si ammala.

Al suo capezzale, oltre ai medici, sono ammessi soltanto gli ufficiali più fidati e il figlio Commodo.

La presenza al fronte di Commodo non deve stupire; così come accaduto con Faustina, è consuetudine che un imperatore porti con sé sul campo i familiari più stretti.

Il ragazzo ha diciannove anni, e per bellezza e prestanza somiglia al padre: come lui ha il volto affilato, i capelli e la barba ricci, gli occhi lievemente sporgenti e sempre atteggiati a uno sguardo assorto.

A fianco del genitore, che gli confida d'essere preoccupato per i confini dell'Impero, risponde che il suo unico pensiero è che il padre guarisca in fretta.

La situazione, tuttavia, precipita.

Nel volgere di pochi giorni le condizioni di Marco Aurelio peggiorano al punto che non vuole più incontrare il figlio, per paura di contagiarlo.

Ai generali si mostra con una pezza sul volto, una sorta di primitiva mascherina sanitaria.

«Affido Commodo agli dèi e a voi» sussurra. «Il vostro compito sarà quello di proteggerlo e aiutarlo a portare a termine questa campagna militare.»

È un'investitura in piena regola, e la successione diretta del figlio naturale rappresenta una novità.

Per questo a qualcuno sorge il sospetto che a uccidere Marco Aurelio non sia stata la peste, ma che Commodo abbia accelerato i tempi, ricorrendo al veleno, o si sia introdotto di nascosto nella stanza del padre, soffocandolo con un cuscino.

Dicono le malelingue: sarà pur stato un ragazzo, ma una volta certo che il titolo di imperatore era suo, non vedeva l'ora di comandare.

L'apoteosi dell'imperatore

Nella storia romana, tra la fine del I e la fine del II secolo dopo Cristo, c'è un periodo d'oro, chiamato dei «cinque buoni imperatori» che si avvicendano uno dopo l'altro.

Il primo è Nerva, che attua riforme fiscali ed economiche volte a garantire una maggiore prosperità dell'Impero.

Poi c'è Traiano, sotto il cui comando l'Impero raggiunge la massima espansione.

Quindi Adriano, grande intellettuale, che favorisce lo sviluppo della cultura e delle arti.

A lui succede Antonino Pio, celebre per la rettitudine e per l'amore della giustizia, con cui amministra l'Impero.

L'ultimo è Marco Aurelio, filosofo e condottiero.

Il periodo viene anche chiamato degli «imperatori adottivi», perché la successione al trono non è legata all'albero genealogico: prima l'imperatore individua tra il suo seguito un giovane promettente, poi, sulla base del valore che ha dimostrato, lo adotta formalmente dichiarandolo suo erede.

Va però detto che la meritocrazia non è il solo requisito: tutti gli imperatori adottivi sono imparentati fra loro, con intrecci complicatissimi, propri di un'élite che si rimpalla il titolo.

Per esempio, Marco Aurelio è nipote di Antonino Pio; la sorella di suo padre è Faustina Maggiore, moglie di Antonino Pio; e Faustina Minore è figlia di Antonino Pio, quindi, oltre che moglie, è anche cugina di Marco Aurelio.

Antonino Pio, oltre a Marco Aurelio, adotta Lucio Vero, e il primo, sposando la figlia del secondo, oltre che fratello adottivo ne diviene il genero.

Da uomo schietto e, come stoico, del tutto avverso a fronzoli e doppiezze, è probabile che Marco Aurelio abbia voluto tagliare la testa al toro, affidando il comando direttamente al figlio naturale.

Ed è altrettanto plausibile che nella scelta abbia pesato l'incontenibile dolore per aver perso in tenera età due dei tre figli maschi, con il desiderio di sostenere l'unico sopravvissuto.

Commodo, del resto, conosce bene le intenzioni del padre.

Da lui ha ottenuto sin dal 176 la *tribunicia potestas*, il potere di firma e la nomina a vicario.

Diventare dèi nell'antica Roma

Come accade spesso con i protagonisti della storia, anche su Commodo le fonti raccontano verità diverse; i contemporanei tendono ovviamente a esaltarne i pregi; Dione Cassio ce ne consegna invece un ritratto negativo, ancor più ostile se posto a confronto con chi lo ha preceduto.

I documenti successivi, come l'*Historia Augusta* redatta nel IV secolo, riprendono il meglio e il peggio delle narrazioni, esagerandole per conquistare il pubblico, sempre affascinato da depravazione e scandali.

In realtà, il primo atto del nuovo imperatore sembra dissipare i dubbi sui buoni rapporti col padre.

Come Marco Aurelio ha divinizzato la moglie Faustina Minore, mancata in Cappadocia, così Commodo celebra l'apoteosi del padre, che viene accolto nel pantheon dei Romani.

L'apoteosi, ovvero l'ascesa di un mortale fra gli dèi, è legata alla devozione dei Mani, le anime degli antenati della famiglia.

La società romana è rigidamente fondata sul rispetto della casa e sul culto del *mos maiorum*, gli usi dei progenitori, pratiche da preservare per il buon nome della *gens* e per i benefici che comportano all'intera società.

Quando viene a mancare un padre o un nonno, è normale che i giovani adorino i loro Mani.

Marco Aurelio non è solo il padre naturale di Commodo, ma rappresenta la figura paterna della Roma intera, e come tale merita gli onori del sacro.

Anticamente, fra i sette re di Roma, il privilegio è spettato solo a Romolo, accolto fra le divinità col nome di Quirino.

Anche nel periodo repubblicano non ci sono state apoteosi, fino a quella di Giulio Cesare, voluta da Augusto che in suo onore organizza anche giochi solenni.

E mentre gli atleti gareggiano, ecco che il cielo viene solcato da una cometa: per tutti i Romani, da Augusto all'ultimo dei cittadini, è l'anima luminosa di Cesare in moto per l'empireo.

Ma in cosa consiste l'apoteosi? Si tratta di un misto fra un momento di cordoglio, uno spettacolo e una celebrazione religiosa che coinvolge l'intera capitale.

Il cadavere dell'imperatore viene in realtà presto tumulato con una normale funzione, per quanto partecipata.

Viene però creata una copia in cera del defunto, il più possibile simile e con l'incarnato pallido di un malato.

L'opera viene quindi posata sopra un imponente letto d'avorio coperto da un tessuto d'oro, e il tutto viene collocato nel *vestibulum* del palazzo imperiale.

I senatori siedono accanto al catafalco, dalla parte sinistra, vestiti di nero, mentre le nobildonne si sistemano sul lato opposto e indossano semplici abiti bianchi. È fatto loro divieto di truccarsi, di acconciarsi i capelli in modo elaborato, e tanto meno di indossare gioielli.

Il lungo cerimoniale dura una settimana, e ogni giorno i medici di corte si avvicinano al corpo in cera, dichiarando che la malattia sta peggiorando.

Alla fine, attestano la morte, e il simulacro dell'imperatore, letto compreso, viene sollevato da un gruppo di giovani patrizi e portato in processione fino a raggiungere il Foro.

Lì viene montato un palco, per consentire ai nobili di esprimere il loro dolore e il rimpianto, con lamentazioni e canti.

La fase successiva si svolge al Campo Marzio, dove viene accatastato del legname a formare una specie di piramide a più livelli.

Sul più basso viene poggiata la statua in cera, e tutt'attorno si dispongono erbe aromatiche, fiori e frutti; terminata la composizione, si appicca il fuoco.

Ma non è finita: quando le fiamme raggiungono il vertice della pira, viene liberata in volo un'aquila, che accompagna in cielo l'anima dell'imperatore fino al pantheon, dove finalmente può essere adorato.

Commodo: un ragazzo a capo del mondo

Quando Marco Aurelio affida l'Impero a Commodo, lo fa dandogli un compito preciso: deve portare a termine la campagna contro i Marcomanni.

Per questo lo raccomanda ai suoi fidati: seppur morente, teme che il figlio non voglia proseguire un impegno logorante.

Cosa che puntualmente si verifica.

Il tempo di terminare i riti di sepoltura, e Commodo cerca un accordo coi capi dei Quadi e dei Marcomanni, ma anche con i comandanti dei Buri e dei Daci, firmando trattati all'apparenza sfavorevoli.

Dai Buri si limita a ottenere il rilascio dei prigionieri, chiedendo il loro impegno a non espandersi oltre i territori già occupati.

Ai Daci promette altre regioni ma, soprattutto, lascia ai Marcomanni e ai Quadi le terre prossime al Danubio.

La mossa di Commodo, in realtà, è sfuggente: da un lato, sembra una cessione su tutta la linea, che vanifica anni e anni di battaglie condotte da Marco Aurelio; dall'altro, può essere interpretata come il tentativo di passare a un patto di non belligeranza con popoli da pacificare, creando una cintura di Stati cuscinetto ai confini dell'Impero.

Forse, in fondo, l'idea non è tanto bizzarra: la peste antonina ha fiaccato l'esercito, mentre l'espansione territoriale ha raggiunto un'ampiezza impossibile da amministrare con efficacia.

Una cosa comunque è certa: Commodo ha fretta di tornare a Roma; vuole scoprire cosa significa esercitare il potere assoluto nella città più grande e famosa al mondo.

A nulla valgono le esortazioni dei generali, quelli che avrebbero dovuto tenerlo d'occhio. Claudio Pompeiano, che sposata la sorella Lucilla è anche suo cognato, tenta invano di ricordargli il messaggio di Marco Aurelio secondo cui la vera Roma è dove c'è l'imperatore, e dove si combatte per difendere i confini.

Commodo brama la capitale.

Così trasforma l'accordo con i barbari in una grande vittoria, in modo da poter entrare in città come trionfatore.

Si dà il titolo di *Germanicus et Sarmaticus Maximus*, e fa costruire una monumentale colonna che ancor oggi s'innalza a due passi da via del Corso e Montecitorio.

È un assaggio della sua presuntuosa onnipotenza.

La stessa che già aveva da bambino, quando, convinto che tutto gli fosse dovuto perché figlio dell'imperatore, non esitava a minacciare di morte chi, a suo dire, gli faceva torto.

Inoltre, Commodo non ha ereditato dal padre la predilezione per i costumi sobri. Per lui il piacere e il dolore non vanno accolti in modo simile, ed è convinto che una vita licenziosa come quella che lo aspetta a Roma sia molto meglio delle privazioni patite negli accampamenti.

In ogni caso, una volta giunto nella capitale, Commodo non si mostra del tutto sprovveduto.

Comprende che il suo atteggiamento con i barbari gli ha inimicato una parte dell'esercito, perciò concede importanti donazioni ad alcuni generali in vista, così da comprarsi la loro gratitudine.

Inoltre, sa di non essere ancora in grado di amministrare da solo un territorio così vasto e complicato, perciò si affida a Saotero, un *grand commis* originario di Nicomedia, facendone una specie di amministratore delegato dell'Impero, e affidandogli le chiavi del governo.

Ma ciò che più di ogni altra cosa desidera è l'amore del suo popolo. E per ottenerlo concede ai Romani ciò che più desiderano: *panem et circenses*, cibo gratis e combattimenti sempre più spettacolari e cruenti.

Con una sorpresa che lascia tutti sbalorditi.

L'imperatore nell'arena

Qualunque sia il modo in cui ha ereditato la passione di Faustina, a Commodo i combattimenti piacciono da morire.

Non solo come spettatore.

Vuole essere lui stesso protagonista, in prima persona.

Si presenta nell'arena bardato da *secutor*, il gladiatore che si oppone al *retiarius*, scansando i colpi del suo tridente mentre cerca di avvicinarsi per affondare la lama.

Come gli altri *secutores*, indossa un elmo con la cresta, un ampio scudo tondo che lo copre più o meno dal ginocchio al volto, quindi la *sica*, un gladio corto e maneggevole che diverrà l'arma prediletta dei sicari, gli assassini prezzolati.

Alle volte si getta addosso una pelle di leone, a mo' di mantello, in un chiaro rimando mitologico: infatti, un po' come i campioni del moderno wrestling, Commodo interpreta un personaggio e ha un soprannome, quello di «Ercole romano».

Possiamo immaginare la scena, anche perché chiude un film famosissimo, *Il gladiatore* di Ridley Scott uscito nel 2000.

In un'arena eccitata dai combattimenti, si consuma l'ultima sfida, che vede combattere Commodo contro il protagonista della storia, Massimo Decimo Meridio.

Meridio che, dopo un serrato corpo a corpo, usa le poche forze che gli restano per trafiggere la gola dell'avversario.

La rappresentazione è di pura fantasia: Commodo non morirà così, e Massimo Decimo Meridio non è mai esistito.

Ma soprattutto, si tratta di una ricostruzione impossibile perché Commodo si presenta sì a gareggiare, ma bada bene a non correre il minimo rischio.

Contro di lui si schierano gladiatori profumatamente pagati perché si lascino sconfiggere: sarebbe oltremodo indegno che il popolo romano, accorso ad ammirare il suo eroe, lo vedesse poi soccombere.

A fare da intermediario con i professionisti è con ogni probabilità Narcisso, l'allenatore dell'imperatore: un vero e proprio *personal trainer*, grande e grosso, con il quale

Commodo si incontra regolarmente per simulare le fasi del combattimento ed esercitarsi nelle tecniche della lotta.

Inoltre, ai gladiatori che affrontano Commodo vengono date armi spuntate e non affilate.

Questo per due motivi: da un lato per evitare che accada una disgrazia, e che nella foga del combattimento l'imperatore resti ferito o, peggio ancora, ucciso.

Dall'altro lato per impedire che a qualche gladiatore corrotto possa saltare in mente di approfittare dello scontro nell'arena per eliminare l'imperatore.

È dunque del tutto inverosimile ciò che succede tra Joaquin Phoenix e Russell Crowe, al termine del racconto di Ricley Scott con Commodo lasciato a combattere contro un avversario armato di tutto punto, in mezzo a soldati che osservano tranquillamente.

Gladiatori, giraffe e struzzi

Del resto, Commodo ama più le stranezze e le curiosità che l'adrenalina della lotta.

Oltre al *secutor* gli piace molto anche cimentarsi nel *venator*.

Si tratta di quel particolare tipo di combattimento che non oppone soltanto uomini, ma coinvolge animali selvatici.

Si tratta di vere e proprie scene di caccia che si tengono nel recinto chiuso dell'arena.

Il suo capolavoro lo realizza quando gli vengono presentati cento leoni, e lui ha a disposizione altrettanti giavellotti per abbatterli.

Ebbene, a uno a una scaglia le lance, infilzando a morte tutte le fiere.

È ovvio che la sfida è truccata, come lo sono i combattimenti contro i gladiatori. È certo, infatti, che gli animali siano sedati e più disposti al riposo che all'attacco; ciò non toglie che l'imperatore abbia un'ottima mira.

E la usa contro altre bestie originarie di terre lontane, come le giraffe, oppure gli struzzi, e con un esemplare di questi ultimi ingaggia un duello singolare, una specie di corrida.

La sfida si conclude tra gli applausi del pubblico quando Commodo, stanco di inseguire, estrae una roncola e gli mozza di netto la testa.

A quel punto, però, lo struzzo decapitato continua a correre su e giù per l'arena, schizzando sangue dal collo prima di stramazzare a terra.

La scena è più comica che eroica.

I nobili e i senatori seduti sugli spalti faticano a trattenersi, mentre l'imperatore si concede tutto orgoglioso un giro di campo.

Qualcuno, per non scoppiare a ridergli in faccia, si strappa le foglie d'alloro dalla corona che ha in testa e inizia a masticarle.

Tutti però alla fine sono costretti ad alzarsi e ad acclamarlo come il più bravo, il più grande, il più eroico degli imperatori, l'uomo che nessuno può sconfiggere.

E Commodo stesso, trasformato in coreografo, dirige il coro in proprio onore.

Il popolo lo adora.

Ma l'aristocrazia e i militari iniziano a detestarlo.

Eccessi e follie

È, a dir poco, un imperatore mitomane, del tutto privo del senso del ridicolo e, per certi versi, di un valido contatto con la realtà.

A corte vive isolato.

Si circonda di adulatori, il cui compito è lusingarlo e dirgli che ha sempre ragione, che è il migliore di tutti; come nell'arena, anche a palazzo Commodo vuole vincere sempre.

Distribuisce cariche per simpatia, senza tenere minimamente in conto i meriti.

Cambia il nome ai mesi del calendario, facendo riferimento a sé e alle qualità che è convinto di possedere; così, oltre agli scontati Commodo ed Ercole, ecco Invitto, Vittorioso, Amazzonio e così via.

La *Historia Augusta*, cronaca a tratti sensazionalistica della vita degli imperatori, elenca una serie di stravaganze non sempre innocenti; per esempio, organizza un finto complotto contro sé stesso per eliminare alcuni Romani, sulla cui colpevolezza ha sparso la voce.

Guida la quadriga anche se non è nemmeno capace di farla andare dritta, e negli incontri pubblici, anziché con abiti appropriati, si presenta con la dalmatica, una tunica bianca che pare una vestaglia troppo larga.

Dichiara di voler intraprendere una spedizione militare in Africa, ma dopo aver raccolto la somma che gli occorre con nuove tasse e tributi, perde tutto giocando a dadi.

Un giorno si converte al culto di Iside e, come i sacerdoti egizi, decide di radersi il capo a zero, sacrificando gli splendidi riccioli che gli ornano la testa, come già quella del padre.

Si presenta poi ai sacerdoti della dea e li costringe a un gesto penitenziale: battersi il petto con una manciata di pigne, fino a sfondarsi lo sterno e morire.

A quelli che rifiutano ci pensa lui, colpendoli in testa con la statua del dio Anubi fino a ucciderli.

Sempre in tema di religioni, ci vanno di mezzo anche gli adepti della dea Bellona, devoti di un culto marziale dell'antica Roma: per tradizione, si praticano una piccola incisione su un braccio, un gesto simbolico per attestare la disponibilità a versare il loro sangue per compiacere la divinità.

Commodo allora li costringe a un gesto ben più drastico: tagliarselo di netto, il braccio.

Quando si annoia, si veste da donna, adesca i passanti per poi colpirli a morte con una mazza nascosta sotto le vesti. Oppure fa arrestare chi è zoppo, lo fa salire su dei trampoli per poi trafiggerlo con le frecce del proprio arco.

Non va certo meglio agli obesi, che fa sventrare per il piacere di controllare quanto siano grasse le loro viscere.

Se qualcuno gli sta simpatico, prima lo battezza con titoli indecenti, poi, davanti a tutti, lo bacia voluttuosamente sulla bocca.

Fa uccidere chi si presenta a corte con un abito che non gli piace, e ai commensali fa servire piatti in cui sono mescolati cibo ed escrementi.

La sua stravaganza non ha freni, nemmeno nel corso di una delicata riunione politica, quando chiama a sé il prefetto del pretorio, una specie di ministro degli Interni, e gli ordina di spogliarsi e mettersi a ballare nudo.

Cambiare nome a Roma

L'apice, però, lo raggiunge nel 190 quando un incendio, l'ennesimo, distrugge una parte di Roma; nulla d'irreparabile, ma Commodo non vuole limitarsi a rimediare ai danni, vuole proprio rifarla da capo.

La capitale mantiene il suo nome da quasi mille anni, e non lo ha tratto da Romolo, semmai è vero il contrario.

C'è chi sostiene derivi dal greco *ròme*, che significa «forza»; per i geografi invece *rumon* era l'antico nome del fiume Tevere.

Altri ancora sono convinti abbia a che fare con *ruma*, un termine arcaico, di origine etrusca, che significa «mammella»: per intenderci quella con cui la mitologica lupa avrebbe allattato Romolo e Remo.

Ma su una cosa tutti sono d'accordo: la città si chiama Roma dal 753 avanti Cristo, e nessuno ha mai pensato di cambiarle il nome, fino a quando Commodo, spiazzando tutti, emana una legge che la ribattezza.

D'ora in poi, per tutti, sarà «Colonia Commodiana».

Pare che l'idea gli sia stata suggerita da Marcia, fra una carezza e l'altra; è infatti la sua concubina preferita, tanto abile nei giochi d'amore quanto salda nella fede in Cristo, tanto da convincerlo a cessare le persecuzioni dei confratelli.

Cambiare nome alla capitale dell'Impero è un atto senza precedenti, che comporta inevitabili ricadute. La flotta e l'esercito diventano, rispettivamente, flotta commodiana ed esercito commodiano.

Lo sgarbo più grave Commodo lo fa però al Senato, che ribattezza Senato della Fortuna Commodiana: come a dire che i suoi membri occupano il loro scranno non per meriti o per l'appartenenza a nobili famiglie, ma solo perché lui, l'imperatore, ha deciso così.

Di fatto, tutto dipende dai capricci dell'imperatore, e di capricci è ricca anche la sua vita sessuale.

Ha un harem di seicento amanti, trecento ragazze e trecento ragazzi, con cui organizza infinite combinazioni.

Organizza feste in costume che diventano orge a tema, e dove lui, come nell'arena, ama interpretare il ruolo di Ercole.

A uno dei suoi amanti preferiti regala denaro e proprietà, designandolo sacerdote del culto dell'imperatore.

E quando si corica con donne e ragazze, le chiama tutte col nome di sua madre: Faustina.

Complotti e liste di proscrizione

Il primo tentativo di eliminare Commodo sembra legato a una storia di torbide passioni.

Voci di corridoio dicono infatti che, nonostante sia sposato con Bruzia Crispina, Commodo abbia una relazione incestuosa con la sorella Lucilla, e che la donna scalpiti per avere più spazio e potere per sé e i suoi cari.

Forse non è vero, ma nemmeno inverosimile: già Caligola e Nerone avevano elevato l'incesto a pratica ordinaria nella corrotta corte imperiale, con inevitabili conseguenze.

Fatto sta che Lucilla organizza un complotto per uccidere Commodo, sostenuta da senatori e generali, primo fra tutti suo marito Claudio Pompeiano, plausibile candidato al comando.

Per i congiurati si tratta di ristabilire con la forza il principio del merito: dato che Commodo, erede per sangue, non si è dimostrato all'altezza, va sostituito con chi Marco Aurelio avrebbe dovuto adottare.

È il 182.

Commodo regna da soli due anni, due anni di malgoverno che ai più paiono almeno venti.

Accanto a Lucilla e al marito, spiccano l'ex console Numidio Quadrato e un giovane nipote di Commodo, cui spetta il ruolo di assassino.

La scena, manco a dirlo, si svolge durante un banchetto.

Il piano vuole che il ragazzo, approfittando della confusione, si avvicini a Commodo e lo colpisca con una sica, proprio come quella con cui l'imperatore gioca a fare l'invincibile gladiatore.

Peccato che il giovane si lasci travolgere dall'emozione, e giunto davanti alla sua vittima, anziché affondare il colpo, si metta a declamare una frase a effetto: «Commodo, questo è il pugnale che ti reca in dono il Senato!».

Poche parole studiate a memoria e di sicuro effetto, ma che danno il tempo alle guardie del corpo di intervenire e disarmarlo.

Muore poco dopo l'arresto, e la stessa sorte tocca a Numidio Quadrato e agli altri congiurati.

Si salvano le donne, la sorella Lucilla, la figlia di primo letto e l'altra sorella, Annia Faustina, che vengono esiliate a Capri, dove vivono convinte di aver evitato il peggio.

Una pia illusione perché Commodo non ha dimenticato, e un anno dopo, sicuro di coglierle alla sprovvista, manda da loro un centurione che le uccide a sangue freddo.

L'unico che scampa alla vendetta è Claudio Pompeiano; il generale riesce infatti a convincere l'imperatore d'essere estraneo al complotto, ottenendo il permesso di ritirarsi a vita privata in campagna, dove muore più di dieci anni dopo.

Seppur sventata, la congiura rende Commodo oltremodo sospettoso.

Teme che chiunque a corte possa essere un sicario, e lo prende una nuova sanguinosa fissazione: redigere personalmente delle liste di proscrizione, elenchi di persone che vanno messe a morte.

I loro nomi vengono affissi fuori dal palazzo, e le esecuzioni sono sommarie, senza alcun tipo di processo.

Non solo: fissa un premio in denaro per chiunque denunci persone sospette; è un invito a nozze per uomini senza scrupoli che vogliono guadagnare soldi facili, o semplicemente per chi desideri disfarsi di un rivale, approfittando della folle brutalità dell'imperatore.

Le cose non fanno che peggiorare: le liste si allungano quando coglie qualche parola sospetta fra due persone che conversano; o perché gli balza all'occhio un dettaglio che interpreta in modo arbitrario; capita così che, dopo aver letto una vita di Caligola, faccia mettere a morte un uomo, solo perché nato nello stesso giorno e stesso mese del suo celebre e dissoluto predecessore.

Avvelenare Commodo

Il 192 è l'anno in cui si raggiunge il limite.

A contribuirvi è un evento eccezionale, un fulmine che centra in pieno il Tempio della Pace, fatto costruire da Vespasiano.

Le ricchezze contenute vanno distrutte, e danneggiato è anche il Tempio di Vesta, con la sua statua di Atena che, secondo il mito, era arrivata a Roma dalla città di Troia.

Spente le fiamme e rimosse le macerie, i Romani non hanno dubbi: la devastazione che ha colpito i simboli più nobili della politica imperiale e della religione romana non è che la punizione degli dèi per gli eccessi di Commodo.

L'imperatore, intanto, si sente sempre più accerchiato, e ora, non più a torto, vede nemici ovunque.

Giunge a divorziare da Bruzia Crispina, con cui si è legato fin da ragazzo, accusandola ingiustamente di adulterio e condannandola all'esilio.

Tutto precipita per via di un evento casuale.

Un ragazzetto che frequenta Commodo, probabilmente uno dei suoi numerosi amanti, un giorno trova per terra un foglio e, ingenuamente, lo consegna a Marcia la concubina, dicendole che è caduto di tasca all'imperatore.

Marcia sa leggere e sbianca in volto nel momento in cui trova il proprio nome sull'ultima lista di proscrizione.

Attorno all'amante dell'imperatore si raccoglie così un nuovo gruppo di congiurati.

Ne fanno parte Quinto Emilio Leto, il prefetto del pretorio che Commodo aveva umiliato obbligandolo a ballare nudo; poi c'è Dione Cassio, il cronista che scrive impietosamente delle follie di Commodo; infine Ecletto, il *cubicularius*, il maggiordomo, o, più precisamente, l'addetto alla camera da letto imperiale.

Come già accaduto nel 182, tra i primi a pianificare la morte di Commodo ci sono le persone che gli sono più vicine.

Il delitto viene organizzato per il 31 dicembre 192.

Commodo, come suo solito, è impegnato in un grande banchetto.

Mangiare gli piace molto, e indulge in eccessi spropositati, al punto che cronisti fin troppo scrupolosi raccontano che è solito frequentare la stanza da bagno anche sette, otto volte al giorno; il che non gli impedisce, mentre si libera, di farsi servire nuove pietanze.

Sfruttando la debolezza, i suoi nemici decidono di ricorrere a uno strumento di morte più subdolo di una lama: il veleno.

Il piano è semplice: nel suo calice, approfittando di un momento di distrazione, gli verrà versato l'estratto di un'erba letale.

Ma non al primo bicchiere, né al secondo; occorre che Commodo sia già ubriaco, per non sospettare nulla, magari accorgendosi del retrogusto della sostanza sciolta nel vino.

Ma anche questa volta i complici perdono il momento propizio.

Quando il calice avvelenato viene offerto a Commodo, l'imperatore ne beve appena un sorso, ma poi dice che non si sente tanto bene, che ha un po' di nausea.

Deve andare in bagno.

Abbandona la bevanda corretta senza sospettare nulla, e si ritira nelle proprie stanze, dove uno degli schiavi lo aiuta a rimettere il contenuto dello stomaco.

Per la seconda volta, Commodo scampa alla morte.

Ma i congiurati sanno di non potersi più fermare; non possono rischiare che lo scellerato imperatore governi ancora a lungo.

E se poi gli venisse il dubbio di collegare il malessere a un principio d'avvelenamento, per loro sarebbe la fine.

L'assassinio dell'imperatore

Non resta loro che una strada: contattano Narcisso, l'uomo che lo allena ai suoi combattimenti farsa.

Lo mettono a parte del piano e gli promettono che, se ucciderà l'imperatore, avrà ciò che un gladiatore più desidera: la libertà e la cittadinanza romana, con tutti i diritti che ne conseguono.

Per andare sul sicuro, aggiungono che nella lista di proscrizione più recente c'è anche il suo nome, e Narcisso, dotato di una forza erculea ma non di altrettanta accortezza, abbocca.

È una delle poche persone di cui Commodo non ha mai smesso di fidarsi; quindi, può presentarsi senza problemi al cospetto dell'imperatore.

Ciò che avviene a quel punto è poco chiaro.

Probabilmente Narcisso incrocia l'imperatore ancora fiaccato dal malore.

Ciò nonostante, vedendolo arrivare, Commodo non resiste, e gli propone di allenarsi un po'.

I due si spogliano e Narcisso afferra Commodo, spronandolo a liberarsi.

All'imperatore la presa pare più energica del solito, ma non si insospettisce; pensa che probabilmente dipenda dalla sua debolezza.

Mentre si impegna a sciogliersi dalla stretta, le mani di Narcisso gli arrivano al collo, e cominciano a stringergli la gola.

Ora l'imperatore è davvero spaventato, capisce che quello non è più un gioco.

Ma ormai è troppo tardi.

Pochi minuti e Commodo giace a terra, morto.

Narcisso lo abbandona per correre da Marcia e dagli altri, e avvisarli che la missione è compiuta.

I congiurati avvolgono Commodo in un drappo e spargono la voce che, per via del troppo cibo, l'imperatore ha avuto un colpo apoplettico.

Bisogna affrettarsi a salvargli la vita.

Così simulano una maldestra e confusa manovra di soccorso, che naturalmente fallisce in mezzo al caos del banchetto ancora in corso.

La damnatio memoriae

Il momento è decisivo, e i congiurati tirano un sospiro di sollievo quando si accorgono che la tragica notizia viene accolta con sollievo, anzi, con esultanza.

I senatori sono felici perché possono tornare a esercitare il loro potere.

I pretoriani e i generali sono soddisfatti perché viene meno la continua minaccia che Commodo esercitava su di loro.

I cortigiani sono contenti perché è finito il clima di terrore che regnava a palazzo, con le continue liste di proscrizione e il timore di non arrivare vivi al termine della giornata.

E, alla fine, gioisce anche il popolo; che prima gli si era affezionato per via della storia del *panem et circenses*, ma poi, alla lunga, si era stancato delle sue stravaganze e degli eccessi.

Inutile dire che, a Commodo, non viene accordata alcuna apoteosi; anzi, il Senato stabilisce che non debba ricevere nemmeno un'adeguata sepoltura.

Dispone che il suo corpo sia uncinato e trascinato per le vie di Roma agganciato a un carro, per poi essere gettato nel Tevere, trattamento riservato ai traditori della patria.

Come successore viene nominato Elvio Pertinace, generale, prefetto della città e console.

Un uomo sobrio e coraggioso, che sarebbe piaciuto a Marco Aurelio.

Un uomo prudente, tanto che, prima di accettare la nomina imperiale, pretende gli sia mostrato il cadavere di Commodo, per controllare che sia davvero morto.

Una volta avutane la conferma, e nonostante l'invito contrario del Senato, Pertinace si rivela anche clemente, concedendo che i resti di Commodo siano inumati nel Mausoleo di Adriano.

Pochi mesi, e Narcisso viene giustiziato per aver assassinato un imperatore: nonostante tutto, è inaccettabile che uno schiavo possa sollevare le mani contro il simbolo dell'istituzione imperiale.

Allo stesso modo viene condannata a morte Marcia, ideatrice del complotto.

Pur non essendo riuscito a impedire la sepoltura del cadavere dell'imperatore, al Senato resta però un'arma: decretare, per Commodo, il contrario dell'apoteosi, ovvero la *damnatio memoriae*.

Si tratta di qualcosa di simile a ciò che oggi chiamiamo *cancel culture*, ma più radicale.

È infatti un istituto giuridico che prevede la cancellazione del nome di chi, in vita, si è reso colpevole di fatti estremamente gravi; e insieme al nome, viene cancellata ogni traccia della sua esistenza.

Commodo scompare dai documenti e dalle iscrizioni pubbliche. Le monete in circolazione col suo nome vengono sfregiate.

Le leggi che ha emanato sono annullate seduta stante.

Roma torna a chiamarsi ufficialmente Roma, e non più Colonia Commodiana; lo stesso vale per il Senato, per l'esercito, per la flotta e per i mesi del calendario.

Il popolo, istigato dai senatori e in preda a una furia incontenibile, compie l'ultimo sfregio.

Le numerose statue che Commodo ha fatto erigere in proprio onore vengono abbattute.

Dopo la morte, forse il peggiore dei torti riservati a uno degli imperatori più vanagloriosi ed egocentrici della storia antica.

5
Nerone e Agrippina

Un Impero di congiure e incesti

Non toccava a lui diventare imperatore.

Perché l'erede designato di Claudio era suo figlio Britannico, non Nerone, nato Lucio Domizio Enobarbo.

Se le cose sono andate diversamente, è per la scia di sangue che sua madre Agrippina si è lasciata alle spalle.

Il nome le arriva dal nonno, Marco Vipsanio Agrippa, luogotenente di Augusto, uno dei pochi generali e politici d'alto rango dell'antica Roma a morire nel proprio letto per cause naturali.

Non altrettanto bene è andata alla moglie, Giulia Maggiore.

Quando Agrippa la sposa, unica figlia naturale dell'imperatore, è più vecchio di venticinque anni, e il loro non è un matrimonio felice; la donna lo tradisce continuamente, prima di restare vedova e legarsi in seconde nozze a Tiberio.

Ma Giulia non conosce la moderazione, e quando il marito la scopre, prima dichiara nullo il matrimonio, poi riflette: chi ha il coraggio di tradire il proprio marito può fare altrettanto con il suo imperatore.

La punizione, perciò, deve essere severa.

Si comincia con gli amanti, costretti uno alla volta a un onorevole suicidio.

Quanto all'adultera, viene mandata al confino sull'isola di Ventotene, per l'occasione sgombrata da ogni abitante di sesso maschile, e lì le uniche visite che può ricevere devono prima essere vagliate da Augusto in persona.

Ci resta cinque anni, fino a quando l'imperatore le consente di tornare a Roma.

Ma prima che ciò accada, Augusto muore, lasciando il posto a Tiberio, che proprio non ci pensa a essere clemente; dispone perciò che Giulia trascorra la sua vita confinata in una sola stanza, priva di qualunque compagnia, abbandonata a morire di solitudine e stenti.

Alla figlia di Agrippa e Giulia, detta Agrippina Maggiore, tocca in sposo un altro grande condottiero dell'epoca, Germanico, cui regala una bimba che passerà alla storia come Agrippina Minore, giusto per non confonderla con la madre.

All'apparenza il matrimonio di Germanico procede tranquillo, ma una voce inquietante circola a palazzo: sua moglie, Agrippina Maggiore, sarebbe figlia dell'incesto consumato fra Giulia e il padre, l'imperatore Augusto.

Quale che sia la verità, non pago della sorte riservata a Giulia Maggiore, Tiberio procede a una sistematica persecuzione della famiglia di Agrippina, iniziando dal padre, Germanico, impegnato in una campagna militare ai confini orientali.

Tiberio non si fida di lui e teme possa ribellarsi all'autorità imperiale, così gli affianca un uomo di fiducia, il severo Pisone, al quale affida il posto di governatore della Siria e di consigliere di Germanico.

In realtà, l'incarico di Pisone è quello di controllare e riferire.

Il generale, tuttavia, non ha alcuna intenzione di confrontarsi con il funzionario, e gli scontri tra i due sono all'ordine del giorno, fino a quando Pisone non ne può più e se ne torna a Roma.

Sarà una coincidenza, ma di lì a poco Germanico s'ammala misteriosamente e muore; le sue ultime parole, sussurrate all'orecchio della moglie Agrippina Maggiore, sono chiarissime: «Mi hanno avvelenato per ordine dell'imperatore. Tu devi vendicarmi».

La vendetta di Agrippina

La donna non se lo fa dire due volte.

Torna a Roma con le ceneri del marito e gli fa tributare grandi onori, lanciando così un segnale a Tiberio.

Poi inizia a brigare perché sia eletto imperatore il figlio maggiore, che si chiama Nerone, ma non è *quel* Nerone, bensì suo zio.

Le sue trame vengono però intercettate dall'ambizioso ministro dell'imperatore, Lucio Elio Seiano, che finge di sostenere la candidatura di Druso, figlio di Tiberio, ma in realtà mira a essere lui a salire sul trono.

Druso, tuttavia, non ha alcuna intenzione di lasciare il campo al rivale, e i loro rapporti si fanno così tesi che i due finiscono per azzuffarsi sulla pubblica piazza.

Pochi giorni e il figlio di Tiberio comincia a star male, senza che nessuno possa far nulla per salvargli la vita.

Distrutto dalla morte del figlio, Tiberio sceglie una strada senza precedenti: pur senza abdicare, abbandona Roma e si ritira a Capri.

Seiano ora ha campo libero e gioca la carta della menzogna; al suo imperatore racconta dell'esistenza di una congiura guidata da Agrippina Maggiore, con la complicità degli amici di Germanico.

Tiberio gli crede, e gli dà carta bianca per affrontare la situazione.

Agrippina e il figlio vengono così arrestati e confinati in una villa di Ercolano, per poi venir esiliati a Ventotene.

Costretta a vivere nel più totale isolamento, la donna decide allora di lasciarsi morire di fame; ma Seiano vuole prolungarne le sofferenze e dà ordine ai soldati che la tengano in vita, a costo di aprirle la bocca e alimentarla con la forza.

Agrippina campa ancora per due anni, abbastanza per veder morire il figlio Nerone, costretto al suicidio da Seiano.

E Seiano stesso, condannato a morte dal Senato.

La prima imperatrice

Questo è l'intricato e drammatico contesto in cui Agrippina Minore nasce e cresce, diventando ben più della madre di Nerone, destinata alla celebrità per via dell'abilità nel tessere trame politiche e della spregiudicatezza con cui farà ricorso al sesso e alla violenza; strumenti che le permetteranno, unica donna nella storia, di stringere l'Impero nelle sue mani.

A quattordici anni Agrippina va in sposa a Gneo Domizio Enobarbo, assai più anziano e da lei a stento sopportato.

Una sola cosa gli riconoscerà, ed è quella di averla resa madre dell'adorato figlio Lucio Domizio Enobarbo, che passerà alla storia col nome di Nerone.

Nel frattempo, eliminati i pretendenti al trono, morto lo stesso Tiberio, la successione tocca a Caligola, uno dei figli di Germanico e perciò fratello di Agrippina.

Tra i due, tuttavia, non corre buon sangue, forse per via dei rapporti incestuosi che il neoimperatore intrattiene con le altre donne di famiglia.

Svetonio ci riporta infatti che: «A tavola, davanti a tutti, Caligola collocava le sorelle a turno sotto di sé, mentre la moglie stava sopra».

Probabile che Agrippina non voglia subire simili attenzioni, o al contrario non sopporti che la sorella e amante preferita da Caligola sia Drusilla, e non lei.

Fatto sta che i rapporti fra i due si deteriorano al punto che Agrippina viene spedita in esilio, e può tornare a Roma solo dopo la morte del fratello.

A Caligola succede Claudio, nipote di Tiberio ma anche fratello di Germanico, e quindi zio di Agrippina; la quale, ormai vedova, pensa bene di sedurre lo zio, anch'egli rimasto solo.

Certo, a corte qualcuno storce il naso alla prospettiva di un matrimonio fra l'imperatore e la nipote; ma per i più si tratta di un passo avanti paragonato all'andazzo cui Caligola aveva abituato Roma e i Romani.

Agrippina e Claudio si sposano nel 49 dopo Cristo.

Non con particolare trasporto da parte dell'imperatore, se crediamo all'aneddoto secondo cui, dopo la morte della prima moglie, Messalina, avrebbe detto alle guardie di ucciderlo se solo l'avessero visto con un'altra donna.

Di signore perverse e intriganti, una gli era bastata.

Non sa che, con Agrippina, si sta mettendo nelle mani di una figura ancora più perversa e intrigante, destinata a diventare perfino più potente di Messalina.

Preparativi per la successione

L'obiettivo di Agrippina è riuscire dove sua madre ha fallito.

Se Agrippina Maggiore ha pagato con la vita il tentativo di far eleggere al trono il figlio, Agrippina Minore sarebbe riuscita nell'impresa. Grazie alla madre, Lucio Domizio Enobarbo sarebbe stato acclamato imperatore col nome di Nerone.

Per prima cosa, decide di affiancargli un precettore d'eccellenza che lo educhi in modo conveniente. Lo individua in Lucio Anneo Seneca, il più noto filosofo romano dell'epoca, che però si trova in Corsica, esiliato per via di una relazione con un'altra figlia di Germanico, Giulia Livilla.

Agrippina fa sì che venga graziato e possa tornare nella capitale con tutti gli onori.

C'è però un problema ben più serio dell'educazione.

Il trono di Claudio spetta a Britannico, il bimbo che l'imperatore ha avuto con Messalina.

Come fare perché il comando tocchi invece a Lucio?

Anzitutto Agrippina convince il marito a adottarlo, mettendo lui e Britannico sullo stesso piano giuridico.

Tuttavia, è inevitabile preferire il figlio naturale a quello adottivo.

Agrippina punta allora sulla differenza d'età.

Il suo Lucio, infatti, ha quattro anni più di Britannico.

Mentre quest'ultimo è ancora un bambino, l'altro è già un ragazzo, tanto che può sposare Ottavia, figlia di Claudio e Messalina.

Lui ha quindici anni, lei tredici, e con le nozze il legame fra Claudio e Lucio si fa così più stretto.

Ma ancora non basta, allora ci pensa la sorte a sparigliare le carte.

Un giorno Britannico si sente male, strabuzza gli occhi, viene colto da spasmi e cade a terra con braccia e gambe percorse da tremiti, in preda a un attacco epilettico.

Agrippina riceve la notizia da Pallante, consigliere di corte, che la convince a usarla come grimaldello: il povero Britannico è troppo debole, dicono a Claudio; non si può rischiare che un attacco, magari più grave e prolungato, lo colga mentre è impegnato in qualche delicata faccenda di governo.

Porterebbe a vuoti di potere, e il rischio sarebbe enorme.

Meglio affiancargli qualcuno, un nobile che lo sostenga in caso di emergenza, e chi meglio del figlio adottivo.

L'esordio di Lucio nel ruolo di co-imperatore avviene durante l'inaugurazione dei ludi, giochi dedicati alla competizione e al divertimento, e insieme espressione del potere imperiale.

Ebbene, nella parata d'apertura, Agrippina fa in modo che Lucio sfili con il mantello color porpora di chi ha funzioni di grande responsabilità; mentre il più giovane Britannico si mostra al popolo con la tunica dei ragazzetti.

Le premesse per la successione ci sono già tutte.

Occorre solo che l'imperatore muoia.

E che sparisca anche Britannico.

Lucusta: la prima serial killer

Il veleno è uno dei protagonisti indiscussi della politica nell'antica Roma.

È uno strumento discreto, che non fa rumore, che lascia dubbi ma non tracce. Basta versare la dose tossica in una bevanda, o mescolarla al cibo durante un banchetto, ed ecco tolti di mezzo gli ostacoli, siano essi rivali o testimoni.

All'epoca, se ne utilizzano tre tipi: di origine minerale, animale o vegetale. Al primo gruppo appartengono il mercurio, il rame, il piombo, l'arsenico e l'antimonio. Hanno effetti devastanti, ma non sono semplici da estrarre, cosa che rende limitato il loro impiego.

Lo stesso problema riguarda le sostanze di natura animale: si possono ricavare da serpenti, scorpioni e ragni, e ancora da salamandre e rospi, ma per ottenerle in concentrazioni utili occorre una rarissima maestria.

Meglio radici, erbe e infiorescenze: per esempio la cicuta, abitualmente sciolta nel miele per mascherarne il sapore amaro. Senza poi scordare il giusquiamo, la belladonna, lo stramonio e l'aconito.

I vantaggi dei veleni vegetali sono tanti: la disponibilità e la facilità di conservazione, innanzitutto.

Occorre ovviamente saperli riconoscere e maneggiare, e chi è in grado di farlo conquista a corte una certa fama.

Tutto ciò per dire che Nerone non avrebbe mai avuto successo se al suo fianco non ci fosse stata una donna proveniente dalle Gallie, esperta in botanica e decotti.

Il suo nome è Lucusta, la prima donna serial killer della storia.

Fatta prigioniera dai Romani nel 54, sin da giovane impara a creare pozioni lenitive e curative, e da lì a quelle velenose il passo è breve.

Poco dopo la nascita di Nerone, Lucusta si trasferisce a Roma; lì, sul Palatino, apre una bottega in cui vende erbe medicinali, e in pochi anni la sua clientela cresce, ma soprattutto cambia.

Ad andare da lei non sono più persone in cerca di decotti e tisane, ma soggetti di dubbia reputazione che le chiedono se, per caso, non abbia pozioni adatte a un impiego meno «convenzionale».

Lucusta diventa così l'avvelenatrice più famosa di Roma.

I suoi intrugli mettono termine a gravidanze indesiderate, rendono felici gli amanti facendo sparire mariti gelosi, portano alla tomba suocere invadenti e rivali nei commerci.

Conquista ricchezze e celebrità, perfino troppa, tanto che un giorno l'arrestano con l'accusa di omicidio.

La corte dei veleni

La notizia giunge rapidamente ad Agrippina, che ha spie e informatori ovunque.

Quella donna le può essere utile, e allora dispone che le venga consegnata e le siano condonate tutte le accuse.

Il primo incarico che le affida è anche il più complicato: eliminare l'imperatore. Per Agrippina è un rischio calcolato, perché in caso di successo suo figlio avrà la strada spianata, e se invece le cose andassero storte, potrà sempre scaricare ogni colpa addosso a una riconosciuta assassina seriale.

Il piano per avvelenare Claudio non ci è noto nei dettagli.

Forse Lucusta sparge la polvere di un'erba velenosa sul piatto di cui l'imperatore è particolarmente ghiotto, i funghi; oppure li sostituisce con bocconi di *Amanita phalloides*, dall'effetto letale.

Occorre comunque superare un ostacolo: come tutti gli imperatori, Claudio teme le congiure e perciò si porta sempre appresso un assaggiatore, Aloto.

Ciò che l'imperatore non sa è che Aloto è già stato corrotto da Agrippina, ed è anzi lui in persona che gli porge il piatto avvelenato.

A questo punto, la vicenda prende una piega grottesca.

Claudio ama sì i funghi, ma mangia e beve in modo smodato, e quella sera l'eccesso di vino e la quantità di cibo gli provocano un attacco di nausea, proprio nel momento in cui Aloto gli presenta il suo piatto preferito.

Claudio dunque rifiuta la pietanza, chiamando invece il suo medico; non lo fa per il timore d'avere esagerato, ma per chiedergli di trovare il modo di liberarsi lo stomaco e riprendere il banchetto.

Lo specialista di corte gli propone allora un rimedio semplice ma efficace: stimolare la gola con una piuma.

Peccato che anche lui sia complice di Agrippina, e che la piuma sia stata intinta nel veleno.

Per l'imperatore non c'è scampo, e sono in pochi a pensare che sia stato ucciso. Comunque sia, per non correre rischi e allontanare da sé ogni dubbio, Agrippina diffonde la voce che c'entri Lucusta, prontamente arrestata.

Ma è del tutto probabile che vi fosse un accordo tra le due donne, con Agrippina pronta a graziare l'avvelenatrice appena le acque si fossero calmate.

Ed è esattamente ciò che avviene.

Lucio Domizio Enobarbo diventa imperatore col nome di Nerone e, pochi mesi dopo, fa liberare Lucusta.

Non solo; la riprende al proprio servizio.

È rimasta infatti una faccenda in sospeso: Claudio è morto, ma suo figlio Britannico no.

Ora ha quattordici anni e può accampare pretese sull'Impero che il padre gli ha promesso, accusando Nerone d'essere un usurpatore e Agrippina d'aver cospirato con lui.

Meglio andare sul sicuro: Nerone ordina a Lucusta di far fuori Britannico il prima possibile.

L'avvelenatrice prepara allora un arsenale con belladonna, arsenico, aconito ed elleboro, mettendo insieme praticamente tutti i veleni più letali.

Per il primo tentativo usa l'arsenico, ma nel timore che la morte risulti sospetta, ne utilizza troppo poco.

Così Britannico sta un po' male, ma si rimette in fretta.

Nerone va su tutte le furie e convoca Lucusta spiegandole che non tollererà un secondo fallimento. E per non sbagliare, le concede di prendere giovani figli della plebe su cui testare sostanze e dosaggi.

La ricetta della morte

Inizia così un'inspiegabile strage di ragazzi, a ciascuno dei quali è stata somministrata una diversa miscela venefica.

Qualcuno muore fra atroci dolori, e non va bene perché il malore risulterebbe troppo sospetto. Altri si spengono lentamente, ma così Britannico avrebbe il tempo di trovare un antidoto, o quanto meno di denunciare l'accaduto.

C'è anche chi non muore, perché il veleno è troppo debole, e allora viene passato a fil di spada per non lasciare in vita uno scomodo testimone.

Alla fine, viene trovata la «ricetta ideale».

Una sera Britannico è a cena, e gli viene offerta una bevanda calda. Il figlio di Claudio sa benissimo che fine ha fatto il padre; quindi si rifiuta di berla prima che la provi il suo assaggiatore. Che fa il suo lavoro e gli conferma che non c'è nulla di pericoloso.

Per Britannico è però troppo calda, e chiede che venga aggiunta un po' d'acqua fredda.

Non immagina certo che Lucusta ha avvelenato proprio quell'acqua.

Pochi sorsi e sente mancargli il fiato; cerca di chiamare aiuto ma la voce gli si strozza in gola.

Crolla a terra tremando.

La convinzione dei presenti è che si tratti di un attacco epilettico, e che basti attendere qualche minuto prima che il giovane si riprenda, magari confuso ma senza gravi danni.

Così nessuno interviene.

Il piano, davvero geniale, è perfettamente riuscito.

Lucusta viene ricompensata da Nerone con la conferma della libertà, un appezzamento di terra e qualche schiavo su cui proseguire nei suoi letali esperimenti.

Nerone si fida a tal punto di lei da chiederle di preparargli una polvere velenosa da tenere sempre in un sacchetto legato al collo, nella sfortunata circostanza cadesse senza scampo nelle mani di un nemico.

E sempre a Lucusta l'imperatore si rivolge quando decide di impossessarsi del patrimonio della zia, Domizia Lepida.

Domizia soffre di un problema diffuso ma imbarazzante, che i medici d'oggi chiamerebbero costipazione cronica.

Le ha provate tutte, fino a quando il nipote le propone

un lassativo miracoloso, che ovviamente risolve definitivamente le difficoltà della donna.

Solo dopo la morte di Nerone, Lucusta perderà la propria influenza a corte. Il nuovo imperatore, Galba, la farà arrestare e condannare a morte.

Dopo l'esecuzione, il suo corpo sarà trascinato per le strade di Roma, simbolo di un nuovo corso, non più fondato su congiure, veleni e su una corruzione morale senza precedenti.

Agrippina: madre e moglie

Ma torniamo qualche passo indietro, alla storia di Agrippina e Nerone.

È il 54 dopo Cristo e, uccisi Claudio e Britannico, sul trono di Roma siede un giovane di dubbia moralità e succube della madre. Tanto che sulle monete coniate all'epoca, il profilo di Agrippina si staglia sullo sfondo di quello di Nerone, a suggerire una sostanziale diarchia alla testa dell'Impero.

Non c'è dubbio che sia la donna, almeno all'inizio, a prendere le decisioni politiche più importanti.

Fare l'imperatore a Nerone piace, ma solo per il senso di onnipotenza che ne ricava.

Per esempio, uno dei suoi passatempi preferiti è quello di appostarsi ai bordi di una strada e tendere agguati ai passanti, che magari tornano alticci da un banchetto; li aggredisce insieme ai suoi sgherri, lasciando i malcapitati a terra, morti o agonizzanti.

Sa che nessuno può punirlo, perché nessuno ha un potere superiore al suo; a parte sua madre, che però gli perdona ogni eccesso.

E più passa il tempo, più Agrippina sembra assumere il ruolo di moglie, anziché di madre.

Si sposta con la lettiga coperta fino ad allora riservata

all'imperatore. Pretende di apparire al suo fianco nelle cerimonie ufficiali, e solo a fatica Seneca la trattiene dal presiedere le udienze imperiali al posto del figlio.

Agrippina pensa che senza di lei Nerone non sarebbe mai stato nessuno; pertanto, le deve tutto.

Come in molti casi di rapporti morbosi fra madre e figlio, la situazione esplode quando il giovane si innamora.

A corte vive una schiava liberata di origini siriane, il cui nome è Atte. Nerone è colpito dal suo fascino esotico, e se ne invaghisce iniziando a frequentarla in segreto: non teme che la scelta sia criticata, ma è preoccupato dalla gelosia della madre.

Tuttavia, tanta è la passione per la giovane siriana che Nerone decide di sposarla; ancor più quando Atte gli mostra alcuni documenti contraffatti che la riconoscono erede di un'immaginaria famiglia reale.

Nerone non ama più sua moglie Ottavia, forse non l'ha mai amata. L'ha sposata costretto dalla madre al solo scopo di ottenere un potere che ormai nessuno gli contesta.

Per questo vuole ripudiarla e sostituirla; sa che ci vorrà del tempo, e allora chiede aiuto al fido consigliere Seneca, che escogita uno stratagemma: inventa che Atte abbia una storia con un prestanome scritturato alla bisogna, il cui vero compito è fare da mediatore fra l'imperatore e la schiava liberata, oltre che da guardiano dei loro incontri clandestini.

Il piano non basta per ingannare Agrippina, che capisce bene ciò che sta accadendo, ma anziché infuriarsi, sceglie una strategia più sottile e perversa. Quella di fingere che non ci siano problemi e sfidare Atte con le stesse armi della giovane rivale: la seduzione.

Inizia così a presentarsi al figlio in abiti provocanti, a baciarlo e carezzarlo in modo sempre più audace; il passaggio successivo è quello di farlo ubriacare, e complice il venir meno delle inibizioni, portarselo a letto.

Tocca ancora a Seneca occuparsi della faccenda: mentre Nerone è ormai perso in un vortice di alcol e sesso proibito, il filosofo comprende che la posta in gioco non è Atte, ma il controllo totale dell'imperatore da parte della madre.

Sposare la mamma

Ormai preso nelle trame di Agrippina, Nerone arriva a concepire un'idea balzana: per il bene dell'Impero, oltre che per la pace familiare, la soluzione più semplice è sposare la madre e associarla al trono.

Seneca è stupefatto, e decide che la situazione è andata troppo oltre, che ai mali estremi bisogna rispondere con rimedi altrettanto estremi.

Fa incontrare Nerone con Atte, la quale in lacrime gli racconta che lo scandalo è sulla bocca di tutti, che si parla solo dell'incesto fra l'imperatore e la madre, e che i cittadini di Roma sono già pronti a ribellarsi, perché l'autorità esercitata contro le leggi sacre della famiglia non può essere legittima.

Colpito in ciò che ha di più caro, l'esercizio del potere, Nerone sospende i convegni amorosi con la madre.

Di più, inizia a guardarla con sospetto e a isolarla.

Spedisce in esilio i suoi consiglieri più preziosi, primo fra tutti Pallante, poi la allontana dal palazzo e le impedisce di ricevere visite, se non quelle di alcune donne che però, di fatto, non hanno il compito di confortarla, ma di controllarla e di riferirgli tutto.

Una di loro è Giulia Silana.

Giulia odia Agrippina, responsabile di averle mandato a monte un matrimonio per puro spirito di cattiveria.

Così, alla prima occasione, racconta a Nerone che la madre sta complottando per deporlo e sostituirlo col nobile

Rubellio Plauto, con cui sarebbe convolata a nozze una volta eliminato il figlio.

Chiamata al cospetto dell'imperatore, Agrippina si dispera, si inginocchia, lo implora.

Alla fine, Nerone si convince che la storia della congiura non regge e fa esiliare Giulia Silana.

Non per questo, tuttavia, torna a fidarsi.

Non è più un ingenuo adolescente e ha capito che, se anche quell'intrigo non è certo, il contesto è verosimile.

Da un momento all'altro la madre potrebbe sedurre un rivale ambizioso e indurlo a un colpo di Stato, mettendo a rischio il trono e la sua stessa vita.

Attendere non è più possibile.

Agrippina deve morire.

Il giallo del naufragio

Questa volta, però, niente veleni, e nemmeno l'uso di un'arma; ci vuole qualcosa che sembri un incidente, e l'idea di simulare un naufragio viene ad Aniceto, uno dei capi della flotta imperiale.

I dettagli vengono preparati con la cura di un moderno romanzo giallo.

A cominciare dai segnali di distensione che Nerone manda ad Agrippina: non sta bene – le dice – che due persone tanto legate si facciano la guerra. Perché non riconciliarsi, festeggiando insieme le quinquatrie, l'antica celebrazione in onore di Minerva?

L'accoglienza è buona e il banchetto trascorre all'insegna del buonumore; Agrippina sprizza gioia da tutti i pori, sente che l'antico potere è ancora nelle sue mani, e che il figlio non riesce a non volerle bene.

Nerone, dal canto suo, le parla di affari di Stato, poi scherza, le fa un sacco di complimenti, le racconta ricordi d'infanzia. Quando vede che Agrippina è commossa, piazza il colpo a effetto: le dice che ha una sorpresa per lei e la conduce nella vicina baia di Napoli.

Lì è ormeggiata una splendida, sfarzosa imbarcazione, fatta costruire apposta per lei. Un regalo per farsi perdonare. Agrippina si getta al collo del figlio. Sarà il loro ultimo bacio.

Agrippina sale a bordo, e si sdraia sul grande letto sistemato nella lussuosa cuccetta. Mentre chiacchiera con la schiava preferita, all'improvviso avverte un cigolio sinistro.

Pochi istanti, e l'intero soffitto crolla.

La struttura cede, ma Agrippina sopravvive, protetta dalla robusta armatura che sormonta il letto. Aniceto ordina allora di inclinare la nave, così che Agrippina scivoli in mare.

La prima a finire in acqua è la schiava, che temendo di annegare grida d'essere la madre dell'imperatore, immaginando d'essere subito soccorsa.

Un'ingenuità imperdonabile: anziché salvarla, i marinai la colpiscono fino a vederla scomparire tra i flutti.

Agrippina osserva la scena e, nuotando silenziosa, si allontana, chiedendo aiuto a un piccolo peschereccio che la trae in salvo e la fa sbarcare presso il lago di Lucrino, a pochissima distanza dalla sua villa di Bacoli.

Con un certo compiacimento, una volta tornata a casa, ordina a un messo di presentarsi all'imperatore e di avvertirlo che la barca che le ha regalato è naufragata; ma che non si preoccupi, perché lei è ormai al sicuro nelle sue stanze.

Anzi, non c'è nemmeno bisogno che si scomodi per andare a trovarla: ha solo bisogno di riposo e non se la sente di vedere nessuno, neanche l'amato figlio.

L'assassinio di Agrippina

La notizia fa impallidire l'imperatore.

Nerone attendeva con ansia l'annuncio della disgrazia, ed era pronto a versare finte lacrime di dolore; tutto si aspettava, ma non certo di scoprire che la donna se l'era cavata senza un graffio.

Prova a simulare sgomento e sollievo, ma non ci riesce.

È sicuro che Agrippina abbia capito tutto e teme la sua collera.

Convoca allora Seneca, cui chiede come procedere; la risposta è semplice: ormai Agrippina è un pericolo per l'Impero, quindi va eliminata senza indugi.

Il filosofo consegna una spada al messo, che la afferra senza capire che lo stanno incastrando; pochi secondi e tutti gridano all'assassino, inviato da Agrippina per uccidere Nerone, come dimostra l'arma che tiene sguainata davanti al suo imperatore.

L'uomo viene immobilizzato e trascinato in carcere davanti a una folla esterrefatta, che si è riunita dopo aver saputo del terribile naufragio.

Tocca ad Aniceto rivolgersi ai cittadini: Agrippina è morta, ma non è annegata.

Ha ordito un complotto per uccidere l'imperatore, ha inviato al figlio un messo armato di spada, ma Nerone è riuscito a salvarsi.

E sentendosi scoperta, non le è rimasto che togliersi la vita.

Le cose, ovviamente, non sono andate così.

Comandato da Aniceto, un manipolo di soldati ha fatto irruzione nella villa di Bacoli, dove ha trovato Agrippina rannicchiata nell'ombra, nella vana speranza di non venire scoperta.

È stato un centurione di nome Obarito ad affrontarla, pronto a colpirla con il pugnale.

Ma la donna dai cui capricci erano dipese le sorti di un Impero non poteva rinunciare a un'uscita di scena meno che sensazionale.

Un attimo prima di morire si è denudata il ventre, ancora tonico e giovanile nonostante l'età e i parti, e ha sfidato il suo carnefice a colpirla proprio lì, nel grembo in cui ha concepito il figlio.

Obarito l'ha accontentata, affondando la lama più volte, anche quando Agrippina ha smesso di respirare.

Nerone orfano

Il corpo di Agrippina viene composto nella stanza della villa di Bacoli. Ora Nerone può regnare senza che nessuno gli dica cosa debba fare.

Stavolta Nerone non ha bisogno di fingere. Le lacrime gli sgorgano sinceramente dagli occhi, corre a vedere la madre e la trova sdraiata sul suo letto, la nudità ricoperta alla bell'e meglio, i capelli sciolti sulla schiena. Davanti al cadavere, Nerone si lascia sfuggire un complimento – «Com'era bella!» – che sa forse più di rimpianto per un'amante che di rimorso per il matricidio.

Inizia così la seconda fase del suo Impero, che vede rapidamente tramontare il già limitato favore del popolo nei suoi confronti. La notizia del delitto si sparge, nonostante tutte le premure di Aniceto, e con sgomento Nerone scopre che i Romani sono dalla parte di Agrippina: nonostante tutti i suoi sotterfugi e le sue perversioni, agli occhi dei cittadini è comunque sempre la figlia di Germanico, un eroe di guerra.

Seneca cerca di consigliare l'imperatore per il meglio, esortandolo a una condotta più dignitosa e consona al ruolo. Nerone, ovviamente, non vuole saperne. Alla fine, il filosofo si ritira a vita privata, dopo essere stato di fianco a Nerone per quasi tutta la vita, prima come precettore e poi come consigliere.

Al suo posto, come prefetto del pretorio, l'incarico più vicino al cuore di Nerone viene preso da Gaio Ofonio Tigellino: un militare siciliano di origine greca, uomo di umili natali e ciecamente dedito a servire il potere. Con Tigellino, Nerone instaura di fatto uno Stato di polizia.

Quanto a Ottavia, sua moglie, Nerone si libera anche di lei, con la stessa disinvoltura un po' pasticciata che ha utilizzato con sua madre. Decide di ripudiarla e la manda in esilio in Campania. Se non che i Romani si sono affezionati a questa donna mite e paziente, che alla fortuna di sposare un imperatore ha visto contrapporsi la sfortuna di aver sposato l'uomo con meno scrupoli di tutta la dinastia.

Così, il popolo non accetta che Nerone si risposi con Poppea. Figlia di un ex console, dotata di un'ambizione e di una spregiudicatezza che, insieme all'avvenenza, deve sicuramente ricordare all'imperatore Agrippina, Poppea è talmente vanagloriosa da ottenere che le proprie statue sostituiscano rapidamente quelle di Ottavia. Ma i cittadini di Roma, dinanzi a quell'affronto alla memoria, reagiscono rovesciando le statue di Poppea e rimettendo al loro posto quelle della moglie precedente.

A quel punto, però, per Poppea è facile farsi passare per vittima. Implora Nerone di proteggerla, paventando che a ordire la congiura delle statue siano state persone vicine alla famiglia di Ottavia, come avvertimento del fatto di essere pronte a uccidere la seconda moglie dell'imperatore, se necessario.

Come con Agrippina, Nerone ricorre allora alla *character assassination*, il tentativo di diffamare qualcuno per potersene disfare più agevolmente. Convince Aniceto a confessare pubblicamente un reato che non ha commesso, ovvero di essere stato a letto con la prima moglie dell'imperatore. Non solo: Aniceto racconta che Ottavia era rimasta incinta di lui e per questo aveva abortito.

Screditata così Ottavia, Nerone infligge al complice Aniceto una finta punizione: lo manda in una sorta di esilio dorato in una villa dove ha a disposizione denaro, schiavi, donne, cibo a volontà.

Viene però il momento di punire Ottavia, stavolta seriamente. Nerone non ha dubbi: ci vuole la morte. Ottavia viene immobilizzata con delle catene, e i soldati imperiali le aprono le vene delle braccia con dei pugnali.

Il sangue però scorre troppo lento, quindi si decide di accelerare il dissanguamento immergendola, catene e tutto il resto, in una vasca di acqua bollente. Viene quindi inscenato un suicidio, ma non basta; perché la punizione sia esemplare, i soldati segano la testa dal cadavere e la portano a Roma, così che tutti sappiano la fine che tocca a chi tradisce l'imperatore. Poppea riceve la testa mozzata come un trofeo di caccia.

Ottavia non è però l'unica persona a essere fatta decapitare da Nerone. Secondo la tradizione cristiana, all'imperatore si deve anche la decapitazione di san Paolo, che fa il paio con la crocifissione di san Pietro.

Roma brucia

Siamo verso la fine del regno di Nerone. L'imperatore sembra sempre più ossessionato dalla presenza dei cristiani; un po' perché teme che grazie a loro cresca un *imperium in imperio*, ovvero uno Stato dentro lo Stato, un po' perché forse sente minacciata la propria dissolutezza dalla loro morale molto rigida.

È questa ostilità a far sì che, per secoli, si sia ritenuto Nerone responsabile del grande incendio di Roma, divampato nella notte fra il 18 e il 19 luglio 64, che l'imperatore avrebbe utilizzato per incolpare i cristiani e dimostrare che costituivano una minaccia.

Le fiamme partono dalla zona del Circo Massimo, dove il gran numero di botteghe ammassate favorisce il loro propagarsi. Bruciando per sei giorni, ampliano sempre di più la propria portata distruttiva, fino a coinvolgere pressoché l'intera città.

È una strage: il fuoco si propaga in dieci dei quattordici quartieri da cui Roma è formata; tre di essi vengono completamente rasi al suolo, gli altri ridotti a rovine fumanti. Muore un numero imprecisato di persone, nell'ordine delle svariate migliaia.

Alcune cose non tornano, in effetti, nell'idea che Nerone abbia personalmente ordinato l'incendio. Anzitutto, l'enorme raggio raggiunto dalle fiamme dipende dal vento che si solleva in modo inconsueto in quella notte d'estate, circostanza sicuramente non prevedibile. Inoltre, a venire colpito dall'incendio è lo stesso palazzo imperiale.

Ma ci sono anche alcuni eventi che alimentano i sospetti. La notte dell'incendio, Nerone non si trova a Roma bensì ad Anzio, come a volersi mettere al riparo o a stornare da sé l'attenzione. Durante l'incendio, molti testimoni vedono delle persone che esortano i Romani a non spegnere le fiamme. Inoltre, mentre il fuoco invade il Circo Massimo, un secondo incendio scoppia in una zona completamente diversa, il Palatino: la scintilla scocca proprio in casa di Tigellino.

Tacito, storico sempre spietato, racconta che, una volta tornato a Roma, di fronte alle fiamme Nerone abbia afferrato la cetra e si sia messo a cantare versi sulla caduta di Troia. Stravaganza sicuramente coerente con gli eccessi del personaggio, ma non di per sé sufficiente a individuarlo come mandante.

Del resto, gli studi più recenti hanno insistito molto sul fatto che l'incendio potrebbe essere stato accidentale, e non doloso. Nerone si sarebbe quindi limitato a trarre profitto da una disgrazia che, ai suoi occhi, costituisce un colpo di fortuna. Per due motivi.

Il primo è che vuole riformare l'urbanistica romana. Desidera costruire un'enorme e sfarzosa residenza, quindi del vecchio palazzo imperiale non gli importa più nulla, mentre ha bisogno di una vasta area edificabile. L'incendio gli fa il favore di metterlo nella necessità di un nuovo palazzo e gli sgombra la sterminata parte di città su cui farà edificare la Domus Aurea.

Il secondo motivo è la possibilità di incardinare la persecuzione dei cristiani non solo sull'ostilità dell'opinione pubblica, ma anche su un'antica legge repubblicana che condanna a morte i piromani. Quanto al modo di infliggere la pena di morte, l'imperatore si sbizzarrisce: qualcuno viene dato in pasto ai leoni, qualcun altro viene crocifisso, qualcuno infine subisce una specie di contrappasso. Il malcapitato viene infatti infilato in una tunica spalmata di pece altamente combustibile, cui viene dato fuoco pubblicamente, fra i lazzi e gli insulti dei Romani; le fiamme vengono spente solo dopo che il cadavere è carbonizzato.

*L'*annus horribilis

In realtà, per Nerone, il vero *annus horribilis* non è quello dell'incendio, ma l'anno successivo, il 65.

Nel giro di pochi mesi, si accumulano pessimi presagi. Temporali violentissimi, passaggio di comete, nascite di esseri mostruosi: bambini a due teste, addirittura un vitello con il cranio conficcato non fra le spalle ma in una delle zampe.

Sua moglie Poppea muore mentre è incinta del suo secondogenito; corre voce che a ucciderla sia stato lo stesso imperatore. Spazientito dalla sua sofferenza, le avrebbe tirato un fortissimo, letale calcio sul pancione.

Queste disgrazie sono segnali da cui Nerone sente di doversi guardare. C'è aria di congiura per rovesciarlo, e teme che questa possa essere la volta buona.

L'imperatore non ha torto. Contro di lui ordisce Pisone, che è stato console al tempo di Claudio. Pisone mette insieme una compagine di una quarantina di congiurati, tutti a vario titolo irritati con Nerone per questioni personali: è l'effetto collaterale della gestione arbitraria e capricciosa del potere.

Il piano è arguto. L'azione si svolgerà durante i giochi che si tengono in onore dell'imperatore; uno di loro, Plautio Laterano, si getterà ai piedi di Nerone per mostrargli sottomissione ma, così facendo, lo trafiggerà con un coltello nascosto. Ucciso Nerone, a diventare imperatore sarà lo stesso Pisone, ristabilendo la continuità con Claudio, il cui omicidio a tradimento non è stato dimenticato.

Per andare sul sicuro, tuttavia, è necessario che tutti i congiurati presenti ai giochi tengano pronto a portata di mano un pugnale. Uno di loro, Scevino, affida il proprio a un servo affinché vada a fargli affilare la lama. Il servo, tuttavia, si insospettisce, sapendo che Scevino non è uomo d'armi, e corre a denunciare il padrone, sperando di diventare benemerito dell'imperatore e ottenere la libertà.

È l'inizio di un'indagine che Nerone fa condurre a Tigellino con spietatezza sommaria. Viene arrestato e giustiziato chiunque sia anche lontanamente sospettato di connivenza. In diciannove vengono giustiziati seduta stante. Ad altri, come a Pisone, viene dato ordine di uccidersi. Muore anche Petronio Arbitro, misterioso personaggio della cui esistenza abbiamo poche testimonianze ma che ci ha lasciato in eredità un capolavoro letterario, il *Satyricon*, forse il primo romanzo comico della storia.

Petronio, vedendo che gli altri congiurati vengono condotti a una fine atroce, decide di accelerare i tempi tagliandosi le vene. Poi si accorge di essere stato troppo precipitoso, e se le benda stretto, così che il flusso del sangue si arresti; si mette a parlare coi suoi amici, discettando di filosofia, quando di nuovo la paura lo assale e torna a sciogliersi le bende. Si accorge però di non aver fatto testamento; rallenta nuovamente l'emorragia, facendo premiare o frustare i suoi schiavi a seconda di come si sono comportati.

Afferra la suppellettile più preziosa, una tazza dal valore di trecentomila sesterzi, un vero e proprio oggetto d'arte che al cambio di oggi si assesterebbe oltre il milione di euro; sa che i suoi beni verranno confiscati dall'Impero, quindi, per evitare che Nerone ci metta le mani sopra, la scaglia fortissimo sul pavimento mandandola in mille pezzi. Quindi detta un testamento pieno di contumelie contro Nerone e, solo dopo averlo sigillato e spedito, si sbenda definitivamente e si lascia morire.

È una fine degna degli eccessi e delle stramberie che lui stesso descrive nel *Satyricon*.

Nerone muore

Fra i congiurati c'è anche uno che si chiama Natale. Costui, qualche tempo prima, ha chiesto udienza a Seneca. Seneca viene interrogato e, non sapendo del coinvolgimento di Natale nella congiura, ammette di averlo incontrato. Il tribuno che conduce l'interrogatorio prende atto e si reca dall'imperatore a riferire. Nerone, con freddezza, gli domanda se Seneca sia consapevole della gravità dell'azione che ha commesso. Una colpa del genere, aggiunge l'imperatore, non può che condurre un filosofo al suicidio.

Il tribuno capisce benissimo l'antifona e torna da Seneca, a comunicargli la decisione dell'imperatore: non sarà Nerone a far uccidere il suo vecchio precettore e consigliere, ma pretende che si faccia da parte da solo.

Quando la notizia raggiunge Seneca, costui è in compagnia della moglie Paolina e di alcuni amici, intento a conversare di argomenti elevati. E quale argomento più elevato ci può essere, rispetto alla necessità di accettare la sorte avversa e non mostrarsi troppo attaccati alla vita? Questa è l'argomentazione con cui Seneca consola i suoi amici, sgomenti di fronte alla spietatezza dell'imperatore.

Risulta talmente convincente che sua moglie esprime il desiderio di suicidarsi insieme a lui.

Seneca e Paolina si tagliano le vene delle braccia. Da quelle del filosofo il sangue fluisce troppo lentamente. Seneca allora pratica ulteriori incisioni su di sé; si taglia le vene delle gambe, sopra e sotto il ginocchio, e intanto che il sangue sgocciola ha tempo di dettare le proprie ultime riflessioni.

Finito di dettare, inizia a spazientirsi perché è ancora vivo. Chiede a un amico medico di portargli del veleno: vuole morire bevendo della cicuta, come Socrate. Se non che il suo organismo non riesce a metabolizzarla: è debilitato dalla vecchiaia, dai prolungati digiuni cui si è sottoposto per temprarsi, dalla circolazione ormai rallentata del sangue. Alla fine, per farlo morire, gli amici sono costretti a portarlo in un bagno turco, dove il filosofo, grondando sangue, muore soffocato dai vapori.

Quanto a Paolina, invece, Nerone ha previsto che avrebbe cercato di uccidersi, e ha dato ordine al tribuno di evitarne la morte. La donna viene quindi soccorsa e bendata: alcuni dicono che l'imperatore sia stato clemente, poiché ha evitato la morte di una persona innocente; altri ritengono sia stato crudele, perché ha di fatto condannato Paolina a una lunga vedovanza, a una vita di solitudine trascorsa a meditare sulla morte ingiusta del marito.

Gli ultimi anni di Nerone sono l'indefinito prolungamento della paranoia che si è scatenata con la congiura di Pisone. Vede complotti dappertutto, e spesso ci sono. Contro di lui si ribellano generali di stanza in Gallia, pretoriani in Africa, infine anche il Senato. Sono proprio i senatori, infatti, che votano la deposizione dell'imperatore. Quando il risultato del voto viene comunicato, Nerone non ha più titoli.

È un uomo solo, braccato, che prima cerca di asserragliarsi nel palazzo imperiale; poi, vedendosi abbandonato perfino dalle guardie, cerca di fuggire. Infine, compreso che la situazione è disperata, si rifugia in una villa alla periferia di Roma e porge un coltello al suo segretario, Epafrodito.

Gli chiede di conficcarglielo nella gola; è un suicidio per interposta persona. Epafrodito, abituato alle stranezze dell'ormai ex imperatore, esegue; forse pensa che, quando il dolore sarà troppo, l'altro gli ordinerà di fermarsi. Ma Nerone non lo fa. Sulla punta della lama affiora il primo sangue poco dopo che Nerone ha detto, forse ironicamente, forse no: «*Qualis artifex pereo!*». Ovvero: «Quale artista muore con me!».

La vergogna per il regno di Nerone è tale che il Senato non gli concede nemmeno l'onore dei funerali pubblici. Si tengono delle misere esequie private, a cui partecipano pochissime persone. Fra di loro, l'unica donna che forse l'ha amato davvero: Atte, la schiava liberata che non ha potuto sposare.

6
La scarpina

Caligola, sin da bambino, detesta che lo si chiami così.

E come dargli torto, visto che il suo vero nome, Gaio Giulio Cesare Germanico, ricorda che è figlio del grande condottiero, l'uomo che ha guidato la campagna militare in Germania.

Il fatto è che sono proprio i soldati del padre a usare quel nomignolo, prendendolo in giro perché è smilzo e ha i piedi piccoli.

La *caliga*, infatti, è la calzatura in cuoio in dotazione all'esercito romano, una specie di sandalo che si arrampica con strisce annodate sopra la caviglia.

E il diminutivo di *caliga* è *caligola*, che vuol dire appunto «scarpina».

Mingherlino in effetti lo è, e anche deboluccio.

Ogni tanto viene colto da momenti di profonda stanchezza, al punto che non riesce a stare in piedi e perde i sensi.

Non stupisce comunque che da ragazzo ambizioso qual è, detesti venir chiamato in quel modo.

E Caligola ambizioso lo è per degli ottimi motivi.

Suo padre Germanico non è solo un grande condottiero, ma Tiberio stesso lo ha adottato per ordine di Ottaviano Augusto. Senza dimenticare che il nonno da parte di padre,

Druso, è fratello di Tiberio, mentre la nonna materna, Giulia Maggiore, è figlia dello stesso Ottaviano.

Perciò il giovane Caligola, nonostante gli sfottò dei soldati, vanta un'invidiabile parentela.

Quando Germanico muore, nel 19, il bambino ha solo sette anni, ma già si dice che potrà un giorno ricoprire l'incarico imperiale, da qualche anno nelle mani di Tiberio.

A ventun anni, che sia lui l'erede al trono è un fatto ormai assodato.

Il figlio di Germanico viene così invitato a vivere a Capri, sede eletta dell'imperatore; non è un'investitura formale, ma poco ci manca.

Il rapporto fra Tiberio e Caligola è ambivalente: l'imperatore sa che, tenendolo vicino, può valutare il giovane e soprattutto controllarlo; Caligola, a sua volta, ha ben chiaro che la vicinanza non è garanzia di successo.

Nel 37 Tiberio è ormai un imperatore vecchio e malandato. Quando la fine sembra prossima, Caligola viene acclamato dal popolo, dai cortigiani e dai militari, tutti d'accordo che assuma pieni poteri.

L'imperatore assassino

Hanno però fatto i conti senza l'oste.

Tiberio si riprende e la notizia semina il panico fra chi non ha esitato ad acclamare Caligola.

Il timore è che l'imperatore, sempre più paranoico, ritenga l'intera corte colpevole di alto tradimento.

A questo punto le versioni differiscono.

Secondo la maggior parte degli autori, le condizioni di Tiberio si aggravano nuovamente e l'imperatore muore per cause naturali. Contro questa ipotesi si schierano però due pesi massimi fra gli storici dell'antica Roma.

Uno è Tacito, autore degli *Annales*, che così scrive:

> La paura si diffonde fra tutti; Caligola, assorto in silenzio, attende la condanna a morte dopo la sua grandiosa aspettativa. Macrone però, immune alla paura, dà ordine che qualcuno soffochi l'imperatore gettandogli addosso un mucchio di coltri, per poi allontanarsi velocemente dalla sua stanza. Così Tiberio morì, a settantotto anni d'età.

L'altro è Svetonio, autore delle *Vite dei dodici Cesari*, il quale riporta la voce secondo cui a compiere il delitto, soffocando Tiberio con le coperte, non sia stato il prefetto Macrone ma lo stesso Caligola.

Quest'ultima ipotesi sembra tuttavia poco probabile.

È vero che Caligola avrebbe tratto vantaggio dalla morte di Tiberio, e che più di altri rischiava un'accusa di tradimento nel caso l'imperatore si fosse ripreso.

Tuttavia, da qui ad aggredirlo personalmente e a mani nude, ce ne corre; a meno di credere all'immagine che la storia ci ha consegnato, quella di un uomo fuori controllo.

La realtà, però, è diversa.

Nei primi mesi del suo governo, Caligola si dimostra saggio ed equilibrato. Concede amnistie ai condannati e richiama dall'esilio i nemici di Tiberio.

Porta avanti importanti opere pubbliche, dai porti agli anfiteatri, posando la prima pietra del grande acquedotto Claudio.

Investe nell'intrattenimento, regalando più giorni di festa al popolo e creando nuove infrastrutture dove ospitare ludi spettacolari.

Emana leggi severe contro la corruzione e condanna senza appello chiunque si macchi di perversioni sessuali, a eccezione delle sue, naturalmente.

Invia aiuti economici alle province orientali, vittime di un grave terremoto, approfittandone per far ricostruire la città di Antiochia più bella e più moderna.

Crea due nuove legioni per il controllo dei confini e porta a termine la conquista della Britannia.

Un equilibrio, quello di Caligola, che tuttavia dura poco più di sei mesi, dal marzo all'ottobre del 37.

Tutto cambia quando, in autunno, l'imperatore rimane vittima di uno dei suoi soliti svenimenti; ma questa volta il problema si rivela ben più grave.

Caligola si riprende, ma quando succede non è più lui.

Ha negli occhi sbarrati una luce malsana, i bagliori della follia che lo segnerà a vita.

L'imperatore folle

Si sono avanzate molte ipotesi sulla malattia di Caligola.

C'è chi parla di epilessia o di schizofrenia, qualcuno ipotizza l'ipertiroidismo o il saturnismo, un'intossicazione da piombo che causa vomito, diarrea, insufficienza renale e convulsioni.

Svetonio, pronto ad abbracciare l'interpretazione più originale, sostiene che l'uomo sia impazzito per colpa della sua amante, Milonia Cesonia; la donna gli avrebbe somministrato un afrodisiaco, uno di quei filtri d'amore espressamente proibiti dall'antica legge delle XII Tavole, sia perché capaci di indurre uno stato di eccitazione poco consono alla *gravitas* romana, sia perché estratti da piante potenzialmente velenose.

Che lo storico abbia ragione o meno, la misteriosa malattia contratta nel suo primo anno di governo inghiotte Caligola e lo restituisce radicalmente cambiato: insonne e soggetto a repentini sbalzi di umore, soffre di allucinazioni e deliri di persecuzione; perde quindi ogni freno, tanto nella lussuria quanto nella crudeltà.

Un esempio è il trattamento che riserva all'ultimo erede di sangue di Tiberio, il nipote Tiberio Gemello.

Ha sette anni meno di Caligola ed è perciò un ragazzino quando il nuovo imperatore sale al trono, ma rappresenta un potenziale pericolo, perché potrebbe calamitare attorno a sé un partito di nostalgici dello zio.

Tanto più che, nel testamento di Tiberio, il nipote era nominato tanto quanto Caligola e solo l'intervento del Senato aveva permesso di dichiarare nullo il documento.

Tiberio Gemello, in realtà, non è particolarmente incline alle congiure. È Caligola a esserne ossessionato. Se infatti, prima di impazzire, aveva adottato Tiberio Gemello, nominandolo *princeps iuventutis*, principe della gioventù, ora tutto cambia.

Svetonio racconta che la molla scatta nell'imperatore per via di un dettaglio banale: un giorno, mentre lo riceve a palazzo, Caligola si accorge che il suo alito è decisamente sgradevole, probabilmente per la scarsa igiene e la passione per la tavola.

Ma l'imperatore è di altro avviso; secondo lui il cattivo odore deriva da un antidoto che Tiberio Gemello sta assumendo, per lui un'implicita ammissione di colpa.

Il ragionamento è questo: se Tiberio Gemello sta prendendo un antidoto, vuol dire che teme d'essere avvelenato; se teme d'essere avvelenato, significa che non ha la coscienza pulita; se non ha la coscienza pulita, è perché sta tramando contro il suo imperatore.

Il risultato è che Caligola invia a Tiberio Gemello un centurione, con il compito d'indurlo al suicidio per mezzo di una spada.

Il ragazzo, però, non è pratico d'armi, e la scena si fa surreale.

Il soldato, con un misto di pazienza e autorità, prima gli insegna a usare la lama, poi, quando vede che ha imparato, lo costringe a adoperarla.

Tiberio Gemello muore così, vittima delle farneticazioni di una mente delirante.

Caligola innamorato

Un ulteriore motivo che potrebbe aver indotto Caligola a sbarazzarsi di Tiberio Gemello potrebbe riguardare una malriposta gelosia.

Dopo i primi accessi di squilibrio, Caligola sa che capiteranno momenti in cui non sarà in grado di governare, quindi avrà bisogno di un reggente. Che sarà automaticamente individuato nel nipote di Tiberio.

A Caligola l'ipotesi non piace, perché ha altre idee sulla persona giusta per affiancarlo. Non è un uomo ma una donna, quella che ama più di ogni altra: sua sorella Giulia Drusilla, con cui intrattiene fin dalla giovinezza rapporti apertamente incestuosi.

A parte Giulia, tutta la vita sentimentale di Caligola è a dir poco intricata.

Quando diventa imperatore è già vedovo: la prima moglie, Giunia Claudia, è morta dando alla luce un bimbo senza vita.

Alla fine del 37 dopo Cristo, Caligola si incapriccia di Livia Orestilla; peccato accada alla festa per il matrimonio della donna con Pisone, uno dei più celebri politici romani.

Caligola, tuttavia, è ben più influente dell'uomo, perciò gli ordina di ripudiare la moglie seduta stante.

Livia torna così nubile, ma si consola presto: quel giorno stesso, l'imperatore la prende in moglie, donandole il primato d'essersi maritata due volte in meno di ventiquattr'ore.

Tempo qualche settimana, e anche lui la rinnega; ma temendo che torni al primo amore, Pisone, la spedisce in esilio dove se ne perdono le tracce.

Passano pochi mesi e all'inizio del 38, tra le chiacchiere di corte, coglie la notizia delle nozze di una giovane nobildonna, Lollia Paolina, figlia dell'ex console Marco Lollio.

C'è chi ricorda l'avvenenza della madre di Marco Lollio, Aurelia Cotta, e a Caligola basta per dedurre che se la nonna era bellissima, lo sarà anche la nipote.

La convoca a palazzo, le impone il divorzio e la sposa in tempo record; per lasciarla con altrettanta rapidità e rispedirla a casa con la scusa che è sterile.

Tolte le mogli e la sorella Drusilla, a Caligola non mancano poi le amanti; la più importante è Ennia Trasilla, moglie di Macrone.

Peccato che un giorno a Macrone venga detto di preparare le valigie per trasferirsi in Egitto, dove sarà prefetto.

Naturalmente l'invito è esteso alla moglie, cosa che irrita l'imperatore; il quale, anziché annullare la nomina, recapita alla coppia un ordine agghiacciante: comanda loro prima di uccidere i figli, quindi di suicidarsi.

Macrone ed Ennia, temendo rappresaglie più allargate e crudeli, obbediscono.

Ancor più singolare è la storia con Milonia Cesonia. È per Caligola una figura materna, autorevole e protettiva. Non è giovane, e nemmeno bella, ma l'imperatore prova per lei un trasporto che cerca di dimostrare col sesso.

Non sempre ce la fa; e per questo la donna gli avrebbe propinato lo stimolante dagli effetti nefasti.

Il piano della donna di legarsi all'imperatore ha tuttavia successo. Afrodisiaco o meno, Caligola mette incinta l'amante, e decide di sposarla in fretta e furia dopo avere cacciato la terza moglie, Paolina.

Da Milonia nasce l'unica figlia di Caligola, nonché l'unica erede naturale. Anche per questo, l'imperatore decide di chiamarla col nome della sorella, Giulia Drusilla.

È un omaggio alla memoria di una donna amata in modo impossibile e perduta per sempre.

Drusilla è infatti mancata per cause naturali nel 38 dopo Cristo, a soli 21 anni.

L'esilio

Tra tutti i sistemi di controllo, non deve sorprendere la disinvoltura con cui Caligola si affida alla pena dell'esilio.

Nell'antica Roma, si tratta di una pratica diffusa e dalla duplice funzione: è tanto una manovra punitiva quanto una misura preventiva.

Ve ne sono di due tipi: il volontario e l'imposto.

Quando l'esilio è imposto, somiglia all'ostracismo dei greci: la cacciata di chi si ritiene rappresenti un pericolo per la comunità.

Altrettanto comprensibile è la sanzione volontaria, quando un cittadino decide di allontanarsi per sfuggire a un processo.

Fra i più frequenti motivi di esilio ci sono indubbiamente i crimini politici.

Per un popolo dal forte senso dello Stato come quello romano, l'accusa di tradimento e di congiura è una delle più gravi, e il colpevole non può più far parte della comunità.

Non rari sono però i casi in cui l'esilio rappresenta un'arma contro avversari più deboli, un modo per sbarazzarsi degli oppositori senza ricorrere alla violenza.

Ma l'esilio colpisce anche chi commette reati contro la morale, sia nel settore pubblico, come nel caso della corruzione, sia nel privato, come nelle situazioni di adulterio.

Ancora più gravi sono considerati i reati contro la religione.

Se oggi pensiamo che la fede riguardi la sfera privata,

nell'antica Roma la religione riveste un chiaro ruolo sociale. Chi compie un atto contrario alla fede offende la sfera spirituale dell'intera comunità, e per questo dev'essere bandito.

Esistono poi due forme di esilio imposto, la *relegatio* e la *deportatio*.

La *relegatio* è meno severa e, di solito, temporanea.

In questo caso il cittadino esiliato mantiene i propri beni e non perde il proprio rango. Quando il suo periodo di sospensione termina, o tramonta la fortuna dei suoi nemici politici, il condannato se ne torna a Roma e riprende la propria vita.

Più grave la *deportatio*, che non ha data di scadenza.

In tal caso, l'esiliato è come morto per la società, perciò viene privato dei beni come dei titoli e dei diritti.

Nella storia romana, sono molti i casi eclatanti di esilio.

Cicerone, per esempio, finisce in Macedonia nel 58 avanti Cristo per aver fatto condannare Catilina; ma rientra già l'anno dopo grazie al sostegno del Senato e del popolo romano.

Più lunga la pena di Seneca, che nel 41 dopo Cristo viene spedito in Corsica con l'accusa di adulterio: avrebbe infatti giaciuto con Giulia Livilla, sorella di Caligola.

Seneca viene allontanato per ben otto anni, fino al 49 dopo Cristo. È Nerone a richiamarlo: lo ha avuto come precettore e lo rivuole come consigliere.

Il caso più clamoroso è tuttavia quello di Publio Ovidio Nasone.

L'autore delle *Metamorfosi* viene esiliato dall'imperatore Augusto nell'8 dopo Cristo, e la località prescelta è Tomi, nell'attuale Romania.

Si tratta di una vicenda ancora oggi misteriosa e controversa, dove lo stesso Ovidio dice d'essere stato punito per *carmen et error*, un poema e un errore.

Il *carmen* è verosimilmente l'*Ars amandi*, ovvero «L'arte di amare».

Un testo che parla di seduzione difficilmente può essere gradito nel momento in cui Augusto, creando l'Impero, vuole fondarlo sui valori eticamente solidi della tradizione romana.

Può tuttavia un poema, per quanto sconveniente, spedire in esilio il suo autore, e per tutta la vita?

La condanna di Ovidio, infatti, non viene mai revocata, segno che l'errore a cui lo stesso poeta si riferisce dev'essere stato molto grave.

Possiamo solo fare qualche supposizione: uno scandalo a corte, qualche amore che doveva restare segreto; oppure una congiura contro Augusto.

Un'ulteriore ipotesi potrebbe essere che Ovidio abbia assistito a qualche scena che Augusto avrebbe preferito non fosse divulgata. Condannarlo all'esilio era allora un modo per tenerlo lontano e controllarlo, mentre una fine violenta avrebbe alimentato pettegolezzi e dicerie.

Durante l'isolamento Ovidio manda numerose suppliche all'imperatore, mentre scrive opere che diventano dei classici sui temi della nostalgia e della tristezza.

Non otterrà clemenza, né da Augusto né da chi gli succederà.

O, meglio, il perdono arriva, ma davvero molto tardi, oltre duemila anni dopo i fatti.

Succede il 15 dicembre 2017, quando la giunta del Comune di Roma, erede ideale del Senato capitolino, vota all'unanimità la mozione di revoca dell'esilio.

Tutto inizia con un «processo» celebrato nel 1967 a Sulmona, città natale del poeta, quando un gruppo di latinisti cerca di ricostruire i motivi della condanna, ma è costretto ad arrendersi per mancanza di indizi.

Quasi cinquant'anni dopo, nel 2012, sempre a Sulmona si riunisce una nuova corte, stavolta di giuristi; nemmeno loro trovano un movente valido, e allora decidono di assolvere Ovidio, potremmo dire per «insufficienza di prove».

Roma recepisce la sentenza e così, venti secoli più tardi, pone fine a una delle sue più misteriose ingiustizie.

L'oracolo

Torniamo ora a Caligola, e alle sue stramberie, che proseguono dentro e fuori dai letti.

Dal 38 al 41 l'Impero è ostaggio della sua dilagante follia: medita infatti di nominare console Incitatus, che non è un nobile ma il suo cavallo.

Medita di trasferire la capitale dell'Impero da Roma ad Alessandria d'Egitto.

Ribattezza «Germanico» il mese di settembre, in onore del padre, e impone che il giorno della sua ascesa al trono sia celebrato come la seconda nascita di Roma.

Fa avvelenare nonna Antonia perché lo rimprovera dei continui eccessi.

Intrattiene rapporti adulterini con le donne più in vista dell'aristocrazia, convincendole con le buone o con le cattive, per poi vantarsene davanti ai mariti che non battono ciglio, per paura della sua reazione.

Poi, nel 40, cortigiani, senatori e cittadini notano un ulteriore cambiamento nei comportamenti dell'imperatore, che ha una nuova ossessione: quella di indossare abiti e accessori tipici degli dèi del pantheon.

Un giorno si presenta vestito da Apollo, il giorno dopo vuole imitare Venere. Pretende d'essere adorato come l'incarnazione del Sole. Abbatte poi le statue delle divinità e le sostituisce con i propri ritratti.

È l'inizio di un percorso di autoglorificazione, probabilmente la vetta della sua pazzia.

Inizia a siglare i documenti aggiungendo al titolo di «Cesare» quello di «Ottimo Massimo», che spetterebbe soltanto a Giove. E con questo appellativo pretende d'essere chiamato, nella vana speranza di disfarsi del nomignolo che da sempre detesta: Caligola, «scarpina».

Svetonio racconta anche di un'altra particolarità: Caligola si reca pressoché ogni giorno al Campidoglio, così, per risparmiare tempo, fa costruire un ponte direttamente collegato al palazzo imperiale; e con indubbia sfrontatezza, dispone che passi esattamente sopra il tempio di Augusto, divinizzato dopo la sua morte.

Un modo diretto e poco elegante di mettere i piedi in testa al fondatore dell'Impero.

Al Campidoglio, continua Svetonio, Caligola ci va con uno scopo, quello di dialogare con Giove: si avvicina alla sua statua con familiarità, sussurrandogli chissà quali cose, per poi porgere l'orecchio alla muta bocca di marmo e ascoltare le risposte, annuendo con aria grave.

Fino a che, un giorno, tra i due non scoppia un alterco, e testimoni raccontano di aver sentito Caligola urlare al re degli dèi: «O mi fai fuori tu, o ti faccio fuori io!».

Una minaccia vera e propria, rivolta a Giove da un imperatore che dopo l'incesto e la violenza ora percorre le vie del sacrilegio.

Non sorprende perciò che una tempesta di fulmini si abbatta su Roma, una bufera di intensità inaudita che si scatena il 15 marzo, anniversario della morte di Giulio Cesare.

È questo il momento in cui i Romani comprendono che l'imperatore va fermato a ogni costo.

Caligola capisce che la sua vita è a rischio, perciò consulta l'oracolo di Anzio da cui riceve un'indicazione sibillina: «Fai attenzione a Cassio».

Sulle prime non capisce, perché non gli viene in mente

nessun Cassio che possa rappresentare un pericolo; fino a che non ricorda che lontano, in Asia, è proconsole Cassio Longino.

Ce lo ha spedito lui stesso, manco a dirlo, per una questione di amanti e gelosia.

Così, per stare più tranquillo, prima lo richiama a Roma con un pretesto, poi lo fa uccidere a sangue freddo dai pretoriani.

Dimentica tuttavia che alla *gens Cassia* appartiene anche il tribuno degli stessi pretoriani, Cassio Cherea.

Si tratta di un personaggio cui Caligola, sbagliando, non dà grande importanza; se si ricorda di lui, è per sfotterlo per il tono acuto della voce e le maniere effeminate: un rilievo infamante per un soldato dell'antica Roma.

L'assassinio dell'imperatore

Insieme a Cassio Cherea tramano in molti.

Fra loro c'è Callisto, segretario personale di Caligola, ma assai vicino a Claudio, al cui servizio ha lavorato prima d'essere liberato.

Il piano per uccidere l'imperatore si completa nel gennaio del 41, durante la celebrazione dei ludi palatini, giochi alternati a commedie recitate su un palco davanti al palazzo imperiale.

Una festa per il popolo, a cui Caligola non ha mai voluto mancare. Anzi, è tanto il suo interesse che non esita a fermarsi e discutere con atleti e attori.

Finisce così per non accorgersi del gruppo di assassini che lo circondano.

Il primo affondo lo raggiunge al petto, senza lasciargli il tempo di reagire; i colpi si susseguono poi implacabili, tanto che alla fine le pugnalate saranno più di trenta.

Seppur tardi, intervengono alcuni uomini della sua scorta, e nel tumulto restano a terra alcuni congiurati, parecchi passanti innocenti, e per via di qualche conto in sospeso, nobili e senatori che non c'entravano nulla.

Intanto Milonia Cesonia, la moglie di Caligola, è a palazzo.

Con sgomento vede arrivare un centurione con un'arma in pugno, che le si scaglia contro e la uccide.

Quanto alla figlia, Giulia Drusilla, non ha ancora due anni.

Ma questo non impietosisce il soldato, che la afferra e la scaraventa contro il muro, più e più volte, fino a quando il corpicino martoriato smette di respirare.

Il cadavere dell'imperatore viene dato alle fiamme, bruciato solo in parte e seppellito in fretta e furia.

La notizia dell'agguato si sparge rapidamente, ma i Romani stentano a reagire: nonostante in pochi lo sopportassero, una volta informati della sua fine nessuno si azzarda a festeggiare.

La gente ha infatti paura si tratti di un'ennesima trovata di Caligola: far sapere a tutti della sua morte per prender nota degli entusiasti, e poi punirli senza pietà.

Quanto a Claudio, primo beneficiario del complotto, non si può certo dire che tenga in pugno la situazione.

Dapprima si barrica a palazzo, nascondendosi dietro una tenda; quando i pretoriani lo trovano, fanno fatica a convincerlo che nessuno vuole fargli del male, ma che deve presentarsi a palazzo per essere acclamato imperatore.

Alla fine, seppur riluttante, Claudio accetta.

Appena salito sul trono, però, per prima cosa mette a morte gli autori della cospirazione, a cominciare da Cassio Cherea.

Fa uccidere tutti, tranne il fidato Callisto, che nomina suo segretario personale.

Messalina: la moglie dell'imperatore

Tra le tante storie legate a Caligola e alle sue discutibili scelte nel fare e disfare rapporti, ce n'è una che ai contemporanei pare solo un capriccio, ma che in realtà ha ricadute non trascurabili sul corso degli eventi: le nozze tra lo zio Claudio e Messalina.

L'idea di quella coppia assurda diverte moltissimo Caligola.

Claudio è un uomo anziano per gli standard dell'epoca; nel 41 ha già cinquantun anni, è zoppo, balbuziente e, francamente, non sembra nemmeno particolarmente sveglio; la qual cosa lo ha relegato ai margini della famiglia imperiale, che non gli ha mai offerto un ruolo di rilievo, ma lo ha anche salvato dalle numerose congiure di palazzo.

Per giunta, ha già due ex mogli.

Con la prima, Plauzia, le cose sono andate bene per una quindicina d'anni, fino a quando la donna è rimasta incinta per la seconda volta; sensibile alle maldicenze, Claudio si convince che il nascituro non sia suo, ma di uno dei liberti.

Ripudia così la moglie e quando Plauzia dà alla luce una bambina di nome Claudia, non la riconosce e la espone, condannandola a morire di stenti.

Anche il matrimonio con la seconda moglie, Elia Petina, si conclude con un divorzio per motivi poco chiari, dopo la nascita di un'altra figlia, anch'essa di nome Claudia.

Quando Caligola lo spinge a sposarsi per la terza volta, Claudio è ormai solo da dieci anni, e per lui la vita di coppia è un ricordo sbiadito.

Per questo la notizia delle nozze è sorprendente.

E ancora più sorprendente è la donna su cui cade la scelta.

Per un uomo vecchio e poco brillante, è pronta una moglie giovanissima, affascinante e molto sveglia. Anche troppo.

Valeria Messalina ha trentacinque anni meno del futuro sposo. Suo padre è Marco Valerio Messalla, politico romano, in corsa per la carica di console, mentre la madre è Domizia Lepida, pronipote di Ottaviano Augusto e cugina di Caligola.

Di Messalina, sin da piccola, si dice sia di una bellezza fuori del comune. Ha i capelli ricci, scuri e morbidissimi, gli occhi grandi, le labbra carnose, i lineamenti che sembrano dipinti, il viso di un ovale perfetto.

Rimasta vedova, Domizia Lepida assicura a Messalina la miglior educazione, e punta per lei a un matrimonio di successo; spera in un aristocratico influente, ma non può certo immaginare che a chiedere la mano della figlia sarà un imperatore.

Messalina ha un precettore che le insegna la musica, la danza, il greco, la tessitura, il portamento e il contegno.

A quindici anni, è un partito perfetto.

Sulle prime, dunque, la proposta di Caligola la lascia quanto meno perplessa. E ancor più si meraviglia quando, celebrate le nozze, finisce a vivere col marito in un appartamento modesto fuori dal palazzo imperiale.

Di solito, le donne giovani e belle accettano di sposare uomini poco attraenti mirando alla loro ricchezza; in questo caso, è Messalina a portare in dote una discreta somma a un anziano in difficoltà economiche.

Con la congiura che elimina Caligola ponendo Claudio sul trono, il destino della coppia prende una direzione inaspettata.

I due si trasferiscono nel palazzo imperiale, e finalmente Messalina ha a disposizione appartamenti lussuosi, abiti eleganti, preziosi gioielli, e un numero infinito di ancelle pronte a servirla.

Messalina è felice.

Claudio, non altrettanto: nota infatti che attorno alla moglie gravita un buon numero di soldati, consiglieri, patrizi, senatori, accomunati dalle stesse caratteristiche: sono tutti più giovani e prestanti di lui.

E Messalina sembra non far mistero di preferire la loro compagnia a quella del malconcio consorte.

Messalina: la prostituta in incognito

Messalina si affretta a rassicurare Claudio, ripetendogli che è lui il suo solo amore, che mai si sognerebbe di tradirlo.

Naturalmente, non è vero.

La giovane moglie dell'imperatore gradisce le attenzioni dei raffinati cortigiani, non disdegna le lusinghe dei sofisticati patrizi, ama infiammare il desiderio dei potenti senatori.

Presto inizia a cedere alle loro avance, e al contempo sviluppa un raro talento per la menzogna, una strategia della verità alternativa che le consente, da un lato, di apparire a Claudio come la moglie ideale, dall'altro, di godere di un'assoluta libertà sessuale.

Claudio diventa lo zimbello della corte.

A palazzo l'incontinenza erotica di Messalina è sulla bocca di tutti, e l'imperatore sembra essere l'unico a non accorgersene.

Non vede o non vuole vedere?

È davvero raggirato dalla moglie, che sfodera con lui le armi della seduzione, o preferisce non affrontare una scomoda realtà, ovvero essere incapace di soddisfare una bellissima ragazza di appena sedici anni?

La combinazione di gioventù, fascino e potere diventa, in Messalina, un cocktail esplosivo.

E, come in tutte le esplosioni, qualcuno si fa male.

Accade ad Appio Silano, il nuovo marito di Domizia Lepida. Messalina è affascinata dalla figura del patrigno, un uomo tutto d'un pezzo, elegante e sobrio, perfetta incarnazione della dignità romana.

Incurante dei sentimenti della madre, se ne incapriccia e inizia a corteggiarlo. E, per una donna disinibita come Messalina, corteggiare vuol dire offrirsi senza pudore.

Silano, tuttavia, la respinge, e lei si offende; l'attrazione si trasforma in rabbia, quindi in odio aperto.

Convoca così Narcisso, consigliere di Claudio che ha un debole per lei; all'uomo chiede di presentarsi all'imperatore, e riferirgli di un sogno in cui Silano voleva ucciderlo. Qualche giorno dopo, Messalina in persona racconta a Claudio d'aver fatto lo stesso sogno.

Per le manie romane non si tratta di coincidenze, ma di un presagio inquietante.

Figurarsi per un uomo come Claudio, inadeguato e insicuro. L'imperatore convoca subito Silano, raccomandando che prima di farlo passare lo perquisiscano.

Messalina, però, ha corrotto i pretoriani, che «stranamente» gli trovano un pugnale addosso, e a Claudio non resta che condannarlo a morte seduta stante.

Il successo della vendetta alimenta l'onnipotenza di Messalina, che non si trattiene più: organizza banchetti che si concludono in orge; corrompe l'animo di rispettabili nobildonne insegnando loro i segreti più depravati; non si fa scrupolo di scendere per le strade adescando giovani, che siano atleti delle palestre o delinquenti che bazzicano taverne malfamate.

Da lì alla prostituzione, il passo è breve.

Attende che Claudio si addormenti, e non ci vuole molto.

Dopo di che si scurisce il contorno degli occhi con un ombretto a base di antimonio, si dipinge di un rosso acceso le labbra già carnose, si depila, si cosparge una polvere dorata sui capezzoli, infine indossa una parrucca bionda per camuffare la chioma corvina, e si copre con un mantello.

La sua destinazione è un bordello al Palatino, dove conosce la tenutaria che la conduce dietro una tenda, in una stanza riservata solo a lei.

A quel punto la maîtresse annuncia ai clienti che Licisca è pronta. È questo il nome d'arte che Messalina ha scelto.

In un'epoca in cui non esistono i ritratti, e le statue sono riproduzioni ideali più che fedeli, il suo volto è noto solo a chi vive a corte; perciò nessuno sospetta che la meretrice sia in realtà la moglie dell'imperatore.

Se la cercano, è perché a letto è straordinariamente capace.

Instancabile, Messalina riceve i clienti uno dopo l'altro, sdraiandosi sotto di loro o cavalcandoli, e senza neanche farsi pagare più di tanto; perché non è del denaro che ha bisogno, ma del piacere.

Alle prime luci dell'alba, si rassetta velocemente e torna a palazzo con ancora addosso l'odore del sesso, infilandosi a letto poco prima che il marito si svegli, ignaro di come abbia trascorso la notte.

La prostituzione nell'antica Roma

I bordelli nell'antica Roma sono del tutto legali, e per un uomo travestirsi per frequentarli non è un fatto così raro.

Non c'è biasimo per i clienti; d'altro canto, non è scandaloso nemmeno offrire denaro a una donna non professionista, in cambio di qualche favore.

E la stessa cosa vale con i giovani più attraenti.

Lo stigma colpisce invece chi esercita la professione: la prostituta è una donna che pratica un mestiere infamante e immorale.

Per questo a prostituirsi sono per lo più giovani povere, spesso schiave, oppure mogli ripudiate per adulterio e private dei diritti civili.

Messalina rappresenta perciò una scandalosa eccezione.

La disciplina del meretricio nell'antica Roma si fonda su ragioni economiche più che morali, ed è puntualmente regolamentata.

Per prima cosa è previsto un colloquio con un funzionario imperiale, che espone alla donna i rischi connessi alla professione; se la stessa si mostra consapevole e ciò nondimeno convinta, procede a rilasciarle la *licentia stupri*, ovvero il permesso di esercitare.

Esiste un registro delle prostitute, un vero e proprio albo professionale, dove le donne sono iscritte con nome e patronimico, età e luogo di nascita.

Grazie ai dati raccolti, viene stabilito anche il prezzo di ciascuna, così che l'Impero possa esercitare un adeguato controllo fiscale.

Con la sua brava licenza, una prostituta è libera di mettersi in proprio e lavorare in un appartamento; che ha pur sempre un costo, perciò si creano strutture che accolgono più donne; sorgono spesso accanto a una taverna o a una locanda, e sono divise in due zone: la prima è quella della contrattazione, sorvegliata dalla tenutaria; raggiunto l'accordo si passa nella seconda, dov'è sistemato il giaciglio, e accanto, una bacinella d'acqua fresca.

La stessa stanza viene via via utilizzata da tutte le professioniste, perciò è abituale appendere un indumento all'esterno per segnalare che è occupata.

Un'ultima nota, che potremmo definire «di colore».

Nel mito delle origini di Roma, Romolo e Remo vengono salvati da una lupa, che offre loro le mammelle perché prendano il latte necessario alla sopravvivenza.

Tuttavia, se i bordelli nell'antica Roma vengono chiamati lupanari, è per via di un'altra storia, un culto praticato prima della fondazione e dedicato alla dea Lupa, antica divinità accomunata alla «Grande Madre».

A praticare la prostituzione sacra in onore della dea erano giovani vergini e sacerdotesse chiamate «lupe», un termine che, spogliato del significato originario, si è conservato per qualcosa di assai meno divino.

Bigamia a corte

Come nelle classiche storie di donne fatali, i guai per Messalina arrivano quando si innamora.

Del resto è giovane e, per quanto conosca i piaceri del sesso estremo e le noie del matrimonio, non ha ancora incontrato qualcuno che davvero le abbia fatto battere il cuore.

Succede nel 48, quando Claudio è imperatore da sette anni, lei ne ha ventitré e a corte si presenta un giovane patrizio, Gaio Silio; colto e di famiglia benestante, i suoi modi sono impeccabili, le vesti eleganti, la conversazione brillante.

Ha intrapreso la carriera politica, e con buon successo, tanto che sta per diventare console.

È un vero colpo di fulmine.

Silio è già sposato ma il corteggiamento di Messalina è implacabile. Insiste perché ripudi la moglie, favoleggiando di un'impraticabile fuga d'amore; e per convincerlo non esita a mettere in atto i trucchi erotici affinati nei bordelli.

Silio, inevitabilmente, cede alle profferte.

I due diventano amanti e prendono una decisione folle, quella di sposarsi.

Silio non ha problemi, rinnega la moglie ed è libero di contrarre nuove nozze.

Per Messalina, ovviamente, la faccenda è pressoché impossibile. È inaudito che la moglie dell'imperatore chieda il divorzio; l'unica sua speranza è quella d'essere ripudiata.

Ma i precedenti dicono che gli imperatori, quando allontanano una moglie, le riservano una brutta fine.

Come fare, quindi?

Messalina, con il candore di una giovane innamorata e la perversione di una consumata seduttrice, aspetta che Claudio sia costretto a lasciare Roma per un impegno istituzionale.

E mentre l'imperatore è a Ostia, organizza una festa in onore di Dioniso, dio del vino, della danza e del piacere sfrenato.

Quello, però, non è un banchetto come altri.

È una festa a sorpresa.

A un certo punto, infatti, Gaio Silio fa il suo ingresso con il tipico abito da cerimonia, e l'entusiasmo sale alle stelle quando arriva una donna vestita da sposa e si scopre che, sotto i veli, si nasconde Messalina.

Il fatto è che non si tratta di una messinscena.

Quello che viene ufficiato, all'insaputa di Claudio, è un matrimonio perfettamente regolare: si recitano le formule augurali, si stipula il contratto giuridico che lega i coniugi; infine vengono offerti sacrifici animali per invocare il favore degli dèi.

Tutto secondo le regole, salvo che per un dettaglio: la sposa è già sposata.

Messalina si è perciò macchiata non solo di adulterio, ma anche di bigamia.

Mentre Claudio è ancora a Ostia, beatamente ignaro di tutto, a Roma scoppia lo scandalo. Perfino chi derideva l'imperatore, a palazzo o nelle piazze, ora prova compassione per lui: con un gesto così sfacciato, Messalina gli ha recato un oltraggio e un'umiliazione senza precedenti.

E, per quanto incredibile possa apparire, lo ha fatto senza comprenderne la portata.

L'uccisione di Messalina: vittima o carnefice?

A consultarsi, preoccupati della possibile reazione dell'imperatore, sono i suoi più fidati assistenti: il segretario Callisto e il consigliere Narcisso.

I due pensano per prima cosa a un gesto eclatante: cacciare Messalina da palazzo e informare Claudio a cose fatte.

D'altro canto, sposando un altro, Messalina ha perso il diritto di vivere a corte.

La scelta pare tuttavia fin troppo drastica, e alla fine preferiscono una soluzione di compromesso: far trapelare la notizia mentre l'imperatore è a Ostia, lasciando che gli arrivi dai pettegolezzi di due cortigiane.

Così, se Claudio darà credito alla notizia, se la prenderà con Messalina; se invece la riterrà una calunnia, ne chiederà conto alle malcapitate.

L'uomo, bontà sua, crede al tradimento.

Poi si confronta con i consiglieri, ed è allora che Narcisso affonda il colpo: non c'è in ballo soltanto l'onore personale – gli dice –, la questione è molto più grave, e profondamente politica.

Infatti, se Messalina è ora la moglie di Silio, c'è il rischio che a questi venga in mente di alzare il tiro, e mirare al trono imperiale.

Per Claudio è un colpo durissimo.

Insicuro e inadeguato, comprende quanto la sua posizione sia delicata, e perciò decide di rientrare subito nella capitale.

Lui e la moglie si incontrano alle soglie della città.

Messalina ha portato con sé i figli, Ottavia e Britannico, nel tentativo di commuovere Claudio e convincerlo ad avere pietà, se non per la moglie che ha amato, per la donna che lo ha reso padre.

Narcisso, tuttavia, fa allontanare i bambini ancor prima che l'imperatore si accorga di loro.

Il comando delle operazioni è ora saldamente nelle mani del consigliere, che ordina ai pretoriani di irrompere in casa di Silio e arrestare l'uomo.

I soldati lo afferrano e lo portano in tribunale, dove lui non si difende, né implora clemenza, ma si limita a chiedere che la sua condanna venga eseguita rapidamente.

Viene accontentato e passato a fil di lama da una delle guardie.

Quanto a Messalina, prova a giocarsi un'ultima, disperata carta: nei giardini del palazzo, scrive una supplica al marito, che nel frattempo si è preso una pausa per riflettere.

Ancora una volta, ad agire è Narcisso.

Temendo che l'imperatore venga di nuovo circuito, convoca il tribuno militare e gli comunica che Claudio ha deciso: Messalina deve morire.

Tocca al sicario Evodio affrontare la donna, e la trova sdraiata sull'erba, accanto alla madre Domizia che la tiene stretta a sé mentre le parla a bassa voce.

Non la sta però consolando, ma sta cercando di convincerla quanto un suicidio sia più dignitoso che strepitare e opporsi ai colpi di una spada.

Così, quando vede arrivare un uomo armato, Messalina sa che è giunta la sua ora.

Afferra una lama e fa per trafiggersi il petto.

Peccato sia capace dei gesti erotici più audaci, ma non di maneggiare un'arma, motivo per cui sbaglia a impugnarla ferendosi in modo lieve.

Per Evodio è quasi un atto di pietà sfoderare la sua spada e trafiggere il bel corpo giovane.

Solo allora Claudio viene avvertito, e con tutta la cautela del caso. Si teme un suo scoppio d'ira, e i consiglieri girano alla larga nel terrore d'essere puniti.

Invece il neovedovo non batte ciglio.

Ricevuta la notizia, annuisce distratto e chiede dell'altro vino, continuando a pranzare come se nulla fosse.

È la sua freddezza in un momento tanto drammatico che fa dubitare di tutta la storia, sua e della sciagurata consorte.

Già gli storici dell'epoca hanno descritto Messalina come una donna dissoluta e capricciosa, e Claudio come un imbelle un po' tonto; al punto che Seneca, con una battuta formidabile, scriverà di lui: «Solo assistendo al proprio funerale, Claudio capì di essere morto».

I fatti, probabilmente, non stanno esattamente così.

E per capirlo basta rileggere gli eventi sotto una diversa luce.

Claudio è l'unico membro della famiglia di Caligola a sopravvivere a un'infinita catena di delitti, mostrandosi tanto furbo da mantenere un basso profilo.

E negli anni in cui Caligola impazzisce, manifesta così poco interesse per il trono da essere scelto come il candidato ideale al ruolo di imperatore, tanto appare innocuo e manovrabile.

Peccato che l'ingenuo e debole si mostri capace di gesti risoluti: come quello di convocare Appio Silano, politico credibile e potenziale rivale, e di eliminarlo con la scusa di un sogno riferito.

E simile è il trattamento che riserva a Gaio Silio.

Costui fa parte della *gens Gaia*, casa di antico lignaggio, tradizionalmente ostile alla famiglia di Claudio. L'ascesa politica del giovane, pronto a diventare console, non lo rassicura affatto. E allora, consapevole dei facili ardori di Messalina, non fa nulla per evitare che i due si innamorino.

Salvo poi, con la complicità di Narcisso, mascherare da vendetta d'onore l'esecuzione mirata dell'avversario.

Ma qualcuno va oltre, e sostiene che Claudio abbia volutamente screditato l'immagine di Messalina, dipingendola come una ninfomane incontrollata e una traditrice seriale; e senza farsi scrupoli l'abbia eliminata una volta diventata per lui inutile.

Claudio, insomma, sarebbe stato tutto tranne che uno sprovveduto, mentre la colpa di Messalina sarebbe stata quella di non comprendere d'essere nelle mani di un astuto burattinaio.

7
Gli apostoli

L'imitazione di Cristo

La religione più diffusa in Occidente poggia sulla storia di un omicidio e sulla resurrezione della vittima, Gesù Cristo.

Così, per i primi cristiani, vantare una morte violenta in nome della fede è un passo cruciale verso la santità.

Non per niente, il termine «martire» in greco significa «testimone»; il martire è perciò colui che non solo con la propria vita, ma soprattutto con la propria morte, testimonia il messaggio di Gesù e l'importanza di seguire il suo esempio.

Fino all'ultimo respiro.

Non sorprende, dunque, che fra i seguaci del Nazareno, sin dalla metà del I secolo, molti accettino con serenità l'idea d'essere uccisi.

Le loro sono storie esemplari, che col passare dei secoli danno vita ad antologie biografiche, dove spesso si indulge in dettagli sanguinosi.

Alla fine del XIII secolo un frate domenicano, nonché vescovo di Genova, decide di mettere ordine fra i racconti più mirabolanti. Il suo nome è Jacopo da Varagine, ovvero da Varazze, e narra della vita e della morte dei primi martiri, raccogliendo elementi da fonti più o meno rigorose.

Il suo lavoro, la *Legenda aurea*, ha un enorme successo

e diventa presto un riferimento per l'agiografia cristiana e per chiunque voglia conoscere le vicende dei beati e dei santi degli inizi.

La *Legenda aurea* non fa parte dei testi rivelati. Non rientra, come per esempio gli Atti degli Apostoli, nel canone del Nuovo Testamento; e non è nemmeno uno dei lavori apocrifi, quegli scritti che, parallelamente ai Vangeli, narrano episodi della storia di Gesù, ma non sono stati accettati come canonici.

Quella di Jacopo da Varagine è un'opera di commento, che cerca di dare coerenza a fatti storicamente accertati, aneddoti e leggende; che ci riesca è dubbio, ma in ogni caso rappresenta una straordinaria versione della vita e del martirio di alcuni protagonisti della fede cristiana: gli apostoli.

Gli apostoli

Gesù trascorre buona parte della propria vita per conto suo, quasi nascosto, in un piccolo villaggio della Galilea che si chiama Nazareth: la sua predicazione copre solo tre anni, a partire dai trenta, e accanto a sé, giunto vicino al termine della sua vita terrena, chiama dodici apostoli.

Il termine, in greco, significa «inviato»: si tratta, infatti, di fedeli che Gesù manda per le strade del mondo a diffondere il verbo di Dio.

Lo dice chiaramente il Vangelo secondo Giovanni: «Come il Padre ha mandato me, così io mando voi» (*Gv* 20,21).

Il compito degli apostoli, dopo la sua morte, è quello di convertire un numero sempre maggiore di discepoli, segnandoli per mezzo del battesimo.

A loro Gesù affida anche il potere di guarire gli infermi e di cacciare i demoni, le stesse capacità di compiere miracoli che la tradizione gli attribuisce.

I primi apostoli li sceglie presso il lago di Tiberiade, un'ampia distesa d'acqua dolce a est di Nazareth. È perciò probabile si tratti di persone che Gesù conosceva da tempo, e che in maniera naturale iniziano a seguirlo.

Tra i primi compare Simone, a cui Gesù dà il soprannome di Cefa, ovvero «pietra»; a Pietro spetterà il primato sugli altri e l'onore d'essere il primo papa della storia.

Quindi abbiamo il fratello Andrea, che come lui fa il pescatore, e i «figli del tuono», come Gesù chiama i figli di Zebedeo: Giacomo e poi Giovanni, il più giovane, a cui Gesù, agonizzante sulla croce, affiderà la cura della madre.

Seguono Filippo, Bartolomeo, Tommaso e poi Matteo.

All'epoca, quest'ultimo, che sarà tra i quattro evangelisti, svolge un'attività particolarmente sgradevole: è infatti un pubblicano, ovvero un esattore delle tasse, detestato non solo per gli ingrati compiti fiscali, ma soprattutto perché il denaro che sottrae ai Giudei lo versa nelle casse dell'invasore romano; non bastasse, ci mette del suo, trattenendo una percentuale sui tributi.

La sua chiamata è spettacolare: Gesù si limita a una sola parola, «Seguimi» e, con grande sorpresa di tutti, l'esattore ladro lascia ogni cosa per abbracciare il Maestro.

Quando qualcuno fa notare a Gesù che non è opportuno accompagnarsi a personaggi discutibili come i pubblicani, la sua risposta è folgorante: «Non sono i sani che hanno bisogno del medico, ma i malati».

Tocca quindi a un altro Giacomo, figlio di Alfeo, e a un altro Simone, originario di Canaan.

Restano infine i due Giuda: uno è Giuda Taddeo, probabilmente un parente di Gesù, il cui soprannome significa «uomo di gran cuore»; l'ultimo, tristemente famoso e detto Iscariota, è colui che tradirà Gesù, vendendolo per trenta monete d'argento al sinedrio d'Israele, che lo consegnerà ai Romani e alla crocifissione.

Crocifissione senza la quale la storia del cristianesimo non avrebbe avuto inizio, e che è insieme un fatto che spiegherebbe il termine «iscariota».

Certo, la parola potrebbe derivare dal luogo in cui Giuda è nato, Qeriyyot, nella Giudea meridionale.

Ma altre ipotesi ben più suggestive dicono che «iscariota» significa «sicario», oppure «uomo della falsità», «traditore».

Sant'Andrea

Che il ruolo degli apostoli sia quello di portare testimonianza nel solco tracciato dal Nazareno, risulta chiaro nella storia di sant'Andrea.

In origine Andrea è discepolo di Giovanni Battista, il cugino di Gesù che vive poveramente e predica l'avvento del Messia, battezzando nel fiume Giordano chi decide di seguirlo.

Andrea, insieme al fratello Simon Pietro, è vicino a Gesù in tanti momenti decisivi della sua predicazione. È con lui quando moltiplica i pani e i pesci, e ancora quando pronuncia un inquietante discorso in cui si paragona al tempio di Gerusalemme, da distruggere e ricostruire in tre giorni, un chiaro riferimento alla morte e resurrezione che lo attendono.

Nella *Legenda aurea* di Jacopo da Varagine leggiamo che Andrea parte per la Grecia come apostolo, passando poi in Acaia, quindi in Scizia; e mentre è intento alla sua missione, un giorno gli appare un angelo il quale gli annuncia che Matteo ha bisogno di aiuto: mentre predicava nel Chersoneso, ovvero l'attuale Kherson in Crimea, i pagani lo hanno catturato e accecato, tenendolo legato in attesa di giustiziarlo.

Andrea risponde d'essere pronto a muoversi subito, ma di non conoscere la strada. L'angelo replica che gli basterà affidarsi alla provvidenza; Andrea raggiunge allora la costa e si imbarca sulla prima nave, che lo conduce esattamente a Kherson, dove trova il luogo in cui è rinchiuso Matteo; lo riabbraccia e prega fino a quando i suoi occhi tornano a vedere, e il miracolato riparte per una nuova missione in Siria.

I Margundi, gli abitanti del Chersoneso, non hanno però gradito l'intervento di Andrea, e per vendicarsi lo incatenano e lo trascinano per le vie della città. Ma nonostante le ferite Andrea non smette di invocare il nome di Dio, finendo per convertire i suoi stessi persecutori.

Fra loro c'è il giovane figlio di una ricca famiglia che, contro il parere dei genitori, lo accoglie nella propria casa.

L'infuriato padre decide allora di eliminare l'intruso, e nel tentativo di ucciderlo dà fuoco alla dimora che ospita i due.

Anche in questo caso le preghiere di Andrea si rivelano decisive, e per domare le fiamme gli basta una sola piccola brocca d'acqua.

Le uniche vittime della vicenda sono i genitori del giovane convertito, che muoiono all'improvviso qualche giorno dopo, puniti dalla collera del Signore.

Un caso simile accade di lì a poco, quando un bellissimo giovane si presenta da Andrea con una storia singolare: sua madre è così attratta da lui da cercare continuamente di sedurlo, e il ragazzo, disperato, medita il suicidio, pur di non cedere alle lusinghe della donna.

Andrea è convinto della sincerità del giovane, ma quando incontra la madre per indurla ad abbandonare i suoi propositi incestuosi, lei ribalta l'addebito: è il figlio, in realtà, che cerca di possederla, perché è ancora giovane e bella.

Andrea allora si accende d'ira e contesta alla donna lo spergiuro; costei, per tutta risposta, reagisce accusandolo d'essere l'amante del figlio.

È un caso intricatissimo, che finisce in tribunale, dove

un giudice decide che la colpa è del ragazzo e stabilisce che venga infilato in un sacco appesantito, prima d'essere gettato nel fiume.

Anche Andrea, in quanto complice, viene incarcerato.

Ma l'apostolo ha sempre l'arma della preghiera, e il Signore ancora una volta lo ascolta.

Così abbatte sulla città un tremendo terremoto, e le scosse terminano quando un fulmine colpisce in pieno la donna, incenerendola all'istante.

Il cammino terreno di Andrea termina a Patrasso, sulle coste nord-occidentali del Peloponneso.

Lì l'apostolo converte la popolazione, inclusa la moglie di Egeas, il proconsole della città.

Egeas è saldo nel suo credo e non apprezza; decide allora, con uno stratagemma piuttosto in voga ai tempi, di costringere i cristiani a sacrificare agli idoli pagani.

Chi accetta, smette ovviamente d'essere cristiano; chi rifiuta, invece, merita la morte.

Andrea protesta vibratamente, sostenendo che: «Adorando gli idoli, diventiamo prigionieri del diavolo, e restiamo vittime di quest'inganno fino a che non usciamo nudi dai corpi, senza portare con noi altro che i nostri peccati».

Nella mente del proconsole si fa allora strada un piano crudele: se Andrea è così convinto della superiorità di Gesù Cristo sugli dèi pagani, avrebbe il coraggio di accettare il suo stesso tormento e morire in croce?

Andrea risponde senza indugi: «Se temessi la morte sulla croce, non predicherei la gloria della croce».

Vedendo l'apostolo tanto determinato, a Egeas non resta che imprigionarlo, promettendogli la libertà quando avrà accettato di rendere omaggio agli idoli. Altrimenti, sarà crocifisso, proprio come il Nazareno.

«Escogita pure il peggiore dei supplizi» replica Andrea.

«Io sarò tanto più gradito a Gesù quanto più saprò sopportare la sofferenza nel suo nome.»

Egeas convoca allora ventun soldati, ai quali dà ordine di percuoterlo.

Ma seppur lacero e sanguinante, Andrea non smette di ribadire la sua fede in Dio e in Cristo, e allora viene legato a una croce a X, con braccia e gambe divaricate, così che soffra di più.

Resta appeso per due giorni, con le forze che via via lo abbandonano, ma ancora gli permettono di predicare.

Egeas è preoccupato: il supplizio di Andrea rischia di diventare il suo trionfo, perché i cittadini di Patrasso iniziano ad ammirare quell'uomo tanto determinato.

Alla fine, il proconsole si rassegna e comanda di deporre Andrea.

Ma con un colpo di scena il martire non vuole scendere dalla croce, e prega il Signore di poter morire come il suo figliuolo.

Un fortissimo fascio di luce lo investe per circa mezz'ora, prima di spegnersi.

Su Patrasso sono calate le tenebre e Andrea ha esalato il suo ultimo respiro.

È il 30 novembre del 60.

La morte di sant'Andrea

Schiavi, ribelli, prigionieri di guerra: sono questi gli individui abitualmente crocifissi.

Che ora tocchi ai cristiani, a cominciare dallo stesso Gesù, significa due cose: la prima è che le vittime appartengono alle classi sociali più basse, come accade per il figlio del falegname, o l'umile Andrea, che è pescatore. Per ricchi e nobili la giustizia prevede infatti una fine più rapida e privata.

La seconda è che il cristianesimo viene visto come una minaccia politica più che religiosa, tanto che sulla croce finiscono spesso i sediziosi, i nemici della stabilità dell'Impero.

Non a caso, infatti, a venire giustiziati con Gesù sono due ladroni; e a rischiare la stessa pena, salvo poi venire graziato, è Barabba, uno zelota, un fondamentalista religioso che combatte gli invasori romani.

Insomma, la crocifissione è un supplizio diffuso e politicamente ben connotato.

Vi ricorre in abbondanza Tito, quando prende d'assalto Gerusalemme, e Crasso, incaricato di reprimere la rivolta di Spartaco.

Quanto alla responsabilità dei Giudei nella crocifissione di Gesù, l'attribuzione è infondata, ma ciò non ha impedito che venisse creduta, e per secoli.

Il supplizio della croce rientra nel codice penale romano, non in quello ebraico.

E il sinedrio non vanta alcuna autorità sul caso, che infatti viene gestito da Ponzio Pilato; come succede ad Andrea, anch'egli vittima di un proconsole romano.

La crocifissione: una tradizione romana?

Non sono tuttavia i Romani ad avere inventato questa particolare forma di supplizio.

Si tratta di una punizione tipicamente orientale, utilizzata fin dai tempi degli Assiri, e poi dei Persiani.

A importarla in Occidente ci pensa Alessandro Magno, mentre i Romani la copiano dai Cartaginesi, loro storici nemici.

Ci vogliono secoli perché Costantino, il primo imperatore convertito, la dichiari illegale, ma ancora viene praticata nell'Africa del XIX secolo.

E non è solo per la passione di Gesù, descritta in dettaglio nei Vangeli, che la pena ci appare disumana. È perché la crocifissione causa una morte lenta e atroce.

Il condannato trascina il *patibulum*, ovvero l'asse orizzontale della croce, fino al punto del terreno in cui è conficcato un palo di circa tre metri di altezza. Poi, prima che le due parti siano incastrate, viene fatto sdraiare e legato per le braccia alle estremità del *patibulum*; più raro che si ricorra ai chiodi, che comunque non vengono conficcati nelle mani, ma tra le ossa del polso, ben più resistenti.

Per sostenere il peso del corpo, sotto i piedi viene sistemato un blocco, una sporgenza; potrebbe sembrare un gesto pietoso, ma serve solo a prolungare l'agonia.

Non è infatti previsto un periodo di permanenza sulla croce: il condannato ci può restare per giorni, addirittura fino a dieci.

Nel caso di Gesù, bastano poche ore prima che il suo cuore cessi di battere, stremato dalle fustigazioni subite prima e durante la *via Crucis*.

Spontaneo o indotto, il tracollo fisico è l'effettiva causa della morte, che avviene per asfissia, complice l'innaturale posizione del corpo.

Ma se i carnefici ritengono che il condannato abbia sofferto abbastanza, o c'è bisogno di liberare la croce per un nuovo candidato, è prassi spezzargli braccia e gambe a bastonate.

I due san Giacomo

Se la crocifissione replica la fine di Gesù, non mancano gli apostoli cui tocca una morte violenta coi mezzi più disparati.

Il caso limite è forse quello di Bartolomeo, che nel 68 viene fustigato a sangue, percosso, crocifisso, scuoiato e decapitato.

Anche all'apice della persecuzione contro i cristiani, tanto accanimento appare eccessivo.

È probabile che varie versioni della morte di Bartolomeo, una per fustigazione, una per percosse, una per crocifissione, una per scuoiamento e una per decapitazione, siano confluite in un unico racconto, rendendolo una sorta di supermartire.

In altri casi bastano strumenti di uso comune, come una spada, persino un bastone di quelli che all'epoca le donne utilizzano per follare la lana.

È il caso di Giacomo.

L'identità di Giacomo nel martirologio in realtà è controversa.

Nell'elenco degli apostoli ce ne sono due, uno dei quali viene definito «fratello di Gesù».

Sul senso del termine «fratello» c'è accordo da tempo: non si intende figlio degli stessi genitori, bensì appartenente allo stesso clan familiare.

Giacomo di Alfeo è dunque una specie di cugino, ed è anche incredibilmente somigliante al Nazareno: al punto che, quando i soldati romani vanno a catturare Gesù, temono di arrestare la persona sbagliata.

Per questo chiedono una mano a Giuda, l'apostolo traditore, perché dia un bacio sulla guancia del loro uomo.

A complicare le cose, però, anche l'altro Giacomo, figlio di Zebedeo, è imparentato con Gesù.

Alcune fonti lo riportano infatti come fratello di Giovanni Battista, che a sua volta è figlio di Elisabetta, parente della Madonna.

Capita così che le loro storie si intreccino e si sovrappongano.

Iniziamo da Giacomo di Zebedeo, che comincia la sua predicazione in Giudea e in Samaria; si sposta poi in Spagna, dove ancora oggi sorge il santuario a lui dedicato, nella città che porta il suo nome: Santiago di Compostela.

In Spagna, tuttavia, sulle prime Giacomo non riscuote grande successo: convince solo nove seguaci e così se ne torna in Giudea.

La svolta avviene quando uno dei tanti predicatori poco credibili che circolano nella zona del Mediterraneo, una specie di profeta/prestigiatore che si chiama Ermogene, invia a Giacomo il suo adepto Fileto, per convincerlo a entrare nel suo gruppo.

Naturalmente accade il contrario, ed Ermogene si arrabbia a tal punto da causare una paralisi all'ex discepolo.

Non si sa come, ma la notizia giunge a Giacomo, che recapita a Fileto un fazzoletto miracoloso, toccato il quale l'uomo riprende a camminare e raggiunge il nuovo maestro.

Ermogene, tuttavia, non si arrende, evoca demoni cui chiede di condurgli Giacomo e Fileto legati insieme, ma gli spiriti maligni riconoscono in Giacomo un potere maggiore del loro, e preferiscono tradire Ermogene e consegnarlo all'apostolo.

La mirabolante storia si conclude con un lieto fine: Giacomo libera Ermogene che, colpito da tanta generosità, si trasforma nel suo più fervente seguace.

Così la fama di Giacomo si sparge rapidamente.

Ma non è un bene.

È passato circa un decennio dalla morte di Gesù e, adirati dal successo della sua predicazione, i Giudei gli intimano di fermarsi.

Scoppia un tumulto in cui i cristiani hanno la peggio; Giacomo viene arrestato e condotto a furor di popolo da Erode Agrippa, re di Giudea e nipote di quell'Erode celebre per la strage degli innocenti.

Erode Agrippa, concentrato più sulle faccende di Stato che sulle dispute teologiche, condanna l'apostolo alla decapitazione, confidando di liberarsi in fretta della seccatura.

Se non che, mentre viene condotto in ceppi, Giacomo incrocia un paralitico steso a terra che lo implora di guarirlo. Giacomo prega, il paralitico guarisce, e lo scriba che sta conducendo il martire crolla in ginocchio, si converte e finisce per tenergli compagnia.

Sul patibolo, Giacomo chiede al boia che sta per decapitarli un ultimo desiderio: una brocca d'acqua, non per bere ma per battezzare il compagno prima che muoia.

La spada si abbatte su entrambi il 25 luglio del 44.

Curiosamente, questo san Giacomo è noto come il «maggiore», pur essendo più giovane d'età rispetto all'altro, detto il «minore», probabilmente perché lo ha preceduto nella conversione.

Non che l'altro, il figlio di Alfeo chiamato «fratello» di Gesù, si mostri meno incline alla testimonianza e al martirio.

Inoltre, pare sia stato il primo a celebrare messa, a spezzare il pane e distribuire il vino, in imitazione di quanto fatto da Gesù durante l'Ultima Cena, sostituendo il rito collettivo fino ad allora in uso.

Giacomo il «minore» predica nel tempio di Gerusalemme, in cima a una scalinata, senza timore dei Giudei che lo osservano di malanimo; fino a che qualcuno di loro sale la rampa e lo scaraventa in basso, azzoppandolo per sempre.

Ma l'apostolo non demorde, e allora non resta che buttarlo di nuovo giù dalla cima del tempio.

Lo schianto, tuttavia, non sembra procurargli gran danno: si rialza in ginocchio e inizia a pregare il Signore per l'anima dei suoi aguzzini, citando testualmente le parole di Gesù: «Perdona loro, perché non sanno quello che fanno».

I Giudei, come d'abitudine per chi commette reati di natura religiosa, optano allora per la lapidazione. Raccolgono delle pietre con cui colpiscono Giacomo, che è ancora in ginocchio; l'uomo sanguina ma senza dar mostra d'essere grave.

A quel punto, esasperato, un Giudeo afferra uno degli attrezzi che le donne usano per follare la lana. È una mazza con un'estremità particolarmente grossa e pesante, con cui colpisce la testa del martire, aprendogliela in due.

Giacomo di Alfeo muore così il 3 maggio del 62.

Mattia, il sostituto di Giuda

Di Giuda Iscariota, com'è ovvio, la tradizione cristiana racconta le peggiori cose.

Perfino la sua nascita è avvolta in una fosca coltre di mistero.

Si racconta infatti che Ruben di Gerusalemme sia stato svegliato nottetempo dai lamenti della moglie Ciborea.

Prima di addormentarsi hanno fatto l'amore, ma il tempo di chiudere gli occhi e la donna ha sognato di partorire un figlio scellerato, un bimbo capace di condurre il popolo ebraico alla perdizione.

Ruben cerca di tranquillizzarla, ma qualche tempo dopo gli prende una gran paura, perché Ciborea è incinta.

E se il suo fosse stato un sogno premonitore?

Meglio non rischiare, così la coppia decide di mettere al mondo la creatura, per poi deporla in una cesta e affidarla alle onde del mare.

Il piccolo viene sospinto fino a un'isola d'incerta posizione, di nome Scarioth, forse confusa con Qeryyot, nella Giudea meridionale.

La regina dell'isola, che non ha figli, sente i vagiti disperati del neonato durante una passeggiata, e decide di trarlo in salvo e crescerlo come proprio.

Lo tiene nascosto qualche mese, fingendo una gravidanza e poi il parto.

Al piccolo viene dato il nome Giuda.

Se non che, tempo dopo, la donna partorisce un figlio concepito con il re dell'isola, e inizia a manifestare preferenze nei suoi confronti.

Il piccolo Giuda non è affatto contento.

Inizia a litigare col fratello fino a prenderlo a botte, la qual cosa fa perdere il controllo alla regina, che in un impeto di rabbia gli rinfaccia davanti a tutti d'essere un trovatello.

Roso dall'ira e dall'invidia, Giuda si vendica uccidendo il fratellastro e, per evitare la condanna a morte, prende il mare e torna a Gerusalemme, la città dove non sa d'essere nato.

Senza esperienza, senza un mestiere e senza denari, non gli resta che puntare alla carriera di soldato. Inizia come guardia al servizio del governatore, Ponzio Pilato, che lo trova simpatico e capace, tanto che gli affida il comando della sua milizia personale.

Giuda ha il compito di seguire il prefetto ovunque vada e di assecondare le sue richieste, anche quando rasentano il capriccio.

Come la volta in cui a Pilato viene voglia di assaggiare delle splendide mele che nota in un frutteto recintato; è proprietà privata di Ruben, il padre naturale di Giuda.

Peccato che nessuno dei due immagini d'essere legato all'altro da un vincolo di sangue.

Men che meno lo può sospettare Pilato, quando ordina a Giuda di portargli un cesto di quei frutti.

L'uomo esegue, approfittando del buio, ma viene sorpreso e affrontato da Ruben.

Ne scaturisce un violento scontro, che termina quando Giuda afferra una pietra aguzza e la conficca nella nuca del povero e inconsapevole genitore.

Per coprire il crimine, Pilato decide di sostenere che si sia trattato di una morte «per cause naturali», garantendo alla vedova i beni del marito.

Ma perché ciò sia possibile, occorre sposi un uomo che ne risulti proprietario e amministratore, e Pilato sceglie proprio Giuda.

Giuda come Edipo: assassino del padre e sposo della madre.

Peccato che Ciborea non riesca a riprendersi dal lutto, e dopo mille insistenze accetti di raccontare al figlio e marito la tragica storia di un neonato abbandonato alle acque del mare.

Non è difficile per Giuda tirare le somme e comprendere la gravità delle sue colpe; per cercare perdono, si unisce ai seguaci del predicatore più carismatico del tempo, Gesù di Nazareth.

È a questo punto che la storia di Giuda fa il suo ingresso nella narrazione dei Vangeli.

Succede quando una donna si presenta al Salvatore per lavargli i piedi con un costoso unguento, e Giuda protesta che quei trecento sicli potevano essere meglio spesi per i poveri.

Malignamente, qualcuno gli fa notare che è lui a custodire la cassa comune; non è che per caso aveva deciso di approfittarsene?

Forse è l'appunto malizioso a innescare una vendetta che pure appare sproporzionata: chiedere udienza al sinedrio e tradire il maestro per la cifra, in fin dei conti irrisoria, di trenta sicli, un decimo del valore dell'unguento.

Una volta catturato e crocifisso Gesù, i sacri testi raccontano del rimorso del traditore; vuole restituire il denaro, ma la proposta viene rifiutata, perché la transazione si è già conclusa.

Consapevole che nessuna azione potrà mai rimediare a ciò che ha commesso, Giuda sceglie di morire.

Con i pochi soldi, compra un piccolo appezzamento di terreno, detto il campo del vasaio, di solito utilizzato per seppellire gli stranieri; non ci si può coltivare nulla, ma si affaccia su un dirupo su cui ha messo radici un albero dai rami secchi.

Giuda si impicca a uno di questi, e mentre il fiato sta per mancargli, il ramo si spezza e lui precipita nel dirupo, sempre con il laccio che gli stringe la gola.

L'impatto è talmente violento che il suo corpo si spezza, spargendo sangue e viscere sul terreno.

Giuda muore pochi giorni dopo Gesù, in un anno che la tradizione individua nel 33 ma che, più probabilmente, si colloca fra il 27 e il 30 dopo Cristo.

La morte di Giuda, oltre al suo tradimento, consegna agli apostoli un problema di non facile soluzione.

Devono comprendere se Gesù ha scelto dodici persone in quanto individui, unici e insostituibili; oppure se ha deciso che fosse quello il numero minimo di testimoni per predicare; nel qual caso è necessario rimpiazzare l'Iscariota.

Prevale la seconda ipotesi.

Oltre ai dodici prescelti, Gesù contava su settantadue seguaci della prima ora, e tra questi ce ne sono due che appaiono particolarmente meritevoli: uno è Giuseppe il giusto, lontano parente di Gesù; l'altro è Mattia, del quale non sappiamo molto.

Conosciamo però il metodo usato per operare la scelta.

La tradizione ebraica indicava che il sommo sacerdote fosse scelto per sorteggio; Pietro, che degli apostoli è il più legato alle consuetudini, propone di utilizzare lo stesso sistema per stabilire chi debba entrare a far parte dei dodici.

Probabilmente usando pagliuzze di diversa lunghezza, la sorte arride a Mattia.

Che, passata la Pentecoste, inizia la propria testimonianza.

Giunto in Macedonia, converte tante anime da attirarsi le ire dei pagani i quali, preoccupati, gli fanno bere una pozione che ha l'effetto di accecare chiunque l'assuma.

Possiamo solo immaginare la loro sorpresa quando scoprono che Mattia continua a predicare senza problemi; anzi, per ironia della sorte, gli si presentano decine di ciechi che guarisce imponendo le mani sul loro viso.

A questo punto, sulla scena compare il diavolo.

Arriva sotto l'inquietante forma di un ragazzino con fattezze da vecchio, i capelli bianchi e le rughe.

Arringa i pagani, sostenendo che Mattia vuole distruggere i loro culti, la religione dei loro avi, e per questo bisogna ucciderlo.

Inizia così una caccia all'uomo che dura tre giorni, fino a quando l'apostolo non decide di uscire allo scoperto; non sono i persecutori che lo trovano, è lui che si consegna per offrirsi al martirio con la più semplice delle parole: «Eccomi».

I pagani lo afferrano, gli legano le mani dietro la schiena, lo conducono in carcere e lì lo torturano.

Ma nella notte, il rumore di un tuono squassa la città: è il Signore che, per liberare Mattia, ha investito la sua cella con una luce di tale potenza da sfondare la porta; i Macedoni schiumano rabbia e, nuovamente, cercano di catturarlo, ma quando gli si avvicinano l'apostolo si inginocchia a pregare ed ecco che la terra si apre inghiottendoli.

Lasciata la Macedonia, pratica gran parte della sua attività in Giudea.

La tradizione ce lo mostra come l'esatto opposto di Giuda: saggio, assennato, versato nella conoscenza della legge ebraica, schietto ed entusiasta nella pratica cristiana, in grado di compiere miracoli e di risanare ogni tipo di malattia fino a resuscitare i morti.

Inevitabile l'ennesima condanna, questa volta alla lapidazione; ma di nuovo le pietre sembrano rimbalzare sul suo corpo e sul suo volto che non smette di sorridere.

È la goccia che fa traboccare il vaso.

I Giudei decidono di farla finita e uno di loro, afferrata una scure, lo decapita nel momento in cui alza le braccia al cielo, chiedendo al Signore di accoglierlo con sé.

Della data della sua morte non è dato sapere.

Conversioni letali

Ancor prima di morire, Gesù sceglie Pietro come capo della futura Chiesa; la decisione segna l'inizio del pontificato, un'istituzione che, di secolo in secolo, per più di duemila anni, ha visto succedersi duecentosessantasei papi, Francesco compreso.

L'autorità di Pietro è tale che, secondo le stesse parole di Gesù, ciò che scioglie sulla terra sarà sciolto in cielo, e ciò che lega sulla terra sarà legato in cielo.

Un esempio evidente della sua potenza è rappresentato da una storia che merita d'essere ricordata.

Negli Atti degli Apostoli si narra come i dodici, morto Gesù, decidano di mettere tutto in comune. Quanto raccolto finisce in una cassa cui attingere per le loro frugali necessità e per aiutare i poveri.

Se vogliamo, si tratta di una forma rudimentale di comunismo: da ognuno secondo le sue possibilità, a ognuno secondo i suoi bisogni.

La prassi si estende a ogni nuovo proselito, tenuto a pagare una sorta di tassa d'iscrizione.

È il caso di Barnaba, un levita di Cipro che, per essere accolto, vende il campo di cui è proprietario, e offre il ricavato ai piedi di Pietro.

La stessa cosa fa Anania, un Giudeo convertito.

Peccato che, complice la moglie Saffira, decida di tenere per sé parte del denaro, convinto che gli ingenui apostoli nemmeno se ne sarebbero accorti.

Ma Anania non fa i conti con le capacità che il Signore ha concesso a Pietro, il quale, gettato uno sguardo al sacco di monete, subito lo ammonisce: «Perché Satana ha riempito il tuo cuore al punto da farti mentire allo Spirito Santo? Perché hai trattenuto parte del prezzo del tuo podere?».

Non si tratta di una lettura arbitraria, gli argomenti dell'apostolo sono inattaccabili.

Nessuno ha costretto Anania a aderire alla comunità cristiana, e nessuno lo ha obbligato a vendere nulla.

Se non avesse voluto entrare nella Chiesa, avrebbe potuto mantenere le sue terre; se invece avesse versato tutto il denaro incassato, avrebbe comunque potuto disporne secondo necessità.

Le parole con cui Pietro conclude il suo biasimo sono tremende: «Tu non hai mentito agli uomini. Tu hai mentito a Dio».

Le pronuncia con voce tonante.

Anania è atterrito, balbetta, si porta una mano al cuore e cade stecchito.

Tutti guardano Pietro con timore, perché c'è chi pensa sia stato lui a fulminare l'uomo.

Un dubbio che si scioglie poche ore dopo, quando compare Saffira, la moglie di Anania.

Anche a lei Pietro domanda se abbiano venduto il loro terreno per l'importo dichiarato, o se abbiano incassato una cifra maggiore.

Pure la donna mente, scatenando di nuovo l'ira di Pietro.

«Perché vi siete accordati per tentare lo Spirito del Signore? Ecco, i piedi di chi ha seppellito tuo marito sono alla porta, pronti a portare alla sepoltura anche te.»

Come Anania, anche Saffira stramazza davanti a Pietro, morta sul colpo, uccisa dalla facoltà di Pietro di fare e disfare le cose in cielo e sulla terra.

Loro malgrado, marito e moglie sono martiri involontari, persone cui viene tolta la vita per testimoniare la grandezza di Dio e il potere della Chiesa, affinché siano di esempio per tutti.

Saulo di Tarso

Se Pietro conquista il vertice per esplicito mandato del Signore, per Paolo, invece, il percorso è ben più avventuroso e spettacolare.

A differenza degli altri apostoli, fa il proprio ingresso nella storia del cristianesimo nel 36, parecchio tempo dopo la crocifissione.

Si tratta di un anno fondamentale per la Chiesa, perché vede il primo sacrificio di un cristiano, Stefano il Protomartire.

Gli Atti degli Apostoli raccontano come Stefano testimoni con fervore; forse anche troppo, il che lo porta a scontrarsi con la sinagoga dei liberti, il tempio frequentato dai figli degli schiavi giudei affrancati dai padroni romani.

Si tratta di persone che arrivano dall'Asia e dall'Africa, dalla Cilicia e da Alessandria, e che si sono trasferite a Gerusalemme per praticare liberamente la fede; è comprensibile che, per loro, la religione sia una questione su cui non transigere.

La disputa si conclude con un'accusa formale, e in un momento tanto delicato, Stefano cade in estasi. Il suo volto si illumina, e alzando gli occhi al cielo esclama: «Ecco! Io vedo i cieli aperti e Gesù seduto alla destra di Dio».

Convinti non si tratti di un segno divino, ma di una provocazione inaccettabile, senza attendere il parere del sinedrio i Giudei lo afferrano per le vesti e lo trascinano in strada, dove raccolgono le pietre e lo colpiscono.

Per farlo con più forza e precisione, si tolgono i mantelli e li affidano a un giovane che assiste alla scena.

Il suo nome è Saulo, ma passerà alla storia come Paolo, san Paolo.

Saulo è dunque presente al primo martirio di un cristiano. Non prende parte attiva all'esecuzione, ma ne è un testimone piuttosto compiaciuto.

È infatti un ebreo ellenizzato e un cittadino romano. Significa che discende da una famiglia ebraica, ed è stato educato nella religione giudaica e nei principi della cultura greca; infine, a differenza degli ebrei e dei cristiani di più umile estrazione, gode dei diritti civili dei romani.

Caratteristiche ben diverse da quelle dei seguaci di Gesù.

Stefano a parte, c'è da credere che Saulo partecipi in prima persona alla persecuzione dei cristiani, con l'intento di preservare l'ortodossia ebraica e assicurare l'ordine nelle province dell'Impero.

Si presenta così al sommo sacerdote, e gli chiede l'autorizzazione per recarsi a Damasco; in Siria vuole arrestare chiunque professi la nuova religione, per poi riportarlo in catene e giustiziarlo davanti a tutti.

Ma ecco che, mentre cavalca alla volta di Damasco, una gran luce lo investe dal cielo, abbagliando lui e il cavallo che lo disarciona, mentre una voce tonante gli dice: «Saulo, perché mi perseguiti?».

Fa per alzarsi, avanza a tentoni, e si rende conto d'essere diventato cieco.

Per ben tre giorni i suoi occhi non distinguono nulla, tre giorni durante i quali digiuna, prima di riacquistare la vista e convertirsi.

Fin dal primo istante, complice il prodigio, Saulo si rivela un testimone eccezionale e un predicatore appassionato; i primi ad ascoltarlo sono gli abitanti di Damasco, proprio quelli che avrebbe voluto sterminare.

Da allora diventa l'apostolo delle genti: non uno dei dodici scelti da Gesù, ma un promotore aggiunto, che parla alle folle tanto in presenza quanto attraverso un'incredibile attività epistolare.

Le sue lettere, contenute nel Nuovo Testamento, le firma con il nuovo nome di Paolo.

A voler rimarcare che Saulo il persecutore è scomparso sulla via di Damasco.

Il martirio di Pietro e Paolo

Tornando a Pietro, pare che arrivi a Roma ormai anziano, inseguendo un mago di nome Simone, i cui prodigi sembrano avere origine demoniaca.

Più volte l'apostolo ha pubblicamente umiliato l'incantatore, che alla fine ha deciso di chiedere la protezione di Nerone.

Giunto nella capitale, Pietro crea una piccola comunità cristiana, nominando vescovi Lino e Cleto, che uno dopo l'altro gli succederanno nel ruolo di papa.

A dargli manforte, arriva a Roma anche Paolo.

I due iniziano a predicare insieme, ma Pietro non ha dimenticato Simone, la cui influenza a corte è sempre più importante; l'imperatore, infatti, uomo superstizioso, è convinto che da quella persona dipendano la propria salute e la gloria dell'Impero, perciò la tratta con ogni riguardo.

Simone, del resto, non lesina sugli effetti speciali.

Con una complicata serie di travestimenti, si trasforma davanti agli occhi di Nerone, e grazie a un trucco di scatole, finge di farsi decapitare per poi riapparire tre giorni dopo, dicendo d'essere risorto.

Si sparge così la voce che Simone sia figlio di un dio, e gruppi di Romani iniziano a venerarlo.

Pietro e Paolo, indignati dalla situazione, si presentano a corte e pretendono di parlare con l'imperatore. In qualche modo ci riescono, svelando gli ingannevoli trucchi del ciarlatano.

Quest'ultimo ordina allora che gli si porti un corpo cui restituirà la vita.

Tanto sbraita e si agita, che i presenti credono di vedere il defunto alzare impercettibilmente il capo.

Pietro replica furioso che è tutto un trucco, e chiede che Simone si allontani dal cadavere; una richiesta semplice, ma sufficiente a dimostrare che il morto è tale, e tale rimane.

Poi tocca all'apostolo, che impone le sue mani e gli ordina di tornare alla vita, in nome di Gesù.

Il corpo muove appena appena la testa, poi le dita, quindi si scuote, si rialza e inizia a camminare, dapprima con fatica, poi con baldanza.

Per Simone è il momento della sconfitta e della vergogna.

Ma non tutto è perduto, perché sa di poter ancora contare sulla superstizione di Nerone, sulla sua credulità.

Per questo gioca una carta disperata: qualche giorno dopo riappare sulla cima di una torre e, man mano che la folla si riunisce, grida che per dimostrare la propria origine divina spiccherà il volo.

Allarga le braccia e si getta nel vuoto; tutti si aspettano il tonfo ma ecco che, dopo essere planato per qualche metro, Simone inizia a fluttuare nell'aria.

Per Pietro non ci sono più dubbi: le arti del mago gli vengono dai demoni.

E, per combatterli, c'è solo una cosa da fare: pregare perché smettano di sorreggere l'impostore.

La supplica viene esaudita e, all'improvviso, Simone sente mancare il sostegno.

Annaspa terrorizzato, agita le braccia per aggrapparsi a un appiglio che non esiste più.

L'impatto al suolo è devastante.

Nerone non è presente alla scena.

Quando gli riferiscono l'accaduto, non vuole crederci; è convinto che siano stati Pietro e Paolo a uccidere Simone, e che un delitto del genere meriti di essere punito in modo esemplare, lavando il sangue col sangue.

Li consegna al funzionario Paolino, il quale mette a guardia degli apostoli i soldati Processo e Martiniano. Inutile dire che da carcerieri i due si trasformano in fedeli e poi complici, pagandone le ovvie conseguenze.

Nonostante le raccomandazioni della comunità cristiana, Paolo decide di non fuggire.

Durante il suo lungo peregrinare, prima di giungere a Roma, è stato oggetto d'infinite persecuzioni. A Damasco l'hanno buttato da un muro, a Filippi frustato a sangue, a Listra lapidato, a Efeso ha affrontato un branco di belve inferocite, ma è sempre riuscito a sopravvivere grazie alla fede.

Consapevole di ciò, Nerone ordina di andare sul sicuro, usando una lama ben affilata.

Questa volta i militi incaricati dell'esecuzione non si lasciano convincere dal sant'uomo.

Paolo viene condotto al patibolo e costretto a inginocchiarsi.

Mentre prega, porge il collo alla spada del boia.

Con un colpo netto, la sua testa viene spiccata dal corpo, ma ecco che dal collo aperto del martire proviene una voce che urla: «Gesù Cristo».

Dalla ferita prende a sgorgare un fiotto di latte misto a sangue, mentre il cielo si apre in una luce sfavillante e dal cadavere emana un profumo soave.

Quanto a Pietro, invece, i discepoli lo convincono ad allontanarsi.

In quanto capo della Chiesa, è bene che si metta in salvo.

Tuttavia, appena fuori Roma, gli appare in visione Gesù.

Pietro, sorpreso e incantato, gli domanda: «*Quo vadis?*», Dove vai?

Il Cristo risponde: «Vado a Roma, a farmi crocifiggere di nuovo».

Pietro capisce allora che deve tornare sui suoi passi.

Rientra a Roma e spiega ai confratelli che scappare significa tradire il mandato di Gesù, non avere il coraggio di affrontare il sacrificio.

Sa quello che dice: qualche decennio prima, mentre il figlio di Dio veniva processato, Pietro attendeva l'esito poco lontano, e per ben tre volte aveva risposto di no quando gli avevano chiesto se conoscesse l'imputato.

Catturato, su ordine di Nerone viene condotto davanti al prefetto Agrippa, che lo sottopone a un rapido processo e lo condanna alla crocifissione.

Come Gesù, Pietro porta il braccio orizzontale della croce fino al punto in cui è piantato il palo verticale. Costretto a sdraiarsi perché gli possano inchiodare i polsi, Pietro esprime un ultimo desiderio.

«Cristo è disceso dal cielo sulla terra» spiega ai soldati. «La mia chiamata è dalla terra verso il cielo, e non sono degno di stare sulla croce come Gesù. Crocifiggetemi allora, ma con la testa verso la terra e i piedi verso il cielo.»

Viene accontentato.

Come Paolo, anche san Pietro, il primo papa, muore il 29 giugno del 64 dopo Cristo.

8
Una strage di bambini?

La cometa

Questa è la storia di una strage che comincia con una stella, come scrive Matteo nel suo Vangelo:

> Nato Gesù a Betlemme di Giudea, al tempo del re Erode, ecco, alcuni Magi vennero da oriente a Gerusalemme e dicevano: «Dov'è colui che è nato, il re dei Giudei? Abbiamo visto la sua stella e siamo venuti ad adorarlo». (*Mt* 2,1-2)

Una stella che non è solo metafora o simbolo, ma qualcosa di concreto e reale, una cometa la cui comparsa nei cieli d'Oriente viene registrata dagli astronomi dell'epoca.

Si tratta di un evento naturale, ma la tradizione vuole che preceda o accompagni fatti straordinari, tanto in positivo quanto in negativo; come l'astro brillante che appare nel 44 avanti Cristo, pochi giorni prima che Giulio Cesare venga aggredito e ucciso da Bruto, Cassio e i loro complici.

O come la cometa del 66, che anticipa il suicidio di Nerone.

Ma quale stella solca i cieli alla nascita di Gesù, guidando i Magi in pellegrinaggio?

Non è facile stabilirlo.

Infatti, se consultiamo i testi antichi, a parte un paio di

evangelisti nessuno menziona una cometa apparsa nell'anno zero della cristianità.

Una mano ci viene però da uno dei più grandi scienziati di tutti i tempi, Giovanni Keplero, astronomo presso la corte imperiale di Praga.

Negli ultimi giorni del 1603, Keplero osserva col suo telescopio la congiunzione fra due pianeti, Saturno e Giove, entrambi nella costellazione dei Pesci.

Come molti eruditi dell'epoca, Keplero possiede vaste conoscenze su fatti di cui oggi si è persa traccia, e ricorda che la stessa situazione era capitata alla nascita di Gesù.

Compresi i presagi. La costellazione dei Pesci segna infatti il rinnovamento; Giove è il pianeta della regalità; mentre Saturno, per la sapienza rabbinica, protegge l'intero popolo ebraico.

Per Keplero non c'è che una spiegazione: la comparsa della cometa e la congiunzione astrale segnano il momento più importante della storia dell'uomo, il passaggio dall'era pagana a quella cristiana.

L'astronomo imperiale si mette a fare calcoli su calcoli, e conclude che la congiunzione si è verificata attorno alla nascita di Gesù, anno più anno meno.

Ma la sua è solo una supposizione matematica, e devono passare tre secoli prima che qualcuno fornisca una prova decisiva. Non si tratta di un esperto di stelle e pianeti, bensì del paleontologo tedesco Paul Schnabel, che decifra un'antica incisione babilonese.

Ebbene, dall'iscrizione emerge chiaramente la congiunzione di Giove e Saturno nella costellazione dei Pesci.

Solo che il periodo risale a sei o sette anni prima di quanto si credeva.

Un evento straordinario

Ma cosa c'entra la cometa con la prossimità di Giove e Saturno? Il fatto è che la congiunzione dei due pianeti avrebbe generato un fenomeno di eccezionale luminosità, creando l'impressione di una stella brillante con tanto di coda.

Ci sono però altre ipotesi al riguardo.

Una ci arriva dall'immagine più celebre della Natività, quella affrescata da Giotto nella Cappella degli Scrovegni, a Padova. Mentre i Magi stanno offrendo doni alla Sacra Famiglia, si nota sopra la capanna una sorta di palla che si lascia dietro una scia infuocata.

Giotto dipinge la scena poco dopo il passaggio della cometa di Halley, avvenuto nel 1301.

Corpi minori che solcano il sistema solare rilasciando una chioma di polveri e di gas, le comete si muovono in orbite regolari; e quella di Halley, dal nome del suo scopritore, l'astronomo inglese Edmond Halley, non fa eccezione; si ripresenta puntualmente ogni settantasei anni, e conoscendone gli ultimi passaggi non è difficile calcolare i precedenti, anche se avvenuti migliaia di anni fa.

Solo che, andando a ritroso, la presenza più prossima alla nascita di Gesù avviene il 12 avanti Cristo: troppo presto.

La successiva, invece, capita troppo tardi, decenni dopo la morte di Gesù.

Possiamo perciò escludere che a guidare i Magi dal lontano Oriente alla Giudea sia stata la cometa di Halley.

Una terza suggestione la dobbiamo a un mondo lontano dal nostro come quello cinese, da sempre interessato ai fenomeni celesti.

I loro astronomi ci hanno lasciato testimonianza di una

cometa apparsa nel primo anno di regno dell'imperatore Yuen-Yen, visibile da fine agosto per ben sessantatré giorni, per poi spostarsi altrove all'inizio di novembre.

Ora, è possibile che questa cometa sia la stessa che hanno osservato i Magi?

Può essere: se la datazione degli astronomi cinesi fosse corretta, sarebbe apparsa nei cieli orientali nel 5 avanti Cristo, data compatibile con la nascita di Gesù.

Resta infine un'ultima ipotesi, la più affascinante.

Il figlio di Maria potrebbe essere venuto al mondo salutato dall'esplosione, nella Via Lattea, della supernova Hulse-Taylor, registrata il 4 avanti Cristo.

Le supernove sono l'ultimo stadio di vita di una stella, quando non c'è più energia per innescare fusioni interne. Allora la forza di gravità provoca un collasso, quindi una deflagrazione gigantesca che si lascia alle spalle una nebulosa.

Ecco il fenomeno che potrebbe aver spinto i Magi alla ricerca di un'umile capanna.

I Magi

Che appaia una stella visibile in pieno giorno è un evento eccezionale, capace di annunciare pace e prosperità, oppure calamità e disgrazie. Soprattutto se accompagnato da profezie che annunciano l'avvento di un nuovo re.

Per questo i Magi si mostrano subito interessati, perché anche loro sono sovrani, e a guardare l'etimologia, giungono da zone ben distinte dell'Oriente: Gaspare è nome diffuso nell'attuale Iran, mentre Melchiorre è piuttosto comune tra i Fenici; infine, Babilonesi e Caldei usano spesso chiamare i propri figli Baldassarre.

Tuttavia, non è detto che siano solo tre.

Il Vangelo di Matteo, infatti, si limita a un vago: «Vennero da oriente»; non specifica la loro provenienza, e nemmeno l'entità del gruppo.

È probabile che il numero si sia imposto perché Persiani, Fenici e Babilonesi rappresentano le grandi civiltà orientali più vicine alla culla del cristianesimo.

Più precise sono invece le informazioni che abbiamo sul loro ruolo.

Il nome «Magi» è infatti presente in diverse fonti storiche precedenti i Vangeli.

Per esempio, Erodoto, nel V secolo avanti Cristo, riporta che i Magi sono una tribù stanziata al centro dell'Iran; e sempre lo storico racconta che formano una classe a sé, dotata di potere religioso, in quanto custodi del culto di Ahura Mazda.

Nel VI secolo avanti Cristo, Zarathustra, detto anche Zoroastro, ha contribuito a diffondere una religione politeista governata da una divinità assoluta, Ahura Mazda; nell'antica lingua avestica, Ahura significa «soffio vitale», «spirito»; mentre Mazda vuol dire «pensiero».

Di fatto, dunque, Ahura Mazda è colui che ha dato vita al mondo attraverso il proprio pensiero.

A lui, il creatore, si deve quanto di ordinato e buono c'è al mondo; mentre il caos e la malvagità sono conseguenza dello spirito malefico suo rivale, Angra Mainyu.

Da uomini sapienti, i Magi non possono ignorare che i vicini ebrei professano una fede per certi versi simile; certo, credono in un solo Dio, l'ineffabile Yahweh, il cui nome non può essere pronunciato e al quale perciò si riferiscono con un generico Adonai, ovvero «il Signore».

Ma la figura del Dio degli ebrei è simile a quella di Ahura Mazda. Nella Genesi sta infatti scritto che «in principio Dio creò il cielo e la terra». In ebraico, però, il termine *bereshith*, «in principio», significa anche «con la testa», ovvero «con il pensiero».

Quindi, come Ahura Mazda, anche il Dio degli ebrei ha dato vita al mondo attraverso il pensiero.

Ma le analogie non si fermano qui: come nella tradizione ebraica, i Magi danno grande rilevanza all'interpretazione dei sogni, e il loro potere non è solo religioso, ma anche politico.

Proprio come i sacerdoti d'Israele, hanno governato a lungo e deciso i destini della nazione.

L'affinità più sorprendente arriva però dal confronto fra il Vangelo di Matteo e quanto scritto nello *Zend Avesta*, il libro di Zoroastro.

Secondo il testo sacro venerato dai Magi, il mondo sarebbe stato salvato da un Soccorritore inviato dal cielo, simile al Messia degli ebrei.

Il Soccorritore sarebbe arrivato sulla Terra come un uomo comune, nascendo dal grembo di una donna, ma con una differenza che l'avrebbe reso eccezionale: sua madre sarebbe stata vergine.

E il suo avvento sarebbe stato segnato dal passaggio di una stella luminosa.

I Magi conoscono benissimo la storia.

Quindi, appena sentono parlare della stella, non stanno a preoccuparsi che sia una cometa, una supernova o un'illusione ottica dovuta alla congiunzione di due pianeti.

Riconoscono il segno celeste che annuncia l'arrivo di un nuovo re, e la nascita del Soccorritore profetizzata dal loro libro sacro.

Salgono sui cammelli e partono all'inseguimento della «luce», che li porta dritti in Giudea.

Erode il Grande

Gesù nasce a Betlemme, un piccolo villaggio a nove chilometri da Gerusalemme che si trova nel territorio della Giudea, parte dell'Impero romano.

All'epoca l'imperatore è Ottaviano Augusto, che ha preso il potere nel 31 avanti Cristo e lo mantiene fino al 14 dopo Cristo, quindi per quasi mezzo secolo.

A regnare sul territorio c'è un sovrano scelto dal Senato di Roma, su indicazione di Ottaviano e Marco Antonio.

Si tratta di un uomo nato ad Ascalona, nella parte meridionale di Israele, figlio di una famiglia non nobile; il suo nome, Erode, ha origini greche e significa «discendente di un eroe».

Suo padre, Erode Antipatro, non professa nemmeno la religione ebraica: segue infatti il credo degli Idumei, nemici giurati dei Giudei.

Erode fa presto carriera grazie alla sua abilità politica.

A venticinque anni, intorno al 50 avanti Cristo, è già governatore della Galilea. Di lì a poco un luogotenente di Giulio Cesare, Cecilio Basso, organizza un colpo di Stato nella vicina Siria e la conquista.

Per Erode è un'occasione da cogliere al volo, così interviene, riprende il maltolto e lo restituisce a Cesare, certo d'ingraziarsi i suoi favori.

Peccato che nel 44 Cesare finisca pugnalato a morte nella congiura ordita da Bruto e Cassio.

Niente di irrimediabile per Erode, che con un abile voltafaccia diviene grande amico di Cassio, conosciuto durante la campagna in Siria.

Tempo due anni, e il suo opportunismo torna in scena, quando Cassio viene sconfitto da Ottaviano e Marco Antonio nella battaglia di Filippi, in Macedonia.

Inutile dirlo, Erode salta senza remore sul carro dei vincitori.

Marco Antonio, come già Cassio prima di lui, è affascinato da quell'uomo di costituzione solida e robusta, dallo sguardo profondo, elegante e scaltro.

Erode ha sposato Marianna, una bellissima donna della famiglia dei Maccabei, sovrani della Giudea, così da potersi assicurare il titolo di altezza reale.

Per questo, quando c'è da nominare un nuovo sovrano della Giudea, Marco Antonio ne parla con Ottaviano e i due propongono Erode al Senato, che non può che approvare.

È il 41 avanti Cristo.

Per Erode, tuttavia, la nomina è solo un punto di partenza, come si scopre dalle sue mosse successive, quando la Giudea viene invasa dai Parti.

Un tempo nomadi, ora stanziati sugli altipiani dell'Iran, i Parti attirano Erode in un agguato da cui riesce a fuggire per un pelo, lasciando il paese in mano ad Antigono, che ne assume il governo.

Visto che è scampato all'attentato, Erode chiede di riscuotere vecchi favori; giunto a Roma, chiede a Ottaviano e a Marco Antonio di incoronarlo pubblicamente, per ribadire a chi i Giudei debbano obbedienza.

Educato nella religione idumea, dopo avere sposato un'ebrea di regale lignaggio, durante il rito Erode non si fa scrupolo di sacrificare a Giove Capitolino, il dio pagano adorato dai Romani.

Con la sua nomina a re di Giudea, è chiaro che per Roma Antigono è solo un usurpatore, un uomo che ha osato ribellarsi all'Impero.

Così Ottaviano e Marco Aurelio armano un esercito e ne affidano il comando a Erode, perché riprenda ciò che è stato tolto a lui e ai Romani.

Seguono tre anni di battaglie, che si concludono nel 37 avanti Cristo, quando Gerusalemme cede all'attacco delle truppe giudaico-romane.

I Parti sono costretti a fuggire, mentre Antigono viene catturato e decapitato.

Da questo momento, Erode regna incontrastato sulla Giudea.

Lo farà fino al 4 avanti Cristo, ma non scorderà mai il rischio corso contro i Parti, vivendo sempre nell'apprensione e nel sospetto.

E quando i Magi giungono a dirgli che una stella luminosa ha annunciato loro l'arrivo di un nuovo re di Giudea, i suoi timori sembrano trovare conferma.

Il re omicida

I sospetti di Erode sono frutto di una lunga storia di conflitti con i Giudei.

Gli ebrei sono notoriamente molto legati alla loro religione, elemento irrinunciabile della propria identità; pertanto, non amano dover sottostare a un re cresciuto nella fede idumea, per giunta connivente con gli invasori romani.

I primi anni del regno di Erode sono così costellati da tumulti e sommosse di piccola portata, che tuttavia Erode reprime con estrema violenza.

Si ribellano i farisei, casta che mira all'indipendenza della Giudea, col risultato d'essere giustiziati a decine.

La repressione fa sorgere a corte un certo rimpianto per i tempi di Antigono, invasore, sì, ma non privo di umanità.

Naturalmente il malcontento giunge alle orecchie di Erode, che fa processare quarantacinque cortigiani per alto tradimento e li fa condannare a morte.

Non pago, Erode finisce per macchiarsi personalmente

di un delitto, a metà strada fra l'esecuzione politica e la faida familiare.

Accade infatti che sua moglie Marianna faccia parte della famiglia degli Asmonei, che rivendicano per sé il controllo della classe sacerdotale.

Se non che gli Asmonei sono pochissimi, e l'unico erede al ruolo di sommo sacerdote è il sedicenne Aristobulo, fratello di Marianna.

Erode ritiene tuttavia che il ragazzo sia troppo giovane e nomina al suo posto un membro della più numerosa discendenza di Aronne, il fratello maggiore di Mosè, che secoli prima era stato il primo sacerdote degli ebrei.

A Erode la religione non interessa granché, ma gli premono due cose: la gestione diretta del potere e la garanzia di alleanze importanti.

Con la sua scelta è convinto di aver risolto tutto, meritandosi la gratitudine del sommo sacerdote e i favori di una dinastia di storico prestigio.

Peccato che alle sue spalle qualcuno si muova con astuzia e determinazione simili: si tratta della suocera Alessandra che, furibonda per la mancata nomina del figlio Aristobulo, decide di rivolgersi a Cleopatra, amante di Marco Antonio, chiedendole di intercedere perché il figlio abbia il posto che gli spetta.

A Marco Antonio la religione interessa ancor meno che a Erode: come a tutti i Romani, ritiene le usanze ebraiche trascurabili e tutt'al più pittoresche.

Per lui, un sommo sacerdote vale un altro, quindi acconsente alla richiesta di Cleopatra.

Erode si trova così in una situazione complicata: sa che il suo trono dipende dai Romani, e che la parola di Marco Antonio è legge; non gli resta che masticare amaro, destituire il sommo sacerdote appena nominato e sostituirlo con Aristobulo.

Ma è questione di pochi giorni.

In onore del ragazzo, infatti, Erode organizza una festa nella piscina del palazzo reale di Gerico, una quarantina di chilometri a est di Gerusalemme.

Fa caldo e il re convince il sommo sacerdote a fare una bella nuotata con lui.

Con loro si tuffano alcuni uomini della guardia di Erode, che si accalcano attorno ai due in un'allegra festa di spruzzi. Fino a che qualcuno non inizia a urlare: Aristobulo sta annegando. Si cerca di portarlo in salvo, ma è troppo tardi. Il giovane muore per un incidente in piscina che appare ovviamente sospetto.

Erode però sa come apparire innocente davanti al proprio popolo. Disperato per la perdita, si straccia le vesti e organizza esequie sfarzose e solenni per il giovane sacerdote, che ormai non rappresenta più una minaccia.

E l'avvertimento ai suoi familiari è chiaro.

Chiunque osi intralciare il cammino di Erode è destinato a una brutta fine.

Un nuovo re

Poco tempo prima che, inseguendo la stella, i Magi giungano a Betlemme, una questione fondamentale impegna la corte di Gerusalemme: occorre stabilire chi sarà il successore del re di Giudea, ormai vecchio e malandato dopo quasi quarant'anni di governo.

Per avere un successore occorre almeno un figlio e, per averlo, è necessaria una moglie.

Erode, che non disdegna la compagnia femminile, ne ha sposate ben sette, una dopo l'altra.

Ne ha amata però solo una, la prima, Marianna, e da lei ha avuto Alessandro e Aristobulo, da non confondersi con l'omonimo e defunto sommo sacerdote.

Dipendesse solo da Erode, l'erede sarebbe uno di loro.

Ma ogni successione è sempre complicata dal fatto che nessun sovrano è mai davvero solo sulla scena, e nella storia di Erode si muovono due figure a dir poco ambigue.

Una è Antipatro: in teoria è il primogenito, poiché Erode lo ha generato prima ancora di conoscere Marianna, ma di fatto è escluso dalla successione, perché la corona, Erode, l'ha conquistata proprio per aver sposato una donna di stirpe reale.

L'altra figura sfuggente è quella di Salomè, la sorella di Erode, che spera di eliminare tutti i figli del re allo scopo di far salire al trono uno dei propri.

Per questo, con la collaborazione di Antipatro, fa circolare la voce che Alessandro e Aristobulo stiano tramando per uccidere il padre, così da potergli succedere il prima possibile sul trono della Giudea.

Sappiamo che Erode è, da sempre, un sovrano assai sospettoso. Inizia così a corte un periodo particolarmente teso, con Erode che cerca di tenersi i figli vicini, non come segno d'affetto, ma per poterli controllare meglio.

Nonostante lo stesso imperatore Ottaviano Augusto li abbia conosciuti e giudicati leali e fidati, Erode decide di sequestrare i loro amici, torturandoli fino a quando, pur di far smettere il supplizio, confessano un complotto inesistente, architettato da Alessandro.

Il re fa allora gettare il figlio in prigione e solo a fatica, tempo dopo, si convince della sua innocenza e lo libera.

Ma ancora non è finita.

Quando i vicini Arabi decidono di muovergli guerra, Erode torna a credere che l'attacco faccia parte di una complicata congiura internazionale ordita dai suoi ragazzi.

Chiede allora all'imperatore il permesso di processarli.

È il tribunale presieduto dal governatore romano della Siria, Saturnino, a giudicarli e a condannarli.

Davanti agli occhi spietati del padre, Alessandro e Aristobulo subiscono la morte per strangolamento, implorando il perdono fino all'ultimo istante della loro giovane vita.

Resta Antipatro, ma anche lui fa una brutta fine.

È indubbiamente il favorito per la successione, ora che la trappola architettata con la zia Salomè è andata a buon fine.

Con il re di Giudea, tuttavia, non si è mai certi di nulla: così, mentre Antipatro è diretto a Roma per presentarsi a corte, Erode decide che nel frattempo il ruolo vada a Filippo, figlio della seconda moglie.

Questo nel caso durante il viaggio accadesse una qualsiasi disgrazia.

Antipatro riceve la notizia e non la prende certo bene.

Il fattore tempo è decisivo: se Erode morisse mentre Antipatro è a Roma, costui avrebbe gioco facile a farsi nominare seduta stante re di Giudea, con buona pace di Filippo.

Incarica perciò del delitto uno zio, che però non si rivela un genio del crimine.

Prepara infatti una coppa avvelenata da offrire a Erode ma, quando si tratta di brindare, gli porge il bicchiere sbagliato, bevendo quello destinato al sovrano.

Finisce così avvelenato davanti agli occhi esterrefatti del re.

Scoperto il complotto in un modo a dir poco grottesco, Erode comprende che il regista del tentato omicidio è Antipatro. Aspetta dunque che il figlio maggiore torni da Roma e lo fa gettare in prigione, prima di ordinare ai suoi soldati di ucciderlo.

È il 4 avanti Cristo.

Ebbene, è proprio fra il 7 e il 4 avanti Cristo che la cometa appare ai Magi.

Gaspare, Melchiorre e Baldassarre chiedono perciò udienza a Erode proprio nel momento in cui è massima la sua vena paranoica, quando ogni familiare, amico o cortigiano gli sembra un nemico potenzialmente mortale.

Possiamo solo immaginare cosa pensi quando si trova davanti tre sovrani e sacerdoti stranieri che, anziché profondersi in inchini, si limitano a chiedergli: «Dov'è il neonato re dei Giudei? Perché noi abbiamo veduto la sua stella in Oriente, e siamo venuti per adorarlo».

Il censimento

Un altro elemento utile per stabilire la nascita di Gesù sta scritto nel Vangelo di Luca: «In quei giorni un decreto di Cesare Augusto ordinò che si facesse il censimento di tutta la terra. Questo primo censimento fu fatto quando Quirinio era governatore della Siria» (*Lc* 2,1-2).

È per via del censimento che il piccolo nasce a Betlemme. Giuseppe, infatti, non abita lì, fa il falegname a Nazareth, città della Galilea.

Si tratta di una regione settentrionale, dove si trovano molte delle località rese celebri dalle azioni di Gesù: come Cana, dove trasforma l'acqua in vino; oppure Tiberiade, dove c'è un lago in cui fa precipitare una mandria di maiali dopo aver chiuso nei loro corpi gli spiriti diabolici che affliggevano un indemoniato.

Per partecipare al censimento dell'Impero, Giuseppe è costretto a registrarsi a Gerusalemme, capitale della Giudea, che dista circa centocinquanta chilometri da casa.

Un viaggio particolarmente lungo e faticoso, soprattutto per la giovane moglie Maria, che è in attesa di un bambino.

Il loro lungo peregrinare in cerca di un rifugio li spinge fino a un villaggio di pastori, che si trova qualche chilometro ancora più a sud di Gerusalemme, la piccola Betlemme.

È verso quel luogo di poca o nulla importanza che i Magi vedono dirigersi la stella.

Per questo sono perplessi quando domandano a Erode dove si trovi il nuovo re di Giudea.

Perché la stella non risplende su Gerusalemme, la capitale?

I misteri di Betlemme

Al tempo degli antichi Romani, il censimento è un dovere a cui sottoporsi periodicamente: viene indetto ogni quattordici anni. Non coinvolge solo i cittadini che abitano la Penisola, ma anche chi vive in terre più lontane come la penisola iberica, la Gallia, l'Egitto, la Siria.

E, ovviamente, la Palestina.

Serve ad avere statistiche sempre aggiornate sui soggetti abili al servizio militare, dato fondamentale per un Impero perennemente in guerra; ed è inoltre utile per calcolare la popolazione delle varie aree e stabilire, di conseguenza, i tributi che devono versare nelle casse di Roma.

Il «Cesare Augusto» che emana il decreto per il censimento è ovviamente Ottaviano, il fondatore dell'Impero; un po' più complicato è identificare quel «Quirinio», governatore della Siria.

Probabile si tratti di Publio Sulpicio Quirinio, uomo di fiducia di Ottaviano, che gli affida il compito di educare suo nipote Gaio Cesare, da non confondere con il più celebre Giulio.

Parte della formazione consiste in un viaggio in Oriente, ma giunta in Armenia la colonna viene attaccata, e Gaio Cesare viene ferito tanto gravemente da non riprendersi più e morire due anni dopo.

Appresa la triste notizia, Ottaviano decide di nominare proprio erede Tiberio, e raccomanda a Quirinio di restare in Siria, a comandare le truppe romane e a svolgere il ruolo di «legato», ovvero di luogotenente e ambasciatore.

Il problema è che la morte di Gaio Cesare e la nomina di Quirinio si collocano sicuramente negli anni dopo Cristo, fra il 4 e il 6; Quirinio mantiene il proprio incarico fino al 14 dopo Cristo, prima di tornare a Roma, richiamato da Tiberio a godersi il meritato riposo.

A questo punto ci troviamo a un bivio.

O il censimento che si è svolto sotto Quirinio si è tenuto quando Gesù era ormai un ragazzino, e ciò non giustificherebbe la sua nascita a Betlemme; oppure qualcosa non torna nei calcoli sulla carriera di Quirinio.

Il mistero si è risolto quando ad Antiochia, in Turchia, gli archeologi hanno scoperto il frammento di un'iscrizione romana, dove si fa il nome di Quirinio e si dice che l'imperatore Ottaviano Augusto lo ha mandato in qualità di legato in Siria mentre Saturnino era proconsole in Africa.

Ora, Saturnino risulta proconsole in Africa proprio negli anni in cui la misteriosa stella cometa passa sui cieli della Giudea, fra il 6 e il 5 avanti Cristo.

Pertanto, Quirinio è stato ambasciatore in Siria per ben due volte: la prima al tempo della nascita di Gesù, e del censimento raccontato dal Vangelo; la seconda, dopo la morte di Gaio Cesare, una decina d'anni più tardi.

Equivoci

Se da un lato reperti e testi antichi aiutano a risolvere ambiguità, non mancano le situazioni in cui alimentano equivoci.

È il caso della Natività, quando Maria dà alla luce Gesù in una capanna su cui splende la stella cometa, e lo depone in una mangiatoia scaldato dal respiro di un bue e di un asino.

Questa, almeno, è l'immagine cui siamo abituati, quella del presepe.

Ma è andata esattamente così?

Dei quattro Vangeli canonici, la Natività viene raccontata solo da Matteo e da Luca, e nessuno dei due menziona asini e buoi.

Ne parla invece un Vangelo apocrifo, detto dello pseudo-Matteo, un testo molto tardo, composto verso il IX secolo dopo Cristo.

È lì che, per la prima volta, si trova scritto che «il bue e l'asino avevano Gesù Bambino in mezzo a loro e lo adoravano».

E subito dopo: «Così si adempì la profezia di Abacuc, che disse: ti farai conoscere in mezzo a due animali».

In realtà Abacuc non dice esattamente questo.

Se andiamo a controllare nella Bibbia, al capitolo 3 versetto 2 del suo libro, il profeta scrive che il Signore si mostrerà «nel corso degli anni» oppure «fra due epoche».

Cosa c'entrano gli animali?

In realtà si tratta di un errore di traduzione.

La versione greca del libro di Abacuc scrive infatti che il Signore apparirà fra due *zoòn*, con l'accento sulla seconda «o», che in greco significa appunto «epoche». Ma la stessa parola, con l'accento sulla prima «o», diventa *zòon*, e significa «animali». L'evangelista apocrifo, affascinato dalla scena di Gesù nella stalla, si convince che il piccolo debba trovarsi fra due animali, non a fare da spartiacque fra due epoche: avanti e dopo Cristo.

Ma perché scegliere proprio un bue e un asino?

La presenza dei due animali risale a un versetto all'inizio del libro di Isaia. Il profeta scrive infatti: «Il bue conosce il proprietario e l'asino la mangiatoia del suo padrone; ma Israele non conosce e il mio popolo non comprende».

È perciò il volenteroso evangelista apocrifo a decidere che i due animali di cui parla il profeta Abacuc non possano essere che il bue e l'asino. Non solo perché si trovano comunemente nelle stalle come quella in cui Gesù trascorre le prime ore di vita, ma perché simboleggiano la buona volontà nel riconoscere un nuovo padrone: il Messia.

O, come credono i Magi, il nuovo re di Giudea.

Un bambino che, ovviamente, Erode deve eliminare a tutti i costi.

I Magi in ginocchio

Riprendiamo il racconto da dove l'abbiamo interrotto, e vediamo come tutto torni.

Dal lontano Oriente tre Magi, sovrani-sacerdoti versati nell'astrologia, notano il passaggio di una misteriosa stella e decidono di seguirla.

Sanno che una cometa porta cambiamenti epocali, e quando vedono che si ferma sulla Giudea, deducono che in quella terra è nato un bimbo che sarà il nuovo re.

Un re come mai altri.

La conclusione più logica, dal loro punto di vista, è che il piccolo si trovi nel palazzo reale di Gerusalemme: per questo vanno da Erode, e gli domandano: «Dov'è il neonato re di Giudea? Abbiamo veduto la sua stella in Oriente e siamo venuti per adorarlo».

Erode, che ha trascorso gli ultimi anni tra congiure e complotti, ed è perciò sospettoso fino alla paranoia, appena sente la domanda ha un mancamento.

A corte, che lui sappia, non ci sono neonati.

Chi è dunque questo bambino che sovrani stranieri salutano come il nuovo re?

È davvero il Messia, destinato ad affrancare gli ebrei dal dominio dell'Impero?

Se così fosse, il suo regno, fondato sull'appoggio di Ottaviano e Marco Antonio, avrebbe le ore contate.

Decide allora di passare ai fatti: per prima cosa, secondo quanto racconta Matteo, cerca di informarsi.

Convoca i capi dei sacerdoti e gli scribi, ovvero le persone più capaci nell'interpretazione della Bibbia, e domanda loro se nel testo sacro sia indicato il luogo preciso dove il Messia sarebbe venuto al mondo.

Dopo essersi un po' consultati, i saggi rispondono di sì, che c'è un passo nel profeta Michea in cui è scritto chiaro e tondo: «E tu, Betlemme, così piccola per essere fra i capoluoghi di Giudea, da te mi uscirà colui che deve essere il dominatore di Israele».

È la prova: la cometa che è passata sopra Gerusalemme in direzione di Betlemme ha annunciato la nascita del Messia.

Erode è preda di una grande agitazione; gli ribolle il sangue come gli era accaduto alla scoperta delle trame dei suoi stessi figli.

Sa però che gli conviene temporeggiare.

Torna dai Magi, rimasti suoi ospiti, e dice che il nuovo re è da poco nato nel paesino di Betlemme. Li manda addirittura da lui a suo nome: «Informatevi accuratamente del bambino e, quando l'avrete trovato, fatemelo sapere, perché anch'io venga a adorarlo».

I sovrani si rimettono in marcia, sempre guidati dal moto della cometa; le camminano letteralmente dietro fino alla stalla, dove trovano Gesù Bambino in una mangiatoia, con Maria e Giuseppe, per quanto senza buoi né asini.

Si inchinano a adorarlo e gli offrono doni straordinari. Melchiorre gli porge l'oro, simbolo di ricchezza e regalità, abituale omaggio ai sovrani: sta riconoscendo, così, di avere davanti a sé il nuovo re di Giudea.

Gaspare gli porge l'incenso, simbolo del sacro, utilizzato dai sacerdoti per segnalare la presenza viva di Dio, evidenziando così la divinità di Gesù.

Il dono più insolito, almeno in apparenza, è quello di Baldassarre: la mirra. Si tratta di un'erba medicamentosa che si dà agli ammalati e ai moribondi; che motivo c'è di donarla a un bambino nato da pochi giorni?

La risposta sta nel futuro che attende il piccolo: la mirra è la simbolica anticipazione della sofferenza e della morte di Gesù.

Cala la sera, ed esausti per l'emozione dell'incontro e le fatiche del viaggio, i Magi si coricano.

Per poi risvegliarsi dopo uno strano sogno.

Lo stesso, per tutti.

La fuga in Egitto

In sogno, una voce li ha avvertiti di non dare ascolto alle parole di Erode. Non devono tornare al palazzo reale per riferirgli dove stia il bambino; anzi, devono riprendere subito la strada di casa senza far trapelare nulla dell'incontro.

Nel frattempo, un angelo appare a Giuseppe, e gli dice: «Alzati, prendi con te il bambino e sua madre e scappa in Egitto, e lì resta finché non ti avvertirò, perché Erode sta cercando il bambino per ucciderlo».

L'Egitto è una via di fuga naturale.

È a sud di Betlemme e ci si può arrivare senza passare da Gerusalemme. Inoltre, è al di fuori dei territori governati da Erode, al riparo quindi dalla sua vendetta.

È molto probabile che Giuseppe abbia condotto moglie e figlio in una zona dove erano già insediate parecchie famiglie ebraiche: la cittadina di Mataria.

E qui la storia torna da Cleopatra.

La celebre regina voleva infatti impossessarsi dell'intera Palestina, e per questo aveva accusato Erode di voler tradire l'alleanza con i Romani.

Per quanto Marco Antonio si fidasse, aveva finito per dar retta alla sua amante, convocandolo ad Alessandria d'Egitto. Erode, consapevole della situazione, si era presentato carico di doni per Marco Antonio e per Cleopatra, aggiungendo per la regina un ulteriore omaggio, una parte della costa della Palestina, nota per la vegetazione lussureggiante.

Affascinata dalla bellezza delle piante, Cleopatra aveva voluto trapiantarne alcune lungo la valle del Nilo, e poi creare uno splendido orto botanico a Mataria.

Per mantenerlo era però necessario affidarsi a mani esperte, e per questo la regina aveva chiesto l'aiuto dei giardinieri di Gerico, che avevano composto la piccola comunità nella quale, con ogni probabilità, la famiglia di Gesù viene accolta.

Ma mentre il piccolo è al sicuro in un piccolo paradiso, a Betlemme Erode sta scatenando l'inferno.

La strage degli innocenti

Per i moderni criminologi, la strage degli innocenti andrebbe definita come un infanticidio di massa.

E questo è il resoconto che ne fa Matteo nel suo Vangelo:

> Quando Erode si accorse che i Magi si erano presi gioco di lui, si infuriò e mandò a uccidere tutti i bambini che stavano a Betlemme e in tutto il suo territorio e che avevano da due anni in giù, secondo il tempo che aveva appreso con esattezza dai Magi. Allora si compì ciò che era stato detto per mezzo del profeta Geremia: *Un grido è stato udito in Rama, un pianto e un lamento grande: Rachele piange i suoi figli e non vuole essere consolata, perché non sono più.* (*Mt* 2,16-18)

Ma la strage degli innocenti è avvenuta davvero?

E si è trattato di una strage?

Il breve passo di Matteo ci dà alcuni elementi per verificarlo.

Il primo è la cronologia: Erode decide di uccidere tutti i bambini dai due anni in giù. Significa che dall'incontro con i Magi e dal passaggio della stella è trascorso del tempo.

Se collochiamo il censimento fra il 6 e il 5 avanti Cristo, possiamo dedurre che la strage degli innocenti sia stata uno dei suoi ultimi atti, poiché siamo certi che il re è morto nel 4 avanti Cristo.

In compenso, però, Erode ordina l'eliminazione di tutti i bambini di Betlemme, il che rimanda a due ipotesi: o Erode è convinto che la famiglia di Gesù viva stabilmente a Betlemme, oppure il tempo trascorso non è poi così tanto, non sufficiente a permettere a un bimbo piccolo e ai suoi genitori di prendere il largo.

Un terzo elemento ci arriva da una citazione di Geremia, in un contesto culturale dove si crede che ogni evento importante sia preceduto da una profezia.

Ne sono convinti i Magi quando vedono la stella; ne è convinto Erode quando consulta i capi dei sacerdoti e gli scribi; ne sarà convinto l'evangelista apocrifo che s'inventa un bue e un asino pur di rispettare il testo della profezia di Abacuc, e pazienza se lo ha frainteso e non parlava di animali.

Al tempo della nascita di Gesù, dunque, l'esistenza di una profezia pare sufficiente a comprovare qualsiasi racconto.

Per questo Matteo, nel Vangelo, cita subito Geremia, per dimostrare la realtà storica della strage.

In realtà, gli studiosi ancora oggi ne dibattono.

A favore degli scettici c'è il fatto che del massacro non fa parola nessuno degli evangelisti tranne Matteo, che ne accenna peraltro in modo sbrigativo.

Luca riporta addirittura che, dopo la nascita di Gesù, Giuseppe e Maria lo presentano al tempio di Gerusalemme, secondo la tradizione ebraica, per poi tornarsene serenamente a Nazareth: niente ira di Erode, niente fuga in Egitto, niente strage degli innocenti.

L'altro fattore che desta perplessità deriva da una fonte pagana del I secolo dopo Cristo: Flavio Giuseppe, ebreo e autore di due opere fondamentali sulla sua gente, le *Antichità giudaiche* e la *Guerra giudaica*.

Alle *Antichità giudaiche*, per secoli, si è fatto riferimento per affrontare il tema della realtà storica di Gesù. In particolare c'è un passo del suo monumentale lavoro dove scrive: «All'epoca visse Gesù, uomo saggio, se pure lo si può chiamare uomo: compì infatti opere sorprendenti, e fu maestro di persone che accoglievano con piacere la verità. Egli era il Cristo».

Col tempo sono sorti dubbi sull'affermazione dello storico, o quanto meno sul tono entusiasta con cui parla di Gesù. Fosse stato tanto convinto, perché non convertirsi al cristianesimo?

Ciò nondimeno, in Flavio Giuseppe troviamo numerose conferme a quanto descritto nei Vangeli.

Ma perché non menzionare mai la strage degli innocenti?

Nato una trentina d'anni dopo la morte di Erode, non manca mai di denigrarne la figura e le imprese; accusarlo di un folle infanticidio non avrebbe fatto altro che avvalorare la sua posizione.

Questi sono i punti a favore degli scettici.

Davvero una strage?

Alcuni storici pensano invece che la strage degli innocenti sia davvero accaduta. Anzi, ritengono che il silenzio di Flavio Giuseppe non sia per nulla sorprendente.

In fin dei conti Betlemme è un piccolo villaggio, popolato per lo più da umili famiglie di pastori, la cui esistenza era del tutto indifferente agli occhi non solo dei potenti ma anche degli storici. È plausibile, dunque, che Flavio Giuseppe nemmeno citi l'evento giudicandolo trascurabile.

Trascurabile non solo umanamente, ma anche per i numeri coinvolti. È un'ipotesi avanzata da un archeologo, Giuseppe Ricciotti, e che ha trovato ampia diffusione in Italia, finendo nel monologo di apertura di *Secondo Ponzio Pilato*, un film del 1987 diretto da Luigi Magni.

Il ragionamento di Ricciotti non fa una grinza.

All'epoca della nascita di Gesù, Betlemme conta mille abitanti in tutto. Grossomodo, i bambini ne rappresentano il dieci per cento e, tra questi, ad avere meno di due anni non sono più di una ventina.

Metà di loro sono bambine e non corrono perciò il rischio di finire vittime della collera di Erode.

Ne restano dieci, alcuni dei quali, però, come Gesù stesso, sicuramente sono riusciti a scappare.

A conti fatti, nella strage degli innocenti a morire non sono più di cinque o sei piccoli, non più di quelli che sarebbero comunque mancati prematuramente per la scarsa igiene o le dure condizioni di vita.

Nulla che potesse colpire l'immaginazione di uno storico, per quanto puntiglioso come Flavio Giuseppe.

Resta tuttavia il fatto che, se per secoli abbiamo immaginato le strade di Betlemme coperte da fiumi di sangue e piccoli corpi oltraggiati, è perché sappiamo che Erode ne sarebbe stato capace.

Lo dimostrano i suoi ultimi giorni.

Invecchiato, amareggiato, preda di un costante delirio paranoico che gli fa vedere complotti ovunque, a circa settant'anni Erode si ammala.

I suoi genitali si incancreniscono, costringendolo all'immobilità fra atroci dolori.

Sentendo la morte vicina, decide di non lasciare nulla in

sospeso. Per quel che riguarda la successione, divide i propri territori tra i figli più grandi che ancora non ha mandato a morte: Archelao, Filippo ed Erode Antipa, che passerà alla storia ordinando la decapitazione di Giovanni Battista.

L'altra faccenda cui vuole provvedere sono i suoi funerali, dove vorrebbe una straordinaria e commossa partecipazione del popolo.

Sa tuttavia benissimo che, in decenni di crudeltà e bizzarrie, non si è certo guadagnato il favore dei propri sudditi. È molto probabile, anzi, che alla sua morte seguano scene di giubilo, esattamente ciò che Erode intende evitare.

Decide allora di far convocare a Gerico i Giudei da tutta la regione, centinaia, forse migliaia. Sono soprattutto figli di famiglie in vista, persone ricche, dotte, o che si sono distinte in battaglia.

Una volta arrivati, Erode dà ordine alle guardie di chiuderli nell'ippodromo, l'unico spazio recintato abbastanza grande da contenerli.

Le sue forze sono ormai allo stremo, e appena si diffonde la notizia della sua morte, si verifica l'incredibile: i soldati mettono in atto l'ultimo ordine di Erode.

Si precipitano all'ippodromo, sguainano le spade e massacrano senza pietà tutti gli ostaggi.

Erode ha ottenuto ciò che voleva, le lacrime dei Giudei al momento della sua morte: quelle delle madri, dei padri, delle mogli e dei figli dei sudditi che ha fatto trucidare per il suo capriccio estremo.

La vera strage degli innocenti, probabilmente, è questa.

9
Cesare

Un uomo chiamato Cesare

L'assassinio di Gaio Giulio Cesare è forse l'omicidio più celebre della storia antica.

Certo è quello su cui si è più scritto e sul quale più siamo informati.

Non è solo un delitto a sangue freddo, ma l'atto finale di un sofisticato complotto, culminato in una spettacolare esecuzione.

Aggiungiamo poi che, dei tanti congiurati che vi prendono parte, molti hanno una vita che merita d'essere raccontata, con un finale drammatico, perché, come colpiti da una maledizione, nessuno di loro camperà a lungo.

Ma per capire perché questo delitto sia così importante per la storia del crimine, e per la storia in generale, bisogna per forza partire da lui, da Giulio Cesare.

È noto che il termine *Caesar* diviene, dopo la sua morte, l'attributo degli imperatori romani.

L'appellativo, trasmesso al figlio adottivo Ottaviano Augusto, si trasforma in titolo onorifico a partire da Claudio, che si proclama «Cesare» utilizzando il termine come perfetto sinonimo di imperatore.

Ed è in questa accezione che verrà impiegato in contesti e tempi lontani tra loro; il termine tedesco *Kaiser* e quello russo *zar* non sono infatti altro che l'adattamento di *Caesar*.

Meno conosciuta è l'origine del nome stesso.

Un'ipotesi la dobbiamo a Plinio il Vecchio, che racconta come la madre non riuscisse a partorire naturalmente, per via di una deformazione fisica.

Era stato perciò necessario tagliarle il ventre, ed ecco la parola *caesus*, taglio, e insieme il primo riscontro storico di un parto cesareo.

Meno plausibile che dipenda dall'essere nato con gli occhi celesti (*caesii*) o con molti capelli (*caesaries*).

Tanto desiderio di comprendere l'etimologia di un nome una cosa però ce la racconta: il bisogno di trovare qualcosa di unico e irripetibile già presente nelle origini.

Di certo siamo di fronte a un uomo dalla carriera straordinaria. Nato nel luglio del 100 avanti Cristo, rimane orfano a quindici anni, e a venti prende le parti di Mario, cui è legato da vincoli di parentela, nella contesa contro Silla.

Quest'ultimo, tuttavia, prevale e Cesare viene messo al bando.

Sfrutta il periodo dell'esilio per addestrarsi alla battaglia, e nel 78 avanti Cristo partecipa a una campagna contro i pirati al largo dell'attuale Turchia.

Quando muore Silla, Cesare può tornare a Roma, ed è una persona ben diversa da quella che è partita.

Versato nell'arte militare e sicuro dei propri mezzi, è mosso da un'ambizione smisurata, quella di riprendersi la città da cui è stato bandito.

La sua ascesa è vertiginosa.

Copre in rapida successione le principali cariche politiche: nel 69 avanti Cristo è questore, nel 65 diventa edile, nel 63 diviene pontefice massimo, nel 62 pretore.

È tra le figure più autorevoli a Roma, uno dei generali più vittoriosi, nonché uomo di notevole ricchezza.

Ma a lui questo non basta.

La svolta arriva nel 60 avanti Cristo.

Cesare ha quarant'anni e dà vita a uno straordinario piano strategico. Concede sua figlia Giulia in moglie a Gneo Pompeo, un condottiero che si è distinto per l'abilità tanto su terra che su mare, e assieme i due stringono un'alleanza con Marco Licinio Crasso, anziano e potentissimo uomo politico.

Insieme, Cesare, Pompeo e Crasso danno vita al primo triumvirato, una sorta di accordo per monopolizzare il potere. È grazie a questo patto che, nel 59 avanti Cristo, Cesare conquista la carica di console; ne approfitta subito per guadagnarsi il rispetto e il sostegno di tutti, a cominciare dai militari.

Per farlo promulga una legge che assegna fertili appezzamenti di terreno a chi abbia combattuto per Roma e i Romani. E per alimentare il mito di comandante invincibile, avvia la campagna militare in Gallia, quella che descrive nei *Commentarii de bello Gallico* parlando di sé in terza persona.

Certo la modestia non è la sua prima dote!

Guerra civile e dittatura

Dopo alcuni anni, tuttavia, il triumvirato vacilla.

Ormai vecchio, Crasso muore nel 53 avanti Cristo; Pompeo invece, rimasto a Roma mentre Cesare combatte in mezza Europa, cerca di tagliarlo fuori.

È l'inizio della guerra civile.

Nel 49 avanti Cristo Cesare decide di marciare su Roma. Oltrepassa il Rubicone, piccolo fiume romagnolo, per puntare dritto alla capitale seguito dai propri soldati, che gli si mostrano fedelissimi.

Pompeo non può reggere: le sue truppe si trovano in Spagna, e non c'è tempo perché tornino a sostenerlo.

Dopo una difesa sommaria, capisce che resistere è inutile e si rifugia in Oriente: prima in Grecia, poi in Egitto.

Cesare lo insegue ovunque e lo sconfigge.

La battaglia decisiva avviene a Farsalo, in Tessaglia.

È il 48 avanti Cristo.

La sua superiorità è tale da fargli ritenere sia giunto il momento di una riforma epocale: Roma è stata fondata nel 753 avanti Cristo e, per circa due secoli e mezzo, è stata una monarchia.

Poi, dal 509 avanti Cristo, è diventata una repubblica.

Al tempo di Cesare, lo è da circa mezzo millennio.

Ma la repubblica, come sistema di governo, secondo Cesare fatica a funzionare. Ci sono troppe cariche, con compiti spesso confusi e mandati temporanei.

Una gestione condivisa e in alternanza poteva andare bene quando l'orizzonte di Roma non andava oltre la penisola.

Ora però la struttura è ben più complessa; i suoi possedimenti e interessi si estendono su un territorio vastissimo, che va dall'Europa all'Asia e all'Africa.

Per tenere in pugno una situazione così complicata, c'è bisogno di un uomo forte.

Un dittatore.

In realtà la carica di dittatore a Roma esiste già.

Si tratta di una figura nominata in casi eccezionali, per esempio durante campagne militari particolarmente complesse.

Al dittatore vengono concessi poteri di fatto illimitati ma con una durata ben precisa: sei mesi. A differenza di tutte le altre cariche, l'elezione non avviene per votazione, ma per nomina; va poi aggiunto che in quel lasso di tempo il prescelto non è sottoposto al controllo del Senato o al diritto di veto dei tribuni.

Dopo la battaglia di Farsalo, Cesare decide di forzare la mano. Ottiene la nomina a dittatore, considerata la guerra civile in corso, ma solo a un patto: che non gli siano imposti limiti temporali.

Alla dittatura Cesare affianca il potere consolare per cinque anni, e si fa conferire a vita la potestà tribunizia.

Concentra così nelle sue mani, e in un sol colpo, il potere militare, quello governativo e il diritto di veto, che, ovviamente, non applica mai contro sé stesso.

Ora è davvero un dittatore, nel senso che oggi attribuiamo al termine.

La morte di Pompeo

Da questo momento in poi, la guerra civile impegna Cesare per buona parte degli anni che gli restano da vivere.

Dopo essere stato sconfitto a Farsalo, in Grecia, Pompeo si rifugia in Egitto, dove c'è un sovrano, Tolomeo, che in realtà è un re fantoccio nelle mani di Roma.

Proprio a lui Pompeo chiede protezione da Cesare, che dalla Grecia sta muovendo verso l'Africa per eliminare l'uomo che l'ha tradito.

È una faccenda delicata, e per parlarne con Tolomeo il generale Achilla e l'eunuco Potino, consiglieri del re d'Egitto, convincono Pompeo a salire su una barca diretta in mare aperto.

A bordo, con il Romano ci sono Lucio Settimio e Salvio, due vecchi compagni d'arme che dovrebbero guardargli le spalle mentre studia il discorso da rivolgere a Tolomeo; ma il re li ha corrotti, e appena Pompeo si distrae, gli conficcano nella schiena una spada e un pugnale.

Pompeo muore sul colpo.

Ma i due non si fermano, e decapitano il cadavere come prova dell'avvenuto assassinio; ma anche un po' a sfregio.

Quando Cesare sopraggiunge, scorge un corteo di notabili, guidato da Potino, che gli si fa incontro portandogli in omaggio una testa, quella del suo ex alleato.

Quando la vede, Cesare viene colto da un moto di ripugnanza e si volta d'istinto, scoppiando a piangere. Ciò che hanno fatto nello sciagurato tentativo d'ingraziarselo non può passare impunito: condanna a morte Potino, fa deporre Tolomeo, e nomina al suo posto, come regina d'Egitto, la celebre Cleopatra.

È Cesare stesso a volere che Pompeo venga divinizzato, che a Roma si celebri la memoria dell'ex triumviro come un dio.

Al suo nome dedica un portico per le riunioni del Senato, la «Curia di Pompeo», dove campeggia la sua statua.

Non può saperlo, ma sarà proprio ai piedi di quell'effigie che verrà assassinato.

I congiurati: Decimo

La storia dell'omicidio di Cesare è anche la storia di chi ha brigato per togliergli la vita, a cominciare da Decimo Giunio Bruto.

Come tutti gli uomini influenti, Cesare ha bisogno di circondarsi di persone valide, e uno dei suoi più cari collaboratori e amici è Decimo, di circa vent'anni più giovane.

È un uomo di grande energia, appassionato e intrepido combattente. Alto, prestante, dai lineamenti regolari e dal portamento nobile, Decimo viene adottato già adulto da Postumio Albino, un politico di orientamento conservatore.

La moglie di Decimo, Paola Valeria, è talmente innamorata che per lui ha lasciato il suo primo marito. E fra i suoi antenati c'è Lucio Giunio Bruto, il fondatore della repubblica romana, l'uomo che ha cacciato l'ultimo dei sette re di Roma, Tarquinio il Superbo.

Cesare si accorge dei talenti di Decimo durante la campagna di Gallia, nel 56 avanti Cristo, quando lo vede guidare le truppe romane nella battaglia del Veneticus Sinus (golfo Venetico), luogo strategico per attraversare la Manica e invadere la Britannia.

Cesare nomina Decimo proprio uomo di fiducia e quando spartisce il bottino di guerra, gli destina una parte importante, sufficiente a renderlo ricco.

Ma a Decimo le monete non interessano più di tanto, e neanche l'adrenalina delle battaglie basta.

Vuole il potere.

Per questo, nel 50 avanti Cristo, torna a Roma e si candida alla carica di questore.

La vera occasione arriva però durante la guerra civile che oppone Cesare all'aristocrazia romana, in particolar modo a Gneo Pompeo.

Ebbene, nonostante tutta la sua famiglia sia schierata con Pompeo, Decimo sceglie di rimanere al fianco di Cesare, una fedeltà ricompensata con la nomina, nel 49 avanti Cristo, ad ammiraglio della flotta che assedia Marsiglia, sulla costa mediterranea.

La conquista della città è il capolavoro di Decimo.

Cesare è talmente entusiasta dell'impresa da affidargli il governo dell'intera regione, incarico che Decimo mantiene per quattro anni.

I due si rivedono nel 45 avanti Cristo, quando Cesare è di rientro dalla campagna militare in Spagna; è chiaramente soddisfatto di come l'amico ha governato il territorio, e gli chiede di tornare con lui a Roma, prendendo parte al corteo trionfale con cui il dittatore celebrerà il suo successo militare.

Non solo, gli propone di occupare un posto d'onore, subito alle spalle del suo carro, come a decretare che Decimo è il suo delfino, l'uomo del quale si fida ciecamente, il giovane che in futuro può aspirare a succedergli.

Decimo non nasconde la gratitudine verso il proprio mentore; ma il futuro è lontano, e accelerare i tempi potrebbe essere un'idea da non scartare.

Se la stella di Cesare dovesse tramontare, lui si farà trovare pronto.

I congiurati: Bruto

Un ruolo di governatore, sotto Cesare, spetta anche a Marco Giunio Bruto. A lui viene affidata la Gallia Cisalpina, la cui città più importante è Mediolanum, oggi Milano.

Bruto è un lontano parente di Decimo, anche lui quindi discende da Lucio Giunio Bruto, il fondatore della repubblica.

Come Decimo, Bruto è un bell'uomo, dalle labbra carnose e lo sguardo penetrante. Ha un'aria un po' taurina, data la struttura possente e il collo muscoloso.

Si è ritrovato a governare non per i meriti militari ma per le abilità diplomatiche. Bruto non ha mai condotto un esercito, non è un generale, ma appartiene a una famiglia ben radicata nella storia romana e lui stesso mostra un forte senso civico.

I suoi discorsi pubblici vertono spesso sull'importanza di preservare la repubblica fondata dal suo antenato e sul valore che reputa più importante di tutti: la libertà.

Tuttavia, i discorsi sono una cosa e i fatti un'altra.

Quando viene nominato questore, nel 53 avanti Cristo, non si fa scrupolo di praticare il prestito a usura.

Va bene la repubblica, va bene la libertà, ma l'obiettivo di Bruto resta sempre quello di garantirsi il massimo successo, sia economico che politico.

È un personaggio affascinante e ambiguo, che finirà per diventare il motore del complotto contro Cesare.

La differenza, rispetto a Decimo, è che Marco Giunio Bruto non è mai stato un grande amico di Cesare. Anzi.

Sulle prime, pare che il vero nemico di Bruto sia Pompeo, e c'è un motivo profondo per questo, che ha radici nel sangue.

Nel 77 avanti Cristo il padre di Bruto aveva guidato la rivolta popolare contro l'aristocrazia. Pompeo, incaricato di sedare i tumulti, non si era contenuto: una volta catturati i nemici, aveva provveduto personalmente affinché il padre di Bruto, come altri leader della rivolta, venisse giustiziato sommariamente, senza nemmeno processarlo.

L'ostilità di Bruto verso Pompeo è perciò antica.

Se non che, un quarto di secolo dopo, quando Cesare muove guerra contro Pompeo, Bruto prende le parti di quest'ultimo.

È il 49 avanti Cristo, e la sua mossa desta scalpore, ma ancor più clamoroso è ciò che lo stesso Bruto sceglie di fare qualche mese dopo: abbandonare le fila di Pompeo e correre da Cesare per implorarne perdono, passando dalla sua parte.

Perché lo fa?

Non solo perché comprende che Cesare avrà la meglio, ma per via delle informazioni che possiede, grazie a quella che oggi chiameremmo «intelligence».

Allearsi con Cesare significa non solo saltare sul carro del probabile vincitore, ma portare in dote preziose notizie dal campo avverso; da farsi pagare a peso d'oro o con un incarico politico.

A Cesare, in fondo, Marco Giunio Bruto sta simpatico.

Ne ammira i modi spregiudicati e non lo ritiene particolarmente pericoloso. Perciò, quando finisce la guerra civile, non si limita a concedergli una piena amnistia; come già visto, gli assegna il ruolo di governatore della Gallia Cisalpina e, nel 44 avanti Cristo, lo nomina prefetto della città di Roma, incarico di notevolissimo prestigio.

I Romani sono perplessi: questo è il comportamento di Cesare nei confronti di chi, seppur nel passato, ha combattuto contro di lui?

In realtà, l'incarico rientra nella strategia politica del dittatore.

Cesare, infatti, vuole che i suoi nemici vengano debellati o blanditi: nella seconda ipotesi, sa che offrire loro un incarico superiore alle aspettative è il modo più efficace per tenerli buoni. Ma soprattutto per averli vicino a sé e controllarne le mosse.

Anche Bruto, quindi, ha un motivo di gratitudine nei confronti di Cesare, che tuttavia non ha fatto i conti con la sua spregiudicatezza.

I congiurati: Cassio

Gaio Cassio Longino è di poco più vecchio di Bruto.

Anche lui viene da una famiglia importante: alla sua *gens* appartengono vari consoli nel passato, e l'ultimo di loro è stato proprio suo padre.

È un giovane battagliero e fumantino.

A un primo sguardo di lui si notano l'incarnato pallido e la gracile costituzione, ma quando s'arrabbia, sembra trasfigurarsi: il volto si accende, gli occhi saettano, i muscoli si tendono.

Passa dalla calma alla violenza in un batter d'occhi.

La politica lo appassiona al punto da coinvolgerlo in scontri e risse. Da ragazzo si imbarca in una discussione con l'orfano di Silla, l'antico dittatore. Gli animi si surriscaldano e Cassio lo prende a pugni, tanto che per separarli deve intervenire Pompeo in persona.

Qualcuno vede nell'episodio il primo segno di quella smania di libertà che lo avrebbe portato a complottare contro

Cesare. Ma è più probabile che sia solo un giovane presuntuoso, incapace di accettare chi vanta origini prestigiose.

Probabilmente impressionato dalla rissa col figlio di Silla, Pompeo prende comunque Cassio come suo protetto, e nel 53 avanti Cristo lo segnala per l'incarico di luogotenente a Marco Licinio Crasso.

Non è una scelta felice: la campagna di Crasso in Oriente si rivela un fallimento. Cassio ha comunque modo di distinguersi anche nelle difficoltà: è grazie alla sua accortezza che parte delle truppe ormai allo sbando trova un'insperata via di fuga.

Avere salvato la vita a circa diecimila soldati gli permette di scalzare Crasso dal suo incarico e di governare, anche lui, con una certa disinvoltura; per esempio, si dà al commercio con i popoli del Medio Oriente, perseguendo i suoi interessi anziché quelli di Roma; la sua passione per gli scambi al dettaglio gli regala il soprannome poco lusinghiero di «dattero».

Allo scoppio della guerra civile fra Cesare e Pompeo, Cassio parteggia per quest'ultimo; ma, come Bruto, è lesto a cambiare schieramento.

Non lo fa certo per amore di Cesare, ma per puro calcolo politico.

E poi, fra i senatori corre una voce a cui non tutti prestano fede, ma che divampa come un incendio: se Cassio mal sopporta Cesare, se quando ne parla si accende d'ira come quando ha colpito il figlio di Silla, non è solo per questioni di potere. Sospetta che Cesare vada a letto con sua moglie.

Le correnti in Senato

Il Senato è il cuore pulsante della politica romana.

Il termine *senatus*, in sé, indica la riunione degli anziani, e deriva dal termine *senex*, che significa «vecchio», nell'accezione più nobile e rispettosa del termine.

Di fatto, il Senato raccoglie in assemblea i cittadini più importanti, è una sorta di parlamento dove confrontarsi sulle questioni urgenti e significative, forte di un peso morale e politico riconosciuto da tutte le classi sociali.

Nell'antica Roma, tutti i membri del Senato lo sono «a vita»; non sono riuniti in gruppi che corrispondono ai partiti di oggi, ma ciascuno risponde a sé stesso e di sé stesso.

Ciò non toglie che si creino delle sinergie, delle correnti, e le principali, al tempo di Cesare, sono due: i popolari e gli ottimati.

I popolari hanno a cuore gli interessi delle classi abitualmente escluse dalla stanza dei bottoni: per esempio chi non fa parte della nobiltà, chi non ha la cittadinanza romana, o chi non possiede un appezzamento di terreno.

Gli ottimati sono invece nobili convinti che l'aristocrazia debba continuare a governare la città. Ritengono che Roma sia stata eretta da poche genti, valide e virtuose, e che pertanto a quelle famiglie, le loro, vada lasciato il bastone del comando.

Non si limitano a difendere i privilegi, la loro è un'operazione più sottile: identificare Roma con la ristretta cerchia blasonata che ne ha garantito la grandezza, governandola con l'inflessibilità un po' rude tipica delle origini.

Il vecchio dittatore

Giulio Cesare, da giovane, è descritto come un uomo affascinante, e soprattutto vanitoso. In molti lo prendono in giro sostenendo che impieghi più tempo a pettinarsi che a organizzare una spedizione militare. D'altro canto, non poche sono le nobildonne che, per la disperazione dei mariti, gli cadono ai piedi.

Nel 45 avanti Cristo, però, Cesare si sente terribilmente vecchio. Ha ormai cinquantacinque anni.

I folti capelli, tanto amati, cadono a ciocche, ed è per coprire la calvizie che indossa sempre più spesso la corona d'alloro.

La lunga carriera militare, quasi vent'anni d'inquietudini e stenti, gli ha segnato il corpo. Il suo viso solcato da rughe è smunto. Inoltre, soffre di vertigini; sempre più spesso gli capita di perdere l'equilibrio, e oggi lo sappiamo: Cesare soffre di epilessia.

Gli attacchi lo lasciano confuso e stordito e quando torna in sé cerca di non far trapelare nulla a chi lo circonda.

Un dittatore non può mostrarsi debole e malato.

Le crisi, tuttavia, non gli impediscono di perseguire l'obiettivo di una vita, quello di accentrare nelle sue sole mani quanto più potere possibile.

È per questo che, quando si tratta di scegliere da che parte stare, fra gli ottimati e i popolari, appoggia i popolari.

I ranghi degli ottimati sono ridotti.

Inoltre, gli aristocratici lo guardano con sospetto: la sua famiglia d'origine, per quanto patrizia, non è particolarmente ricca né influente. A chi sostiene discenda da Romolo, rispondono che si tratta di una voce diffusa dallo stesso Cesare.

Di sicuro, nella sua famiglia, prima di lui nessuno ha ricoperto incarichi di particolare rilievo.

Per tutto questo preferisce i popolari, di cui è il punto di riferimento e il più celebre dei sostenitori.

Da politico capace, Cesare fiuta l'orientamento di una città tanto grande e complessa. Da valido stratega, fa sì che le classi sociali più disparate, militari, stranieri, commercianti, abbiano lui come unico interlocutore.

Ma tanta abilità lo rende un pericolo.

Un uomo con un seguito così vasto può esercitare un potere smisurato.

E Cesare non si fa scrupoli a dimostrarlo.

Nel 45 avanti Cristo, al termine della feroce guerra civile, si fa conferire dal Senato il titolo di *imperator*.

E l'anno successivo ottiene di conservare la nomina a dittatore per tutta la vita.

È per questo che Bruto e gli altri congiurati si risolvono ad agire: per salvare Roma dallo strapotere di Gaio Giulio Cesare.

O almeno questo dichiareranno.

Il complotto

Tutto inizia con le scritte.

Sui muri, e poi sulla statua di Lucio Giunio Bruto, il fondatore della repubblica, omonimo del futuro congiurato e cognato di Cassio.

Le parole chiedono che torni dai morti per salvare la libertà di Roma, difenderla dal dittatore, cacciarlo come aveva fatto secoli prima con Tarquinio il Superbo.

È probabile che dietro ci sia la mano di Cassio, che tenta di attirare Bruto dalla sua parte battendo su ciò di cui va più orgoglioso: il mitico antenato che ha sconfitto il settimo re di Roma. E poi, una volta eliminato Cesare, Bruto sarebbe il miglior candidato a succedergli.

I due sanno però che il piano è irrealizzabile senza un informatore, qualcuno che possa spiare le mosse di Cesare e riferirle ai congiurati.

Una vera e propria quinta colonna: e chi è il candidato ideale al ruolo se non Decimo, che di Cesare è sempre stato il fedele delfino?

Decimo accetta perché comprende che il suo momento è passato. Cesare ha deciso infatti di adottare Ottaviano e farne il suo successore. E per ironia della sorte, ha scelto Decimo come tutore del nuovo erede.

Decimo fatica a controllare la rabbia; non tollera che il dittatore gli abbia preferito il figlio di un prestatore a credito, un pezzente arricchito che si è comprato un posto in Senato senza una storia d'aristocrazia.

Alla fine, non è difficile convincere Decimo del fatto che Cesare lo ha in qualche modo tradito.

E che, se gli restituirà lo stesso trattamento, lo farà solo per il bene di Roma.

Cassio, Bruto e Decimo sono i leader del complotto, ma per eliminare l'uomo più potente di Roma hanno bisogno di altri fiancheggiatori.

Devono reclutare persone fidate che prendano parte all'agguato, pronte ad affondare spade e coltelli, ma sanno che non possono fidarsi di chiunque, per il rischio che la voce arrivi a Cesare ponendo fine alla loro vita.

Il primo gruppo a cui si rivolgono è quello dei vecchi sostenitori di Pompeo che, come Bruto e Cassio, si sono uniti a Cesare per timore della sconfitta.

Poi passano ai giovani ambiziosi, delusi come Decimo dalla scelta di Ottaviano.

Per decenni Cesare ha gestito il potere tenendo i propri nemici accanto a sé, distribuendo onori, incarichi, promesse; una strategia che ora si rivela perdente.

Prendiamo per esempio il caso di Gaio Trebonio.

Di una decina d'anni più giovane di Cesare, ha collaborato a lungo con lui. Ha combattuto durante la campagna di Gallia, è rimasto al suo fianco durante la guerra civile ed è stato governatore in Spagna e in Asia.

Eppure, anche lui ha maturato un forte rancore contro Cesare, e per un motivo all'apparenza banale: nel 45 avanti Cristo, Cesare nomina due consoli suffetti, ovvero «supplenti», in carica fino alla fine dell'anno solare.

Uno di loro è appunto Trebonio. Il quale, tuttavia, rimane solo quando il collega muore, proprio il 31 dicembre, a poche ore dalla scadenza del mandato.

Il buon senso suggerirebbe che Trebonio resti l'unico console fino all'imminente scadenza, in attesa delle nuove investiture.

Cesare, tuttavia, come se non si fidasse, nomina un sostituto del defunto, che lo affianchi per mezza giornata.

Trebonio se la lega al dito, ed è questo episodio a spingerlo fra le braccia di Bruto, Cassio e Decimo.

A seconda delle fonti, alla fine i congiurati ammontano a un numero compreso fra i sessanta e gli ottanta.

Fra loro ci sono due personaggi particolari: i fratelli Casca.

È un fatto che può sorprendere, considerato che Publio Servilio e Gaio Servilio Casca sono entrambi amici di Cesare, suoi sostenitori da lungo tempo.

Tanto allineati alle sue posizioni, che della loro vita precedente l'omicidio non sappiamo praticamente nulla.

Anzi, secondo alcuni storici come Dione Cassio, i due non sono nemmeno fratelli ma solo omonimi, appartenenti entrambi alla *gens Servilia*, la stessa della madre di Bruto.

A uno di loro, non è dato conoscere chi, è destinato il compito di sferrare il primo colpo.

Le idi di marzo

Fra le riforme volute da Cesare, una delle ultime è quella che riguarda il calendario, destinata a durare a lungo, addirittura fino al 1582.

Si tratta di un accorgimento pratico, perché la misurazione dell'anno astronomico lascia qualche minuto d'avanzo rispetto al computo dei giorni sul calendario.

Cesare risolve la questione facendo aggiungere, ogni quattro anni, un giorno in più, per recuperare i momenti perduti ed evitare che, col tempo, sorgano palesi discordanze.

Il giorno stabilito per l'aggiunta è quello successivo al 24 febbraio, che nel calendario romano risulta il «sesto prima dell'inizio di marzo».

Per questo viene chiamato *bis-sextus*, e l'anno di 366 giorni diventa l'anno bisestile.

Rispetto a noi, i Romani prevedono poi tre giorni particolari attorno a cui ruotano gli altri.

Il primo sono le calende, da cui deriva «calendario», e che marcano l'inizio del mese. Poi ci sono le none, che nonostante il nome segnano il quinto giorno di alcuni mesi e il settimo di altri. Infine, ci sono le idi, che cadono di fatto alla metà del mese: il 13 per otto volte all'anno, il 15 a marzo, maggio, luglio e ottobre.

Soddisfatta la curiosità sulle «idi di marzo», rimane il tema della superstizione.

A differenza di gran parte dei Romani, Cesare è scettico riguardo all'usanza di consultare indovini e trarre auspici per il futuro, anche se per dovere civico partecipa alle cerimonie e rispetta gli oracoli.

Ai tempi, uno dei veggenti più celebri è Spurinna, etrusco di Tarquinia, terra di arcani e misteri.

A lui è affidato il compito di sacrificare un toro per conto di Cesare il 15 febbraio del 44 avanti Cristo, durante la festa dei Lupercali.

Dopo che l'animale è stato sezionato, Spurinna si avvicina per analizzarne le interiora, ma subito si ritrae, sconvolto.

Il toro non ha il cuore!

Perfino il razionale Cesare resta colpito.

Come ha fatto la bestia a sopravvivere?

Se manca il cuore manca la vita, e chi ha sacrificato il toro senza cuore è lui stesso in pericolo di vita.

«Guardati dalle idi di marzo!» è allora l'esortazione che Spurinna rivolge a Cesare.

O, meglio, gli dice di fare attenzione per tutto il mese che va dal 15 febbraio al 15 marzo: fino alle idi, sarà in pericolo di vita.

È difficile che Spurinna sappia qualcosa sul giorno in cui i congiurati agiranno; più probabile abbia intuito qualcosa e ideato lo stratagemma del cuore scomparso per mettere Cesare in guardia, senza destare sospetti.

Il dittatore, tuttavia, non dà gran peso alle parole dell'indovino.

Eppure, i presagi si accumulano.

I cavalli coi quali ha attraversato il Rubicone, e che ama veder correre liberi nei campi, rifiutano il cibo, restano immobili e lanciano nitriti che sembrano pianti.

Da Capua arriva la notizia che, durante dei lavori di scavo, è stata trovata una targa su cui sta scritto che, al momento del ritrovamento, un traditore ucciderà un membro della *gens Iulia*.

Il mattino del 14 marzo, un uccellino in volo verso la Curia di Pompeo viene improvvisamente attaccato da altri uccelli che lo uccidono dilaniandone il corpo a colpi di becco.

La notte stessa Cesare sogna di volare sopra le nubi stringendo la mano a Giove e al risveglio si alza di buon umore, almeno fino a quando non vede sua moglie Calpurnia in lacrime.

La donna ha sognato che la casa crollava loro addosso, e che il marito moriva fra le sue braccia.

Calpurnia ha appena finito di sfogarsi che le porte della camera da letto si spalancano all'improvviso, senza che nessuno le abbia aperte.

Cesare va in Senato

Al mattino del 15 marzo del 44 avanti Cristo, Cesare esce di casa come se nulla fosse. In realtà non sta benissimo: ha avuto un attacco di vertigini, probabilmente di natura epilettica, e si avvia un po' stordito verso la casa di Domizio Calvino, dove è richiesta la sua presenza.

Lì incontra Spurinna e fa una battuta sul fatto di essere ancora vivo, anche se le idi di marzo sono giunte.

L'aruspice gli risponde freddo che ancora non sono passate.

È a questo punto che il dittatore inizia ad avere paura.

Decide di non presentarsi in Senato e di rincasare lamentando l'indisposizione, tra le proteste dei senatori, convocati su suo ordine e per una faccenda della massima importanza: si vocifera addirittura che all'ordine del giorno ci sia la fine della Roma repubblicana.

La seduta inizia comunque, intorno alle nove del mattino.

Bruto e Cassio mantengono un invidiabile autocontrollo, mentre sentono montare la tensione per il mancato arrivo della loro vittima. Seguono la seduta, intervengono, chiacchierano con gli altri senatori nei momenti di pausa.

Fino a che non decidono che bisogna comunque agire.

Mandano Decimo a casa di Cesare, certi che solo lui può convincerlo a raggiungerli.

È il momento decisivo.

Decimo chiede a Cesare d'ascoltarlo, gli parla della delusione dei senatori, insiste sul fatto che un'assenza tanto improvvisa non depone a suo favore; arriva a sostenere che un comportamento così arbitrario è degno di un tiranno, e non di un popolare come vanta d'essere.

Alla fine, si accordano per un compromesso: Cesare andrà in Senato ma solo per annunciare il rinvio della seduta per causa di forza maggiore.

Lo farà per rispetto dei senatori, e per mostrare che non ha nessun timore, nonostante i presagi funesti di cui tutti parlano.

Decimo prende Cesare per mano e lo conduce fuori di casa, fino alla lettiga su cui, issato da schiavi, attraversa le vie di Roma.

Quando arriva, è quasi mezzogiorno, e come sempre la sua presenza catalizza l'attenzione di tutti, dai semplici curiosi a chi è in cerca di favori.

Uno di loro è Artemidoro di Cnido, originario dell'Anatolia e insegnante di filosofia di Bruto, che gli consegna una supplica dicendogli di leggerla subito.

Ma Cesare è abituato a gesti simili e non raccoglie l'invito, ignaro che sul papiro c'è scritto di scappare, altrimenti non ne uscirà vivo.

Prima dell'inizio della seduta, come di consueto, è costume compiere sacrifici e trarne segnali.

Manco a dirlo, anche questa volta i risultati sono inquietanti.

Cesare tentenna.

Non ha ancora messo piede nel luogo deputato alla riunione, è infastidito dalla ressa, turbato dai continui richiami di una cattiva sorte.

E, ancora una volta, è Decimo a convincerlo, con una frase che, non fosse il sigillo del tradimento, sarebbe uno splendido riconoscimento: «Il tuo valore è superiore a qualsiasi presagio».

Cesare, punto nell'orgoglio, decide di entrare.

L'omicidio

La Curia di Pompeo non è particolarmente grande.

Dei circa novecento senatori che hanno diritto a partecipare alle sedute, ne ospita sì e no un terzo.

Poco male, poiché è raro che siano tutti presenti, e per ottenere il quorum di una votazione ne bastano duecento.

Questo è il numero di persone presente agli ultimi momenti della vita di Cesare.

Fra di loro non c'è Marco Antonio, luogotenente di Cesare

sin dai tempi della campagna di Gallia, suo fido alleato da un decennio, uomo d'ordine e di azione, nominato console proprio quell'anno.

Antonio è colui che, durante la festa dei Lupercali, quella del toro senza cuore, ha messo in piedi con Cesare una piccola sceneggiata, in cui il console offriva più volte al dittatore la corona, e sempre questi la rifiutava sdegnosamente. Come a mostrare di avere più a cuore i valori della repubblica che i propri interessi.

Antonio non ha nulla a che vedere con la congiura, eppure riesce a scamparla. Il suo rapporto con Cesare è così stretto che alcuni dei congiurati ritengono sia necessario uccidere anche lui. Bruto, tuttavia, sa che dopo la morte di Cesare avrà bisogno di governare Roma con persone di valore indiscusso. E se trascinare Antonio nella congiura è troppo rischioso, ucciderlo potrebbe rivelarsi ancor più pericoloso.

Ma con un soldato come Antonio in giro per il Senato, l'attentato potrebbe fallire.

Quindi meglio isolare Cesare.

Per questo a Trebonio viene affidato il compito di trattenere Antonio all'esterno, facendolo parlare delle vecchie campagne militari che avevano condotto insieme.

Quando Cesare entra, i senatori si alzano in segno di rispetto fino a che non raggiunge il suo scranno.

Quando ha preso posto, alcuni si avvicinano per rendergli omaggio, o per comunicargli qualcosa di riservato.

Come il dittatore anche i senatori, e quindi i congiurati, indossano un'ampia toga, sotto cui è semplice nascondere un'arma.

Hanno scelto dei pugnali, gli stessi in dotazione all'esercito nel caso di un combattimento corpo a corpo, con una lama dalla punta aguzza in ferro a doppio taglio, scanalata e lunga venti centimetri, montata su un manico in bronzo.

Il primo a rivolgere la parola a Cesare è Tillio Cimbro.

Lo hanno scelto perché è famoso per l'insistenza con cui presenta petizioni per questo o quel familiare. Anche stavolta non fa eccezione, e inizia a perorare la causa del fratello.

Cesare ascolta annoiato e distratto, fino a che Cimbro non gli bacia la mano, gli afferra la toga come a implorarlo, ma poi inizia a strattonarla, scoprendogli parte delle spalle.

Cesare si agita, protesta, grida all'oltraggio.

Forse ha capito qualcosa, ma è troppo tardi.

Il primo a colpire è uno dei Casca, probabilmente Publio Servilio. Trafigge Cesare conficcandogli il pugnale dove Cimbro ha abbassato la toga.

Cesare si difende, spinge via Casca, secondo Plutarco cerca di afferrare il pugnale per rivolgerlo contro l'aggressore, o forse lo colpisce al braccio con il primo oggetto che trova, uno stilo, di quelli usati per incidere le tavolette di cera.

Sanguinando, urla: «Empio Casca, cosa stai facendo?».

L'assassino grida allora al fratello di venirgli in aiuto, perché teme la reazione di Cesare; parla in greco, perché la sua voce si distingua nel Senato in tumulto.

È un attimo.

Gaio Servilio Casca arriva a dare manforte al fratello colpendo Cesare una seconda volta.

Non tutti i sessanta, o ottanta congiurati che siano, arrivano a sferrare un affondo, ma tutti ci tengono a farlo.

Hanno progettato il piano nei minimi dettagli: al colpo del primo dei Casca, si sono fatti attorno a Cesare formando un cerchio, così che chiunque voglia soccorrerlo non possa raggiungerlo.

Cassio, nello scompiglio, sbaglia la mira e gli sfregia il volto, poi ci riprova ma fa di peggio, prendendo di striscio la mano di Bruto, la cui coltellata viene deviata e finisce all'inguine di Cesare.

Si sente la sua voce dire: «Anche tu, Bruto, figlio...», ma la frase resta in sospeso.

Forse c'entra la voce secondo cui Bruto è uno dei suoi figli illegittimi, avuto da una relazione con Servilia, ma è più probabile che si riferisca alla discendenza dal Bruto fondatore della repubblica: Cesare è convinto d'avere sempre agito nell'interesse di Roma, e non comprende come un uomo dall'alto senso dello Stato quale Bruto possa considerarlo un nemico da eliminare.

Antistio, il medico legale

Cesare muore poco dopo il colpo di Bruto.

Il sangue, che sgorga a fiotti, viene in parte assorbito dalla toga color porpora, mentre chiazze e schizzi imbrattano i marmi ai piedi della statua di Pompeo, dove Cesare cade.

Il vecchio nemico, l'uomo del quale gli era stata offerta la testa in dono, ora guarda dall'alto il suo cadavere straziato.

Alla fine, le ferite sono ventitré, e a contarle è Antistio, un medico che fa parte della cerchia di Cesare.

Antistio esamina il cadavere e compie una perizia che lo rende, di fatto, un antenato dei moderni medici legali.

È lui a ricostruire la dinamica del delitto, con un esito sorprendente.

Stabilisce infatti che, delle pugnalate, solo una è stata fatale.

Colpire mortalmente qualcuno con un pugnale non richiede soltanto coraggio e prontezza di riflessi, ma forza fisica e precisione.

Non è facile conficcare una lama di venti centimetri nel torace di un uomo, soprattutto se indossa un indumento come la toga, fatta di tessuto spesso.

Non sorprende, dunque, che non sia riuscito a farlo per bene nessuno dei congiurati.

O quasi.

Nessuno, tranne uno.

E quindi, chi ha ucciso davvero Cesare?

Antistio non ha dubbi.

La ferita letale non è stata la prima, quella inferta da Publio Servilio Casca, sferrata sì da distanza ravvicinata ma in un punto non mortale, la spalla scoperta da Cimbro.

Né tanto meno ha ucciso Cesare lo sfregio sul viso fattogli da Cassio o il taglio all'inguine da parte di Bruto.

A finire Cesare è stata la seconda coltellata, quella di Gaio Servilio Casca, accorso in aiuto del fratello.

La morte dei congiurati

Forse, però, i cattivi presagi delle idi di marzo non riguardavano solo Cesare.

Dei congiurati di cui abbiamo notizia, nessuno sopravvive più di tre anni.

Il primo a morire è Gaio Trebonio.

Poco prima dell'omicidio, è stato nominato da Cesare proconsole dell'Asia, dove si trasferisce nel 43 avanti Cristo. L'anno successivo, nega l'ingresso nella provincia al console Publio Cornelio Dolabella.

Lo fa perché teme che l'arrivo del funzionario sminuisca il suo ruolo, e allora progetta di eliminarlo. Purtroppo per lui, nello scontro che avviene a Smirne, viene catturato, quindi decapitato; è la punizione per aver sfidato il console, ma non solo, perché, rientrato a Roma, Dolabella va a deporre la sua testa ai piedi della statua di Cesare.

Di Gaio Servilio Casca si perdono ben presto le tracce e le fonti non lo menzionano più; cosa che fa presagire una fine poco dignitosa.

Quanto a Decimo, nel 43 avanti Cristo si barrica a Modena

e lì viene preso d'assedio dall'esercito di Marco Antonio. A salvarlo interviene a sorpresa Ottaviano, in quel momento rivale di Antonio.

Decimo lo ringrazia dell'aiuto, ma riceve una risposta che gli fa gelare il sangue: «Sono venuto a combattere Antonio, non a salvare il traditore di Cesare».

Decimo comprende così che il suo futuro è segnato; i suoi soldati lo abbandonano, prendendo le parti di Ottaviano o di Antonio, fino a che i due si accordano per formare il triumvirato con Lepido.

Non gli resta che fuggire, cercando di raggiungere Bruto e Cassio, in Macedonia. Durante il cammino, però, viene assassinato da uno dei capi Galli che, mentre attraversa il suo territorio, lo riconosce e vuole rendere un servizio ai triumviri, liberandoli da una potenziale minaccia.

Non va meglio a Publio Servilio Casca.

Eletto tribuno della plebe, cade in disgrazia durante il triumvirato di Marco Antonio, Ottaviano Augusto e Marco Emilio Lepido.

Fugge in Oriente e lì combatte la battaglia di Filippi, tra le fila dei perdenti, Bruto e Cassio, ed è così costretto al suicidio.

Cassio, sbaragliato a Filippi, divorato dalla vergogna per la sconfitta e dal rimorso per il complotto, estrae il pugnale con cui ha colpito Cesare e lo consegna a un suo ex schiavo, Pindaro.

Le indicazioni sono chiarissime: Pindaro deve colpire Cassio al collo fino a che la testa non si staccherà dal corpo, in uno dei più efferati suicidi per procura mai avvenuti nella storia romana.

Infine, c'è Bruto, perseguitato dalle allucinazioni.

Continua a vedere un uomo, una figura gigantesca che gli fa visita la notte gridandogli con fare minaccioso: «Bruto, ci vedremo a Filippi».

Al primo scontro, il conflitto in Macedonia non si rivela così drammatico; mentre le truppe di Cassio perdono, quelle di Bruto sembrano avere la meglio, e le sorti della battaglia appaiono ancora in equilibrio.

Ma le visioni continuano a tormentare Bruto, che affronta il secondo assalto cercando deliberatamente la morte.

Si getta nella mischia sperando d'essere trapassato da una lama, ma ne esce incredibilmente indenne, insieme a pochi uomini messi in fuga dall'esercito dei triumviri.

È allora che Bruto comprende il senso dell'appuntamento dato da quella voce misteriosa.

Non dev'essere la spada di un nemico a ucciderlo, ma la propria.

La estrae dal fodero e domanda al fido compagno Stratone di impugnarla, poggiando il manico a terra. Poi le si getta sopra, con tanta forza che la lama lo passa da parte a parte, uscendogli dalla schiena.

10
Cicerone

Un giallo in provincia

Capitasse oggi, sarebbe un perfetto caso di cronaca nera, di quelli che appassionano il pubblico per mesi o anni.

Perché dietro a tutto non c'è solo il crimine, ma un complicato intreccio di storie familiari.

La *Pro Aulo Cluentio Habito* è una delle più celebri orazioni di Cicerone, un testo lungo e complesso, uno dei pochi a essere giunto a noi in forma integrale, garantendoci un posto in prima fila nello spettacolo di un grande mistero dell'antica Roma.

Un ruolo centrale nella storia lo occupa una donna, Sassia, della quale si mormora sia femmina di facili costumi.

Lei, peraltro, non fa nulla per mostrarsi discreta, anzi sembra che le piaccia provocare le reazioni di Larino, il piccolo paese dove vive.

Voci e pettegolezzi che però non sembrano sconvolgere Cluenzio, uomo in vista nella comunità, che si innamora di lei e la chiede in sposa.

Il matrimonio conviene a Sassia, perché la famiglia del suo spasimante è appena approdata al rango equestre, e farne parte apre al mondo dei notabili del posto.

Cluenzio viene a mancare nell'88 avanti Cristo, lasciando

due figli: il maschio si chiama Cluenzio come lui, è il protagonista della vicenda e, al momento della morte del padre, ha solo quindici anni.

La ragazza, con poca originalità, si chiama Cluenzia e, subito dopo essere rimasta orfana, sposa Aurio Melino, anch'egli appartenente a una famiglia nobile.

Dietro l'angolo c'è però uno scandaloso imprevisto.

Cluenzia e Melino si amano, ma non hanno fatto i conti con Sassia, vedova consapevole del proprio fascino, nonostante l'età non più giovanissima.

La donna sa bene che essere la suocera di un patrizio è un vantaggio, ma che esserne la moglie è ancora meglio.

E poi, è mossa da appetiti che non sembrano arretrare davanti a nulla.

Per questo, qualche anno dopo la morte del marito, Sassia riesce a infilarsi nel letto di Melino.

Costui è giovane, ingenuo, sinceramente innamorato della moglie ma rovinosamente attratto dal contegno spregiudicato della suocera.

E Sassia, non appena sente che l'animo di Melino vacilla, ne approfitta.

Non è solo un adulterio quello che si consuma, è una sorta di furto in piena regola: forse per riparare al clamore venuto a galla, forse perché irretito dai trucchi erotici della suocera, Melino decide di ripudiare Cluenzia per sposare Sassia.

Lascia così la figlia per prendere la madre, dando profondo scandalo nella comunità e creando, nella famiglia di Cluenzio, una frattura dagli effetti incalcolabili e devastanti.

A complicare la situazione contribuisce il contesto storico, che non va mai separato dalle questioni private.

La Roma del I secolo avanti Cristo è lacerata dalla guerra civile fra Gaio Mario e Lucio Cornelio Silla.

Siamo fra l'83 e l'82 avanti Cristo.

Da un lato ci sono gli ottimati, sostenitori di Silla e della tradizione aristocratica; dall'altro i popolari, fautori di Mario e della necessità di portare nuove forze nella gestione del governo.

La guerra civile arriva anche nella periferica Larino, che abbraccia la causa popolare, sostenendo Mario; tra i suoi ammiratori c'è Melino, l'uomo dello scandaloso ripudio di Cluenzia.

Quando la fazione di Silla riesce ad avere la meglio sui popolari, la repressione è spietata; alcuni sostenitori di Mario vengono uccisi, gli altri condannati all'esilio.

Melino, probabilmente istruito dalla furba Sassia, cerca di passare indenne il momento, e ci riuscirebbe se Stazio Abbio Oppianico non lo denunciasse, facendolo finire nelle liste di proscrizione.

Ma non si tratta solo d'appartenere a schieramenti diversi; c'è una vecchia storia tra i due.

Melino è certo che Oppianico abbia fatto uccidere alcuni membri della sua *gens*, e con questa accusa ha cercato di trascinarlo in tribunale.

Il caso è intricato e non si sa quanto credibile.

Oppianico ha sposato in prime nozze una parente di Cluenzio. La ragazza, però, è morta in circostanze sospette, e si è sparsa la voce che possa essere stata avvelenata dal marito che voleva impossessarsi della sua eredità, che tecnicamente spettava alla suocera Dinèa e a suo figlio Marco Ario.

Senza farsi troppi scrupoli, Oppianico avrebbe fatto assassinare il giovane, quindi falsificato in proprio favore il testamento di Dinèa, per poi eliminare anche lei.

Questa l'accusa di Melino.

Oppianico, pur di sottrarsi al processo, è scappato da Larino per rifugiarsi nell'accampamento del generale Quinto Metello Pio, sostenitore di Silla e degli ottimati.

Così, quando Larino viene presa, a Oppianico non costa fatica convincere il generale a far fuori quanti più «*populares*» possibile.

E fra questi, ovviamente, c'è anche Melino.

Così l'intraprendente Sassia si trova nuovamente vedova.

Veleni in famiglia

Se c'è qualcuno in grado di competere con Sassia quanto a contegno scandaloso, questi è proprio Oppianico.

Si è sposato cinque volte, e le sue mogli o sono morte o le ha ripudiate.

Sassia da un lato è attratta da un uomo tanto spregiudicato, dall'altro lo teme; in ogni caso deve trovare il modo di allearsi con lui, altrimenti rischia di avere sulla sua strada un avversario pericoloso.

Perciò, poco dopo aver perso Melino, Sassia sposa in terze nozze l'assassino del marito.

Il matrimonio fra Sassia e Oppianico non è affatto visto con favore dal figlio della donna, Cluenzio, e le motivazioni del giovane sono facili da capire: prima ha visto Sassia dimenticare in fretta suo padre, passando disinvoltamente ad altri letti.

Poi ha dovuto consolare la sorella Cluenzia, ferita dalla scoperta che non solo suo marito Melino la lasciava per un'altra donna, ma che quella donna era sua madre.

Infine Cluenzio vede Sassia, sempre più disinvolta, sposare l'uomo che ha ucciso Melino, marito prima della sorella e poi della madre.

Ce n'è abbastanza per uno psicodramma familiare in piena regola.

Come se non bastasse, un altro elemento rende ancora più torbida la storia.

Da bravo cacciatore d'eredità, Oppianico non è nuovo a orchestrare omicidi dopo essersi fatto intestare testamenti, o averli falsificati come accaduto con Dinèa.

In un paese piccolo come Larino si alimentano i sospetti che non siano gli unici casi, e che Oppianico sia, se non una specie di serial killer, un uomo estremamente spregiudicato nell'assoldare sicari per eliminare qualunque ostacolo tra lui e un forziere.

La situazione si ripropone quando Oppianico, irritato dall'evidente ostilità di Cluenzio, e ancor più dal fatto che al figlio di Sassia spetti buona parte dell'eredità, decide di ricorrere al mezzo più discreto per eliminarlo: il veleno.

Incarica dunque il liberto Scamandro di trovare un modo per avvelenare Cluenzio.

Cluenzio, tuttavia, ben conoscendo la fama di Oppianico, riesce a smascherare l'intrigo, e a sottrarsi al tentativo di avvelenamento; ma per lui è giunto il momento di saldare i conti, di risolvere la questione di Oppianico una volta per tutte, e sottoporlo al processo cui era sfuggito anni prima.

Siamo nel 74 avanti Cristo e Cluenzio cita a giudizio sia Scamandro che Oppianico; ed è qui che entra in scena Cicerone, per ora come difensore di Scamandro.

L'ascesa di Cicerone

Quando viene chiamato a occuparsi del caso, Cicerone ha trentadue anni ed è già una celebrità dell'avvocatura come della politica.

È nato nel 106 avanti Cristo vicino ad Arpino, nel Frusinate, quindi ha le stesse origini di Gaio Mario; proviene da una famiglia di cavalieri, il cui capostipite aveva con ogni probabilità sul naso un neo carnoso, simile a un cece; da qui il soprannome *Cicero*, poi tramandato di generazione in generazione.

Tuttavia, non vanta antenati illustri, e quando si affaccia sulla scena è considerato un parvenu, o, come si dice nel latino dell'epoca, un *homo novus*.

Se vuole fare carriera, insomma, deve puntare tutto su intelligenza e impegno, doti che possiede in abbondanza.

Studia giurisprudenza ma, soprattutto, eccelle nell'oratoria, per la quale mostra un talento naturale; si dedica anche alla poesia e alla filosofia, ma non ambisce all'attività contemplativa dell'intellettuale.

Vuole sporcarsi le mani con ciò che a Roma conta davvero, vale a dire l'arte del governo.

Il primo passo, a soli sedici anni, è partire militare.

Nel 90 avanti Cristo va a combattere, proprio sotto la guida di Silla, contro le popolazioni ribelli dei Sanniti e dei Marsi, che pretendono di conquistare la cittadinanza a colpi di spada.

È una fase necessaria nella crescita di Cicerone, che predilige un altro tipo di combattimenti, quelli con le parole.

Per vederlo all'opera come oratore bisogna però attendere la fine della guerra civile, quella che vede Silla e la fazione degli ottimati sconfiggere i popolari di Mario.

Succede nell'81 avanti Cristo, con un cliente coinvolto in una causa per un'eredità.

La fama giunge l'anno dopo.

Nell'80 avanti Cristo, infatti, Cicerone dimostra grande fermezza nel difendere Roscio Amerino, accusato di parricidio, il crimine più grave nell'antica Roma.

Non solo Cicerone riesce a farlo assolvere, ma addirittura ritorce l'accusa contro Lucio Cornelio Crisogono, sodale e alleato di Silla, all'epoca dominatore incontrastato della politica romana.

Ciò lo obbliga, per prudenza, a sparire da Roma per qualche tempo, muovendosi fra la Grecia e l'Asia, fino a quando lo raggiunge la notizia della morte di Silla.

A quel punto può tornare a Roma e dedicarsi attivamente alla politica.

È l'inizio del suo *cursus honorum*, la scalata a incarichi sempre più importanti.

Nel 76 avanti Cristo, a trent'anni, diventa questore e viene inviato a Marsala, in Sicilia.

Sono gli anni in cui prepara le celebri «Verrine», le orazioni che accusano Gaio Licinio Verre, un magistrato romano che, inviato come propretore in Sicilia, si comporta da tiranno, angariando la popolazione locale.

Per anni Cicerone getta discredito sull'operato di Verre, mostrando il suo talento tanto nello smascherare le prove della colpevolezza quanto nel presentarle con efficacia.

La sua *vis retorica* è senza pari, la sua capacità di impostare strategie accusatorie o difensive lo fa apparire invincibile, e le sue arringhe sono veri e propri spettacoli che trascinano il popolo.

E nel 74 avanti Cristo viene ingaggiato per difendere Scamandro dall'accusa di avere tentato di avvelenare Cluenzio.

Vittima oppure omicida?

Questa volta, tuttavia, a Cicerone va male.

La sua abilità non è sufficiente a salvare Scamandro, riconosciuto colpevole al pari di Oppianico.

Ma nella piccola Larino, ancora una volta, si sparge una voce inquietante: se Cluenzio è riuscito a ottenere la condanna di Scamandro, e soprattutto di Oppianico, è perché ha corrotto Gaio Giunio, il giudice che presiedeva la corte chiamata a esprimersi sul caso.

Per comprendere l'accaduto bisogna però fare una premessa.

A Scamandro e Oppianico, così come agli altri personaggi citati in giudizio da Cluenzio, sono stati intentati specifici processi, uno per ciascuno di loro.

E Cicerone viene coinvolto solo in quello di Scamandro.

Il tribunale che li giudica, composto da senatori, è tuttavia sempre lo stesso, come previsto dalla riforma della giustizia approvata da Silla poco tempo prima.

Una riforma che non piace affatto al popolo, perché mette tutto in mano all'aristocrazia, abolendo le giurie composte anche da altre classi sociali.

In qualche modo, dunque, il processo si colora di forti implicazioni politiche. E se a difendere Scamandro viene chiamato Cicerone, a sostegno di Oppianico interviene Lucio Quinzio, tribuno della plebe. Costui cavalca l'ostilità alla riforma di Silla e fa passare la condanna di Oppianico e di Scamandro per una manovra operata da corrotti giudici aristocratici.

La posizione di Cluenzio è perciò ambigua: da un lato esce dal processo come vincitore; per la legge, è stato vittima di un tentato avvelenamento, e per questo Oppianico viene condannato all'esilio.

Ma, dall'altro lato, esce sconfitto. I giudici vengono condannati per corruzione e la responsabilità viene ascritta a lui, Cluenzio.

È in questo complesso scenario che, nel 72 avanti Cristo, Oppianico viene trovato morto.

E, inevitabilmente, i sospetti si concentrano su Cluenzio.

In realtà è probabile che Oppianico sia deceduto per cause naturali, ma nella faida familiare di cui Sassia è stata fulcro e motore, alla donna non sembra vero disporre di un'occasione così ghiotta per vendicarsi dell'odio che Cluenzio le ha riservato per quindici anni. Fa chiamare alcuni schiavi e li fa torturare, fino a quando non ammettono ciò che la spregiudicata vedova vuole sentirsi dire: sì, a uccidere Oppianico è stato il veleno.

È stato Cluenzio a infarcirne una pagnotta e ad affidarla all'amico Asellio perché la offrisse a Oppianico.

Un autentico colpo di scena degno del miglior giallista e insieme una sorta di contrappasso: Cluenzio, l'uomo pronto a corrompere i giudici pur di far condannare Oppianico per avere tentato di avvelenarlo, si ritrova accusato d'essere stato lui ad avvelenare Oppianico.

E per di più d'esserci riuscito.

La strategia di difesa

Il processo si svolge nel 66 avanti Cristo, quando Sassia riesce a convincere il figlio della vittima, Oppianico il Giovane, a far causa a Cluenzio.

Non sorprende che il ragazzo sia scettico.

È figlio di un precedente matrimonio del padre, e guarda con sospetto alla matrigna.

Non potrebbe essere stata lei a disfarsi di Oppianico, con la stessa disinvoltura con cui si è lasciata alle spalle i precedenti mariti?

E se avesse deciso di usare il fatto per un cinico regolamento di conti col figlio che la detesta?

Fatto sta che, a cadavere già decomposto, il dibattito per l'omicidio di Oppianico ha inizio.

E il primo colpo di scena è proprio nella scelta di Cicerone: otto anni dopo aver difeso Scamandro dall'accusa di aver avvelenato Cluenzio, accetta di difendere lo stesso Cluenzio dall'accusa di aver avvelenato Oppianico.

Lo fa, probabilmente, per i riflessi che la scelta può avere sulla sua carriera politica.

Infatti, quegli otto anni non sono stati infruttuosi per Cicerone.

Dopo l'enorme successo delle «Verrine», ha conquistato

sempre più spazio sulla scena politica romana; ma ancora non gli basta, vuole esercitare cariche di governo, e il suo obiettivo è candidarsi a console.

La scelta di accettare la difesa di Cluenzio rientra così nella strategia per ottenere consensi: come avvocato, Cicerone non intende solo cavalcare la popolarità di un caso noto a tutti, vuole oscurarlo con la propria fama e il proprio talento, riscuotendo il plauso generale.

Per riuscirci, architetta una strategia spregiudicata e aggressiva.

Per prima cosa, getta quanto più discredito possibile sulla figura di Sassia, che peraltro non ha mai fatto nulla per risultare particolarmente apprezzabile.

Cicerone la descrive come una donna sfacciata, temeraria, arricchita in modo sospetto, preda di passioni incontrollabili e soprattutto madre snaturata, affetta da un odio inestinguibile per il proprio stesso figlio, contro il quale si è sempre comportata crudelmente.

Punta il dito accusatore ed esclama: «In tutta la vita Cluenzio non ha conosciuto nessuna sciagura, nessun pericolo mortale, nessun male che non fosse stato ispirato e portato a compimento dalla madre! Questa donna si è precipitata da Larino a Roma al solo scopo di distruggere quest'uomo».

Ciò nonostante, argomenta, Cluenzio ha sempre sopportato con pazienza la cattiveria materna. Anzi, non ha mai voluto intentarle causa, nonostante ne avesse più di un motivo, fino a quando non si è schierata contro di lui così sfacciatamente da accusarlo di avvelenamento.

Quindi è la volta di Oppianico.

Per disonorarne la memoria, Cicerone mette in atto una vera e propria *character assassination*. E da dove inizia, se non dal matrimonio fra Oppianico e Sassia, due menti perverse accomunate dall'opportunismo?

Cicerone osserva compiaciuto il pubblico mentre declama: «Sassia non si stupisce della sfrontatezza né si sdegna per l'impudenza di Oppianico, che ancora gronda del sangue di suo marito Melino».

Poi si ferma per creare suspense e aggiunge: «Però risponde di essere stata contraria alle nozze perché Oppianico aveva dei figli».

È il suo asso nella manica.

Tanto il pubblico quanto la giuria si protendono verso l'oratore per ascoltare cos'ha da dire.

E Cicerone svela un retroscena orribile.

Racconta che Oppianico aveva messo gli occhi sulle ricchezze di Sassia, ovvero sul patrimonio del primo marito Cluenzio sommato a quello di Melino, ed era disposto a tutto pur di sposarla.

Peccato che Oppianico avesse un erede, e Sassia non aveva alcuna intenzione di dividere i suoi tesori con un figliastro.

L'uomo l'aveva tranquillizzata, inviando un'ambasciata a Teano, dove viveva la ex moglie, Papia, insieme al figlio.

Le aveva chiesto di mandarle subito il ragazzo, e la cosa aveva colto Papia di sorpresa, perché Oppianico era sempre stato un padre piuttosto assente; aveva però creduto si fosse pentito e desiderasse finalmente passare un po' di tempo con l'erede; quindi, si era fidata e lo aveva fatto partire con i soldati dell'ex marito.

Cosa sia accaduto al ragazzo non è chiaro, continua Cicerone. Fatto sta che il figlio di Oppianico era arrivato di pomeriggio a Larino in perfetta salute, ma nel corso della notte era morto all'improvviso, e, alle prime luci dell'alba, era già stato cremato, con una rapidità quantomeno sospetta.

Di lì a poco, Sassia e Oppianico si erano sposati.

Il verdetto

Cicerone è in grado di suscitare in chi lo ascolta le emozioni e i sentimenti che desidera: scandalo davanti al comportamento di Sassia, disprezzo per l'avidità di Oppianico, orrore per la sorte del figlio suo e di Papia, e, non ultima, compassione nei confronti di Cluenzio.

Con il suo lungo discorso, Cicerone riesce a nobilitare l'immagine del proprio assistito agli occhi dell'opinione pubblica.

Sembra che tutti abbiano dimenticato l'impietosa reprimenda subita per aver corrotto i giudici solo otto anni prima.

Ma Cicerone, da fine giurista, sa che manca un tassello per una piena assoluzione.

Deve dimostrare che Cluenzio non aveva alcun movente per avvelenare Oppianico.

Cicerone non nega che fra i due ci fossero dei contrasti.

Spiega, tuttavia, che chi intende eliminare qualcuno, lo fa perché lo teme o lo odia, e da qui passa ad analizzare le cause per cui Cluenzio non poteva aver paura di Oppianico: «Per quale motivo Cluenzio avrebbe dovuto temere un Oppianico ormai condannato per le sue malefatte ed esiliato dalla città? Temeva forse di venire attaccato da uno sconfitto, o di essere accusato da un condannato, o di venire danneggiato dalla testimonianza avversa di un esule?».

L'unica alternativa, allora, è che Cluenzio abbia fatto uccidere Oppianico perché lo odiava.

Ma anche in questo caso, per Cicerone l'ipotesi non regge: «Se Cluenzio avesse voluto uccidere Oppianico affinché non godesse della vita, poiché lo odiava, sarebbe stato davvero sciocco. Era forse una vita quella che Oppianico viveva allora? Era la vita di un condannato, la vita di un esule, la vita di un uomo abbandonato da tutti che, per la sua malvagità, nessuno avrebbe voluto accogliere sotto il proprio tetto né andare a visitare; un uomo al quale nessuno avrebbe voluto rivolgere né una parola né uno sguardo».

È fatta.

Gettando discredito su Sassia e attaccando la già scarsa reputazione di Oppianico, Cicerone ha smontato pezzo per pezzo le ragioni che avrebbero potuto indurre Cluenzio a perpetrare l'omicidio.

A questo punto, gli resta un ultimo passo, l'appello ai giudici.

«Se odiate il delitto» dice loro, «impedite a una madre di macchiarsi del sangue del figlio, e lasciate che se ne vada sconfitta dalla vostra equità. Se amate il pudore, la bontà e la virtù, assolvete quest'uomo che vi supplica, ora che, per la prima volta, dopo tanto ardore suscitato dalle azioni e dai desideri altrui, ha appena ricominciato a riprendersi dalla paura in cui è vissuto; un uomo che molti desiderano si salvi, ma che solo voi potete salvare.»

Di fatto, Cicerone chiude la propria arringa legando inseparabilmente l'onorabilità di Cluenzio a quella dei giudici: se amano la virtù, non possono favorire i vizi frequentati da Sassia e da Oppianico; e se non assolvono Cluenzio, di fatto si rendono complici degli stessi tremendi delitti di cui si sono macchiati quella donna e quell'uomo tanto perversi.

Cicerone mette i giudici spalle al muro, e Cluenzio è salvo.

La patria potestas

Dalla storia di Cluenzio si comprendono due cose sull'antica Roma: la prima è che l'omicidio pare una pratica piuttosto diffusa per ottenere vantaggi personali.

La seconda è che la legge non sembra accanirsi particolarmente contro chi uccide: l'omicidio è un reato che, a quanto pare, nell'antica Roma non è considerato grave come oggi.

Può sembrare strano, ma ha senso se consideriamo il contesto generale del diritto romano.

Naturalmente non parliamo di atteggiamenti e disposizioni identici dalla fondazione nel 753 avanti Cristo fino alla caduta dell'Impero romano d'Occidente nel 476 dopo Cristo, passando per i sette re di Roma, l'età repubblicana, gli imperatori e le invasioni barbariche.

È tuttavia possibile notare, in questo millennio abbondante, come alcuni principi giuridici restino costanti. E il più sorprendente è appunto la relativa gravità attribuita all'omicidio.

Il funzionamento della macchina giudiziaria romana è fondato sulle norme di diritto raccolte dai codici.

E i codici sono immodificabili. O, meglio, è possibile introdurre nuove disposizioni, per mettersi al passo con le esigenze dei tempi; ma è assolutamente inaccettabile l'idea che vengano abrogate le leggi preesistenti.

Cancellare una norma già in vigore significherebbe intaccare i *mores*, ovvero i «costumi», quelle abitudini e convinzioni radicate da secoli nella cultura che hanno contribuito a rendere Roma grande e potente.

L'identità degli antichi romani si basa infatti sul *mos maiorum*, ovvero «il costume degli antenati», che sin dagli albori il capofamiglia trasmette ai suoi eredi.

È su questo passaggio che si fonda il concetto chiave del diritto romano, architrave di tutta la giurisprudenza: la *patria potestas*.

Letteralmente significa «il potere paterno», ma richiama anche la parola «patria», un concetto che porta a qualità comuni ricevute dai propri antenati.

La *patria potestas* è un potere di fatto illimitato, che i capifamiglia esercitano sugli altri membri della propria *gens*.

A essere sottoposti alla *patria potestas* sono le mogli, i figli, le figlie e gli schiavi.

I figli non smettono d'esserne assoggettati per il solo fatto di diventare maggiorenni, ma restano vincolati fino alla morte del genitore.

Se si sposano e hanno eredi, il *pater* esercita la *potestas* anche sui nipoti; quando il nonno viene a mancare, i piccoli vengono invece sottoposti all'autorità del proprio padre.

Quanto alle figlie, la loro condizione muta con il matrimonio: una volta sposate, sono asservite alla *patria potestas* del capofamiglia cui risponde il marito.

Per le donne, l'unico modo di evitare i vincoli della *patria potestas* è diventare vestali, dedicando la propria vita al culto e alla custodia dei templi della dea Vesta, seguendo la scelta fatta da Rea Silvia, madre di Romolo, il mitologico fondatore di Roma.

Il *pater* è, di fatto, una sorta di giudice monocratico all'interno della propria famiglia. Detiene lo *ius puniendi*, ovvero il diritto di punire gli schiavi, le figlie, la moglie.

Ma soprattutto i figli, e con la massima severità, in quanto saranno loro a doversi far carico della *patria potestas* una volta che il capofamiglia non ci sarà più.

È con questo presupposto che si spiega la quantità di storie e aneddoti di padri che giungono a uccidere i propri cari.

Così come è capitato al fondatore stesso della repubblica romana, Lucio Giunio Bruto.

Siamo alla fine del VI secolo avanti Cristo.

L'ultimo re di Roma, Tarquinio il Superbo, è appena stato cacciato dalla città. Manda però dei messi per chiedere che gli vengano restituiti alcuni beni che, nella fretta, ha lasciato a Roma; lo scopo degli inviati, tuttavia, non è solo quello di recuperare ricchezze, ma di sondare le reazioni della gioventù romana a un possibile colpo di mano.

Progettano, infatti, una sorta di controrivoluzione per rimettere Tarquinio sul trono, e cancellare la repubblica appena fondata.

Fra i giovani interpellati ci sono anche Tito e Tiberio, i due figli che Bruto ha avuto dalla moglie Vitellia, che si lasciano coinvolgere nel complotto, ma vengono denunciati da un servo.

Inevitabilmente Tito e Tiberio vengono arrestati e condannati a morte.

Ad assistere all'esecuzione, del tutto impassibile, c'è Bruto, e il loro padre è anzi favorevole alla pena capitale, perché oltre allo Stato hanno tradito la *patria potestas*.

E, sui figli, il padre ha diritto di vita e di morte.

Può disporne la morte senza che sia un reato.

L'omicidio è un reato?

Alla luce della *patria potestas* si comprende meglio l'atteggiamento degli antichi Romani nei confronti dell'omicidio.

Da un lato è un atto dovuto, una pena che un padre può infliggere al figlio nel momento in cui la sua trasgressione si rivela particolarmente grave.

Ma quando è il figlio a uccidere il padre, o, per estensione, un giovane a uccidere un anziano, un cittadino a uccidere un magistrato, l'omicidio diventa un parricidio: un sovvertimento dell'ordine, un gesto perverso, un'azione che mette a rischio il pilastro su cui l'intera civiltà romana è fondata.

E quindi, l'omicidio è o non è un reato?

Facciamo un passo indietro.

Per quel che riguarda gli illeciti nel diritto penale, nell'antica Roma se ne distinguono due tipi: il *delictum*, cioè il delitto privato, in cui la parte lesa è un cittadino; e il *crimen*, cioè il delitto pubblico, in cui oltre alla persona risulta coinvolta la società.

Le cose cambiano solo nell'81 avanti Cristo, al termine della guerra civile fra Mario e Silla.

È in quell'anno, infatti, che entra in vigore la nuova legge che regola il *crimen homicidii*, la *Lex Cornelia Sullae de sicariis et veneficis*.

La disposizione istituisce una corte giudiziaria specifica per l'omicidio, sia che avvenga tramite il pugnale (*sica*) che per avvelenamento (*veneficium*).

Ma le fattispecie contemplate sono in realtà più ampie, distinguendo l'omicidio dal tentato omicidio, chi avvelena da chi prepara intrugli con dubbie finalità; chi appicca incendi da chi si aggira armato attorno a proprietà altrui; chi testimonia mentendo e facendo condannare a morte un innocente, da chi, magistrato, si lascia ingannare dalla falsa testimonianza.

Il caso di Cluenzio è importante proprio perché si muove sull'onda lunga della riforma.

La vicenda inizia infatti nell'88 avanti Cristo, con la morte del *pater familias*; la legge sugli omicidi entra in vigore nell'81 avanti Cristo; il processo per il tentato avvelenamento di Cluenzio si tiene nel 74 avanti Cristo; due anni dopo, Oppianico viene trovato morto in circostanze misteriose, e Cluenzio viene accusato di averlo fatto avvelenare.

Detto di crimini, delitti e nuove leggi, il modo in cui a Roma vengono condotte le indagini per omicidio non cambia molto.

Si reggono infatti sull'iniziativa privata, e spesso sono le vittime stesse a dover individuare i colpevoli, se non addirittura a catturarli o a trascinarli in tribunale.

Anche perché le forze dell'ordine, soprattutto in provincia, sono rappresentate da volontari mal organizzati, oppure da gruppi di sgherri al servizio dei cittadini più potenti.

Fatto che non rende certo equo il risultato, dato che un

cittadino facoltoso può permettersi indagini capillari, a differenza di chi non possiede risorse economiche sufficienti.

Nell'antica Roma, dunque, gli organismi statali non si attivano spontaneamente a seguito di un omicidio.

Un esempio chiaro lo abbiamo proprio nella storia di Oppianico.

Durante la propria arringa, Cicerone racconta che tempo prima Oppianico si era alleato con un tale Avilio, noto delinquente.

I due avevano individuato come vittima Asuvio, un giovane benestante, e si erano divisi i compiti: Avilio avrebbe commesso materialmente l'omicidio, dietro pagamento di una forte somma, mentre Oppianico avrebbe provveduto a falsificare il testamento in proprio favore, come sua abitudine.

Ebbene, quando Asuvio era scomparso, le istituzioni non avevano mosso un dito.

Erano stati alcuni amici a organizzare le ricerche, per scoprire che il loro amico era stato visto in compagnia di Avilio.

E solo dopo un interrogatorio incalzante l'uomo si era deciso a confessare il misfatto, venendo allora portato in tribunale, sempre dagli amici della vittima.

Delitti e castighi nell'antica Roma

Da un lato, dunque, abbiamo la *patria potestas*, che rende i capifamiglia giudici del bene e del male. Dall'altro, le istituzioni, che hanno un approccio blando all'omicidio e spesso non muovono un dito per punirlo.

La situazione, che oggi appare paradossale, è in realtà la conseguenza logica di una tendenza ben radicata nella cultura giuridica romana: il fatto che alcuni comportamenti illeciti siano puniti direttamente in casa.

Si tratta di una tradizione antecedente la completa formazione del sistema istituzionale, ma destinata a durare proprio perché, all'epoca, si ritiene che abrogare le antiche leggi causerebbe ferite insanabili al *mos maiorum*.

Il diritto di punire del *pater familias* viene in genere messo in atto tramite le verghe, uno strumento che consente al padre di sopperire all'eventuale inferiorità di forze rispetto al figlio, una volta che questi è diventato adulto.

Le vergate sono la punizione abituale cui sono sottoposti i figli che si sono ribellati alla *patria potestas*, e di fatto non hanno limite.

Nel senso che, se per una mancanza poco grave è sufficiente qualche colpo ben assestato, nel caso di atti che ledono l'onorabilità della famiglia si può procedere alla fustigazione a morte: di fatto la punizione è identica, viene semplicemente prolungata la sua durata e, di conseguenza, amplificato l'effetto.

Un'altra pratica piuttosto diffusa nella Roma repubblicana è il *laqueus*, ovvero il laccio. Si tratta di uno strumento che, stretto intorno al collo, blocca le vie respiratorie causando una morte molto più rapida e sostanzialmente indolore rispetto all'impiccagione.

Esiste poi un modo particolare di giustiziare un colpevole, utilizzando la pratica del suicidio indotto; si tratta di uno strumento autopunitivo tramite il quale chi si è macchiato di atti contrari alla morale, pubblica o privata non fa differenza, trova il modo di riabilitare la propria dignità soffocandosi o pugnalandosi, tagliandosi le vene o lasciandosi morire di fame.

Solo in epoca più tarda inizia a prender piede la tendenza a farsi uccidere da un proprio schiavo, scelta che, tuttavia, da molti è ritenuta segno di codardia.

Quanto alle donne di casa, una moglie può essere punita con la morte sia se commette adulterio sia nel caso si ubriachi; il troppo vino, infatti, oltre a causare condotte imbarazzanti, è ritenuto un rimedio abortivo.

In questi casi, la prassi è far morire la donna per inedia, anche se non mancano esempi di uccisioni a bastonate.

Non sorprende dunque che Cicerone, nel descrivere il comportamento di Sassia, insista molto sui suoi appetiti: è un modo non solo per dimostrarne la scarsa affidabilità, ma per presentarla come una minaccia alla sintonia fra morale familiare e comunitaria, che è il fondamento della legge romana.

Se una donna tradisce o non sa tenere a freno i propri desideri, è inevitabile che ne scaturisca una serie di reati, di cui non può che essere la prima responsabile.

Ma se nell'antica Roma abbondano le punizioni domestiche, non mancano certo le pene pubbliche.

Sin dai tempi dei re, il reato più grave, il tradimento della patria, viene perseguito a colpi di scure.

Il condannato viene condotto con le mani legate attraverso un percorso durante il quale viene fustigato e preso a sassate.

Una volta arrivato al ceppo, la scure si abbatte sul suo collo senza particolari cerimonie, con la testa che viene lasciata rotolare a terra, nella polvere.

Nell'età repubblicana le pene iniziano da un lato a distinguersi in base al reato, dall'altro a farsi più crudelmente raffinate rispetto a un colpo di scure ben assestato.

Iniziamo dalla corruzione, il cosiddetto *crimen ambitus*.

Quando il candidato a una carica pubblica ottiene illecitamente voti in cambio di denaro, viene punito con l'interdizione temporanea, che ai tempi di Cicerone diventa perpetua.

Chi si macchia invece di calunnia, adducendo false accuse per portare qualcuno in tribunale, viene sottoposto al giudizio dalla stessa corte chiamata a esprimersi sull'accusato.

Quanto al parricidio, l'omicidio che comporta la ribellione alla *patria potestas*, è punito con la *poena cullei*, letteralmente la «pena del sacco».

Il colpevole viene infilato in un sacco, cucito in modo da non poter essere aperto, per poi essere gettato nel Tevere.

Ma nel sacco non è solo: insieme a lui sono rinchiusi un gallo, affinché col suo becco torturi la vittima; un cane, che i Romani considerano un animale immondo; una scimmia, in grado di soffocare il malcapitato con gli arti; e una vipera, per il suo veleno mortale.

La *poena cullei* resta in vigore dai tempi di Tarquinio Prisco fino al 55 avanti Cristo, quando entra in vigore la *Lex Pompeia de parricidis*.

È una legge che in realtà si limita a uniformare la pena per i parricidi a quella già vigente per accoltellatori e avvelenatori, ovvero i colpevoli secondo la *Lex Cornelia de sicariis et veneficis*, valida da un quarto di secolo.

È inevitabile che si tratti di una pena più lieve, rispetto all'essere gettati in acqua chiusi in un sacco con quattro bestie, e porta il nome di *aquae et ignis interdictio*.

Consiste nell'allontanamento dal territorio romano, in maniera obbligata e definitiva. Una volta espulso, il condannato perde i propri diritti e pertanto è soggetto a ogni possibile aggressione da parte di chiunque, mentre vaga in terra straniera.

Si tratta, insomma, di una specie di pena di morte in differita.

Catilina

Il successo nella difesa di Cluenzio è solo un passaggio nell'ascesa di Cicerone, che appare inarrestabile.

Nell'anno del processo, il 66 avanti Cristo, Cicerone viene nominato pretore; l'anno successivo si candida al consolato; e nel 64, sempre all'unanimità, viene nominato console.

È proprio allora che Cicerone subisce un attacco frontale. A condurlo è un nobile non particolarmente ricco, ex adepto di Silla, al seguito del quale ha combattuto in modo spietato; ha torturato e decapitato personalmente suo cognato, sospettato di vicinanza a Mario, e corre voce sia giunto ad affondare i denti nelle carni della vittima.

Quest'uomo sadico e spietato si chiama Lucio Sergio Catilina.

Catilina mira a diventare console ma, per ben tre volte, vede bocciata la propria candidatura: l'ultima, proprio nel 64 avanti Cristo, contro Cicerone.

Se Cicerone viene ritenuto da tutti un pilastro della giustizia romana, e quindi affidabile nell'amministrare la cosa pubblica, Catilina, più di una volta, è stato sospettato di brogli e corruzione: brogli malriusciti, visti i pessimi risultati.

Quest'ultimo decide allora di passare alle maniere forti, organizzando una congiura; il piano di Catilina prevede anzitutto di sobillare la plebe, promettendo benefici e regalie, scatenandola contro i consoli in carica; quindi di appiccare il fuoco ai più importanti edifici governativi, in un crescendo di instabilità e caos; poi, da ultimo, di uccidere Cicerone.

Fra i congiurati c'è anche Quinto Curio, che ama vantarsi con la propria amante. Alla donna, che si chiama Fulvia, Quinto Curio racconta del complotto in termini esaltanti; lei però, vuoi per opportunismo, vuoi per coscienza civica, decide di andare dal console a spifferare tutto.

Così, quando i sicari assoldati da Catilina si presentano a casa di Cicerone per ucciderlo, non riescono a coglierlo di sorpresa e l'attentato fallisce.

Il giorno dopo, Cicerone si presenta in pubblico indossando prudentemente una corazza sotto la toga e inizia il contrattacco, che conduce con le armi che più gli sono proprie: non i coltelli e i veleni, ma la retorica e la legge.

Del resto, con la retorica Cicerone non è stato in grado di ottenere la salvezza di Cluenzio?

E la sua conoscenza delle leggi non gli ha permesso di far passare in secondo piano i sospetti sul suo cliente rispetto ai delitti commessi da Sassia e da Oppianico?

È il momento della famosa frase con cui si aprono le orazioni *Catilinarie: «Quousque tandem, Catilina, abutere patientia nostra?»*, «Fino a quando, Catilina, abuserai della nostra pazienza?».

Dove la pazienza in questione è sia quella del console Cicerone sia quella delle istituzioni romane che si riconoscono nel *mos maiorum*.

Ancora una volta, pubblico e privato si intrecciano e finiscono per coincidere.

L'accusa di Cicerone si basa su lettere anonime che legge in Senato e in cui si imputa a Catilina di aver organizzato una congiura contro la repubblica.

Per rendere più grave il tradimento, Cicerone lo accusa di aver cercato un accordo con gli Allobrogi, un popolo gallico, per un simultaneo attacco a Roma dall'esterno.

L'idea che si attenti al cuore dello Stato, sia mirando a uccidere il console sia alleandosi con popoli stranieri, è di enorme scandalo per i senatori, che votano per concedere a Cicerone il diritto di vita o di morte su Catilina.

Di fatto, gli affidano una *patria potestas* per conto di tutti i cittadini.

E Cicerone non si fa pregare.

Spicca un mandato d'arresto contro i congiurati: Marco Cepario, Lucio Statilio e Tito Volturcio vengono tradotti in carcere, dove la loro condanna a morte viene eseguita per strangolamento.

Maestro assoluto dell'oratoria, Cicerone ne annuncia ufficialmente la morte senza ricorrere a lunghi discorsi. Pronuncia una sola parola: «*Vixerunt*», vissero.

Morte ed esilio

Quanto a Catilina, riesce a fuggire in Etruria.

Cicerone però non demorde.

Fa in modo che l'esercito romano bracchi lui e i suoi soldati fino a intercettarli nei pressi di Pistoia.

È il 62 avanti Cristo e ben ventimila combattenti muoiono durante lo scontro. Non però Catilina, benché ferito e abbandonato sul campo di battaglia.

Viene decapitato secondo l'antica usanza nei confronti di chi si è macchiato di alto tradimento.

Il suo corpo decollato viene gettato nel Tevere, mentre la testa viene portata a Roma ed esibita come trofeo.

La storia, tuttavia, non termina qui.

La congiura di Catilina finisce per segnare la carriera politica di Cicerone; almeno sotto questo aspetto, per quanto in maniera tragica, Catilina riesce nel suo intento.

A vigilare sull'operato del console, infatti, non c'è solo il Senato. Anche un tribuno della plebe può denunciare una condotta che ritiene inaccettabile.

E, a sorpresa, nel 58 avanti Cristo il tribuno Publio Clodio Pulcro accusa Cicerone di omicidio per le modalità con cui ha debellato la congiura di Catilina.

Lo fa con un ragionamento semplice: la *Lex Cornelia de sicariis et veneficis* riguarda chi progetti di uccidere qualcuno; e, indubbiamente, i congiurati raccolti attorno a Catilina hanno complottato per eliminare Cicerone.

Quindi sono colpevoli.

Però è anche previsto che i colpevoli, prima di essere giustiziati, possano chiedere di commutare la pena capitale in esilio perpetuo, con confisca dei beni.

Facendo immediatamente incarcerare e uccidere Cepario, Statilio e Volturcio, invece, Cicerone ha negato loro questo diritto e per questo può essere accusato di omicidio.

Stavolta la fiducia nelle proprie capacità non aiuta Cicerone.

Si difende argomentando di aver mandato a morte i tre colpevoli dopo che erano stati dichiarati nemici pubblici, e quindi non potevano essere ritenuti più cittadini romani.

Ma dal dibattimento Cicerone esce sconfitto.

A nulla vale appellarsi di avere ricevuto il *senatus consultum ultimum*, ovvero il decreto senatoriale che gli dava carta bianca nell'esercitare il diritto di vita o di morte sui congiurati.

Ciò non gli doveva comunque impedire di proporre, secondo la legge, l'alternativa dell'esilio perpetuo.

Alla fine, a finire in esilio è Cicerone stesso.

Nel marzo del 58 avanti Cristo Cicerone raggiunge Durazzo, in Albania, oltre le 500 miglia previste come distanza minima da Roma.

I suoi beni vengono confiscati. Le sue ville, quella sul colle Palatino, quella a Formia e quella a Tusculum, sono rase al suolo.

Solo dopo un anno ottiene di tornare a Roma, ma la sua stella ha smesso di brillare.

Per quanto continui a riscuotere successo come oratore, sulla scena politica ormai altri nomi iniziano a vantare maggior credito: quello di Pompeo, quello di Antonio, quello di Cesare.

La repubblica del *mos maiorum* si trasforma in qualcos'altro; una comunità politica in cerca di un uomo forte nelle cui mani concentrare il potere.

Cicerone rimane testimone di un'epoca ormai scomparsa.

È Marco Antonio, alla fine, a eliminare quell'uomo del passato, che già si è ritirato a vita privata.

Nel 43 avanti Cristo, quando ha ormai più di sessant'anni, Cicerone vede arrivare alcuni uomini armati. Capisce che è inutile reagire, e per questo offre docilmente il capo alla lama. Poi i sicari gli tagliano la mano destra, quella con cui ha scritto parole capaci di infiammare l'animo del popolo e di cambiare sentenze già scritte.

11
Spartaco

Un gladiatore ribelle

Se il nome «Spartaco» è sopravvissuto all'oblio dei secoli, più che agli storici lo dobbiamo alla letteratura e alla cinematografia che l'hanno reso un mito.

Il mito di un eroe di umili origini dotato di una forza enorme, capace di tenere in scacco un potere ben superiore, fino a trovare una morte tragica e cruenta.

Spartaco è il gladiatore più famoso di sempre, qualcosa a metà strada fra un condottiero e un leader sindacale.

La sua è una straordinaria avventura che permette di conoscere dall'interno l'affascinante e crudele mondo dei combattimenti gladiatorii, che per secoli ha appassionato i Romani, tenendoli con il fiato sospeso.

Ma chi era Spartaco?

Dei suoi natali sappiamo poco: nasce destinato a una vita anonima; perciò, nessuno si preoccupa di raccogliere informazioni su un bimbo e poi un ragazzo che metterà in crisi Roma, più di quanto abbiano fatto blasonati condottieri e comandanti barbari.

Notizie di lui ci arrivano da un periodo successivo alle sue imprese, e poiché Spartaco è un soprannome, non sappiamo nemmeno come si chiami.

È possibile venga dalla Tracia, grossomodo l'attuale Macedonia, e appartenga alla tribù dei Maidi; di certo è un combattente di professione, ma anche su questo non c'è accordo.

Secondo lo storico Appiano, fa parte delle milizie straniere che lottano a fianco delle truppe romane per poi abbandonarle; chi invece è motivato a gettare discredito sulla sua figura lo dipinge come un disertore, un infame che lascia l'esercito per darsi al brigantaggio fino a che non viene catturato.

Come che sia, una volta prigioniero, viene portato a Roma per essere venduto. Non è solo: con lui c'è sua moglie, una sacerdotessa di Dioniso che si è fatta un nome come veggente, e non risparmia al marito le sue interpretazioni.

Succede durante la loro prima notte a Roma, quando Spartaco si sveglia di soprassalto: ha sognato un serpente che gli strisciava lungo il corpo fino alla gola, dove si attorcigliava a soffocarlo.

Per la donna la spiegazione è semplice: il serpente è simbolo di potenza, quella che avrebbe portato Spartaco al successo, prima di riservargli una fine prematura.

Sembra un'interpretazione azzardata per uno dei tanti reclusi in attesa d'essere venduti al mercato degli schiavi. Ma, qualche giorno dopo, ecco l'incontro con l'uomo che gli cambierà la vita.

Si chiama Lentulo Batiato e fa il lanista: ovvero possiede una palestra in cui istruisce e allena nell'arte dei combattimenti gladiatorii.

Chi viene acquistato dal lanista entra a far parte della sua scuderia, per poi essere affittato al *munerarius*, l'organizzatore di spettacoli, che a sua volta batte le palestre alla ricerca di gladiatori da ingaggiare.

Il lanista è dunque a metà strada fra l'allenatore e il procuratore, cosa che gli consente di cadere sempre in piedi: se il suo campione vince, non solo ci guadagna, ma può alzare il prezzo in vista degli spettacoli successivi.

Se invece perde e muore, riscuote dal *munerarius* un rimborso per le perdite sui futuri incassi, una specie di assicurazione.

Lentulo porta Spartaco e la moglie a Capua, dove ha sede la sua palestra. Fra le varie categorie, il nuovo acquisto gli sembra adatto a combattere come mirmillone.

Il nome deriva da un pesce, tant'è che spesso i mirmilloni combattono contro i reziari, gladiatori dotati di una rete per intrappolarli.

I mirmilloni indossano un elmo con falde che copre l'intero volto fino al collo e che in cima ha una grande cresta, spesso col simbolo di un pesce.

Portano un *subligaculum*, ovvero un parabraccio per difendere il lato in cui impugnano l'arma; che è il gladio, una spada con lama in ferro di almeno mezzo metro, e manico in avorio, o più sovente in legno.

Enorme invece è lo scudo, che arriva a un metro e mezzo d'altezza; ciò consente al mirmillone di indossare sulle gambe degli schinieri piuttosto corti, tipo parastinchi, e non di rado solo uno, dal lato opposto al braccio armato.

Per il resto combattono a torso nudo e in perizoma, visto che già l'armatura pesa oltre quindici chili e richiede una notevole forza solo per essere indossata.

È Lentulo a stabilire che quell'uomo così prestante, dallo sguardo fiero e dal passato oscuro, debba avere un nome d'arte che resti impresso nella memoria degli appassionati.

Lo chiama «Spartaco», che un po' ricalca il termine greco per «lancia», e insieme evoca il nome della città celebre per la sua vocazione bellica: Sparta.

Il mito di Spartaco inizia così.

La rivolta

Siamo nel 73 avanti Cristo.

La repubblica romana è impegnata su più fronti.

Da quindici anni combatte nell'Asia minore contro Mitridate, il re del Ponto; sta poi affrontando un tentativo di secessione da parte del governatore della Spagna, mentre la sua flotta è impegnata nella lotta ai pirati che infestano le acque del Mediterraneo.

Questioni belliche e politiche che non appassionano certo i gladiatori, nelle lunghe notti che separano gli allenamenti dagli scontri.

A loro preme una sola cosa: riguadagnare la libertà, e ci pensa Spartaco a organizzare una fuga.

Non coinvolge solo i compagni di lotta, ma tutti quelli che lavorano nella palestra come schiavi, siano cuochi o sguatteri.

Non è dato sapere quanti riescano a scappare, ma è probabile che il loro numero vari tra le cinquanta e le duecento persone.

Arraffano ciò che riescono: non solo le spade con cui combattono, ma anche falci, mannaie e addirittura spiedi usati in cucina.

Montano poi su alcuni carri che passano per caso, e lì, per pura fortuna, trovano ciò che gli manca: elmi, scudi e tutto il materiale da combattimento.

Non si può dire che un gruppo tanto sparuto e improvvisato possa costituire una minaccia per Roma, per questo l'evento passa di fatto inosservato.

I Romani però non hanno fatto i conti con l'intelligenza e l'eloquenza di Spartaco, il quale ai colleghi rivolge un appello che può essere riassunto così: «Se noi combattiamo per divertire il pubblico, siamo in grado di combattere anche per noi stessi. E la cosa più importante per cui possiamo combattere è la libertà».

I primi a convincersi sono Crisso ed Enomao, che insieme a Spartaco diventano i leader di un gruppo che inizia a prender forma. La prima decisione è quella di creare due schieramenti: uno composto da Galli e Germani al comando di Crisso ed Enomao, l'altro invece fatto solo di Traci, guidati da Spartaco.

La distinzione non è solo etnica.

I gladiatori sono specializzati nel combattimento anche in base alla loro provenienza; mettere insieme gruppi di ex soldati con la stessa origine significa poter contare su uomini capaci di lottare in modo organizzato.

Si stanziano alle pendici del Vesuvio, soluzione che presenta due vantaggi: è difficile da raggiungere e permette di controllare il territorio.

Intanto la compagnia aumenta.

Spartaco fa propaganda fra i contadini e gli schiavi campani, che via via si uniscono a quella specie di comune *ante litteram*, che cresce attorno al nucleo originario di combattenti.

Per attrarre nuovi adepti, soprattutto tra i più poveri, Spartaco s'inventa una proposta vincente: quando guida una scorreria nei dintorni, per impossessarsi di cibo o più raramente di denaro, dispone che il bottino venga diviso in parti uguali tra tutti i partecipanti, senza alcuna gerarchia.

Quando le notizie giungono a Roma, il fatto continua a essere ritenuto più pittoresco che preoccupante; i Romani sono convinti che basti un piccolo contingente di uomini per debellare quell'armata di poveracci.

Ma i loro calcoli si rivelano sbagliati.

Non solo i soldati inviati da Roma sono troppo pochi e scarsamente motivati per poter combattere adeguatamente contro Spartaco e i suoi amici.

Ma, quando se li vede apparire dinanzi, il gladiatore capisce che quella è un'occasione d'oro: più militari riusciranno a eliminare, maggiore sarà il numero di armi efficienti su cui metteranno le mani.

Lo scontro è a senso unico.

La vittoria dei ribelli è netta e la razzia proficua.

La notizia coglie di sorpresa la capitale.

In Senato si discute di cosa fare di quella ribellione sfuggita di mano, iniziata con una fuga da una palestra e culminata con una battaglia persa sul Vesuvio.

Ora gli uomini di Spartaco sono tanti, hanno avuto modo di armarsi per bene, e hanno già dimostrato di saper tenere testa alle truppe romane.

Che fare?

Viene deciso un intervento un po' più strutturato. L'idea è di mandare a combattere contro i ribelli un contingente di circa tremila uomini. A riprova del fatto che la faccenda inizia ad allarmare, al loro comando viene messo uno dei pretori in carica quell'anno, Gaio Claudio Glabro.

È una spedizione in piena regola, per sedare sul nascere una rivolta in un momento militarmente complicato per la repubblica.

L'assedio

È chiaro che, nella mente di Glabro, si tratta di un incarico da sbrigare in fretta, prima di tornare a occuparsi di questioni più importanti.

Perciò decide di giocare al gatto col topo.

Onde evitare di sprecare troppi uomini e far troppa fatica, colloca le sue truppe ai piedi del Vesuvio; chiude così le vie d'uscita ai ribelli, contando sul fatto che prima o poi si spaventino, si stufino o, più probabilmente, si arrendano alla fame.

Glabro, tuttavia, si sbaglia.

Innanzitutto, come già il Senato prima di lui, sottostima radicalmente la quantità di seguaci di Spartaco. Si aspetta che il proprio contingente sia nei numeri, se non superiore, almeno adeguato.

Non sa che invece Spartaco ora comanda una schiera di circa settantamila fra gladiatori, schiavi, contadini e sbandati.

Inoltre, Glabro commette l'enorme leggerezza di far accampare i propri soldati senza completare una fortificazione difensiva.

Spartaco, dall'alto, se ne accorge e decide di approfittarne, attaccando per primo.

Viene così in possesso di nuove armi, e conclusi i lavori abbozzati dai Romani, ora occupa anche un quartier generale.

Glabro non può che sprofondare nella vergogna: perde spade, scudi, armature, cavalli e perfino l'insegna con l'aquila che segnala la presenza del potere romano.

Un'umiliazione totale.

A quel punto, di fronte ai ribelli si aprono due strade. Spartaco e Crisso si confrontano sul da farsi. Quanto a Enomao, le fonti smettono di parlarne; è probabile che, dopo la vittoria, abbia raccolto un piccolo gruppo di persone per darsi al brigantaggio nelle lande selvagge della Campania.

Ciò di cui Spartaco e Crisso sono certi è che la repubblica, dopo l'affronto subito, certamente manderà un esercito più numeroso e meglio organizzato.

L'effetto sorpresa della rivolta può considerarsi finito.

D'ora in poi, i Romani contrattaccheranno con tutte le forze che hanno a disposizione.

Spartaco, per questo, propone una via di fuga: dirigersi verso nord per passare le Alpi e raggiungere la Gallia; prospettiva indubbiamente faticosa, trattandosi di circa un migliaio di chilometri, ma probabilmente il gladiatore ha una conoscenza limitata della geografia.

Crisso è forse più pragmatico, o quanto meno più avido. Consiglia di continuare con la strategia che fino ad allora ha funzionato, cioè il saccheggio nelle zone povere della penisola, così da potersi da un lato rifornire costantemente, dall'altro associare un numero sempre maggiore di ribelli.

I due condottieri si accorgono ben presto che le ipotesi possono coesistere. Decidono quindi di mettersi in fuga, ma senza fretta, anzi compiendo un itinerario costellato di scorrerie lungo tutto il territorio. E di iniziare con una mossa diversiva: anziché in direzione della Gallia, puntano a sud.

È già passato un anno, siamo nel 72 avanti Cristo.

Spartaco arriva così in Calabria, a rifornirsi di cibo e a ingrossare il proprio esercito con un gran numero di pastori.

Il Senato ora osserva con preoccupazione le mosse dell'enorme gruppo di ribelli, e decide per un intervento radicale. Non solo viene allestito un esercito di ventimila veterani armati di tutto punto, ma al suo comando vengono messi i consoli in carica: Cornelio Lentulo Clodiano e Lucio Gellio Publicola.

Coinvolgere le più alte cariche dello Stato significa che, per la repubblica, la lotta contro Spartaco è diventata una questione di vita o di morte.

La lotta strategica

Che ormai siamo di fronte a una vera e propria guerra, e non alla banale repressione di una scorribanda, si capisce da come le strategie si fanno più sofisticate.

Per disorientare i Romani, Spartaco e Crisso si dividono le truppe. Un gruppo più consistente, circa tre quarti, si dirige verso nord sotto la guida del primo.

Crisso invece si reca in Puglia con la restante parte degli uomini.

Anche i Romani sono allora costretti a separarsi.

Chi è al seguito di Lentulo segue Spartaco, verso nord, mentre gli uomini al comando di Gellio tallonano Crisso, che muove a est.

Considerato che la forza dei ribelli sta nel coinvolgere i contadini, Gellio corrompe quelli che trova lungo la propria strada, chiedendo loro che direzione abbiano preso gli uomini di Crisso.

È così che riesce a scovarli sul Gargano, dove sono accampati in un avvallamento privo di sentinelle e recinti di difesa.

La battaglia è una carneficina.

L'attacco avviene di notte, e molti di loro vengono trucidati nel sonno.

Quelli che riescono a svegliarsi, fra cui Crisso, cercano rapidamente di contrattaccare. Vengono mandati in avanscoperta i Germani, per poi ricevere man forte dai Galli.

Il piano però è improvvisato e velleitario.

I ribelli iniziano a fuggire, nonostante Crisso li esorti a resistere. Ma non possiede la credibilità né la potenza retorica di Spartaco, così uno degli ufficiali romani ha il tempo e l'occasione di raggiungerlo alle spalle e pugnalarlo a morte.

Non contento, gli recide la testa dal collo e la sistema su un piatto d'argento per presentarla al console.

Soddisfatto, Gellio pensa che presto anche Spartaco farà la stessa fine.

Non è così.

Nonostante l'esercito di Gellio marci verso nord per riunirsi a quello di Lentulo nel tentativo di superare gli uomini di Spartaco e sbarrare loro il passaggio sugli Appennini, il gladiatore non solo riesce a batterli in velocità, ma evita che i due gruppi si uniscano, così da affrontarli separatamente.

Vince in entrambi i casi.

Il successo di Spartaco è, di fatto, la prima vera affermazione militare dei ribelli. Le azioni dei Romani nei mesi precedenti erano infatti state improvvisate e superficiali.

Qui, invece, Spartaco si è mostrato condottiero di livello uguale, se non superiore, a entrambi i consoli della repubblica.

Da questo momento, Spartaco non è più un evaso, un disertore, un brigante o un rivoluzionario pauperista.

Roma ha trovato un nemico pronto a sfidarla sul campo in cui eccelle, l'arte della guerra.

I munera

La successiva tappa scelta da Spartaco è Modena, nella grande pianura che conduce alle Alpi.

Prima, però, ha delle urgenze da sistemare.

Anzitutto, vuole veder riconosciuto il proprio valore non più come capo di ribelli ma come comandante militare.

La sua priorità adesso non è più razziare il territorio ma far arrivare i suoi uomini sani e salvi in Gallia.

Per riuscirci, ha bisogno di marciare spedito, perciò conclude una tregua con i consoli romani.

Ancora più importante, però, è onorare la memoria di Crisso, l'amico gladiatore pugnalato alle spalle e decapitato dagli uomini di Gellio.

La cerimonia che Spartaco escogita è un capolavoro di simbolismo e crudeltà.

Bisogna sapere che i giochi gladiatorii nascono intorno al III secolo avanti Cristo, come celebrazioni in memoria di un defunto particolarmente importante.

Dopo un lutto di nove giorni i parenti organizzano i *ludi novendiales*, che culminano con un duello, in cui un erede può dimostrare valore e coraggio.

I combattimenti sono detti *munera*, «doveri» da compiere per ingraziarsi il deceduto e gli dèi.

Ben presto, però, alle famiglie aristocratiche l'usanza appare troppo rischiosa, per la concreta prospettiva di commemorare un morto facendone un altro.

Si inizia così a combattere per procura, sostituendo i nobili rampolli con uomini la cui fine non sarebbe stata rimpianta da nessuno, fossero delinquenti, schiavi o mercenari.

In questo modo nasce la figura del gladiatore: un uomo privo di volontà propria, che combatte per intrattenere, e la cui morte non ha importanza perché la sua vita non ha valore.

Spartaco ha ben presente l'origine funebre dei giochi; ha conosciuto sulla propria pelle l'umiliazione di essere costretto a combattere, mettendo a repentaglio la propria vita per il divertimento altrui.

Perciò decide di capovolgere la situazione, organizzando in onore di Crisso dei *munera* estremamente cruenti.

Anzitutto fa ergere una pira in onore dei ribelli caduti sul campo, e in memoria di Crisso.

Poi fa chiamare trecento soldati romani catturati negli scontri con Gellio e, armati di tutto punto, li fa combattere uno contro l'altro, per ore.

Chi è sconfitto viene ucciso dal vincitore, che a sua volta combatte con un nuovo sfidante, in una catena interminabile di sangue e morte.

I prigionieri di Spartaco finiscono così: combattendo gli uni contro gli altri in una replica dei giochi gladiatorii di cui lui era stato a lungo protagonista.

Solo quando l'ultimo nemico ha cessato di vivere, raduna tutti e si muove rapidamente verso nord.

Sa che i Romani non accetteranno l'umiliazione cui ha sottoposto i loro soldati, e perciò romperanno la tregua.

I gladiatori

Lasciando per un momento Spartaco, e tornando ai giochi gladiatorii, c'è una data precisa che segna la loro comparsa sulla piazza romana: il 264 avanti Cristo.

Alla morte del padre, i fratelli Marco e Decimo Giunio Pera decidono di organizzare un combattimento fra professionisti per onorarne la memoria.

In assenza di anfiteatri (il Colosseo, per esempio, sarà costruito più di tre secoli dopo), si decide di dare appuntamento al popolo nel Foro Boario, sede del mercato del bestiame.

È l'inizio di una tradizione che durerà per secoli, se è vero che ancora nel 438 dopo Cristo, settecento anni più tardi, un editto di Valentiniano III cercherà di vietarli.

Assistervi diventa rapidamente l'intrattenimento preferito dei Romani, o quanto meno quello comune a tutte le classi sociali, e il pretesto di onorare un defunto perde pian piano importanza.

È vero che, quando a mancare è un personaggio di spicco, i giochi durano anche tre o quattro giorni coinvolgendo decine, se non centinaia, di combattenti.

Ma è altrettanto possibile che siano organizzati per celebrare occasioni di festa.

La consuetudine di allestire giochi tra gladiatori diventa così diffusa che nel I secolo avanti Cristo Ottaviano è costretto a disporre un tetto massimo per i giorni di combattimento, e impone che sia il Senato ad autorizzarli.

Non basterà.

Nel tardo Impero, Roma si ritrova ad avere qualcosa come 177 giorni di festa all'anno, per ciascuno dei quali sono previsti spettacoli. Quelli con combattimenti pubblici di gladiatori vengono limitati a una decina di giorni, ma resta impossibile stabilire quanti siano gli eventi privati.

Ad annunciarli sono le urla di un banditore o gli editti affissi sugli edifici pubblici.

Data l'esposizione al sole delle arene, dove non è previsto un *velarium*, una tenda, sul pubblico viene spruzzata acqua fresca, spesso profumata, visto il tanfo di sangue e sudore.

Come oggi, gli spalti sono divisi in base al censo: in basso i nobili, poco più su i cavalieri, in cima gli esponenti del popolo.

Ai senatori sono riservati posti nominali, in una vera e propria tribuna VIP.

L'evento dura un'intera giornata: al mattino c'è lo spettacolo con gli animali, e a mezzogiorno l'intermezzo farsesco con i giocolieri, dove non manca mai l'esecuzione pubblica di qualche condannato.

I gladiatori arrivano nel pomeriggio, preceduti da una solenne cerimonia d'apertura.

Si comincia con schermaglie di riscaldamento, che ovviamente non prevedono spargimento di sangue.

Poi iniziano le sfide uno contro uno.

I gladiatori sono divisi in base a corporatura e armamento, con sfide tra tipologie diverse, e a vigilare sulla regolarità degli scontri è il *summa rudis*, ovvero l'arbitro.

Il calendario di sfide è complesso, e il suo unico obiettivo è fare spettacolo; ogni scontro è infatti calibrato in modo da evitare che sia troppo sbilanciato e termini presto; ma anche che sia troppo equilibrato e finisca per annoiare.

Comunque sia, tutto finisce quando uno dei due combattenti giace a terra ferito o privo di forze, oppure solleva l'indice, dichiarandosi sconfitto.

A quel punto il *summa rudis* interviene, sospendendo lo scontro.

Perché tocca al pubblico decidere la sorte dello sconfitto.

Se giudicato valoroso, merita di vivere.

Altrimenti, o se gli spettatori hanno sete di sangue, la sorte del perdente è segnata: deve morire.

Abbiamo tutti in mente la scena del pubblico che mostra il pollice verso, per comunicare al vincitore che non deve avere pietà per il suo avversario; peccato che di quel gesto non ci sia alcuna testimonianza.

Ciò che accade è che i presenti mostrano la mano al vincitore.

Se il pugno è completamente chiuso, significa che la spada dev'essere riposta, che lo sconfitto è salvo e può ottenere la *missio*, ossia essere allontanato senza ricevere il colpo di grazia.

Il pollice mostrato, non importa che punti verso l'alto o verso il basso, vuol dire invece che l'arma deve restare fuori dalla guaina e abbattersi sul gladiatore sconfitto, ponendo fine alla sua vita.

Fra le grida del pubblico in delirio, già pronto a un nuovo, sanguinoso combattimento.

Naumachie, venationes *e condanne a morte*

Nella nostra mente i gladiatori sono quelli dipinti nell'Ottocento, con i loro duelli all'ultimo sangue.

In realtà i giochi sanno essere ben più complessi e coreografati.

La loro versione più sofisticata è la naumachia, ovvero la battaglia sull'acqua.

Si tratta della riproduzione di scontri navali resi celebri dalla storia, in cui migliaia di prigionieri sono chiamati a interpretare il ruolo dei combattenti: Greci contro Persiani, Egizi contro Fenici e così via.

È Giulio Cesare il primo a organizzarne una, nel 46 avanti Cristo, per celebrare le sue vittorie in Gallia e in Africa.

Naturalmente, per ovvie ragioni di fruibilità, è improponibile organizzare le naumachie in mare aperto.

Vengono quindi creati bacini artificiali in enormi avvallamenti, attorno a cui sono montati gli spalti, così che il pubblico possa assistere comodamente allo spettacolo.

Finita la battaglia, il bacino viene prosciugato.

Un'impresa titanica, ancor più se pensiamo che l'imperatore Claudio nel 52 dopo Cristo arriva a organizzarne una nel lago del Fucino cui prendono parte 19.000 tragiche comparse.

Ed è proprio in questa occasione che nasce il mito del «*morituri te salutant*».

Le naumachie si concludono il più delle volte con la morte degli sconfitti, oltre che di numerosi vincitori, e Claudio, solitamente impacciato, nell'occasione si rende protagonista di una terribile figuraccia.

Quando i combattenti gli porgono infatti il saluto, l'imperatore risponde: «*Aut non*», «forse no».

Intende dire: «Magari non succederà perché vincerete».

Ma i prigionieri la interpretano come: «No, non morirete perché vi concedo la grazia».

Quindi si rifiutano di combattere, mentre il pubblico inizia a rumoreggiare.

Claudio allora si affanna per convincerli, minacciando di metterli tutti immediatamente a morte.

Ma quelli, niente.

Deve arrivare a implorarli, umiliandosi pubblicamente davanti a tutti.

Nulla in confronto a ciò che capita a Domiziano.

Nell'89 dopo Cristo, per festeggiare un accordo con la Dacia, fa organizzare una naumachia in un bacino idrico allestito accanto al Tevere.

È una pessima idea.

Nel bel mezzo dello spettacolo, scoppia un violentissimo temporale. Tuoni e fulmini si abbattono sulla distesa d'acqua e sul fiume, che rompe gli argini.

Affidate a mani poco esperte, le navi affondano, e gli spettatori cercano di mettersi in salvo.

Ma l'imperatore in persona dà l'ordine di restare.

Muoiono così non solo tutti i prigionieri ma anche molti cittadini, travolti dalla furia degli elementi.

Accanto alle naumachie e agli scontri più tradizionali, c'è poi un tipo curioso di intrattenimento che si chiama *venatio*, ossia caccia.

Si tratta dell'occasione per ammirare animali esotici, dall'ippopotamo alla giraffa; talvolta le sfilate si trasformano in combattimenti, per vedere chi vince fra due struzzi, per esempio, o tra un elefante e un leone.

Tuttavia, ovviamente, ciò che più accende la passione dei Romani è la sfida fra l'animale e l'uomo.

Per questo vengono introdotte due nuove figure di gladiatori: i *bestiarii* e i *venatores*.

I *bestiarii* si presentano di fatto disarmati, o meglio con pungoli, fruste e corde: il loro ruolo è infatti solo quello di stimolare l'animale all'attacco o, qualora la situazione lo richieda, aiutare i *venatores* a difendersi.

Un po' come i *banderilleros* delle corride.

E non è un caso, infatti, che fra le *venationes* Giulio Cesare introduca una grande novità: la tauromachia, ovvero il combattimento contro il toro.

In tal caso i *venatores* sono a cavallo e devono afferrare il toro per le corna per poi torcergli il collo, dando prova di destrezza, coraggio e immane forza fisica.

Un toro che, alla fine, viene inesorabilmente sacrificato agli dèi.

I *venatores* entrano in scena armati e il loro obiettivo è uccidere l'animale nel modo più spettacolare possibile.

Un tale Carpoforo, in occasione dell'inaugurazione del Colosseo, passa alla storia uccidendo prima un cinghiale e un orso, poi, colpendoli al volo mentre saltano per sbranarlo, un leone e un leopardo.

Naturalmente, più feroce o potente è l'animale, più lo spettacolo ne guadagna, anche se comporta rischi letali per i gladiatori.

Uno sviluppo della lotta con gli animali è infatti la *damnatio ad bestias*, ovvero, letteralmente, «la condanna alle bestie».

Così come i gladiatori che combattono fra loro, anche i *venatores* sono in gran parte schiavi o prigionieri, scelti per la loro prestanza.

Presto però si impone l'idea che le belve possano costituire la condanna per i *noxii*, per chi si è macchiato di reati ed è stato arrestato, divenendo proprietà dello Stato.

È il caso dei cristiani, ma non solo: prigionieri privi di qualsiasi addestramento, maschi e femmine, adulti e ragazzi, vengono gettati nella contesa ad affrontare belve affamate, a mani nude o addirittura coi polsi legati a un palo dietro la schiena, costretti a saltellare senza decenza davanti a un animale pronto a sbranarli.

Le esecuzioni capitali nell'arena rappresentano la chiusura di un cerchio. Nati come rito funebre, finiscono per diventare una sorta di *snuff movie*, dove la vittima è ripresa mentre subisce torture mortali.

Il condannato è il protagonista di un sofisticato allestimento, con tanto di maschere e rudimentali effetti speciali, al centro del quale c'è il supplizio.

I *munerarii* possono comprarlo a basso costo e pensare per lui, o lei, una morte più possibile dolorosa.

Nel bel mezzo dei giochi, di solito verso mezzogiorno, viene dunque allestito un intermezzo in cui viene condotto nell'arena il condannato.

Al termine delle sevizie lo si dà in pasto alle belve, o lo si mette in croce, ma uno dei metodi più spettacolari e apprezzati pare quello di osservare mentre lo bruciano vivo.

Il cambio di rotta

Torniamo a Spartaco, l'ex soldato, ex prigioniero, ex gladiatore e ora condottiero in fuga dall'esercito romano.

La sua è una corsa contro il tempo: vuole arrivare a Modena, città governata dall'ex console Gaio Cassio Longino, per poi trovare la strada spianata fino alle Alpi, passare la catena montuosa e condurre i suoi uomini verso est, fino a tornare in Tracia.

Lì, ad attenderlo, un folto contingente di ribelli, che oggi definiremmo nazionalisti o indipendentisti, impegnati nel rovesciare il proconsole della Macedonia, Marco Terenzio Varrone Lucullo.

La storia, però, ci racconta qualcosa di diverso.

È il secondo grande mistero della vita di Spartaco, dopo quello sulle sue origini. Ed è il meno comprensibile.

Una volta che tutto pare organizzato per il suo ritorno in Tracia, dove è atteso come il leader degli insorti contro Roma, Spartaco cambia direzione. Dopo una prima avanzata verso nord, il suo esercito piega di nuovo a sud.

Le ipotesi più attendibili sono tre.

La prima è che Spartaco voglia davvero tornare in Tracia, ma che i suoi uomini, militari improvvisati, temano di dover attraversare le Alpi, montagne impervie e innevate, battute da venti gelidi; per chi si è unito a Spartaco abituato ai climi del Sud Italia è normale aver paura di non farcela.

La seconda spiegazione è che, in qualche modo, a Spartaco arrivi la notizia del fallimento delle insurrezioni contro Varrone Lucullo, e che decida di rinviare il ritorno in patria.

La terza, infine, è quella più affascinante.

Può essere che Spartaco, considerata la relativa facilità con cui ha sconfitto l'esercito romano, sia tentato di proseguire con le sue scorribande, magari provando a puntare su Roma.

Riuscirebbe così a compiere l'impresa che Annibale, più di cent'anni prima, non aveva avuto il coraggio di portare a termine.

Da Modena, dunque, gli uomini di Spartaco scendono verso Ascoli. È una zona strategica, in quanto permette di attaccare Roma da est, ma anche di fuggire rapidamente verso nord o verso sud in caso di malaparata.

I Romani, però, stavolta non si fanno cogliere impreparati.

Il Senato affida il comando delle operazioni a un astro nascente della politica e dell'arte militare: Marco Licinio Crasso, che di lì a poco sarebbe diventato membro del primo triumvirato, insieme a Pompeo e Giulio Cesare.

Crasso ha due caratteristiche fondamentali.

Sa comandare un esercito, come ha dimostrato nel corso della guerra civile, che pochi anni prima ha opposto Mario a Silla.

E, soprattutto, è ricco.

Ciò gli consente di pagare di tasca propria ben sei legioni che complessivamente ammontano a trentamila soldati. A essi si aggiungono le truppe di Gellio e Lentulo, che passano sotto il suo comando.

In tutto, siamo a una cifra che sfiora le quarantamila unità.

La strategia di Crasso è semplice: far fare agli uomini di Spartaco la fine del topo, mettendoli con le spalle al muro, di fatto senza nemmeno combattere. L'obiettivo è coglierli di sorpresa quando per loro è troppo tardi.

Per questo si arrabbia quando un suo luogotenente, tale Mummio, ha invece la brillante idea di partire direttamente all'attacco con la propria guarnigione.

Mummio assalta i rivoltosi mentre sono in cerca di cibo, ma i nemici, pur essendo colti alla sprovvista, riescono a organizzare una difesa e a infliggere a Mummio una sonora sconfitta.

Crasso non è uomo che ami essere contraddetto, soprattutto quando i fatti gli danno ragione in maniera tanto evidente. Ricorre pertanto alla più severa punizione prevista dall'ordinamento: la decimazione.

Si tratta di uno strumento che rivela il curioso senso della giustizia degli antichi Romani, e funziona così: quando un esercito, o parte di esso, si macchia di una colpa particolarmente grave come la fuga, il tradimento o una sconfitta umiliante, il suo comandante può punire i responsabili con la morte.

Se non che, applicando il principio alla lettera, il rischio è quello di vedere i ranghi ridotti drasticamente.

Come ovviare?

Riducendo al dieci per cento il numero di persone da colpire, ovvero scegliendone una su dieci: per questo la pratica viene chiamata «decimazione».

E, a decidere il destino dei soldati, è la sorte.

Il gruppo incriminato viene prima sottoposto a due castighi: la riduzione del rancio a una manciata d'orzo e l'obbligo di passare la notte fuori dall'accampamento, esposti al freddo e a possibili attacchi nemici.

Quindi, la compagnia viene suddivisa in dieci gruppetti, all'interno dei quali è sorteggiato un soldato, non importa quale grado abbia o che azioni abbia commesso.

Sono gli stessi suoi commilitoni a dargli la morte, con pietre o bastoni.

Quanto alla decisione di Crasso, le fonti sono contrastanti. Secondo alcune, è verosimile decimi soltanto le legioni che Mummio ha mandato allo sbaraglio.

Ma, secondo altre fonti, lo strapotere economico e militare di Crasso è tale da spingerlo a prendersela con l'intero contingente.

Il che significa che, dopo la sconfitta, a venire uccisi sono ben quattromila soldati!

La battaglia decisiva

Intanto, Spartaco è riuscito a tornare in Calabria. Il suo piano, tuttavia, sembra farsi confuso: forse vuole disorientare l'esercito romano e attaccare Roma da sud; oppure ha deciso di salpare per la Sicilia e conquistare l'intera isola.

Anche in Sicilia, infatti, è scoppiata una rivolta di schiavi. L'idea di Spartaco probabilmente è di unirsi a loro, diventarne il capo e rovesciare il potere romano, all'epoca gestito dal propretore Gaio Licinio Verre.

A scombinare le sue trame è l'abilità romana nell'ingegneria militare.

A sud, infatti, Verre fortifica le coste messinesi, così da rendere arduo ogni sbarco; quindi, si accorda con i pirati che solcano il Mediterraneo perché facciano opera di pattugliamento.

A nord, intanto, Crasso fa le cose in grande.

Può permetterselo, quindi costruisce una muraglia con fossato che taglia a metà la Calabria da costa a costa, lunga oltre cinquanta chilometri.

In questo modo, Spartaco è isolato: non può andare né da un lato né dall'altro. Sulle prime, non sembra un gran problema. Lo spazio che ha a disposizione è comunque molto ampio – grossomodo mezza Calabria, da Squillace in giù – e le provviste abbondano.

Col tempo, però, i viveri iniziano a scarseggiare, e Spartaco capisce che deve trovare un modo di aprirsi un varco. La via del mare lo preoccupa, per quanto sia più breve; sin dalle primissime esperienze di soldato, è abituato alla terraferma.

Decide allora di forzare il blocco imposto da Crasso.

In una notte dell'inverno fra il 72 e il 71 avanti Cristo, utilizzando della neve ghiacciata e del legname, riesce a colmare un punto del fossato e a superare il muro con i suoi uomini.

Non tutti, però, perché più di due terzi non riescono a farcela.

Da questo momento Spartaco è alla testa di un'armata dai numeri piuttosto ridotti, a fronte dell'enorme schieramento guidato da Crasso.

Senza contare che alcuni dei seguaci del gladiatore, esasperati dai continui cambi di strategia, decidono di ribellarsi al loro comandante e iniziano a vagare senza una meta.

Si tratta di un gruppo corposo, di qualche migliaio di combattenti, e sono loro i primi a imbattersi nell'esercito di Crasso, lanciato all'inseguimento.

Lo scontro avviene vicino a Salerno, e lì Crasso concede un assaggio di come intende trattarli, adirato tanto per il loro tradimento quanto per l'umiliazione inflitta a Mummio.

Pur essendo in numero molto minore rispetto all'esercito romano, i ribelli cercano di resistere ma, senza riservare il minimo onore al loro coraggio, Crasso ordina che, anche quando la battaglia sarà vinta, il massacro continui, lasciando sul campo una distesa impressionante di cadaveri.

Il cerchio attorno a Spartaco si va chiudendo; sta per arrivare il suo momento.

Si dirige verso Brindisi, come tentato nuovamente dall'ipotesi di salpare verso mete più sicure; poi ripiega ancora verso la Calabria.

È lì, nei pressi di Crotone, che si svolge lo scontro decisivo: la battaglia di Petelia, nel 71 avanti Cristo.

Spartaco, con un estremo gesto simbolico, davanti agli occhi dei suoi soldati afferra la spada e la affonda nel corpo del proprio cavallo, mentre pronuncia parole che passano alla storia: «Se vinceremo, potrò avere tutti i cavalli che voglio. Se perderemo, non avrò più bisogno di nessun cavallo».

Di lì a poco, la battaglia infuria.

Spartaco si fa strada fra i nemici cercando Crasso.

È convinto che, se riuscirà a ucciderlo, il suo esercito prevarrà e i Romani saranno ridotti in fuga.

Crede che la battaglia non sia che una cornice al duello tra due grandi condottieri.

È ovviamente un errore.

Non solo non riesce a scorgere Crasso, ma non sfrutta nemmeno la sua temeraria avanzata, perché anziché uccidere i nemici, si limita a scansarli.

Solo quando due centurioni gli balzano addosso, Spartaco, con l'aria di chi ha cose più importanti cui pensare, sguaina frettolosamente la spada e li ammazza entrambi.

Ma presto altri soldati di Crasso si accorgono che il capo nemico è in mezzo a loro e gli si fanno sotto con spade, lance e mazze. Ognuno lo colpisce come può, e non è dato sapere chi abbia sferrato il colpo letale.

La rivolta del gladiatore si conclude con un cadavere ridotto a una massa informe e sanguinante, in cui nessuno riconosce il condottiero capace di tenere in scacco Roma per due anni.

Quanto ai suoi fedeli, Crasso li punisce in modo esemplare.

Ne cattura ben seimila e li crocifigge tutti lungo la via Appia, la strada che arriva a Roma partendo da Capua, lì dove la rivolta ha avuto inizio.

I viaggiatori, così, davanti all'interminabile teoria di cadaveri inchiodati a marcire sotto il sole, hanno ben chiaro il destino di chi osa ribellarsi contro Roma.

Altre rivolte di gladiatori

Le rivolte, per l'antica Roma, non saranno tuttavia una novità.

Era già successo che i gladiatori si ribellassero contro Roma, da cui traevano fama e denaro, ma che li privava della libertà, e spesso della dignità.

Ancora nel 21 dopo Cristo, in Gallia, i gladiatori sono impiegati da Giulio Sacroviro, capo della tribù degli Edui, stanziati nell'odierna Borgogna.

Sacroviro vuole combattere per l'indipendenza della sua terra, ma sa che il suo esercito è indubbiamente più debole rispetto a quello imperiale.

Allora fa una pensata: perché non utilizzare i gladiatori, quel gruppo di combattenti professionisti che sposerebbe qualsiasi causa pur di ottenere la libertà?

Si rivolge così ai crupellarii, una particolare categoria di gladiatori che possono tornargli molto utili. Indossano infatti un'armatura in ferro che copre loro l'intero corpo, dalla sommità del capo alle piante dei piedi.

I crupellarii non sono particolarmente versati nel combattimento, in quanto non partecipano a vere azioni belliche ma solo alle simulazioni nel corso dei *ludi*.

Però, vestiti in quel modo, sono di fatto invulnerabili.

Perciò Sacroviro li schiera in prima fila nella battaglia che si svolge ad Augustodunum, l'odierna Autun.

Ma una volta venuti a capo della sorpresa, i generali romani decidono di cambiare l'arma con cui combattere: bisogna usare scuri, picconi e forconi, conficcandoli con violenza nell'armatura dei crupellarii.

Per quanto la corazza non venga scalfita e gli uomini non siano feriti, scuri, picconi e forconi restano incastrati nelle protezioni, appesantendole sempre più e finendo per far crollare a terra i gladiatori.

I crupellarii si accasciano a uno a uno e restano sdraiati sul terreno senza più riuscire a muoversi, appesantiti come sono da quell'immane quantità di metallo.

Ciò che doveva difendere è diventato una prigione mortale.

In questo modo, i Romani si sbarazzano della prima fila dell'esercito gallico, che Sacroviro credeva di aver reso impenetrabile. E così le truppe penetrano nelle fila degli Edui, che si danno alla fuga lasciando solo il loro capo, il quale trova più dignitoso uccidersi che arrendersi.

Sacroviro ha utilizzato i gladiatori come un'arma, ma la loro non è una vera e propria ribellione, solo l'adesione più o meno disperata a una guerra su cui non hanno opinioni ma che combattono sperando nella libertà.

Uno dei casi più singolari di rivolta spontanea è invece quello dell'evasione di massa dei gladiatori di Palestrina, nel 65 dopo Cristo, che si riversano nelle strade della cittadina seminando il panico e vengono debellati solo grazie al massiccio intervento di soldati armati di tutto punto.

Oltre due secoli dopo, nel 281, un'ottantina di gladiatori organizza un agguato ai loro carcerieri e riesce a fuggire dalla prigionia in cui sono tenuti in attesa dei giochi.

Ma hanno fame, quindi per prima cosa cercano di procurarsi del cibo. Si dirigono allora in campagna, razziando tutto ciò che trovano ma, allo stesso tempo, riuscendo a convincere i contadini a unirsi alla loro ribellione: bisogna far fronte comune, spiegano, contro il potere imperiale.

Inutile dire che anche questa rivolta viene soffocata nel sangue.

12
Filippo II di Macedonia e le grandi avvelenatrici

Un secolo di grandezze e misteri

Il IV secolo avanti Cristo è l'epoca delle conquiste di Alessandro Magno a Oriente, dell'inizio della dinastia tolemaica in Egitto e del fiorire della civiltà etrusca.

Ma è pure un momento di enormi progressi nel campo della scienza.

È nel IV secolo che la medicina prende il largo dalla più desolata superstizione grazie a Ippocrate, il primo a mettere per iscritto sistematiche conoscenze su salute e malattia.

Con lui la pratica medica diventa una disciplina: qualcosa che possiede regole, che si può studiare, che può essere verificata e consente di progredire grazie a studi e ricerche.

Ma il IV secolo avanti Cristo è anche il periodo d'oro della filosofia: il tempo di Platone e di Aristotele.

A Platone dobbiamo la definizione del mondo delle idee, l'ipotesi che esista una verità assoluta che si colloca al di là di questa terra; ma il personaggio più rivoluzionario per impatto e modernità, e non solo del IV secolo, è senza dubbio Aristotele.

È lui, il precettore privato di Alessandro Magno, a definire la cultura come la intendiamo noi oggi, a stabilire che il sapere può essere diviso in settori specialistici come l'etica e la politica, la fisica e la matematica.

Se i contenuti sono diversi, ad accomunarli è il metodo con cui studiarli; occorre sempre compiere due azioni: analizzare la struttura di ciò che esiste e darle un ordine logico.

Ancora oggi, il nostro modo di ragionare quando dobbiamo affrontare un problema è esattamente lo stesso, e vale per discipline ancora sconosciute ai tempi del filosofo.

Non sorprende che sia proprio lui a venire chiamato a indagare su uno dei grandi delitti dell'antichità: l'uccisione di Filippo II, re di Macedonia e padre di Alessandro Magno.

Ad Aristotele viene chiesto di risolvere il mistero proprio per la sua competenza nell'osservare la realtà e stabilire cosa sia il vero.

Non c'è invece un celebre «detective» per la seconda catena di delitti che segna il IV secolo, una vera e propria strage di nobiluomini che semina il panico in tutta Roma.

Un incredibile caso di cronaca che si conclude con uno dei primi processi collettivi della storia: quello contro le «matrone assassine» giunto a noi grazie al racconto di Tito Livio.

Filippo II di Macedonia

Iniziamo da Filippo, il re che non teme nulla sui campi di battaglia. Siamo in Macedonia, nella parte nord dell'attuale Grecia.

Quando Filippo nasce, nel 383 avanti Cristo, il suo regno è del tutto estraneo alla cultura e alla politica dei greci, che lo reputano abitato da barbari.

È soprattutto Demostene, il leader politico di Atene, a esserne convinto, ma non c'è dubbio che la posizione della Macedonia sia difficile, schiacciata fra territori più grandi e più potenti.

A sud ci sono le città greche, nel pieno del loro splendore. A nord la Tracia, esteso territorio di guerrieri. A est l'enorme e affascinante Impero persiano di Artaserse, erede di una dinastia che risale a Ciro il Grande.

Anche Filippo è figlio di un sovrano.

Il padre, Aminta III, governa tenendo in gran conto sia Sparta, con cui stipula un trattato militare, che Atene, cui riconosce i meriti politici e culturali.

Di lui si sa poco altro.

Quando muore, tuttavia, Filippo non è il suo erede.

Allora tredicenne, il ragazzo ha davanti a sé non uno ma ben due fratelli maggiori, Alessandro e Perdicca.

Nel 370 sul trono sale Alessandro II che, appena nominato, sceglie una politica molto più aggressiva del padre, cercando lo scontro coi tebani e i loro capi Epaminonda e Pelopida.

Una strategia che si rivela fallimentare.

I Macedoni vengono facilmente sconfitti e il prezzo da pagare è notevole: come bottino di guerra, i tebani impongono ad Alessandro una gran somma in denaro, oltre alla consegna in ostaggio del giovane Filippo.

Ma quella che pare la brusca fine di una carriera, e forse della sua stessa vita, si rivela il punto di partenza verso un successo straordinario.

A colpi di guerre, Tebe è da poco diventata la città più influente della Grecia, superando Sparta e Atene.

Vivere nella capitale, per Filippo, significa cogliere l'essenza del potere, le sue premesse, la sua organizzazione, le sue manifestazioni: un'occasione inestimabile, per un giovane nato in un territorio povero di storia e cultura.

Ancor di più per Filippo è un'occasione d'oro vivere fianco a fianco con Epaminonda, il grande generale, che lo ospita nella sua casa per anni.

Come che sia, è un periodo di formazione fondamentale

per Filippo: lì studia le tattiche militari, le sottigliezze della politica e, soprattutto, impara la lingua.

C'è ragione di credere che d'ora in poi Filippo si senta molto più legato al mondo greco che a quello macedone; di sicuro, una volta rientrato nella terra d'origine, farà di tutto per fonderli in un'unica entità.

Quelli dell'assenza di Filippo sono anni complicati per la Macedonia. Dopo la sconfitta contro Tebe, Alessandro II ha perso ogni credibilità, e gira voce che sia meglio sostituirlo con qualcuno di più meritevole.

Il candidato più ambizioso è Tolomeo di Aloro.

Non è l'erede del defunto re Aminta, ma ha sposato una delle sue figlie e, per affrettare la successione, organizza un complotto.

Tutto si svolge durante una *telesias*, una prestazione coreografica che simula una battaglia. Vengono introdotti dei ballerini, maschi e armati di tutto punto, il cui compito è quello di fingere un combattimento, mostrando al pubblico le varie forme di lotta.

Si tratta di un'esibizione movimentata, e le fonti non sono chiare su ciò che accade; di certo è che a un cenno di Tolomeo un finto ballerino si lancia su Alessandro II, trafiggendolo forse con una spada, forse con una lancia.

Il ritorno in Macedonia

Tolomeo sale così al trono di Macedonia, per ora nel ruolo di reggente in attesa che torni a Pella, capitale del regno, il secondo dei fratelli di Filippo, Perdicca.

Inutile dire che Tolomeo non ha nessuna intenzione di cedere il governo.

Arruola un gruppo di mercenari che trasforma nel proprio esercito personale per resistere agli assalti di Perdicca, che reclama legittimamente il trono.

Poiché il fatto d'avere portato all'altare la figlia di Aminta III non gli garantisce l'accesso alla linea di successione, Tolomeo sposa anche la sua vedova, Euridice, madre di Filippo.

Un comportamento disinvolto, ma per l'epoca non scandaloso.

In fondo i Macedoni sono barbari, e come tali conservano usanze arcaiche quali l'illimitata poligamia del monarca.

Naturalmente Perdicca, l'erede spodestato, è furibondo.

A far montare la sua sete di vendetta non è tanto questo bislacco matrimonio quanto l'omicidio del fratello.

Non sappiamo nulla della morte di Tolomeo di Aloro, salvo che riesce a resistere sul trono per ben tre anni, ma che alla fine, nel 365, Perdicca trova modo di ucciderlo, prendendosi la sua vita e la corona.

Il nuovo sovrano riprende la situazione da dove l'aveva lasciata il fratello Alessandro II: una politica militare espansionistica.

Visto che combattere contro i tebani si è rivelato poco felice, sposta la propria attenzione verso l'Illiria, a nord della Macedonia.

Se i Greci considerano arretrati i Macedoni, costoro pensano lo stesso degli Illiri, ed è pertanto un brutto colpo quando, nel 360, questi non solo annientano l'esercito di Perdicca, ma uccidono il sovrano macedone nel combattimento.

A Pella il trono torna a essere vacante.

La successione spetterebbe al figlio del re, Aminta IV, che però è ancora un bambino.

Si decide allora di affidare la reggenza a una persona fidata, che faccia parte della famiglia del piccolo sovrano e perciò non miri a tradirlo. Almeno in teoria.

Così Filippo rientra da Tebe a Pella.

È ormai adulto, una persona completamente diversa dal

ragazzo ceduto in ostaggio, e ha in testa due obiettivi: rendere la Macedonia politicamente e culturalmente simile alla Grecia, quindi conquistare quest'ultima.

Ma, per realizzare il suo progetto, deve prima spodestare il piccolo Aminta IV.

Il riformatore poligamo

Presentarsi come il salvatore della Macedonia, e così farsi acclamare re al posto del nipotino, per Filippo è un gioco da ragazzi.

Lo aiuta il fatto che il regno è in ginocchio: le ripetute sconfitte ne hanno minato la sopravvivenza; le spese militari hanno impoverito la società, i soldati sono umiliati dagli scontri passati e terrorizzati da quelli futuri.

Filippo diventa così l'uomo della rifondazione.

Comincia con una tecnica che gli ha insegnato Epaminonda.

Il grande condottiero tebano, quando il suo esercito era demoralizzato, convocava grandi assemblee simili ai moderni incontri motivazionali, e dal confronto faccia a faccia col loro generale i soldati uscivano rinfrancati e determinati.

Filippo fa lo stesso con le truppe macedoni, riuscendo a ricompattarle.

Quindi ripensa alla strategia con i popoli vicini.

Dopo le dissennate campagne militari condotte dai fratelli maggiori, Filippo stabilisce di dare spazio alla diplomazia.

Intesse così una rete di relazioni con i più potenti fra i governatori.

Per farlo, approfitta anche della poligamia concessa al re di Macedonia, prendendo in moglie quattro donne legate a territori potenzialmente ostili.

Sposa Audata, la figlia del re degli Illiri, che gli hanno ucciso il fratello.

Sposa Fila, principessa di un popolo di origine siciliana stanziato nel centro della Macedonia.

Sposa Filinna, la cui famiglia regna sulla Tessaglia, regno a sud del confine macedone.

Ma soprattutto sposa la principessa dell'Epiro, a ovest della Macedonia: una donna dal nome curioso, Olimpiade, forse l'unica che amerà davvero, prima di un burrascoso divorzio, che gli darà un figlio destinato a diventare uno dei sovrani più famosi della storia: Alessandro Magno.

Parallelamente all'intensa attività diplomatica, e al complicato gioco di alleanze nuziali, Filippo provvede a riformare il regno.

Lo fa sia dal punto di vista politico, riassestando la struttura dello Stato e rimpinguandone le casse, sia, soprattutto, dal punto di vista della tecnica militare.

Adotta infatti una formazione che si rivela vincente: la «falange macedone», una disposizione diagonale che permette di penetrare gli eserciti avversari dai fianchi.

Filippo inizia così a ottenere successi in guerra, il primo contro i Focesi, quando col loro comandante Onomarco cercano di invadere la vicina Tessaglia.

Cosa ancora più grave, i Focesi occupano il santuario di Delfi, uno dei luoghi più sacri dell'antichità.

Pausania sostiene addirittura che prima del tempio di Apollo, lì sorgesse una struttura eretta durante la guerra di Troia e, prima ancora, un tempio in bronzo costruito da Efesto, il dio-fabbro; Efesto a sua volta aveva ripreso un tempio fabbricato in cera d'api, che in origine era un cumulo di rami di alloro, pianta sacra ad Apollo, piazzati in quel punto da una mano invisibile e misteriosa.

L'atto dei Focesi è dunque di una gravità inaudita.

Quando lo vedono arrivare con i vessilli in onore del dio, capiscono che quel sovrano straniero non viene solo per combatterli, ma per vendicare un sacrilegio.

Resistono comunque, e durante gli scontri Filippo viene ferito a un occhio; questione di millimetri e il trono della Macedonia sarebbe rimasto di nuovo vacante.

Il re invece, con grande coraggio, affronta una primitiva operazione sul campo. Gli estraggono la freccia dal viso sanguinante, perde l'occhio e ha il volto deturpato da una profonda cicatrice.

Ma continua a combattere, e a vincere.

Il giustiziere di Apollo

La sorte dei Focesi sembra segnata da un destino già scritto, cui nulla può opporsi.

A chiamare Filippo in soccorso è infatti l'anfizionia, una lega composta da Stati e città vicini accomunati dallo stesso culto.

Rivolgendosi a Filippo, l'anfizionia delfica riconosce lui e i Macedoni come parte integrante del culto di Apollo.

Non solo, ma decreta che combattere contro i Focesi non significa aderire a una scelta politica, ma difendere ciò che è sacro.

È il bene che affronta il male, e Filippo è lo strumento principale della bontà divina.

Che ci sia qualcosa di sovrumano i Focesi lo scoprono presto.

Colti di sorpresa da un attacco dei tebani, riescono a fatica a chiudersi in un santuario; guarda caso, proprio quello di Apollo.

E mentre trascorrono i giorni, barricati in attesa che i tebani levino l'assedio, divampa improvvisamente un incendio, che distrugge sì buona parte del tempio, ma carbonizza anche tutti i Focesi che vi si erano rifugiati.

La loro morte è ovviamente una punizione.

Apollo non ha concesso la pietà a chi lo supplica, ma il castigo per chi si è macchiato di sacrilegio.

La sconfitta sul campo, per i Focesi, è netta, e ancora più terribile è la fine cui va incontro Onomarco, il loro capo.

Ci sono tre versioni della sua morte.

La prima chiama in gioco gli stessi soldati focesi, che decidono di uccidere il loro comandante nel tentativo di sottrarsi all'ira divina.

Più poetica è la versione secondo cui Onomarco, in un ultimo assalto, guida la carica contro il più nutrito esercito capeggiato da Filippo.

Il suo cavallo, tuttavia, come spinto da una mano celeste, prende la via della costa e continua a galoppare trascinando nelle acque Onomarco e sparendo per sempre insieme a lui.

La versione più probabile è tuttavia quella che vede Filippo diretto responsabile della morte di Onomarco e dello sterminio dei Focesi. Che siano tutti colpevoli di sacrilegio deve apparirgli molto chiaro, sia che lo pensi davvero, sia che voglia dimostrare il proprio allineamento alla cultura greca che tanto ammira.

Per i sacrileghi, nell'antichità, non c'è punizione abbastanza severa.

Perciò Diodoro Siculo, storico vissuto tre secoli dopo Filippo, non ha dubbi: è lo stesso sovrano macedone a uccidere Onomarco. Forse lo fa impiccare, così che il suo corpo serva da esempio; forse lo fa crocifiggere, così che il cadavere marcisca al sole come la carcassa di un animale sacrificato.

Né il destino degli altri condottieri focesi è più fortunato.

Uno, Faillo, fratello di Onomarco, riesce a fuggire, ma da quel giorno contrae una misteriosa malattia, che ne intacca il corpo facendolo lentamente deperire e rendendolo invalido per anni, prima di fargli esalare l'ultimo respiro.

Un altro, Faleco, forse figlio di Onomarco, sembra colpito da una maledizione ancora più beffarda: non trova mai un luogo che lo accolga, e continua a peregrinare per il resto della vita, morendo da vagabondo.

Probabilmente il più fortunato tra loro è Filomelo, un condottiero che rimane ucciso prima che Onomarco assuma il comando.

Nello scosceso territorio fra Focide e Tessaglia, scorge una rupe abbastanza alta; si spinge fino all'orlo e, non si sa se implorando la pietà di Apollo, si lancia nel vuoto.

Quanto a Filippo, non sembra mostrare alcuna generosità verso i sopravvissuti, condannandoli tutti al *katapontismòs*, l'annegamento rituale; riservato a chiunque abbia portato scandalo in materia religiosa e non solo, consiste nel lanciare in acqua il condannato con una zavorra che gli impedisce di nuotare.

Il re guerriero

Sconfitti i Focesi, è gioco facile per Filippo imporre la Macedonia come la candidata forte alla supremazia dell'Egeo.

Ora che ha reso più influente il proprio regno, sente di poter riuscire dove i suoi fratelli hanno fallito: l'espansione verso i territori vicini.

Se prima il suo progetto era di rendere greca la Macedonia, ora punta a porre la Grecia sotto il primato del suo popolo.

Ingaggia così una serie di dispute contro le città elleniche, concludendo di volta in volta trattati che gli garantiscano il controllo di nuovi territori.

Di fatto, trascorre in battaglia il resto della sua vita, alternando successi importanti a vantaggiosi negoziati.

Dopo vent'anni di alleanze stipulate e tradite, la situazione è abbastanza chiara.

Da un lato c'è la Macedonia, che Filippo ha trasformato

nella potenza egemone del Mediterraneo, dall'altro un'accozzaglia poco organizzata di *poleis* greche tra cui spiccano l'Atene di Demostene e la città di Tebe, che prima ha chiesto aiuto a Filippo contro i Focesi, e ora si schiera contro il re macedone temendone le mire espansionistiche.

Ad Atene e Tebe si uniscono Megara e Corinto, le comunità degli Achei e gli abitanti dell'isola di Eubea.

La battaglia decisiva si svolge nel 338 a Cheronea, in Beozia, proprio nel cuore della frastagliata penisola greca.

I Macedoni mettono in campo oltre trentamila soldati, di cui ben duemila cavalieri; non si conoscono i numeri dell'esercito greco, ma è probabile siano inferiori.

Le truppe si fronteggiano, all'alba.

Quelle macedoni sono organizzate secondo la tradizionale disposizione diagonale.

A comandare una delle ali c'è Alessandro, il figlio diciottenne di Filippo, mentre alla testa dell'altra il re in persona.

Allo scoppio della battaglia, Alessandro sembra preda di un furore sacro. Combatte con accanimento, uccidendo con colpi secchi tutti i soldati greci che lo affrontano tentando di far valere la propria esperienza sul campo.

La sua azione è così impetuosa da sfondare le fila nemiche in una vera e propria mattanza. Nel tentativo di chiudere le falle, lo schieramento greco inizia a sbandare da un fianco all'altro, consentendo al resto dell'esercito macedone di penetrarlo anche dal lato opposto e al centro.

Filippo, per orgoglio, non vuole sia Alessandro a sconfiggere da solo il nemico, e si lancia dal suo versante in un attacco ancor più violento.

La battaglia si trasforma in una sfida familiare a chi miete più vittime, fino a quando i Greci rompono le righe e battono in ritirata.

Alla fine sul campo si contano più di mille cadaveri solo

fra gli ateniesi, senza contare i tebani e i soldati delle altre *poleis*.

Incalcolabile è il numero dei prigionieri.

Per Atene e la Grecia è la fine di un'era; quell'identità comune di città indipendenti, culla del diritto, della filosofia, della giustizia, di fatto non esiste più.

Il re misericordioso

Davanti alla carneficina, Filippo sa però di avere un'occasione unica per dimostrare ciò che ha tentato di provare per tutta la vita: lui non è un barbaro, come non lo sono i suoi concittadini.

Per prima cosa dà ordine di erigere un monumento funebre per celebrare i suoi caduti. E su un altare improvvisato sacrifica agli dèi per ringraziarli d'averlo assistito in battaglia.

Così facendo, si rivolge alle stesse divinità riconosciute da chi ha appena sconfitto, prima fra tutte Apollo.

Ma è dopo avere tributato onore ai soldati che Filippo compie un gesto che spiazza i Greci, segnando una vera e propria svolta nella storia.

Mostra il pugno di ferro con gli sconfitti.

Insedia un contingente macedone a Tebe, annette territori in mezza Grecia, e nel resto della penisola instaura governi fantoccio che rispondono direttamente a lui.

A tutte le città impone il pagamento di una somma per ottenere il rilascio dei prigionieri, persino dei corpi dei caduti.

A tutte le città, tranne che ad Atene.

Il comportamento di Filippo nei confronti della culla della civiltà, da lui tanto ammirata e ambita, è decisamente fuori dal comune.

I prigionieri ateniesi vengono rimandati a casa senza la richiesta di alcun riscatto, come riconoscimento del loro valore; a costoro regala perfino abiti e viveri, così che il viaggio non sia troppo disagevole.

Ancor più colpisce la scelta di seppellire gli ateniesi morti in battaglia. Il re ne affida poi le ossa a un suo luogotenente e si assicura che arrivino sane e salve ad Atene, così che possano ricevere onorevoli esequie.

Le salme rientrano in città scortate da un contingente macedone, in un solenne corteo cui assiste tutta la popolazione, fino alla sepoltura nel Ceramico, il cimitero più prestigioso di Atene.

Tutti si aspettavano che Filippo muovesse contro Atene con l'intenzione di assediarla; invece lo fa allo scopo di onorarla.

Perché Filippo si comporta in un modo tanto sorprendente?

È chiaro che sta mettendo in atto, in maniera geniale, ciò che ha imparato come giovane ostaggio di Epaminonda.

Il grande condottiero, se oltre alle armi pensa anche alla politica, deve sempre osservare l'orizzonte da una prospettiva più ampia. Deve dimostrarsi sì spietato sul campo, ma ricordare che il vero obiettivo è la stabilità del governo.

Perciò Filippo pone in atto una serie di attenzioni nei confronti degli ateniesi, mostrandosi benevolo, rispettoso delle loro usanze, per certi versi ammirato dalla loro grandezza, pur avendoli sconfitti.

In questo modo li conquista, non con la forza, ma con la diplomazia.

Sarà infatti Atene a guidare la decisione delle *poleis* greche, tranne Sparta, di allearsi con Filippo per combattere un nemico comune, l'Impero persiano.

Da quel momento, la Macedonia diventa parte della cultura e dell'identità greca.

Ora Filippo può godersi il successo, ma non ha fatto i conti con la morte.

Che non lo coglie su un campo di battaglia, ma durante una festa.

La morte e la vendetta

Prima di avviare la spedizione contro i Persiani, Filippo si comporta seguendo la miglior tradizione dei condottieri greci: consulta un oracolo, proprio quello di Delfi.

Si rivolge così alla Pizia, la sacerdotessa che parla in nome di Apollo da una camera ricavata sotto il pavimento del tempio, seduta accanto a una sorgente e circondata da ruscelli naturali.

La Pizia, abitualmente, non dà indicazioni, ma si esprime con frasi ambigue, il cui senso dev'essere decifrato da chi l'ha interpellata.

Gli dice: «Il toro è stato incoronato ma c'è già chi lo sacrificherà».

Filippo, che dopo il gran numero di successi militari ha motivo di sentirsi ottimista, la interpreta in modo favorevole.

Ritiene che il toro simboleggi Artaserse, il re persiano, e che toccherà a lui, Filippo, sacrificarlo, ovvero ucciderlo.

Filippo rientra così in Macedonia, dove organizza il matrimonio della figlia.

Le nozze si tengono a Ege, già capitale del regno, e vedono la partecipazione di tutte le città alleate; gli ateniesi, in particolare, si mostrano molto generosi. A un attore viene poi chiesto di tenere un monologo beneaugurante, mentre per il giorno successivo vengono indetti dei giochi.

Filippo fa portare in processione dodici statue, che ritraggono i più importanti dèi pagani; le statue anzi sono tredici, poiché ha fatto aggiungere il proprio ritratto, già agghindato come una divinità.

Certo ai più timorati pare un atto di presunzione, e anche un presagio infausto: come a dire che presto il re ascenderà all'Olimpo.

Il che avviene puntualmente.

Filippo entra nell'anfiteatro destinato ai giochi senza scorta, per godersi il bagno di folla, una leggerezza imperdonabile. Dagli spalti qualcuno gli balza davanti, sguaina un pugnale e lo sgozza fra le urla inorridite degli spettatori.

Poi scappa via, con le vesti sporche di sangue.

La Macedonia rischia di trovarsi ancora una volta senza una guida. Alessandro, figlio di Filippo, non è infatti l'erede designato: sua madre Olimpiade ha divorziato in modo sgradevole, e soprattutto è di nazionalità greca, cosa che fa di Alessandro un sangue misto.

I Macedoni preferiscono una successione interna e proprio l'anno prima Filippo ha sposato una macedone, Cleopatra Euridice, dalla quale ha appena avuto una bambina che si chiama Europa.

A questo punto succedono cose imponderabili.

Ad Atene, i cittadini prorompono in scene di esultanza alla notizia della morte di Filippo, dimostrando che la loro stima era solo un ipocrita escamotage per blandire chi li aveva sconfitti militarmente.

Non bastasse, il loro leader, Demostene, si sposta per l'agorà con sgargianti abiti da festa, fa innalzare una statua in onore del regicida e non contento incita a ribellarsi all'egemonia macedone.

Aristotele detective

Alessandro sembra trovarsi in un vicolo cieco.

Da un lato sarebbe il successore di Filippo, ma non secondo la legge.

Dall'altro su di lui e su sua madre Olimpiade si appuntano i sospetti per un omicidio tanto repentino: si è trattato di una vendetta per il divorzio da parte della moglie?

O del tentativo del figlio di usurpare il trono?

Per salvare sé stesso e la Macedonia, Alessandro sa di avere solo una strada. Deve farsi acclamare sovrano appena possibile, ignorando la piccola regina cui spetterebbe il ruolo.

Ma, per sperare di farcela, deve prima allontanare i sospetti d'avere complottato per uccidere il padre; e, per riuscirci, ha bisogno di trovare un movente indiscutibile, che inchiodi il colpevole alle sue responsabilità.

Perciò si rivolge ad Aristotele, il grande filosofo suo mentore. Nessuno meglio di lui è in grado di analizzare la realtà e ricostruire la verità. E, se riesce a farlo in tutti i campi, perché non dovrebbe esserne capace con un delitto?

Quella che Aristotele conduce è un'indagine in piena regola, per quanto legata ai limiti del tempo antico.

Il principio con cui Aristotele procede è che tutto ciò che accade ha una causa, che rimanda a un movente: il mondo in fondo non è che una catena interminabile di cause ed effetti.

Quindi, anche l'omicidio di Filippo deve avere una ragione specifica, senza la quale non sarebbe accaduto.

Basta scoprirla per risolvere il caso.

In realtà Aristotele non sta indagando per capire chi abbia materialmente compiuto il delitto; quello lo si sa, è stato Pausania di Orestide, una delle guardie del corpo di Filippo, in teoria uno dei suoi uomini più fidati.

Ciò che occorre dimostrare è che Pausania ha agito in autonomia, e che ad armare la sua mano non sono stati Alessandro o Olimpiade.

Aristotele si informa riguardo alla vita di Pausania.

Parla con chi lo conosce, rovista tra le sue cose, e alla fine ha un'illuminazione.

Unendo tutti i dati in maniera logica, comprende che il re non è stato ucciso per un complotto politico, ma per una banale questione sentimentale.

Filippo e Pausania erano stati amanti.

La loro storia però era finita da tempo, e Filippo aveva iniziato una relazione con un altro soldato, amico di Attalo, luogotenente del re.

Pausania non lo aveva accettato e, non potendo attaccare il sovrano, aveva ingiuriato il soldato, rinfacciandogli un rapporto che doveva restare segreto.

Davanti al disonore, il soldato si era ucciso, con grande dolore di Attalo.

Costui aveva allora ideato una punizione esemplare per Pausania: con l'inganno, lo aveva fatto ubriacare, lasciandolo poi indifeso nelle mani di un gruppo di stupratori.

Dopo essersi ripreso, Pausania era andato a cercare giustizia presso il re, che però non aveva ritenuto di punire Attalo.

Una triste storia di passioni, rimasta a lungo nascosta, è ciò che serve ad Aristotele per scagionare Alessandro.

Con logica, il filosofo dimostra che Pausania è colpevole di avere volontariamente ucciso Filippo.

Ne aveva i mezzi, essendo armato in quanto guardia del corpo. Ne aveva l'opportunità, trovandosi accanto a lui durante le cerimonie.

Ne aveva soprattutto il movente, non avendo mai superato l'abbandono dell'amante, né la mancata punizione del rivale.

A questo punto, Alessandro ha gioco facile a farsi acclamare re nonostante non sia l'erede designato, provando la necessità di difendere la Macedonia e di punire in modo esemplare il colpevole.

Pausania, in realtà, è già morto e in modo quasi patetico. Tentando di mettersi in salvo dopo l'omicidio, sporco di sangue e guardandosi continuamente le spalle, inciampa in una vite.

In quel modo altre guardie del corpo di Filippo lo raggiungono e lo zittiscono per sempre.

Per Alessandro, tuttavia, la morte non basta; è necessaria una punizione simbolica, come quella che il padre riservava ai sacrileghi.

Perciò dà ordine che il cadavere dell'assassino venga crocifisso a fianco della tomba dove è seppellita la sua vittima.

Questo è il primo atto del nuovo sovrano, che di lì a poco parte alla conquista di nuove terre per fondare l'Impero più vasto che la storia abbia mai conosciuto.

La trasformazione di Roma

Filippo II di Macedonia muore nel 336 avanti Cristo.

Suo figlio Alessandro III, che presto sarà noto come Alessandro Magno, gli sopravvive tredici anni, un periodo decisivo anche per il vicino Oriente.

Alessandro infatti non si limita a consolidare la supremazia del regno di Macedonia, ma conquista la Fenicia, la Siria, l'Egitto e, nel 327 avanti Cristo, la Persia.

Non contento, mira a governare l'India, ed è nel corso di quest'ultimo progetto che la morte lo coglie, a soli trentatré anni, probabilmente per via di uno scompenso epatico.

Mentre Alessandro conquista territori a est, a occidente muove i primi passi la civiltà romana, espandendosi oltre i confini laziali.

Nel 396 inizia la conquista dei territori etruschi prendendo la città di Veio, poi entra in guerra contro i Celti, che occupano buona parte del Nord Italia.

Sottomette le città latine, riconoscendo la cittadinanza romana a chi non oppone resistenza. Poi combatte contro i popoli stanziati fra Appennino e Sud Italia: i Bruzi, i Lucani e i Sanniti.

Le guerre sannitiche impegnano i Romani per quasi mezzo secolo e, sulle prime, li mettono in grande difficoltà.

Alla fine riescono a prevalere conquistando la Campania,

di fatto raddoppiando l'estensione dei territori sotto il proprio controllo.

Così come per la Macedonia di Filippo e Alessandro, anche per Roma il IV secolo è un momento di straordinarie trasformazioni, grazie ad alcune riforme ben strutturate ed efficienti.

Le più importanti sono le cosiddette *Leges Liciniae Sextiae* del 367 avanti Cristo.

Riguardano vari argomenti, come l'estinzione dei debiti e il limite massimo al possesso dei terreni, ma soprattutto l'ordinamento politico della città.

Da circa centocinquant'anni, infatti, Roma è governata da due consoli, e precisamente dal 509 avanti Cristo, anno in cui viene cacciato l'ultimo dei sette re di Roma, Tarquinio il Superbo.

Ma solo a partire dalle *Leges Liciniae Sextiae* si introduce un provvedimento che cambia la faccia del consolato.

Viene infatti stabilito che uno dei due consoli possa essere di origini plebee.

È la fine di un conflitto sociale caratterizzato dallo scontro fra i patrizi e i plebei.

I patrizi sono gli eredi delle poche famiglie i cui capi sono stati nominati senatori dai re di Roma; godono di pieni diritti, che equivalgono ai pieni poteri: possono possedere proprietà, accedere a qualsiasi carica politica, influenzare l'indirizzo politico di Roma esprimendosi in Senato. Fino all'istituzione della legge delle XII tavole, la giurisprudenza a Roma coincide di fatto con il loro volere, più o meno capriccioso e arbitrario.

I plebei non sono nulla di tutto questo.

Sono artigiani, commercianti, contadini.

Non possiedono terreni né godono delle distribuzioni dei territori sottratti ai nemici durante le campagne militari. Rappresentano la parte produttiva della società romana e pagano abbondanti tasse, ma non hanno modo di influire sulla politica.

Le cose, come detto, iniziano a cambiare quando i plebei possono eleggere i propri rappresentanti, i tribuni della plebe, il cui compito è presentare ai patrizi le istanze delle classi più umili.

Per loro è un grande successo, non solo politico ma anche morale. Da tempo infatti sostengono di essere eticamente superiori ai patrizi, avidi e corrotti.

A dimostrarlo, secondo loro, uno strepitoso caso di cronaca: quello delle «matrone avvelenatrici».

La misteriosa epidemia di Roma

Lo scandalo scoppia nel 331 avanti Cristo.

I consoli sono Claudio Marcello e Tito Valerio.

A raccontarlo nei dettagli è Tito Livio, il grande storico romano, che ne parla nella sua monumentale opera composta a cavallo fra il I secolo avanti Cristo e il I dopo Cristo: i centoquarantadue libri intitolati *Ab urbe condita*, in cui racconta la storia di Roma dalla sua fondazione.

Nei volumi raccoglie e riordina le testimonianze dei numerosi, e un po' confusi, storici venuti prima di lui.

Il suo obiettivo è creare una grande versione ufficiale della storia romana. Scrive Tito Livio nel libro VIII:

> L'anno seguente fu rattristato da una grande mortalità, o per l'inclemenza della stagione o per la malizia umana. [...] È mio dovere esporre la cosa come viene tramandata, perché non voglio negare fede a nessuno storico. I più importanti cittadini morivano di una malattia che in tutti aveva lo stesso decorso, e quasi sempre un esito letale.

Tito Livio è chiarissimo al riguardo: si tratta di un episodio capitato secoli prima, ma di cui si conserva ancora memoria, tale è il segno che ha lasciato nell'immaginario dei Romani.

A morire, spiega, sono i «*primores civitatis*», ovvero i patrizi, gli appartenenti alla classe nobile. E muoiono tutti per una misteriosa malattia, sempre la stessa. Vengono colti da nausee e febbri e, dopo un decorso più o meno rapido, in larga parte trapassano.

È importante notare come Tito Livio lasci il beneficio del dubbio. Infatti ne individua due possibili cause: l'inclemenza della stagione oppure la malizia umana.

Nel primo caso, significa che l'ondata di decessi è causata da un'epidemia, probabilmente una pestilenza, che si diffonde per la città.

Ma come può una pestilenza colpire solo i patrizi?

Perciò qualcuno sostiene che una strage limitata al solo ceto ricco sia la testimonianza di un complotto.

In realtà c'è una terza ipotesi, ovvero che al tempo siano registrate solo le morti dei patrizi poiché di quelle dei plebei non interessava niente a nessuno.

Tito Livio in ogni caso lascia aperta la porta all'ipotesi del complotto. Parlare di «malizia umana» significa riconoscere che, dietro all'impressionante numero di cadaveri, ci possa essere un'organizzazione.

Che si parli, in sostanza, di veleno.

Perciò lo storico si augura, a secoli dai fatti, che la notizia sia falsa. L'idea che le mogli dei nobili abbiano creato una rete segreta per sterminare i mariti è inaccettabile; il compito originario della famiglia romana è quello di custodire la morale pubblica e privata.

Le matrone assassine

Ciò che avviene dopo, secondo il racconto di Tito Livio, è a dir poco sconvolgente.

Roma è confusa e impaurita per decessi immotivati che stanno decimando la classe sociale più elevata. È un mistero simile all'uccisione di Filippo II di Macedonia, avvenuta poco tempo prima.

A differenza della Grecia, Roma non ha un detective come Aristotele, ma può fare affidamento su un sistema istituzionale ben organizzato.

Uno dei personaggi politicamente più importanti dell'epoca è Quinto Fabio Massimo, da non confondersi con l'omonimo «Temporeggiatore», che arriverà un secolo dopo.

Quell'anno Fabio Massimo è edile curule. Si tratta di una carica nata come supporto ai tribuni della plebe, ora divenuta il collante fra i diritti pregressi dei nobili e le istanze di riforma del popolo.

Ebbene, a Fabio Massimo un giorno si presenta un'ancella che gli confida di sapere la ragione dell'incontenibile moria di nobiluomini, e che è disposta a rivelarla a un solo patto: non essere coinvolta nella punizione che ne seguirà.

Incuriosito, Fabio Massimo accetta la proposta.

Si fa carico di proteggere l'ancella qualsiasi cosa le accada e l'ascolta con la massima attenzione.

Poi, sgomento, corre dai consoli e chiede di conferire urgentemente.

A loro racconta che è in atto qualcosa di incredibile: una congiura delle donne contro gli uomini. O, meglio, una congiura delle matrone patrizie contro i mariti. Un vero e proprio complotto per decapitare la città.

I consoli convocano subito il Senato e si decide di non frapporre indugio.

Il movente, purtroppo, non viene minimamente riportato da Tito Livio, né dagli altri storici.

È improbabile nasconda una strategia politica, per quanto i morti avessero o potessero avere ruoli di rilievo.

Più probabile si tratti di questioni di denaro o di passione.

Anche sui soldi tuttavia c'è qualche dubbio: le matrone non avrebbero avuto diritto di intascare direttamente gli averi del marito defunto, essendo necessaria la presenza di un tutore.

Per esclusione, dobbiamo allora pensare a un'epidemia di crimini passionali.

Molto probabilmente tutte adultere, o sull'orlo di consumare un adulterio, le signore hanno trovato nel veleno la soluzione più rapida per eliminare mariti che hanno scoperto le loro tresche, o che temono stiano per scoprirle.

Perciò, unite dallo stesso interesse, hanno creato una lega di avvelenatrici, impegnando il loro tempo libero a preparare pozioni letali, con l'aiuto delle loro ancelle.

Producono veleni in quantità e poi li distribuiscono in eleganti boccette, da cui versano qualche goccia nel pasto o nella bevanda del marito.

Poi assistono al decorso dell'avvelenamento mostrandosi disperate, e dando la colpa a una misteriosa pestilenza dovuta all'aria poco salubre.

Una pestilenza che, stranamente, uccide solo patrizi.

Il processo alle avvelenatrici

Tito Livio si riferisce alla vicenda chiamandola «*muliebris fraus*», «inganno femminile» o «congiura delle donne».

Lo stratagemma adottato dal Senato per incastrarle è piuttosto ingegnoso.

L'ancella stessa guida Fabio Massimo nel covo delle congiurate. Fabio fa irruzione e ne trova alcune impegnate a preparare pozioni. Intorno ai calderoni, una distesa di fiasche e boccette dall'aria sospetta.

I contenitori vengono sequestrati e portati immediatamente nel Foro, il centro dell'azione pubblica, quindi il luogo della messa in stato d'accusa.

Fabio Massimo dà indicazioni al pubblico ufficiale preposto, affinché convochi ufficialmente le matrone a giudizio. Ne vengono rastrellate una ventina, trascinate con la forza da casa propria al Foro.

Lì vengono interrogate.

Due di loro, Cornelia e Sergia, cercano di difendersi: è vero che stavano preparando pozioni, cosa peraltro innegabile essendo state colte sul fatto; ma si tratta di pozioni salutari, filtri di bellezza e intrugli per liberarsi l'intestino.

Ma è di nuovo l'ancella a intervenire, sfidandole.

Se sono pozioni salutari, dice, allora le matrone non avranno nessun problema a berne un po' davanti ai magistrati, e al numerosissimo pubblico di curiosi che si è radunato.

Cornelia e Sergia si scambiano uno sguardo preoccupato, denso di sottintesi. Con un filo di voce chiedono di consultarsi con le altre donne.

Dopo un fitto conciliabolo, Cornelia e Sergia si rifanno avanti, con le restanti donne schierate fieramente dietro di loro.

Accettano la sfida dell'ancella: berranno.

La folla ha il fiato sospeso mentre vede ciascuna di loro prendere una delle boccette, stapparla e ingerirne il contenuto in un sorso.

Sembra un'orgogliosa dimostrazione di innocenza; invece è una piena ammissione di colpevolezza.

Le boccette, infatti, contengono veleno.

Bevendolo le matrone si stanno dando la morte, punendosi per il crimine commesso contro l'amore, la famiglia e lo Stato.

La dose è molto forte.

Le matrone vengono scosse da improvvisi spasmi.

Vomitano, svengono, muoiono.

La scena che segue è straziante.

Tra le urla della folla, davanti ai corpi privi di vita, i magistrati ordinano di arrestare le matrone indicate come responsabili dalle loro ancelle.

Saranno in centosettanta, tutte condannate a morte.

È un caso senza precedenti, che i magistrati non riescono a spiegarsi. Alla fine, viene stabilito che si tratta sì di un'epidemia, ma non di pestilenza: un'epidemia di follia, una pazzia che ha investito le donne più in vista della città di Roma.

Forse è a questo che si riferisce Tito Livio, quando parla di «inclemenza della stagione».

Un'aria insalubre che è penetrata nei polmoni delle ricche e oziose mogli dei patrizi, rendendole subdole avvelenatrici e spietate assassine.

A Roma, nei periodi di caos collettivo, c'è un'antica usanza per recuperare la ragione. Viene nominato un dittatore, un politico eccezionalmente e temporaneamente dotato di tutti i poteri dello Stato, ma che in quella circostanza ha un solo compito: piantare un chiodo.

Il chiodo, come un punto fermo, viene ritenuto un atto apotropaico, capace di porre fine alle peggiori follie.

Tito Livio conclude il suo incredibile racconto con questa scena. Viene eletto dittatore Gneo Quintilio.

Costui pianta il chiodo e, subito dopo, si dimette.

L'ondata di follia cessa all'improvviso, e i patrizi non hanno più nulla da temere dalle mogli.

13
Socrate

Un omicidio politico

L'Atene del V secolo avanti Cristo è testimone d'intelletti e di una cultura senza pari.

Nella *polis* greca si muovono all'epoca personaggi come Pericle, che governa per circa trent'anni combinando forza militare e astuzie diplomatiche.

Come Fidia, architetto del Partenone e scultore di quella statua di Atena in oro e avorio, alta oltre dodici metri, purtroppo andata distrutta.

Ci sono poi i grandi autori teatrali, fra tutti Euripide e Aristofane. E se al primo dobbiamo tragedie che ancora emozionano per la spietata analisi dell'animo umano, il secondo ci ha regalato commedie brillanti e di un umorismo tagliente.

Che dire poi di Ippocrate, il padre della medicina, capace di trasformarla in disciplina fondata sull'osservazione empirica e una pratica competente, anziché su fantasiose superstizioni e terapie spesso peggiori del male; è suo il *Giuramento* che ancora oggi i medici sono tenuti a onorare, garantendo il proprio impegno a tutela della salute, nel dare conforto alla sofferenza, sempre in difesa della vita.

Un posto tra i grandi del tempo l'occupa Democrito, forse il primo «scienziato» nel senso che oggi attribuiamo al termine.

Da lui viene infatti l'intuizione dell'esistenza degli atomi.

La teoria di Democrito è davvero rivoluzionaria, e racconta di come l'universo sia composto da materia, e di come la materia possa essere divisa in corpuscoli unici: gli atomi, appunto.

Quando gli atomi si aggregano, ha inizio la vita, e quando si disgregano, subentra la morte.

Tutto ciò che esiste è determinato dagli atomi, che sono in numero infinito e si muovono a caso.

Perciò, 2500 anni fa, Democrito ipotizza che l'universo sia infinito, perché infiniti sono gli atomi; e che sia il risultato di un'associazione casuale, uno scontro iniziale, una specie di Big Bang con cui tutto è cominciato, senza l'intervento di alcuna forza sovrannaturale.

Una posizione straordinariamente vicina a quella dell'astrofisico Stephen Hawking, scomparso nel 2018 all'età di 76 anni.

Ma se oggi lo consideriamo uno scienziato, Democrito preferiva definirsi un filosofo, e nell'Atene del V secolo avanti Cristo è in ottima compagnia.

Eppure, questa straordinaria fabbrica di talenti, simile alla Parigi d'inizio Novecento o alla Firenze del Rinascimento, non esita a rivoltarsi contro uno dei suoi figli più cari, macchiandosi di un terribile delitto, pretestuoso nel movente e crudele nell'esecuzione.

Per le strade della città passeggiano gli esponenti di una nuova corrente di pensiero, quella dei sofisti, sapienti che propongono qualcosa di completamente nuovo: innanzitutto, sono i primi ad affermare che la filosofia non deve indagare la natura, bensì l'uomo.

Poi, sostengono che «la verità» non esista.

Protagora, per esempio, afferma che l'uomo è la misura di tutte le cose: è il singolo individuo a decidere se qualcosa è vero o falso, se un'azione è giusta o ingiusta, proprio come nella stessa stanza una persona può patire il freddo e un'altra sentire caldo.

In terzo luogo, i sofisti fanno una cosa impensabile e scandalosa: per insegnare ai propri allievi pretendono un compenso.

E per farsi pagare profumatamente hanno bisogno di pubblicità, così si presentano nella piazza principale di Atene, dove tengono discorsi sorprendenti.

Davanti agli incantati cittadini, rivaleggiano nel sostenere qualsiasi teoria, anche la più assurda.

Gorgia, per esempio, rivale di Protagora, fa complicatissimi ragionamenti per provare che nulla esiste, mostrando, con la sola forza della parola, come l'uomo sia in grado di forzare la realtà.

Altri sofisti, pur di raccogliere clienti, mettono in scena una specie di spettacolino. Per qualche minuto dissertano su un argomento, convincendo tutti di qualcosa. Poi, all'improvviso, cambiano tono e, in maniera altrettanto rapida, ribaltano la prospettiva.

A quel punto è inevitabile che i clienti si facciano avanti.

C'è chi vuole assumerli come precettori dei figli, chi intende consultarli per imparare a farsi valere tanto in privato che nei dibattiti pubblici, chi infine vuole prepararsi per un processo e vincere anche se ha torto, piegando i fatti alla propria convenienza.

Il più celebre filosofo di Atene, tuttavia, non ama i sofisti; anzi, li detesta perché ritiene che abbiano distrutto l'amore per la verità, e corrotto la pratica della legge.

Tragicamente, è proprio con lui che la giustizia si accanisce, condannandolo a morte per avvelenamento.

Il suo nome è Socrate.

Il mistero Socrate

Socrate nasce ad Atene intorno al 470, da una famiglia della buona borghesia cittadina.

Il papà, Sofronisco, è uno scultore, mentre la madre, Fenarete, fa la levatrice.

È probabile abbia imparato il mestiere del padre, ma non l'abbia mai praticato; a permetterglielo le buone condizioni economiche e una sua naturale inclinazione alla frugalità.

Prima di votarsi alla filosofia, l'unica attività che gli viene attribuita è quella d'avere combattuto come oplita, cioè come fante in alcune delle battaglie di Atene contro le città vicine.

E nell'impegno dimostra tanto coraggio da meritarsi una medaglia.

Giunto alla maturità, l'immagine che ne abbiamo ce lo mostra barbuto, con il naso camuso, la fronte pronunciata e gli occhi sporgenti; per questo si mormora che somigli a un sileno, una di quelle figure della mitologia con la passione del vino e della danza.

Passa le giornate a riflettere, talmente concentrato da sembrare in trance, intento a fissare un punto lontano in cui non c'è nulla. O forse tutto, almeno per lui.

I compagni d'arme ricordano d'averlo visto, ai bordi degli accampamenti, restare immobile sotto un albero a riflettere per più di un giorno e una notte. Poi, una volta venuto a capo del pensiero che lo aveva colto, tornare fra loro come se niente fosse.

Oltre a ragionare, a Socrate piace camminare.

Si mescola alla folla e ferma le persone per discorrere.

Il suo regno è l'agorà, che è più di una semplice piazza, qualcosa che noi oggi definiremmo un grande centro commerciale.

Nell'agorà si va per comprare, per concludere affari, per

scoprire cosa c'è di nuovo, per ascoltare pettegolezzi, per gironzolare con gli amici, per discutere di politica.

Ma soprattutto ci si va per parlare, l'attività in cui Socrate eccelle.

Rapidamente, la sua passione per la conversazione gli regala la fama del sapiente più noto della città.

Eppure, di lui sappiamo meno di quanto ci si possa aspettare da una figura pubblica tanto celebre e celebrata, il cui nome sopravvive da millenni.

La ragione è molto semplice: è l'unico filosofo che non ha mai scritto nulla.

Perciò la sua storia e le sue idee ci arrivano da chi lo ha frequentato, da chi gli è stato accanto, e la fonte più nota, anche se non sempre affidabile, è quella del suo allievo Platone.

Che, a sua volta, sarà maestro di un altro gigante del pensiero come Aristotele.

In realtà, la prima guida di Platone si chiama Cratilo, un filosofo alquanto scettico riguardo alla validità della disciplina.

Cratilo, infatti, sostiene che il linguaggio sia inadeguato a spiegare le cose, che addirittura sia insufficiente per richiamarle. Al punto che, quando deve parlare di qualcosa, anziché citarla per nome, si limita a indicarla mugugnando.

Proprio per questo la comparsa di Socrate segna una svolta decisiva nella vita di Platone. Contrariamente a Cratilo, infatti, Socrate utilizza il linguaggio in modo magistrale; ma non come fanno i sofisti, cui serve per stupire il pubblico con effetti speciali e guadagnarsi commesse: Socrate lo usa per interrogare la gente, facendo domande sempre più mirate, per comprendere nel modo più profondo possibile.

Per Socrate, il linguaggio è lo strumento della verità.

Platone, allora, decide di seguirlo; si unisce alla schiera dei curiosi, soprattutto giovani, che ogni mattina si accodano al filosofo, passeggiando per l'agorà e ascoltandolo mentre interroga giudici e atleti, politici e artisti.

A differenza di Socrate, Platone ci ha lasciato un cospicuo numero di scritti, dialoghi il cui personaggio principale si chiama, appunto, Socrate.

Ma, come già detto, non possiamo fidarci del tutto.

Se, infatti, nelle sue prime opere la figura di Socrate appare realistica, man mano che l'allievo cresce il maestro diventa qualcosa di diverso, d'immaginario e ideale, il cui compito è far proprie le conclusioni a cui Platone stesso è giunto.

Una fonte più affidabile è Senofonte, di trent'anni più giovane di Socrate e uno degli scrittori più celebri e prolifici di tutta la civiltà greca: non solo uno storico ma anche una specie di inviato sul campo, che nell'*Anàbasi* racconta in prima persona la spedizione militare di diecimila mercenari greci assoldati da Ciro il Giovane per usurpare il trono di Persia.

Anche Senofonte è allievo di Socrate e anche lui, come Platone, lascia il precedente maestro che si chiama Pròdico, un sofista convinto che gli uomini abbiano chiamato dèi chi di volta in volta trovavano conveniente: poiché il sole è utile alla vita, ecco il dio Apollo, poiché il mare è necessario per navigare, ecco spuntare Poseidone... e così via.

Socrate ha invece un senso della spiritualità intenso, anche se originale.

Quando lo vedono assente, incantato a riflettere, non sta solo meditando su un concetto, un pensiero, ma è preso ad ascoltare cosa gli dice una voce interiore, che chiama *dàimon*, «il demone», oppure «lo spirito».

La voce porta consiglio a Socrate quando è incerto su cosa fare; in particolar modo, si palesa quando è in procinto di compiere un gesto che potrebbe rivelarsi sbagliato.

A quel punto, come un campanello d'allarme, il *dàimon* si fa vivo convincendolo delle ragioni per fermarsi.

Il *dàimon* potrebbe sembrare ciò che noi chiamiamo «voce della coscienza», ma per Socrate è qualcosa in più, una specie di incarnazione della giustizia.

La voce che Socrate avverte è quella di un principio assoluto che esiste al di fuori e al di sopra di lui; e come tale, un richiamo divino cui affidarsi per essere onesti e sentirsi felici.

Così anche Senofonte abbandona il primo maestro e inizia a seguire Socrate, appuntandosi ciò di cui parla e raccogliendolo in un testo, i *Memorabili*.

Socrate a teatro

Ma non tutti gli sono favorevoli, come Platone e Senofonte.

C'è anche chi non lo sopporta o, ancora peggio, lo trova ridicolo.

È il caso di Aristofane, il commediografo più famoso di Atene.

Le sue rappresentazioni riscuotono sempre un enorme successo, nonostante l'umorismo un po' grossolano e carico di doppi sensi.

Il vero talento di Aristofane è la satira.

Quando c'è da prendere in giro un personaggio in vista, diventa spietato e lo sbeffeggia in modo crudele.

Accade anche a Socrate, che finisce per diventare il protagonista di una delle sue commedie più rappresentate, *Le nuvole*.

All'apparenza la trama non c'entra nulla con la filosofia: è la storia di un contadino, Strepsiade, il cui figlio Fidippide decide di fare la bella vita.

Nonostante Strepsiade lo abbia educato alla moderazione, Fidippide si comporta come un ricco borioso, spende e spande, finendo per contrarre debiti ingenti.

Ci vuol poco prima che i creditori inizino a rifarsi sul padre, pretendendo che onori gli impegni del giovane; il contadino, allora, ha una brillante idea. Per sfuggire agli strozzini basta mandare Fidippide a scuola da un filosofo, che gli insegnerà come usare le parole per tenerli a bada.

Aristofane descrive il saggio come sospeso in una gabbia, una specie di grosso uccello spelacchiato con la testa rivolta all'insù, intento a studiare, dice, «i fenomeni del cielo».

Certo il risultato delle sue lezioni è sconcertante, perché convince Fidippide che tocca ai figli il compito di educare i padri e, se non ci riescono con le buone, devono passare alle cattive.

Il ragazzo torna allora da Strepsiade e lo prende a bastonate per punirlo di non voler pagare i suoi debiti.

Alla fine Strepsiade, comprensibilmente contrariato, dà fuoco alla casa del filosofo, un palazzo che nella commedia è chiamato *phrontisterion*, più o meno «il pensatoio», e dove il saggio e i suoi seguaci sono soliti riunirsi fissando per ore e ore un fagiolo e alla fine domandarsi: «Ma che cos'è, davvero, un fagiolo?».

Il riferimento a Socrate è lampante per tutti; a teatro, però, non vanno solo gli ateniesi, e capita che un giorno un viaggiatore si fermi ad assistere allo spettacolo.

Vedendo gli spettatori sbellicarsi dalle risa quando sul palcoscenico appare una figura calva, barbuta e col naso camuso, che oscilla appeso in una gabbia e sostiene teorie assurde, il forestiero chiede a chi gli siede accanto: «E quello chi è?».

Sentendo la domanda, qualche fila più avanti, un uomo si alza.

È Socrate, che punta il dito su sé stesso a indicare che quel personaggio è lui, e se ne resta in piedi durante tutta la recita, così che il pubblico possa apprezzare la somiglianza con l'attore sul palcoscenico.

Nella commedia di Aristofane, Socrate è rappresentato come i sofisti, i filosofi che insegnano, a pagamento, che la verità non esiste, e che si può sempre usare la retorica per risultare convincenti, anche in modo disonesto.

Aristofane lo fa perché è convinto che fra Socrate e i sofisti non ci sia alcuna differenza; e comunque perché il suo è un pubblico ampio e variegato, che non va troppo per il sottile nel distinguere una teoria dall'altra.

In fondo è comprensibile che, a un occhio superficiale, Socrate appaia simile a Protagora o a Gorgia. Anzitutto, i sofisti sono stati i primi a spostare l'attenzione della filosofia dalla natura all'uomo; e anche per Socrate il campo d'indagine privilegiato è l'uomo.

Inoltre, i sofisti amano la provocazione, ricorrono spesso ai paradossi, utilizzano la loro intelligenza per arrivare a soluzioni che spiazzano tutti; e Socrate si comporta esattamente allo stesso modo.

Infine, ripongono una gran fiducia nella ragione, e la ritengono uno strumento che, correttamente utilizzato, può garantire all'uomo una conoscenza illimitata; e Socrate, su questo, è perfettamente d'accordo.

Non sorprende, dunque, che per la gran parte della gente, quella che va a divertirsi con le commedie di Aristofane, fra i sofisti e Socrate non passino grandi differenze.

Il responso dell'oracolo

Se invece consideriamo più attentamente la figura di Socrate, scopriamo che le differenze non potrebbero essere più grandi.

Basti pensare a come Socrate si muove, quando passeggia nell'agorà interrogando i cittadini.

Il presupposto da cui parte è un'ammissione di ignoranza: «So di non sapere». Per questo ritiene di non poter insegnare nulla, a differenza dei sofisti, poiché non ha una conoscenza da trasmettere.

Non ha certezze da cui partire, e proprio per questo, racconta Senofonte:

> chiede cos'è la santità, cosa l'empietà, cos'è la bellezza, cosa la bruttezza, cosa la giustizia, cosa l'ingiustizia, cosa la saggezza, cosa la pazzia, cosa il coraggio, cosa la viltà, cosa lo Stato, cosa la politica, cosa il governo, e così via.

Per esempio, quando vede passare un giudice, Socrate lo ferma per domandargli cosa intenda per giustizia.

Naturalmente il capannello di curiosi che si accalca è convinto che il magistrato abbia la risposta pronta: se non lo sa lui, chi dovrebbe saperlo?

E ne è convinto anche il giudice, il quale risponde a Socrate che la giustizia consiste nel compiere un atto giusto, per esempio restituire ciò che si è avuto.

Se si è ricevuto un prestito, è giustizia restituirlo.

Se si è ricevuto un favore, è giustizia ricambiarlo.

Allora Socrate replica: ma se qualcuno ha ricevuto in prestito una spada, e poi chi gliel'ha data la rivuole perché ha scoperto che la moglie lo ha tradito, o che un nemico gli ha fatto un torto, è giusto restituirgliela proprio in quel momento?

Non si rischia di causare un male peggiore?

Il giudice, a quel punto, si ritrova in difficoltà. Inizia a farfugliare che la giustizia prevede delle eccezioni, e che se restituire ciò che si è ricevuto è un atto giusto, può capitare che a volte non lo sia.

Al che Socrate lo incalza: com'è possibile che lo stesso gesto possa essere contemporaneamente giusto e ingiusto?

L'uomo inizia a sudar freddo, mentre attorno ai due la folla si fa sempre più numerosa e s'avvertono i primi commenti di scherno.

Man mano che il dialogo prosegue, l'autorevolezza del giudice viene minata dalle domande del filosofo, che non smette di interrogarlo, mettendolo di fronte alle contraddizioni.

Il metodo si fonda sull'ironia, e dichiarando di non sapere, Socrate svela come in realtà anche chi si ritiene pratico di un argomento non ne sappia poi molto.

Solo quando le certezze dell'interlocutore sono crollate, inizia la seconda fase dell'azione. Ricordandosi d'essere figlio di una levatrice, chiama l'operazione «maieutica», letteralmente «l'arte di far nascere i bambini», e aggiunge, con un pizzico di compiacimento: «A differenza di mia madre, che fa partorire i corpi delle donne, io faccio partorire le anime dei maschi».

Si tratta della parte propositiva del metodo socratico, che segue il primo passaggio, per così dire distruttivo.

Socrate, infatti, continua a fare domande al magistrato, stavolta non più per demolire le sue certezze ma per costruirne di nuove. Gli chiede cosa renda giusta una delle azioni che ha elencato prima, e poi lo esorta a trovare delle caratteristiche comuni fra questa scelta e le altre.

Alla fine, ecco che, con il suo aiuto, l'interlocutore arriva a quello che i greci chiamano il *tì esti*, ovvero il «che cos'è», una definizione razionale e corretta, chiara e identificata.

Per Socrate, a differenza dei sofisti, la verità esiste ed è uguale per tutti. Il compito dell'uomo è interrogarsi fino ad arrivare a coglierla, anche a costo di mettere da parte ciò di cui è convinto e ciò che gli conviene.

Anche, dice ai discepoli e agli amici, a costo di sacrificare la propria vita.

Ma, attenzione, alla verità Socrate non arriva fornendo lui le risposte, ma limitandosi a porre le domande.

Per questo sostiene che il suo mestiere è come quello della levatrice:

> Coloro che entrano in relazione con me, anche se da principio si rivelano assolutamente ignoranti, tutti meravigliosamente progrediscono; ed è chiaro che da me non hanno appreso nulla, ma che essi hanno generato da soli molte buone cose [...] Io, dubbioso più di ogni altro, faccio sì che anche gli altri diventino dubbiosi.

C'è però un problema: è inevitabile che Socrate finisca per irritare gli ateniesi con incarichi di prestigio, la cui credibilità viene messa pesantemente in discussione.

La situazione esplode quando un amico d'infanzia di Socrate, Cherofonte, fa un viaggio a Delfi, sede del più celebre oracolo della Grecia, dove il dio Apollo comunica agli umani attraverso una sacerdotessa, la Pizia.

Forse per fede, certo per curiosità, Cherofonte pone alla Pizia una domanda singolare: «Ad Atene esiste un uomo più sapiente di Socrate?».

Naturalmente Cherofonte sa che Socrate dice di non sapere nulla, quindi si aspetta che la sacerdotessa gli risponda che di uomini più sapienti di lui, ad Atene, ce ne sono a bizzeffe.

Invece, a sorpresa, la risposta dell'oracolo è: «No, nessuno è più sapiente di Socrate».

La notizia giunge rapidamente in città, ed è allora, probabilmente, che inizia a serpeggiare l'idea che Socrate sia un personaggio scomodo.

Un personaggio da eliminare, in un modo o nell'altro.

L'accusa

Come forse è inevitabile per un personaggio che adora il paradosso, l'aspetto più controverso della storia di Socrate è la sua morte.

Le ragioni della sua uccisione vanno ricercate nel contesto politico della città, che alla fine del V secolo è quantomeno travagliato.

Per comprenderlo dobbiamo tornare a quando Socrate è ancora un bimbo, e al governo di Atene siede il più famoso uomo politico del periodo, Pericle.

Costui è un sostenitore della democrazia, termine che all'epoca ha un'accezione diversa dalla nostra, più vicina al concetto di demagogia e populismo.

Pericle governa fino alla morte, quando Socrate è ormai quarantenne.

Due anni prima, nel 431 avanti Cristo, è iniziata la guerra del Peloponneso: un lungo conflitto che oppone Atene a Sparta e si protrae per un quarto di secolo.

Il risultato finale è il più grande shock della storia di Atene; la potenza egemone, la città più evoluta del mondo allora conosciuto, si sfalda davanti alla ruvida organizzazione degli spartani.

Il trauma della sconfitta è tale che gli ateniesi cambiano forma di governo. Viene rovesciata la democrazia e instaurata una dittatura, l'oligarchia dei Trenta tiranni.

Si tratta di una specie di guida tecnica con pieni poteri per gestire l'emergenza, affidata agli ateniesi che più si sono distinti nel proprio settore: giudici, ammiragli, oratori, e ovviamente filosofi.

Socrate non ha mai avuto un ruolo attivo nella politica ateniese, ma è probabile che guardi di buon occhio il nuovo assetto.

Un po' per una ragione ideologica: è convinto che a governare debbano essere i migliori, e che la democrazia rischi di mettere il governo nelle mani di persone incapaci.

E poi ci sono logiche personali.

Socrate infatti discende da una famiglia benestante, è amico di aristocratici favorevoli al regime oligarchico; inoltre uno dei Trenta tiranni, Crizia, è stato un suo discepolo.

Ma è proprio Crizia a ordinare una feroce repressione degli avversari politici, instaurando una dittatura militare con l'aiuto di un manipolo di soldati spartani.

Quando un altro dei Trenta, Teramene, cerca di contrastarlo, Crizia imbastisce una vera e propria campagna d'odio nei suoi confronti, costringendolo al suicidio.

I Trenta tiranni si rivelano drastici e determinati nella loro azione: riformano la giustizia, sottraendo i processi al giudizio popolare; confiscano i beni dei più ricchi, stilano liste di cittadini autorizzati a partecipare alla vita politica, escludendo gli altri.

Il regime dura pochissimo, all'incirca un anno, e nel 403 avanti Cristo si torna a una democrazia retta su un complicato equilibrio fra i diversi *demi*, gruppi familiari intenzionati a riportare Atene all'antica grandezza seguendo due punti fermi: il primo è che i giovani devono tornare a rispettare gli anziani, il loro ruolo e le loro regole; il secondo è che il cardine della vita cittadina dev'essere la religione. Solo nel retto culto degli dèi gli ateniesi possono trovare quell'unità che li ha resi imbattibili.

Si chiama democrazia, ma di fatto è un altro regime in cui il potere è in mano a pochi gruppi d'interesse che fanno capo a specifiche famiglie.

Una è quella di Meleto, cui Anito, la figura più potente del nuovo governo, dà ordine di eliminare il filosofo più celebre della città, l'uomo che, nonostante tutti i cambiamenti politici, ha candidamente continuato a passeggiare per l'agorà sbeffeggiando giudici, politici, atleti, poeti e artisti.

L'accusa che Meleto rivolge a Socrate rispecchia pienamente il programma politico dei *demi*; essa sostiene infatti che il filosofo è colpevole di «non riconoscere come dèi gli dèi tradizionali della città, ma di introdurre divinità nuove; ed è anche colpevole di corrompere i giovani».

Pena richiesta non può essere che la morte.

Alla notizia, Socrate reagisce con l'atteggiamento noncurante che gli è proprio:

> Non è banale che una persona così giovane abbia contezza di cose tanto gravi: alla sua età sa già come si corrompono i giovani e chi è che li corrompe. Dev'essere un sapiente! Perciò si è accorto della mia ignoranza.

La difesa di Socrate

I processi, nell'Atene del tempo, sono a dir poco spettacolari. Il sistema giudicante è composto da cinquecento cittadini, di fronte ai quali l'accusato può difendersi da solo.

Quello che si celebra nel 399 avanti Cristo è uno dei casi giudiziari più appassionanti della storia, perché a respingere le accuse è Socrate in persona, che tiene un lungo e ironico discorso destinato all'immortalità.

Lo conosciamo nei dettagli grazie alle testimonianze dei suoi due allievi più importanti, entrambi autori di un'*Apologia di Socrate*: Senofonte e Platone.

Quest'ultimo tuttavia, con ogni probabilità, non è presente al dibattimento, per comprensibili ragioni di opportunità politica: appartiene infatti all'aristocrazia ateniese, e suo zio è proprio quel Crizia che ha messo a ferro e fuoco la città.

Platone ottiene però informazioni di prima mano da altri discepoli del maestro che seguono le udienze, in primo luogo Euclide di Megara, un grande amico che gli darà rifugio quando sarà costretto a fuggire.

Davanti a chi è chiamato a giudicarlo, Socrate si alza e, per prima cosa, ribadisce le accuse; anzi, in realtà ne aggiunge una, quella d'essere «reo di investigare ciò che c'è sotto terra e ciò che c'è sopra il cielo, e insegnare a far apparire migliore la ragione peggiore e viceversa».

Un fatto che non gli è stato contestato da Meleto e Anito, ma che Socrate sa essere molto presente alla mente degli ateniesi, per colpa della parodia che ne ha fatto Aristofane con *Le nuvole*.

La sua difesa inizia proprio da qui. Dice infatti in tono di sfida:

> Di queste storie non mi occupo affatto. Si faccia avanti qualcuno di voi se mi ha mai sentito parlare di cose del genere. Se non è vero, capirete presto che anche il resto ha un valore simile.

Passa poi alle accuse più gravi, in ambito religioso e in campo sociale.

La prima è che Socrate non segua gli dèi dell'Olimpo ma cerchi di introdurre divinità diverse: è un chiaro riferimento al *dàimon*, la voce che sostiene di sentire e utilizzare per capire se un'azione sia giusta o meno.

Socrate si difende agevolmente, argomentando che non ha mai cercato di introdurre il culto del *dàimon* fra i concittadini, e che nemmeno ha sostenuto che la voce appartenga a un dio «straniero».

Sotto questo aspetto, dunque, l'attacco di Meleto appare pretestuoso.

Ma è l'accusa di rilevanza sociale quella più delicata, perché il processo a Socrate è teso ad accertare la ricaduta del suo pensiero sulla collettività.

Per questo il vero capolavoro Socrate lo fa contestando l'imputazione di aver corrotto i giovani.

E parte da un aneddoto.

Racconta che un giorno ha incontrato Callia, padre di due ragazzi, non molto ricco e piuttosto ingenuo. Si dice orgoglioso d'avere trovato un maestro per i suoi figli, dunque Socrate si rallegra per l'ottima notizia, e gli dice:

> Certo che se i tuoi figli fossero due polli o due vitelli, bisognerebbe pagare qualcuno che li custodisse e li curasse, così da farli venire su belli e buoni, dotati della virtù specifica dei polli o della virtù specifica dei vitelli.
>
> Per i polli ci vuole un pollicultore e per i vitelli un mandriano; però i tuoi figli sono degli uomini. Quindi che mestiere deve fare la persona che li alleva?

Cascandoci con tutte e due le scarpe, Callia risponde che fa il filosofo: si chiama Eveno di Paro, ed è un sofista che per hobby fa anche il poeta.

Non solo: diventare un suo allievo costa solo cinque mine, più o meno cinquanta euro di oggi.

Davanti all'entusiasmo di Callia, Socrate non si trattiene e si congratula di nuovo:

> Davvero bisogna rallegrarsi con questo Eveno, se non solo conosce la dottrina della virtù che rende uomini, ma è anche in grado di insegnarla così bene a basso prezzo.
>
> Anch'io me ne vanterei, se sapessi le stesse cose.
>
> Ma purtroppo non so nulla.

Far ricorso all'ironia in un processo che prevede la pena capitale spiazza i giurati. C'è chi ride, d'accordo con Socrate sul fatto che sia assurdo pretendere di insegnare la virtù a un ragazzo nello stesso modo in cui si alleva un pollo; ma c'è chi s'innervosisce, ritenendo quella di Socrate l'ennesima, detestabile provocazione.

Il filosofo però non si ferma, e continua nella sua arringa:

> Voi dite che istruisco i giovani prendendo denari, ma non è vero. Certo che, se uno fosse capace di istruire i giovani come fanno Gorgia e gli altri sofisti, sicuramente farebbe bene a farsi pagare, perché possederebbe una sapienza sovrumana. Io, invece, purtroppo detengo solo una sapienza umana.

E in cosa consista questa sapienza umana, Socrate lo spiega raccontando l'episodio della visita di Cherofonte all'oracolo di Delfi, e della sorpresa con cui lui stesso aveva accolto la notizia d'essere l'uomo più sapiente di Atene.

Allora si era messo in cerca di qualcuno più sapiente di lui, certo di trovarlo. Aveva iniziato dai politici, ponendo loro innumerevoli domande, per scoprire che non erano certo sapienti: «Così» commenta «sono venuto in odio a loro».

Era quindi passato ai poeti, agli artisti, alle professioni più nobili della città; e, mettendo tutti in imbarazzo con le sue domande, se li era fatti nemici. E conclude:

> Questo è stato il risultato del mio esame. Coloro che erano i sapienti più famosi, man mano che portavo avanti la mia indagine, si rivelavano in difetto. Allora mi sono domandato se non fosse il caso di restare così com'ero, né sapiente della mia sapienza né ignorante della loro ignoranza. Questo aveva voluto dire l'oracolo: che l'unico a essere sapiente è il Dio, mentre la sapienza dell'uomo non vale

nulla. Dicendo che ero il più sapiente degli ateniesi, intendeva dire che il più sapiente di tutti è colui che, come me, ha riconosciuto che in realtà la propria sapienza non ha nessun valore.

Condanna e morte

L'arringa di Socrate si conclude tra gli accesi mormorii di una folla divisa.

È il momento di votare.

I gradi di giudizio sono due, uno subito successivo all'altro. Prima si decide se l'imputato sia colpevole, e se riconosciuto tale, gli si concede subito il diritto di replica, così da poter rivotare e confermare o meno la condanna.

La maggioranza è netta ma non schiacciante: in duecentottanta si pronunciano per la colpevolezza, duecentoventi sono quelli che lo ritengono innocente.

È evidente che Socrate ha spaccato in due la città, con le sue astrusità e le provocazioni; e forse è questa la vera colpa che gli ateniesi non gli perdonano.

Socrate stesso, del resto, ha sempre paragonato il proprio compito di filosofo a quello di un tafano che punzecchia continuamente il posteriore di un cavallo, spingendolo a muovere la coda; un paragone efficace ma poco lusinghiero per una *polis* che, a ragione, ha un alto concetto di sé.

Ora Socrate torna ad alzarsi davanti alle persone che l'hanno appena condannato. Ci si aspetta che provi a convincerle non di essere innocente, ma di non meritarsi la pena di morte.

La prassi è che chieda l'esilio, così da togliere l'incomodo, oppure, facendo leva sulla benevolenza della corte, proponga di commutare la pena in ammenda.

Ma anziché implorare clemenza, Socrate continua a proclamarsi innocente.

Anzi, sostiene, dato che la sua azione è stata soltanto benefica, non merita una punizione bensì un premio.

Chiede pertanto che la sentenza non sia mutata nel bando o in una multa, ma nella possibilità di soggiornare e pasteggiare al pritanèo.

I giudici sono scioccati dalla sfida.

Il pritanèo infatti è una specie di club esclusivo dove gli atleti più forti, i grandi poeti e, in generale, le persone che hanno portato lustro alla città hanno occasione di pranzare e intrattenersi.

È troppo anche per gli amici, che dal pubblico gli fanno cenno che sta esagerando; lui se ne accorge e per rispetto a loro e alle loro insistenze ritira la richiesta.

Ma non è finita: passi la multa, anche se ingiusta, ma che sia commisurata ai guadagni meritati nell'insegnare ai giovani. E poiché non si è mai fatto pagare, la cifra corretta non può superare una mina, 10 euro al cambio d'oggi.

L'unico risultato che ottiene è quello di spostare i voti a suo svantaggio; ora, a chiedere la sua morte sono trecentosessanta giurati.

Qualcuno anzi si stupisce che, su cinquecento ateniesi, ne siano rimasti ben centoquaranta dalla parte del filosofo che, fino all'ultimo atto della sua requisitoria, non ha fatto altro che ironizzare e provocarli.

Gli amici tuttavia non si rassegnano.

Appena Socrate viene condotto in una spoglia stanza che funge da cella, iniziano a progettare un piano di fuga.

Si procurano una barca e la tengono nascosta, pronta a salpare nottetempo, e quando vanno a trovarlo, uno di loro, Critone, lo esorta a evadere.

In fondo, gli dice, basta attraversare una baia per arrivare a Eleusi, la città che ha accolto i Trenta tiranni in fuga da Atene.

Socrate non potrebbe fare altrettanto?

No, non può, spiega a Critone.

La virtù specifica dell'uomo è svolgere il proprio compito, e questo compito consiste nel seguire la giustizia. Se anche la sua condanna è stata ingiusta, non la riparerebbe certo compiendo un'ulteriore ingiustizia, allo stesso modo in cui una persona che ha subito un torto non ristabilisce la giustizia compiendo un altro torto.

L'accettazione della morte, per Socrate, è la certificazione della propria virtù di uomo e di filosofo.

Trascorre l'ultima giornata discorrendo serenamente con gli amici, e quando si avvicina l'ora dell'esecuzione, al tramonto, va a fare un bagno; non vuole lasciare alle donne dei guardiani l'ingrato compito di lavare il cadavere di un vecchio.

Gli conducono i figli, ai quali raccomanda di comportarsi bene e coi quali chiacchiera fino all'arrivo del carceriere, che gli lascia accanto una coppa e gli dice:

> Socrate, in questo poco tempo ho capito che sei il più buono e il più gentile fra tutti i prigionieri che sono finiti qui. Per questo non voglio lagnarmi né causarti la ragione di maledirmi. Cerca di sopportare meglio che puoi il tuo destino.

Nella coppa c'è un liquido letale, un infuso ottenuto sminuzzando un'erba velenosa, la cicuta.

Socrate chiede che gliela passino; c'è ancora tempo, poiché il sole non è ancora del tutto tramontato; ma il filosofo sa che rinviando l'ineluttabile per pochi minuti non otterrebbe altro che rendersi ridicolo ai suoi stessi occhi, attaccandosi alla vita quando non gli è più concesso.

Prende fra le mani la coppa con un'espressione che sembra lieta.

La beve d'un fiato e poi si sdraia sulla branda.

Ha già ricevuto istruzioni; sa come funziona.

Il veleno colpisce prima le estremità, facendo perdere sensibilità ai piedi e poi alle mani, quindi risale lungo le gambe e le braccia fino ad arrivare al tronco; e, quando giunge al cuore, ecco la fine.

Gli amici si lamentano, singhiozzano, si disperano.

Socrate, immobile sul suo giaciglio, li conforta e li incita a comportarsi da uomini, lasciandolo morire con parole di lieto augurio.

Il carceriere gli si avvicina e gli pizzica un piede, chiedendogli se avverta dolore; Socrate risponde di no, e così, per pochi orribili minuti continua a toccarlo sentendo che gradualmente le sue membra si fanno sempre più fredde e insensibili.

Quando ormai l'intero suo corpo è rigido, ma la mente è ancora lucida, Socrate chiama a sé Critone con un cenno e gli sussurra: «Ricordati che dobbiamo un gallo a Esculapio».

Esculapio è il dio della medicina; il gallo è il sacrificio di ringraziamento per un'avvenuta guarigione.

L'ultimo messaggio del filosofo è chiaro: la morte libera l'anima, guarendola da quella lunga malattia che è la vita.

Critone ha compreso e gli domanda se abbia per lui altre disposizioni.

Ma Socrate non c'è più.

Con un tocco delicato delle mani, l'amico gli chiude per sempre gli occhi.

Alcibiade

Socrate muore a circa settant'anni, nello stesso modo in cui è vissuto, con il contatto e il conforto degli amici.

Una consuetudine che Platone descrive in una delle sue opere più celebri, il *Simposio*, raccontando di un dopocena durante il quale il maestro si trova a disquisire di un argomento tra i più complessi: l'amore.

Il parterre è di tutto rispetto: ci sono medici, pittori, poeti, intellettuali di ogni sorta.

C'è Agatone, autore tragico emergente, e non manca nemmeno Aristofane, che come sempre dà spettacolo.

Quando arriva il suo turno di spiegare cosa sia l'amore, è troppo impegnato a liberarsi lo stomaco dagli eccessi di cibo e alcol.

Poi si riprende e, tra le risate dei presenti, racconta che gli esseri umani, in origine, avevano quattro braccia, quattro gambe, due genitali, e camminavano rotolando.

La storia non ha ovviamente alcuna pretesa di verità, ma non ci sono dubbi sul suo effetto comico.

La versione di Socrate è ovviamente più complicata.

Secondo lui l'amore, Eros, è figlio di due divinità: Poros, ovvero l'espediente, e Penìa, ovvero la povertà, la mancanza.

Per questo l'amore vive di un continuo senso di privazione cui cerca di rimediare con stratagemmi più o meno articolati.

Ma nel bel mezzo del confronto, completamente ubriaco, fa irruzione uno dei discepoli favoriti di Socrate.

Anzi, qualcosa più di un semplice allievo.

Il suo nome è Alcibiade.

Giovane di illustri natali, figlio di un noto generale e politico, pupillo di Pericle, Alcibiade si fa notare per le sue doti di combattente durante la guerra del Peloponneso; ma si distingue anche per la disinvoltura con cui passa dal partito aristocratico a quello democratico e viceversa.

Cade in disgrazia nel 415 avanti Cristo, quando si fa promotore di una spedizione in Sicilia a favore di Segesta nella guerra contro Selinunte; l'obiettivo è espandersi nell'isola, conquistare Siracusa e da lì salpare verso l'Africa per sottomettere Cartagine.

Ma una notte, mentre gli ateniesi si preparano a salpare,

i suoi nemici mutilano tutte le statue di Ermes, accusandolo d'essere il responsabile dello scempio.

La spedizione parte ugualmente, ma sul capo di Alcibiade pende il processo che nel frattempo gli viene intentato.

Per questo, appena raggiunta la costa siciliana, fugge in Calabria con pochi uomini fidati.

Inizia così il suo grande voltafaccia.

Sapendo che in patria sarà sicuramente condannato e quantomeno esiliato, prima dà aiuto ai siracusani contro gli ateniesi.

Poi, per ottenere protezione, si rivolge ai primi rivali di Atene, gli spartani, i quali non credono alle loro orecchie nel sentirlo rivendicare che la sua è l'azione di un patriota e aggiungere:

> I peggiori nemici della patria non sono quelli che colpiscono apertamente il nemico, come voi; sono quelli che costringono gli amici a diventare nemici.

Alcibiade torna ad Atene solo otto anni dopo, quando la guerra contro Sparta sembra ormai perduta.

Ha un carattere complicato.

Un giorno, per strada, sferra un pugno a un ricco ateniese senza alcun motivo, giusto per fare il gradasso. Poi comprende d'avere esagerato e, qualche giorno dopo, si presenta a casa della vittima a schiena nuda, pronto a farsi fustigare.

Colpito dalla sua franchezza, l'uomo non solo lo perdona, ma decide di dargli in moglie sua figlia Ipparete, che gli rimarrà sempre fedele.

Non si può dire lo stesso di Alcibiade, il cui grande amore è proprio Socrate. Non va però scordato che nell'antica Grecia sono comuni le relazioni fra uomini di età diversa, con aspetti erotici e valenze educative.

Il maggiore per età è l'*erastès*, al quale compete un ruolo attivo sia nei rapporti che nell'insegnamento; il più giovane è l'*eròmenos*, che in entrambi i campi mantiene una posizione passiva.

Per Alcibiade è un vero e proprio colpo di fulmine.

Il filosofo anticonformista e sarcastico è l'unico uomo cui mostri rispetto, l'unico di cui tema il giudizio.

Di fronte a Socrate, lo sfacciato Alcibiade si trasforma in un agnellino; è innamorato, e non demorde quando il maestro gli nega i piaceri della carne, spiegandogli che in tal modo l'anima si esercita alla ricerca del bello, a trovare strumenti superiori per sopperire a quel senso di mancanza in cui consiste l'amore.

Non sorprende perciò che durante il dopocena Alcibiade si presenti e per di più ubriaco.

La scena ha del comico, poiché è talmente confuso da non accorgersi della presenza del maestro, che lo guarda con divertito imbarazzo.

Quando lo scorge, Alcibiade nota che è seduto accanto ad Agatone, giovane e avvenente tragediografo, ed esplode in una scenata scomposta.

Dopo di che, in preda ai fumi dell'alcol, si autonomina responsabile della serata e ordina che ognuno beva a oltranza.

Alla fine della nottata, quando tutti giacciono a terra ubriachi, Socrate se ne va ancora lucido, pur avendo brindato per ore.

Ad Alcibiade tocca la sventura di morire prima del maestro, nel 404 avanti Cristo, l'anno in cui ha fine la guerra del Peloponneso.

A nulla gli vale l'ultimo tentativo di mostrarsi utile ad Atene, conducendola in un'impresa disperata: inviare alcune navi a far da esca per gli spartani, per poi attaccarli con il resto della flotta.

Sono invece questi ultimi a cogliere di sorpresa gli ateniesi al largo di Nozio, un successo che anticipa la definitiva vittoria di Egospotami.

Alcibiade riesce a sopravvivere, ma la sua credibilità è ormai distrutta, e per punirlo viene tirata di nuovo fuori la faccenda delle statue mutilate.

Esiliato, senza più potere e appoggi, tenta un'ultima mossa: si rifugia in Frigia, confidando nel nuovo re persiano Artaserse, già alleato di Sparta e forse l'unico a non desiderare la sua morte.

Lo vogliono eliminare gli ateniesi, inveleniti dai suoi ripetuti tradimenti; i Traci dell'Europa orientale, contro i quali ha ferocemente combattuto; e infine gli stessi spartani, che vedono in Alcibiade l'unico demagogo in grado di risollevare le sorti di Atene.

Con tanti nemici e tanti moventi, la fine di Alcibiade rimane un mistero.

Probabilmente un ruolo decisivo lo gioca Lisandro, generale spartano, che corrompe il satrapo persiano Farnabazo II, affinché gli consegni Alcibiade, non importa se vivo o morto.

Farnabazo invia allora i suoi sicari, Susamitre e Bageo, a tendergli un agguato.

I due però temono la sua forza, e coinvolgono altri uomini.

Attendono che Alcibiade vada a riposare nella casa di legno in cui alloggia, e le danno fuoco.

L'uomo si sveglia al crepitare delle fiamme, afferra i vestiti, si ricompone alla bell'e meglio ed esce con la spada sguainata, fendendo la cortina di fuoco, per opporsi ai nemici.

Ma non c'è nessuno che lo aspetti per affrontarlo; vigliaccamente stanno tutti nascosti, con archi e frecce che scoccano da ogni direzione.

Alcibiade non ha scampo.

Solo ora i sicari escono allo scoperto e, sguainata la spada, gli mozzano la testa; così Farnabazo ha la prova certa che nessuno dovrà più preoccuparsi del più infido degli ateniesi.

14
Roma, cinque secoli di sangue

Un'interminabile scia di sangue segna la nascita di Roma, dall'atto della fondazione fino alla piena età repubblicana.

La stessa sua origine poggia su un crimine, l'omicidio con cui Romolo si sbarazza di Remo, un gesto che pare ripetersi all'infinito in una serie di crimini spietati e crudeli.

Fatti che si collocano a cavallo fra la cronaca e il mito, ma che gli storici raccontano con troppi particolari perché si tratti solo di invenzioni; e comunque ci parlano della familiarità col crimine dei Romani dei tempi arcaici, dove la pratica della violenza e l'uccisione è soluzione rapida e sbrigativa.

È il 753 avanti Cristo, e siamo sulla sponda meridionale del fiume Tevere, sul colle Palatino, uno dei sette rilievi che segnano il paesaggio della città.

Al momento, però, non c'è nessuna città.

Solo alcune capanne, abitate da contadini e pastori, costruzioni primitive presenti già prima dell'VIII secolo avanti Cristo.

Cosa cambia, dunque, nel 753 avanti Cristo?

Per convenzione, a partire da quell'anno, ha ufficialmente inizio il calendario romano, dove le date sono indicate *ab Urbe condita*, che significa «a partire dalla fondazione della città».

Per capirci, se Roma è stata fondata 753 anni prima della nascita di Cristo, significa che per il calendario romano Gesù è nato nel 753° anno *ab Urbe condita*.

Viene persino indicato un giorno preciso, in seguito celebrato come il «Natale di Roma», il 21 aprile.

Tutta questa precisione, eccessiva per un periodo storico così lontano, è decisamente sospetta.

Così come sembra troppo ben congegnata la voce secondo cui Roma sia il termine *amor*, amore, letto al contrario.

È un'idea che può sembrare affascinante: una città fondata sulla violenza e sulle lotte pare il contrario del bene, così come la guerra è l'opposto della pace.

L'ipotesi però non regge, e a dare il nome alla città è verosimile siano state circostanze più prosaiche.

Per esempio, il fatto che nei pressi scorra un fiume, il Tevere, e che in greco antico «scorrere» si dicesse «*rhuo*»: cosa che può avere portato a chiamare il fiume con il nome di Rumon, e da qui la scelta di Roma.

Oppure può essere vera la storia raccontata da Plutarco.

A organizzare il villaggio di capanne e a trasformarle in una città sarebbe stata una flotta di Greci, ben armata e valorosa. E poiché in greco «forza» si dice «*rhòme*», ecco il nome della città.

La versione più plausibile, tuttavia, è quella che riporta agli Etruschi, l'antico popolo stanziato fra Lazio, Toscana e Umbria.

Un termine ulteriormente addolcito in Roma.

Ed è proprio da una mammella che ha inizio la storia di Roma: quella di una lupa che, secondo la leggenda, allatta due gemelli abbandonati, Romolo e Remo.

È Romolo a fondare Roma.

E il suo primo gesto è trucidare il fratello.

Romolo e Remo

L'albero genealogico di Romolo e Remo prende avvio da Enea, il condottiero fuggito da Troia. Suo figlio Ascanio fonda Alba Longa, una città a circa dodici miglia dalla futura Roma.

Da lui discendono due fratelli, Amulio e Numitore: Amulio diventa re e, per evitare che la famiglia di Numitore generi eredi al trono, costringe la figlia del fratello, Rea Silvia, a farsi vestale e prendere voto di castità.

Ciò nonostante, la donna resta incinta; ci pensa il dio Marte che se ne invaghisce e la seduce nel tempio, cui hanno accesso solo donne.

Da Rea Silvia nascono due gemelli.

La madre li abbandona in una cesta, affidandola alle acque dell'altro fiume di Roma, l'Aniene. Il fiume straripa e la cesta finisce sul colle Palatino, ed è lì che entra in scena la lupa: l'animale sente il pianto dei piccoli, si impietosisce e li nutre del proprio latte.

L'immagine dei due seduti sotto la lupa e intenti a succhiarne le mammelle diventa così il simbolo di Roma.

Ma forse la lupa non è mai esistita.

Infatti i due bambini non possono crescere nutrendosi solo di latte animale; ce la fanno perché si imbatte in loro un pastore, Faustolo, che li affida alla moglie Acca Larenzia. Per arrotondare i magri proventi, la donna fa la prostituta, che in latino si dice appunto *lupa*.

È perciò probabile che un inelegante equivoco stia alla base dell'iconografia sulle origini di Roma.

Grazie all'aiuto del contadino e della prostituta, i due gemelli crescono forti e in salute e, raggiunta l'età adulta, decidono di spartirsi il territorio, tracciando un solco che lo divida.

Pensano in grande, vogliono farne una città, ma una città ha bisogno di qualcuno che comandi; quindi fra i gemelli si ripropone lo stesso problema sorto tra Amulio e Numitore, i discendenti di Enea.

Chi dei due dev'essere re?

Sono gemelli, quindi nessuno ha il diritto di primogenitura.

Quando vogliono dirimere questioni complesse, i Romani ricorrono alle divinità; interrogano il cielo in cerca di presagi e in base a questi prendono decisioni.

Romolo e Remo non si sottraggono alla regola.

Stabiliscono che diventerà re colui che abbia visto passare più uccelli di una data specie; nello specifico, avvoltoi, che evidentemente all'epoca abbondano nel Lazio.

Si sistemano uno di spalle all'altro, con in mezzo un solco tracciato nel terreno: Romolo guarda un lato del cielo, Remo quello opposto. Ed è più fortunato: davanti ai suoi occhi vede passare non uno, non due, ma ben sei avvoltoi!

Romolo, invece, per quanto si sforzi di fissare, non coglie nulla. Neanche un uccello solca l'azzurro, men che meno un avvoltoio.

È chiaro che, per gli dèi, tocca a Remo essere il re della città che si accingono a fondare.

Romolo, però, non si rassegna e ricorre a uno stratagemma. Quando i due fratelli si voltano, è Romolo a domandare a Remo quanti avvoltoi abbia visto.

«Sei» risponde Remo. Al che Romolo rilancia e, mentendo sfacciatamente, dice: «Io ne ho visti sette».

Remo non è ingenuo e sa che il fratello sta tentando di ingannarlo. Ne segue un alterco, uno scontro, con Romolo che intima al fratello di non oltrepassare il solco.

Remo però sa che un re è tale solo se ha dei sudditi che gli obbediscono, così decide di ribellarsi, e con un gesto di aperta provocazione salta a piè pari dal lato opposto.

È un attimo.

Romolo sguaina la spada e lo uccide seduta stante.

Così, con un fratricidio, Roma viene ufficialmente fondata.

È, se vogliamo dar retta al calendario romano, il 21 aprile del 753 avanti Cristo.

Il ratto delle Sabine

Cinque anni dopo la sua fondazione, Roma è ormai una vera città. Ha fortificazioni che la difendono, un sistema di coltivazioni che le permette di sopravvivere e un'essenziale, benché acerba, ritualità religiosa che venera il dio del grano, Conso.

Soprattutto, ha un numero discreto di abitanti, in larga parte giovani e forti come Romolo, quindi abili a combattere.

C'è tuttavia un problema: mancano le donne.

Senza donne non ci possono essere matrimoni e, cosa altrettanto scontata, non si possono fare figli.

Una città senza figli è destinata a scomparire, e Roma rischia di svanire in pochissimi anni.

Perciò Romolo decide di agire per via diplomatica.

Manda ambasciatori ai villaggi vicini, chiedendo in sostanza di stipulare un contratto di matrimonio collettivo.

Da un lato, i Sabini avrebbero ceduto le proprie figlie; in cambio, Roma avrebbe stretto alleanza con le famiglie d'origine, garantendo loro protezione.

In teoria, un vantaggio per entrambe le parti.

In pratica, i popoli a cui Romolo si rivolge lo prendono come un insulto, un tentativo di privarli delle compagne più attraenti.

Tito Livio dice che i popoli vicini rifiutano l'offerta per disprezzo e per paura: disprezzo, perché Roma è una città senza radici, che solo pochi anni prima era formata da qualche capanna attorno a un solco nel terreno.

Paura perché Roma ha dalla propria la giovinezza e il vigore dei suoi abitanti, le fortificazioni, le armi.

E del suo fondatore e leader, Romolo, si dice che sia figlio di Marte, il dio della guerra.

Meglio non averci a che fare.

Per i Romani lo smacco è enorme.

I più giovani sentono ribollire il sangue e propongono di passare alle maniere forti: invadere il territorio dei Sabini, uccidere i maschi, violentare le donne e distruggere ogni cosa.

Romolo sa che la sua città ha la capacità militare di compiere un atto del genere, ma teme si possa scatenare una guerra aperta, con Roma contro tutti.

Non è ancora il momento.

Per questo sceglie di adottare una strategia più sottile.

Come per scusarsi di una richiesta impudente, organizza dei giochi solenni in onore del dio Conso, la cui festa cade il 21 agosto.

Invita tutti gli abitanti dei villaggi vicini, auspicando vogliano portare con sé le famiglie.

Comprese le figlie.

Rispondono in tanti.

A sud di Roma, nella spianata della valle Murcia, giungono abitanti di tutti i territori circostanti: ci sono i Quiriti, scesi dal Quirinale, gli Antemnati, che vengono dalla confluenza fra Tevere e Aniene, e infine altre genti di tradizione più antica, come i Crustumini e i Ceninensi.

Soprattutto, ci sono i Sabini.

Occupano un vasto territorio nel centro della penisola italica, che va da Rieti alla provincia dell'Aquila. Sono una popolazione prospera e pia; il loro nome deriva da un termine arcaico che significa «fratelli», a testimoniare i valori condivisi dalla comunità.

I giochi iniziano in mezzo a una grande folla variegata, che per Romolo è già un segno di successo.

Ma non gli basta certo, perché il motivo per cui ha organizzato il raduno è un altro.

Al suo segnale, i Romani sguainano le spade e si lanciano sulle ragazze, trascinandole a sé e usandole come scudo davanti agli occhi sgomenti di genitori e fratelli.

I Sabini e gli altri sono colti di sorpresa; non possono intervenire, perché altrimenti rischierebbero di ferire le donne.

Decidono allora di ritirarsi, pensando a come vendicarsi.

È l'episodio che passa alla storia come il «ratto delle Sabine»: un rapimento di massa grazie al quale i Romani possono riprodursi e garantire a Roma un futuro che si rivelerà lunghissimo.

Sulle cifre degli ostaggi, ovviamente, gli storici non concordano.

Si va da fonti che parlano di trenta donne rapite, un numero comunque sufficiente per avviare una discendenza, a un massimo di ottocento, fatto che per Plutarco avrebbe garantito un'impennata demografica in pochi decenni.

Il ratto delle Sabine, tuttavia, non è uno stupro collettivo.

Non viene infatti esercitata alcuna violenza sessuale.

Ciò nonostante segna l'inizio di una lotta sanguinosa.

Tarpea

È un conflitto lungo e cruento.

Romolo ha gioco facile nello sconfiggere Antemnati, Crustumini e Ceninensi, ma il problema sono i Sabini, guidati da re Tito Tazio, forti del numero e del sostegno reciproco.

Un giorno, mentre i Sabini sono accampati appena fuori

le mura di Roma, il re scorge una ragazza attingere l'acqua da una sorgente.

Si chiama Tarpea, e suo padre Spurio è il guardiano del Campidoglio, una rocca a difesa della città.

Tito Tazio dimentica ogni rivalità e se ne innamora.

O almeno così parrebbe, visto che inizia a corteggiarla mostrandole gli anelli e i bracciali preziosi che indossa e che le promette in dono.

A un patto, però.

Tarpea deve aiutare i Sabini a conquistare il Campidoglio, guidandoli di notte attraverso qualche passaggio non custodito. Essendo la figlia del guardiano, sicuramente saprà come fare.

Una volta invasa Roma, Tazio ne sarebbe diventato il re, e Tarpea sua moglie e regina.

È chiaramente un inganno.

Fatto sta che quella notte la ragazza apre una piccola porta segreta e fa entrare i Sabini in Roma.

A questo punto, però, Tarpea pretende la propria ricompensa, e ciò che accade è controverso.

In ogni caso, la sua fine è terribile.

Penetrati in Campidoglio, Tazio le consegna i propri anelli e i bracciali. Di più, glieli lancia, così come fanno anche tutti gli altri Sabini. Poi passano a scaraventarle addosso i pesanti scudi, gli attrezzi, le armi, fino a schiacciarle il corpo e frantumarne le ossa.

Solo a fatica, svegliati dal frastuono, i Romani riescono ad avere la meglio sui nemici e a ricacciarli fuori città.

La guerra continua fino alla battaglia campale del lago Curzio, a est di Roma, verso il colle Oppio.

Quando i due eserciti già sono schierati l'uno di fronte all'altro e volano le prime frecce, ecco che però avviene l'inimmaginabile.

I militi romani e quelli sabini sentono delle grida, dei lamenti, che presto si trasformano in urla strazianti.

Le voci sono femminili, e appartengono alle donne che i Romani hanno rapito.

Mogli degli uni, sorelle o figlie degli altri, si gettano tra i due schieramenti, incuranti d'essere ferite; implorano i soldati, sorpresi dal loro comportamento, si inginocchiano, li chiamano con vezzeggiativi, li abbracciano e li baciano.

Mettono in campo tutto il loro amore per trovare una composizione tra la famiglia d'origine e quella d'adozione.

È un capolavoro diplomatico in cui solo le donne possono riuscire, convincendo gli uomini a non combattere per loro.

Colpiti dalla scena e dalla proposta, Romolo e Tito Tazio stipulano un accordo: Romani e Sabini saranno fratelli e si fonderanno in un unico popolo al comando congiunto dei due sovrani.

E al luogo dove viene firmato il patto solenne viene dato il nome di Via Sacra.

La morte di Romolo

Romolo probabilmente muore di morte violenta, ma la versione leggendaria è certo più affascinante.

Un giorno riunisce amici e alleati, i primi patrizi, che sono anche i condottieri del suo piccolo esercito nelle scaramucce con i popoli circostanti.

E proprio mentre li arringa, succede una cosa.

Ormai non è più un ragazzo: ha regnato per quasi quarant'anni. Roma si è popolata, ha iniziato a espandersi, ha stabilito le prime norme e usanze.

All'improvviso, mentre Romolo si sta rivolgendo ai suoi,

dal cielo proviene un suono terribile. Giunge da un'enorme nube apparsa all'improvviso che si sfoga su di loro inondandoli di pioggia e buio alternati a lampi fortissimi.

Dura pochi minuti.

Poi la nuvola scompare e di Romolo non c'è più traccia.

Si sparge la voce sia asceso al cielo tra la tempesta di fulmini, e lo si proclama dio.

Dio Quirino, che proteggerà la futura grandezza di Roma.

Plutarco crede però in un'altra versione: durante un alterco tra nobili, alcuni di loro ne approfittano per gettarsi addosso a Romolo e ucciderlo a tradimento.

Un gesto di inaudita gravità, perché il regicidio è anche un sacrilegio, dato che il re ha il divino ruolo di padre di tutti i Romani.

Timorosi delle conseguenze, i nobili decidono così di smembrarne il corpo. Lo tagliano in tanti pezzi quanti sono gli aggressori, e ciascuno di loro se ne infila una parte sotto gli abiti, così da potersi allontanare senza destare sospetti.

Quando il popolo domanda che fine abbia fatto il proprio re, ecco che i nobili possono rispondere che è salito in cielo, diventando il dio Quirino.

In fin dei conti, non è la prima volta in cui i patrizi approfittano della credulità dei plebei.

Né sarà l'ultima.

Gli Orazi e i Curiazi

Col passare del tempo, i rapporti fra Roma e il vicinato non migliorano.

A Romolo succede Numa Pompilio, e a questi Tullo Ostilio.

Potrebbe trattarsi di una coincidenza, ma il suo stesso nome richiama il concetto di *hostilitas*, ovvero di inimicizia, di animosità.

È infatti sotto il suo regno, dal 673 al 641 avanti Cristo, che Roma intraprende sempre più guerre d'espansione.

Combatte contro Veio, città etrusca poco lontano, poi contro Fidene.

Ma la vera sfida è quella contro Alba Longa.

Fondata da Ascanio, il figlio di Enea, poco dopo la distruzione di Troia, ospita la madre di Romolo, Rea Silvia, vestale proprio nel tempio di Alba Longa.

Fino a quando le due città sono di grandezza e potenza limitate, si ignorano. A un secolo dalla fondazione, però, Roma preme per dominare su territori sempre più vasti, e altrettanto ritiene di fare Alba Longa, retta da Mezio Fufezio.

La guerra sembra inevitabile.

Tullo Ostilio, il re di Roma, sta già preparando l'esercito; ma Fufezio ha un'idea per risparmiare un'inutile carneficina, che avrebbe danneggiato entrambi, indipendentemente dal vincitore.

Gli propone uno scontro «in miniatura»: non occorre che le truppe si affrontino, ne basta un campione limitato.

Alla fine, la scelta cade su due terzetti di gemelli: dalla parte di Roma i fratelli Orazi, da quella di Alba Longa i Curiazi.

Lo scontro dovrà essere all'ultimo sangue, e decreterà la città vittoriosa.

Orazi e Curiazi avanzano ordinati gli uni contro gli altri e cominciano a duellare con le spade. All'inizio le cose sembrano mettersi bene per Roma, quando a uno a uno i tre Curiazi restano feriti.

Tuttavia, è come se la vista del proprio sangue dia loro rinnovata energia; o forse a rianimarli è la prospettiva di vedere sconfitta la propria città, e l'ignominia cadere sulla propria famiglia.

I tre Curiazi riescono a uccidere il primo Orazio, poi il secondo. Dalla parte di Roma, ne resta soltanto uno.

È una lotta impari: Roma sta per essere conquistata, e la storia per cambiare il suo corso.

I Curiazi però non hanno considerato d'essere feriti, e che lo sforzo per uccidere due uomini li ha ulteriormente indeboliti.

Ad accorgersene è l'Orazio superstite che, anziché attaccare i nemici e cercare la rimonta, o morire da eroe, adotta una strategia che sconcerta i presenti.

Scappa.

Non è un atto di codardia, ma una tattica per far correre i tre nemici e sfiancarli; inoltre, in questo modo li divide.

Quando vede che i Curiazi sono ormai distanziati, si volta verso quello più veloce, l'uomo che nell'inseguimento gli è arrivato più vicino.

A questo punto, privo del vantaggio numerico e ferito, il primo dei Curiazi viene facilmente sopraffatto.

Naturalmente, dopo che si è fermato per combattere e ha lasciato il primo cadavere a terra, l'Orazio viene raggiunto dal secondo e affannato dei Curiazi. Senza nemmeno rinfoderare la spada, il Romano si volta verso di lui e lo trafigge.

Fuori due.

Ora, a decidere il destino delle città è un duello fra i sopravvissuti. L'inerzia della sfida si è però invertita, a tutto vantaggio di Roma.

Il terzo dei Curiazi è provato dalle ferite, dalla corsa e dalla perdita dei due fratelli, e colpirlo al collo è un gioco da ragazzi.

Roma ha vinto.

Il vincitore viene portato in trionfo.

Grazie alla sua resistenza e al suo piano astuto, Alba Longa è costretta ad accettare il dominio di Roma.

In città, però, c'è una persona che non è contenta: la promessa sposa di uno dei Curiazi, non è chiaro di quale dei tre gemelli, forse proprio dell'ultimo.

E la ragazza, per un tragico gioco della sorte, fa parte degli Orazi, sorella del gemello che ha garantito la vittoria di Roma.

Quando vede arrivare il fratello con addosso le spoglie sottratte al cadavere del fidanzato, scoppia in lacrime e invoca l'amato nella più cupa disperazione.

È una scena che stona con l'esultanza della città.

Ancora eccitato dalla visione e dall'odore del sangue dei nemici, l'Orazio freme per lo sdegno.

Come osa sua sorella disonorare la famiglia piangendo per un nemico della patria?

La affronta di petto e le grida: «Se ami tanto il tuo fidanzato, se lo ami più dei tuoi fratelli e della tua patria, raggiungilo immediatamente».

Estrae la spada ancora arrossata dal sangue dei nemici e, davanti alla folla, la pianta nel ventre della sorella, ferendola a morte.

È una scena raccapricciante ma, soprattutto, è un delitto compiuto in piena luce. A commetterlo, tuttavia, è proprio il soldato il cui coraggio ha salvato Roma.

Come risolvere la questione?

Per dibatterla, viene istruito un processo.

La pubblica accusa mette l'Orazio di fronte all'omicidio disumano che ha compiuto, trafiggendo una donna che non rappresentava alcuna minaccia.

A sua difesa però si alza lo stesso padre.

Quest'uomo, Publio Orazio, ha perso nel giro di poche ore due dei suoi tre figli e la figlia femmina.

Trova tuttavia la forza di dichiarare che, fosse dipeso da lui, avrebbe punito la ragazza con la morte.

E avrebbe avuto il diritto di farlo: infatti la legge romana, sin dai tempi arcaici, si fonda sul concetto di *patria potestas*.

Il padre ha diritto di vita e di morte sulla discendenza.

Perciò, è la sua argomentazione, il giovane vittorioso non ha fatto altro che anticipare con la propria foga una morte che sarebbe stata legittimamente cagionata dal padre.

Su questo principio l'Orazio viene assolto, e il giovane che ha ucciso sua sorella resta nella storia come l'eroe che ha salvato Roma.

Mezio Fufezio

E ad Alba Longa?

Di certo non sono contenti d'essere stati sconfitti dai Romani e ridotti a passare da fieri nemici a docili alleati.

Meno di tutti è soddisfatto il re Mezio Fufezio.

Eppure anche lui deve fare buon viso a cattivo gioco, quando Tullo Ostilio gli comunica che l'esercito di Alba Longa deve unirsi al suo per sedare l'ultima ribellione di Fidene e di Veio.

Fufezio pensa che, forse, quella è la sua grande occasione. Potrebbe sfilarsi dalla battaglia e far confluire i propri uomini nell'esercito dei ribelli, così da provare tutti uniti a sconfiggere i Romani.

Ma la sfida fra Orazi e Curiazi gli ha già mostrato quanto sia pericoloso dare Roma per sconfitta.

Opta allora per una strategia attendista.

Se ne va su una collina lì vicino e osserva la battaglia per capire chi sta avendo la meglio.

L'allontanamento del re provoca subbuglio tra gli uomini di Alba Longa, e molti si mettono a seguirlo. Tullo Ostilio se ne accorge e cerca di volgere la situazione a proprio vantaggio.

Urla ai suoi che la mossa di Fufezio è concordata: è stato lui stesso a dire agli Albani di spostarsi per aggirare il nemico.

È una notizia falsa, ma sortisce l'effetto sperato.

I Romani non perdono la calma, mentre l'esercito ribelle si sbanda e viene facilmente travolto.

Con sadismo, Tullo Ostilio spinge i soldati nemici verso il Tevere, così da porli di fronte a una scelta radicale. O gettarsi tra le onde e annegare, o restare sulla riva ed essere massacrati dalle spade.

Solo qualcuno riesce faticosamente a passare sulla sponda opposta, dopo essersi liberato della pesante armatura.

Mezio Fufezio, intanto, vista la piega che ha preso la battaglia, si rimette alla testa dei suoi uomini inseguendo i ribelli superstiti. Per mostrarsi fedele ai Romani, anzi, organizza una vera e propria caccia all'uomo finendo anche quei pochi che sono riusciti a salvarsi dalle acque.

A sera, la battaglia è finita: la vittoria di Roma è nettissima, e a tutti pare che l'aiuto di Alba Longa sia stato decisivo.

Perciò, quando al mattino dopo Tullo Ostilio convoca sul campo entrambi gli eserciti, c'è aria di festa.

Nessuno si aspetta che, invece, il re di Roma presenti un violentissimo atto d'accusa.

«Il nostro alleato» annuncia «ci ha tradito.»

Lo stupore dei soldati è tale che quasi nessuno si accorge che ha usato il singolare. È però lo stesso Tullo Ostilio a spiegare che i soldati albani sono innocenti, perché hanno fedelmente seguito il loro re senza sapere quali fossero i suoi piani.

A violare l'alleanza è stato solo Mezio Fufezio. I soldati di Alba Longa non meritano di essere puniti.

Perciò Tullo Ostilio proclama che, da quel momento, Roma e Alba Longa saranno una cosa sola. Il confine fra le due città cadrà, e gli Albani saranno a pieno titolo cittadini di Roma, con gli stessi identici diritti dei Romani.

Non così felice è la sorte di Mezio Fufezio.

Poiché ha cercato di separare Roma da Alba Longa, viene ripagato con la stessa moneta.

Prima viene spogliato e flagellato a lungo, poi legato mani e piedi a due carri trainati da cavalli spinti a galoppare in direzioni opposte.

Tullo Ostilio

Dei sette re di Roma, tre muoiono di morte naturale: Numa Pompilio, Anco Marzio e Tarquinio il Superbo, quest'ultimo da tempo esiliato dai suoi stessi sudditi, dopo l'istituzione della repubblica.

Di due invece si narra di una scomparsa sovrannaturale.

Uno, come abbiamo visto, è Romolo.

L'altro è Tullo Ostilio, il re guerriero.

Nel suo caso, tuttavia, la morte non comporta una leggendaria ascensione al cielo, ma una punizione.

Pare infatti che gli dèi siano adirati con Tullo Ostilio per la gran quantità di guerre che intraprende e che distolgono i cittadini dall'onorare i culti religiosi.

Fatto sta che dal cielo arrivano segnali piuttosto chiari: nel senso letterale del termine, visto che un giorno sull'esercito romano iniziano a piovere pietre di buone dimensioni.

Poiché Tullo Ostilio prosegue nella sua politica guerrafondaia senza battere ciglio, il passo successivo è una pestilenza. Tullo Ostilio si limita tuttavia a sostituire i soldati ammalati con nuove leve, e allora gli dèi sono costretti a far ammalare anche lui.

Fiaccato dal morbo, Tullo Ostilio comprende di doversi riconciliare con le divinità; ordina allora ai sacerdoti di compiere sacrifici a Giove, così da poter continuare a combattere.

L'iniziativa finisce per rivelarsi controproducente.

Giove si arrabbia per la testardaggine del re e gli scaglia un fulmine sulla casa, incenerendo lui, la famiglia, i servi e l'intera abitazione.

Dopo oltre trent'anni, nel 641 avanti Cristo, termina così il lungo regno di Tullo Ostilio.

Questa almeno è la versione ufficiale.

Perché, come nel caso di Romolo, è altamente probabile che l'intervento divino sia una pietosa bugia per coprire una più banale congiura.

La versione ci arriva da Dionigi di Alicarnasso, uno storico del I secolo avanti Cristo.

Secondo lui, l'esasperazione per le continue operazioni militari di Tullo Ostilio non infastidisce tanto gli dèi quanto gli uomini, i suoi sudditi.

Ma come disfarsi di un re sempre circondato da guardie del corpo?

Bisogna colpire in un momento in cui è indifeso, tranquillo a casa propria, e disarmato.

A guidare la macchinazione è Anco Marzio, nipote del vecchio re Numa Pompilio.

Anco Marzio aspetta che Tullo Ostilio sia nella sua abitazione a compiere un sacrificio a Giove. Non solo: agisce in una giornata buia e tempestosa, così che il rumore della pioggia e dei tuoni copra quello dei passi dei congiurati, e che la debole luce dei lampi non consenta di scorgerli.

Appare all'improvviso, estrae la spada e uccide prima Tullo, poi i figli che avrebbero potuto ereditarne il trono, la moglie, i servi e chiunque possa riferire l'accaduto.

Infine, per occultare ogni traccia, dà fuoco alla casa e attende poco lontano che tutto venga ridotto in cenere.

Solo a quel punto inizia a piangere e a disperarsi, correndo in strada a dare la notizia che l'ira di Giove si è abbattuta sul re, che un fulmine ha centrato la dimora di Tullo Ostilio.

I Romani eleggono re Anco Marzio, che governa per venticinque anni prima di morire di una qualche malattia ignota.

Tarquinio Prisco e Servio Tullio

Ad Anco Marzio, nel 616 avanti Cristo, succede lo straniero Tarquinio Prisco.

Di lontane origini greche, precisamente corinzie, arriva a Roma dalla città etrusca di Tarquinia, da cui prende, con ogni evidenza, il nome.

È un buon re, abile nelle riforme che aggiornano l'esercito e le istituzioni, oltre che saggio nell'amministrare la giustizia.

Proprio questa caratteristica gli costa la vita.

Accade infatti che due pastori gli chiedano di essere ricevuti per dirimere una disputa sulle loro greggi.

Solo un re come Tarquinio Prisco può dar loro retta, anziché passare il trascurabile problema a un semplice funzionario.

Tarquinio invece li ascolta.

Sente le ragioni dell'uno, poi si volta a sentire quelle dell'altro. Non si aspetta che il pastore cui dà le spalle, in quel momento, afferri la scure che porta alla cintola e gliela pianti nel mezzo del cranio, uccidendolo sul colpo.

È un altro piccolo giallo dell'antichità: si è trattato del raptus di un miserabile che temeva di vedersi dare torto o dell'accurata messinscena di due finti pastori assoldati per un omicidio su commissione?

Alla fine si scopre che, dietro l'uccisione, c'è un complotto ordito dai figli di Anco Marzio, che sperano di prendersi il trono.

Ma non hanno fatto i conti con gli eredi di Tarquinio Prisco.

Due sarebbero i figli naturali: l'arrogante Lucio Tarquinio e il pacifico Arrunte Tarquinio.

C'è però anche un successore designato, di fatto suo figlio adottivo: Servio Tullio.

Un giorno, mentre il piccolo Servio Tullio sta dormendo, la madre adottiva Tanaquil nota che dalla testa del bambino si sprigionano delle fiamme.

Allarmata, cerca di spegnerle con l'acqua, con il risultato che quelle si levano ancora più alte, mentre Servio continua beatamente a riposare.

È chiaro che la creatura è dotata di poteri straordinari, e l'intricata situazione relativa alla successione al trono viene risolta con un compromesso: Servio Tullio, ormai adulto, diventa re di Roma, in virtù delle sue caratteristiche sovrannaturali; le sue figlie vanno in sposa ai due figli di Tarquinio Prisco, così da fondere le famiglie.

Il problema è che i matrimoni sono mal combinati: Tullia, la moglie di Arrunte Tarquinio, in realtà è innamorata di Lucio Tarquinio.

Poco male.

Entrambi spregiudicati, i due innamorati si sbarazzano dei rispettivi coniugi e si sposano fra di loro.

A Servio Tullio desta qualche sospetto il fatto che i due siano rimasti vedovi a pochissima distanza l'uno dall'altra, ma non ha prove della loro malafede.

Un errore fatale: quel matrimonio è la fine del suo regno.

Tullia, infatti, inizia a provocare Lucio Tarquinio, sostenendo che debba prendere il posto di Servio Tullio: gli spetta di diritto, essendo figlio naturale di Tarquinio Prisco.

Pur di diventare moglie del re di Roma, Tullia è disposta a vedere suo padre esiliato o morto.

Lucio Tarquinio si lascia convincere.

Si presenta all'assemblea dei nobili romani e, sfacciatamente, si siede sul trono prima ancora che arrivi il re.

Da lì inizia una vera e propria arringa contro le politiche del sovrano, fino a che Servio Tullio non appare e, con fermezza, gli ordina di abbandonare la stanza.

Lucio Tarquinio gli risponde che non ci pensa proprio, mentre l'assemblea si divide tra i sostenitori del re in carica e quelli del pretendente al trono.

Nella confusione, Lucio Tarquinio afferra Servio Tullio e lo getta dalle scale del palazzo.

Servio Tullio si rialza e cerca di fuggire verso casa.

Non sa che in strada ci sono due sicari che lo stanno aspettando; quando lo vedono arrivare, gli si parano innanzi, sguainano i pugnali e lo ammazzano lasciando il cadavere insanguinato riverso sulla strada.

Ad assoldare i sicari, però, non è stato Lucio Tarquinio. È stata Tullia. Poco dopo la figlia di Servio esce di casa in carrozza per raggiungere il marito nel palazzo dell'assemblea e godersi il suo trionfo. Nel tragitto, però, il cocchiere si ferma all'improvviso.

C'è un ostacolo che non sa come superare.

È il cadavere di Servio Tullio, che giace di traverso.

Tullia osserva la scena e poi, con brutalità, ordina al cocchiere di passarci sopra. I cavalli prima e poi le ruote della carrozza montano sul corpo senza vita di Servio Tullio, spezzandogli le ossa.

Lucio è proclamato sovrano.

Per le sue atrocità passa alla storia come Tarquinio il Superbo.

Destituito, è l'ultimo re di Roma.

Muzio Scevola

La repubblica ha inizio nel 509 avanti Cristo, ma la politica che persegue non cambia rispetto al tempo dei sette re: rispettare la morale dei padri, praticare il culto degli dèi, e soprattutto espandere quanto possibile i propri domini.

Per questo il primo nemico della repubblica è Porsenna,

re etrusco chiamato a combattere contro Roma da Tarquinio il Superbo, che vuole riprendersi il trono.

Porsenna vive a Chiusi, nell'attuale provincia di Siena.

Da lì arriva fino a Roma e la stringe d'assedio.

A sua difesa i Romani mettono tutto il coraggio e le energie che possiedono.

Orazio Coclite, un condottiero guercio che discende dalla famiglia dei tre Orazi, è il protagonista di un gesto a dir poco eroico.

Gli Etruschi avanzano verso Roma cercando di passare sul ponte Sublicio; per bloccarli, i Romani pensano di demolirlo ma prima hanno bisogno di qualcuno che contenga l'avanzata del nemico, rallentandola.

Tito Livio racconta che la resistenza viene affidata a tre nobili, Spurio Larcio, Tito Erminio e, appunto, Orazio Coclite.

Quando però l'operazione è pressoché compiuta, e c'è il rischio di non poter rientrare, restando in mani ostili, Orazio Coclite incita gli altri due a lasciarlo solo: per rallentare l'avanzata nemica basta e avanza lui.

Un po' recalcitranti, alla fine i due accettano.

Orazio Coclite resta a combattere da solo fino a quando il ponte è distrutto e la situazione disperata; solo allora si getta in acqua e, con ogni probabilità, annega, sacrificando la propria vita per la patria.

Superato il primo ostacolo, ecco che gli Etruschi si trovano a fronteggiare un altro eroe: si chiama Gaio Muzio Cordo, anch'egli parte dell'aristocrazia romana.

È giovane, impetuoso, e quando il Senato si riunisce per decidere come risolvere il problema dei viveri che iniziano a scarseggiare, Muzio chiede la parola e dichiara che l'unica soluzione è uccidere Porsenna.

Un mormorio di stupore corre fra i senatori, tanto maggiore quando Muzio propone di portare lui stesso a compimento il piano.

La famiglia di Muzio è infatti di origine etrusca.

Lui parla la loro lingua, quindi può confondersi con l'ambiente.

Si infiltra nell'accampamento nemico proprio mentre Porsenna, affiancato dal suo fedele scriba che tiene i registri dei conti, sta distribuendo la paga ai soldati.

Di soppiatto, Muzio sbuca fra i tendaggi e pianta il pugnale nella schiena di Porsenna, uccidendolo.

O almeno così crede: perché, tradito dall'impeto, anziché accoltellare il sovrano etrusco ha colpito lo scriba.

Inevitabilmente, viene arrestato e interrogato. Porsenna in persona gli annuncia che verrà giustiziato, ma Muzio solleva la mano destra e gli dice che non gli interessa: «Questa, Porsenna, è l'importanza che i Romani danno al proprio corpo», e la infila nel braciere che riscalda la stanza del sovrano.

Porsenna è impressionato da un coraggio tanto grande, e allora promette a Muzio di lasciarlo libero. A un patto: dovrà rivelargli lo stato della difesa romana.

Muzio, con grande sangue freddo, gli rivela: «Io sono uno dei trecento giovani romani che ha giurato di ucciderti. Se anche morirò, ce ne saranno altri duecentonovantanove pronti ad agire».

Se l'è inventato di sana pianta.

Solo lui, Muzio, ha il coraggio di rischiare la vita per uccidere l'uomo che assedia Roma.

Tuttavia Porsenna, intimorito dalla prospettiva, decide di levare le tende e tornare a Chiusi.

In realtà, di lì a non molto, Porsenna capirà l'inganno e tornerà a Roma in forze, conquistandola e dominandola per un breve periodo su cui gli storici si tengono vaghi.

Ma, grazie al gesto del giovane patriota, Roma avrà guadagnato un eroe destinato a diventare proverbiale: l'uomo disposto a «mettere una mano sul fuoco».

Quando rientra a Roma, Muzio ha la mano destra completamente carbonizzata.

Da allora verrà chiamato Scevola, che significa «mancino».

Attilio Regolo

Degli innumerevoli personaggi che hanno fatto la storia della Roma repubblicana, il più simile a Muzio Scevola è Attilio Regolo.

Siamo qualche tempo più in là, nel III secolo avanti Cristo. Roma è impegnata nella prima guerra punica, il primo di tre conflitti che li oppone ai Cartaginesi. Sono un popolo semita, di origine fenicia ma stabilitosi nel Nord Africa.

Combattere contro Cartagine, che oggi sarebbe in Tunisia, significa lottare per la supremazia nel Mediterraneo: Roma ormai governa l'intera penisola, dalla pianura padana alla punta della Calabria; i Cartaginesi, oltre al Nord Africa, comandano il sud della Spagna, la Sicilia, la Sardegna e la Corsica.

È uno scontro equilibrato e a guidare i Romani c'è Attilio Regolo, che qualche anno prima, da console, ha comandato le truppe alla conquista della Puglia.

Regolo viene nominato nuovamente console nel 256 avanti Cristo, quando la prima guerra punica dura ormai da otto anni. Con fatica, Roma è sbarcata in Sicilia, in Sardegna e in Corsica.

Decide allora di tentare il tutto per tutto e di invadere direttamente il Nord Africa, il territorio di Cartagine.

È la prima campagna d'Africa.

I soldati di Attilio Regolo sbarcano nella città tunisina che oggi si chiama Kelibia e, da lì, avanzano lungo la costa occidentale, fino a occupare Tunisi.

L'incursione ha successo, Roma ha vinto, ma Attilio Regolo commette un errore: vuole strafare contro quel nemico che ha osato resistere tanto a lungo contro il potere di Roma; quindi impone delle condizioni di pace talmente severe da risultare inaccettabili.

Ricompattati dall'umiliazione, i Cartaginesi riprendono le ostilità e schierano tutto il loro esercito contro le truppe, ormai in disarmo, di Attilio Regolo.

Ne consegue una sconfitta disastrosa.

Regolo è riuscito a perdere una guerra che aveva già vinto. Dopo averlo catturato, i Cartaginesi lo tengono prigioniero per cinque anni; poi, convinti di averlo sfiancato, gli propongono un accordo di pace. L'ex console risponde che non può sottoscriverlo senza avere consultato il suo popolo.

I Cartaginesi allora decidono di mandarlo a Roma.

Ne va del suo onore: se Attilio Regolo convince i Romani a firmare il trattato di pace, resta libero; se invece non ce la fa, giura di tornare a Cartagine e consegnarsi come prigioniero a chi l'ha sconfitto.

L'interesse privato di Attilio Regolo è dunque tutto dalla parte della pace. Tuttavia, il suo ruolo politico gli impone di perseguire anzitutto l'interesse pubblico.

Dopo la campagna in Africa, e soprattutto dopo cinque anni di prigionia, conosce bene lo stato in cui versa Cartagine. Sa che, nonostante la rocambolesca vittoria che ha ottenuto, la città nemica non può permettersi un nuovo, lungo conflitto contro una potenza militare come quella romana.

Perciò, di fronte al Senato, Attilio Regolo non parla a favore della pace. Parla a favore della guerra. Anziché convincere i Romani a firmare il trattato, li esorta a continuare a combattere.

Poi, dopo che li ha convinti, opta per una morte da valoroso.

Tiene fede alla parola data, si imbarca e torna a Cartagine, dove annuncia ai nemici che la guerra continuerà.

I Cartaginesi, che erano convinti di avere la situazione in pugno, perdono il controllo e decidono di vendicarsi, sospettando sia stato lui stesso a sostenere la causa della guerra.

Attilio Regolo non oppone resistenza.

In una giornata di sole splendente, viene condotto su una collina dove gli vengono tagliate le palpebre, così che non possa mai chiudere gli occhi.

Lo tengono fermo, costringendolo a guardare fisso il sole.

Poi lo infilano in una botte dove sono stati conficcati lunghi chiodi, quindi un soldato cartaginese dà un calcio al contenitore irto di punte, facendolo rotolare lungo il fianco della collina.

Il gesto di Attilio Regolo rimane il simbolo dell'eroismo romano e dell'asprezza dello scontro coi Cartaginesi.

Le tre guerre puniche impegneranno Roma per più di cent'anni, dal 264 al 146 avanti Cristo, e termineranno con la totale distruzione di Cartagine, rasa al suolo e data alle fiamme.

15
Lisia

Delitto d'onore ad Atene

Come in tutte le città del mondo e in ogni periodo, anche nell'antica Atene accadono storie che nascono dai desideri più squallidi e finiscono nel sangue.

Se ne siamo a conoscenza, è spesso grazie alle arringhe di accusa e difesa che ci sono giunte più o meno integralmente.

Uno dei casi più celebri è quello di Eufileto, un tranquillo e onesto cittadino ateniese, che vive dei proventi dell'agricoltura.

Con sua moglie, Eufileto si comporta in modo rispettoso; la mantiene come dispone la legge, ma insieme le concede spazio, limitandosi a un controllo relativo se paragonato a quello di altri ateniesi della stessa classe sociale.

Ancor più libera la lascia dopo che nasce il loro primo bambino.

Non solo: le affida l'amministrazione dei beni familiari, oltre alla gestione della casa, e la donna si dimostra una madre amorevole e una massaia oculata.

Tutto va per il meglio, fino a che la madre di Eufileto non viene a mancare, e alla morte seguono i funerali, cui la nuora, naturalmente, è invitata.

È in questa circostanza che Eratostene, un giovane benestante, la nota e si mette in testa di sedurla.

Non c'è modo di avvicinarla durante le esequie, ovvio, ma Eratostene non demorde; scopre chi è la serva di famiglia, e riesce a corromperla per pochi spiccioli.

In cambio, la serva porta alla moglie di Eufileto messaggi d'apprezzamento che alla donna non spiace affatto ricevere.

La casa di Eufileto è disposta su due piani, perfettamente simmetrici. Al superiore, ci sono le stanze per gli uomini; sotto, il gineceo, la zona per le donne.

È lì che sua moglie va a stare col piccolo, così da non rischiare di inciampare ogni volta che c'è da affidarlo alla balia, perché lo lavi o lo allatti.

Inutile dire cosa pensi Eratostene della sistemazione.

In quegli spazi, con la complicità della serva, incontra la sua preda, e dopo averla sedotta una prima volta, le occasioni non si contano più.

Fino al giorno in cui Eufileto torna in anticipo dalla campagna.

Si sente stanco e si corica, mentre la moglie scende di sotto.

Nel bel mezzo della notte, Eufileto sente del trambusto e il cigolio della porta di casa.

Un attimo e la moglie gli compare davanti sostenendo d'essere uscita perché la lampada s'era spenta, e così era andata a disturbare i vicini per prendere un po' d'olio.

Sono parecchie le cose che non tornano, compreso il fatto che la donna è truccata, ma Eufileto preferisce tacere.

Ci rimugina, certo, tuttavia pian piano i sospetti svaniscono, come brutti pensieri dovuti alla stanchezza.

Fino a che un giorno, per strada, qualcuno lo chiama per nome e gli fa cenno di volergli parlare.

È una vecchia, e a mandarla è una donna ateniese, di cui non fa il nome.

La vecchia spiega: «Tua moglie ha un amante. Si chiama Eratostene di Oe. Anche la donna che mi manda è stata la sua amante, prima di venire abbandonata per tua moglie. Eratostene fa così con tutte: le seduce e poi le lascia».

Eufileto è sbalordito.

È la conferma dei sospetti di qualche tempo prima, che ha preferito mettere da parte frettolosamente.

Ma ancora non è convinto.

Come fa la vecchia a sapere una cosa del genere?

E perché pensa che lui debba crederle?

La vecchia se la ride.

«Chiedi alla serva» gli suggerisce «e vedrai che se la costringi ti racconterà tutto, per filo e per segno.»

Tornato a casa, Eufileto cerca di mantenere la calma.

Alla moglie non rivela nulla del suo turbamento; dice invece che deve andare al mercato per alcune spese e ordina alla serva di seguirlo.

La serva, tuttavia, si accorge presto che quella non è la strada per il mercato.

Eufileto la porta invece a casa di Sostrato, un parente con cui è in ottimi rapporti e del quale si fida ciecamente.

Gli chiede di lasciarlo solo con la donna cui dice: «So tutto di mia moglie e del suo amante. Preferisci dirmi la verità o continuare a far finta di niente e venire gettata in acqua con una macina da mulino appesa al collo?».

L'uccisione di Eratostene

Terrorizzata, lei ammette tutto.

Racconta che Eratostene l'ha seguita per strada, le ha consegnato messaggi per la padrona, si è introdotto nella loro casa e, approfittando della divisione fra i piani, si è coricato più volte con lei.

Finita la confessione, si getta ai suoi piedi e implora che il padrone non la punisca troppo severamente.

Lui acconsente, ma a due condizioni.

La prima è che la serva faccia finta di nulla, l'altra è che lo informi quando Eratostene conta di tornare da sua moglie, così da poterli cogliere in flagrante.

Qualche sera dopo, Eufileto invita Sostrato.

I due cenano da soli al piano degli uomini; Sostrato si congeda presto, perché sfinito dal lavoro.

Nella notte, la serva bussa alla porta di Eufileto, per avvisarlo della presenza di Eratostene.

Allora il padrone le ordina di togliere il chiavistello da tutte le porte del piano inferiore, così che basti spingere per aprirle, ed esce di casa.

Va a chiamare Sostrato, e poi chiunque incontri per strada, chiedendo di fargli da testimone.

Incuriosito, un drappello di ateniesi raccattati a caso lo segue, dopo avere acceso alcune fiaccole per illuminare la via.

Raccomandando il silenzio, conduce tutti al piano inferiore, sulla soglia della camera di sua moglie.

Spinge lentamente e...

Eratostene è nudo, sdraiato accanto a lei.

Il seduttore, colto di sorpresa, fa per alzarsi in piedi, ed è così, in questa posa più ridicola che minacciosa, che i testimoni lo colgono.

La situazione è inequivocabile.

Eufileto si fa avanti e gli domanda: «Perché sei in casa mia?».

Senza attendere la risposta, gli tira un pugno, poi gli lega le braccia dietro la schiena, affinché non scappi.

Eratostene, uomo di mondo, sulle prime non si scompone.

Ammette di avere una relazione con sua moglie e propone a Eufileto di sistemare la faccenda.

In fondo, la legge non prevede che il seduttore possa ottenere il perdono pagando al tradito una congrua somma? A Eratostene i soldi non mancano, e a Eufileto di sicuro possono far comodo.

L'offeso però rifiuta ogni risarcimento.

La paura si impossessa allora di Eratostene, che si getta in ginocchio e inizia a implorarlo: «Ti prego, non uccidermi!» urla.

Ma Eufileto rimane impassibile.

Soppesando a una a una le parole, davanti a quell'uomo nudo e all'accozzaglia di testimoni un po' scioccati e un po' divertiti, dice: «Non ti ucciderò io, ti ucciderà la legge. Tu hai calpestato la legge che proibisce l'adulterio, perché ritenevi più importante il tuo piacere. Anziché obbedire alla legge, hai preferito gettare il disonore su mia moglie, sulla mia casa e su di me».

Eratostene è nudo, inginocchiato, immobilizzato, indifeso.

Non può scappare perché la porta è bloccata dal gruppetto dei testimoni.

Eufileto estrae un coltello e, davanti agli occhi inorriditi dei presenti, uccide Eratostene.

Così una banale storia di adulterio diventa un intricatissimo caso di omicidio, compiuto pubblicamente.

Di lì a poco, infatti, i parenti di Eratostene intentano causa contro Eufileto, con l'accusa di avere ucciso un uomo senza motivo, visto che Eratostene aveva proposto un accordo economico previsto dalla legge.

Per essere assolto, Eufileto ha una sola strada.

Provare d'avere agito in maniera legittima, e dimostrare che la legge gli consentiva di uccidere l'amante di sua moglie per difendere il proprio onore.

Come funziona il processo

Il caso di Eufileto è intricato soprattutto per la complessa trafila necessaria ad avviare un processo nell'antica Atene.

La giustizia ateniese, per prima cosa, non prevede procedure d'ufficio per perseguire i reati, non importa quanto gravi.

È sempre la parte lesa, o chi per essa, a citare in giudizio l'accusato e a individuare le leggi che ritiene siano state infrante.

L'ordinamento giuridico ateniese distingue due tipi di reati e, quindi, di processi: quelli contro gli interessi privati e quelli contro gli interessi pubblici.

Nel secondo caso, la vittima che sollecita un processo può essere uno qualsiasi dei circa duemila cittadini ateniesi.

I magistrati si limitano all'*anakrisis*, ovvero alla gestione burocratica della fase istruttoria.

Quanto ai tribunali, sono presieduti dall'eponimo quando riguarda questioni di diritto privato; mentre nelle questioni di interesse collettivo tocca al tesmoteta.

Infine, se il processo è di natura religiosa, presiede direttamente l'arconte; poiché il sacrilegio è il reato più grave, a vigilare viene chiamato il magistrato di grado più elevato.

Assai raro è il ricorso alla carcerazione preventiva.

Il magistrato di turno si limita a convocare le parti, raccogliere i documenti che presentano, prendere atto della lista dei testimoni per poi chiudere tutto in una cassetta e fissare la data del processo.

La data, e non le date: nell'antica Atene le lungaggini della giustizia sono sconosciute, e i processi durano un solo giorno.

Ciascuna delle parti dispone al massimo di mezz'ora per esporre le proprie ragioni, e una decina di minuti per replicare a quelle dell'avversario.

Tutto qui.

Dopo il confronto diretto, si passa al giudizio.

Che non spetta però ai magistrati ma direttamente ai cittadini chiamati a far parte dell'assemblea giudicante, di fatto una giuria popolare; istituita all'inizio del VI secolo avanti Cristo da Solone, il grande legislatore di Atene, quest'assemblea si chiama Eliea.

Possono farne parte tutti i cittadini incensurati al di sopra dei trent'anni d'età. Vengono estratti a sorte e viene corrisposto loro un obolo, cioè un compenso occasionale.

Contrariamente alle attuali giurie popolari, non è concesso loro di riunirsi, e ciascuno dei prescelti vota secondo coscienza.

In caso di assoluzione, il processo termina e tutti vanno a casa o, più probabilmente, a fare quattro passi nell'agorà per commentare il risultato.

In caso di condanna, ci sono due possibilità.

Una è che la legge non preveda una specifica punizione per quel tipo di reato: allora si vota di nuovo per stabilire come perseguire il colpevole.

L'alternativa è che la legge preveda una pena specifica.

In tal caso si procede, più o meno direttamente, alla condanna.

Delitti e castighi nell'antica Grecia

La legge ateniese è, in concreto, consuetudinaria, e i fatti di sangue sono spesso giudicati da un tribunale speciale, l'Areopago, che prende il nome da una rupe sull'acropoli, nei pressi del Partenone.

Lì, per la prima volta un omicida è stato sbrigativamente condannato, scaraventandolo nel vuoto.

Col passare dei secoli, vengono istituiti altri tre tribunali speciali: uno per l'omicidio legittimo, uno per il non volontario e l'istigazione, e uno fuori Atene, per giudicare l'uccisione di chi già si trovava in esilio.

Quello davanti a cui compare Eufileto è il primo: il Delfinio, chiamato a giudicare i crimini di cui è possibile dare una giustificazione.

Va detto che Eufileto rischia grosso.

Quando si tratta di comminare pene capitali, ad Atene non si va tanto per il sottile.

Uno dei supplizi in uso ha il complicato nome di *apotympanismos*, e prevede due varianti.

La meno dolorosa comporta che il condannato venga ripetutamente colpito con un enorme randello, fino a che non muore.

L'altra è certo più impressionante.

Si tratta di una specie di crocifissione: il colpevole viene issato su un palo, a cui viene assicurato tramite un collare di ferro e degli arpioni.

Il corpo viene poi lasciato penzolare, esposto all'attacco degli animali selvatici, sferzato dalle intemperie, fiaccato da fame e sete fino a che il cuore smette di battere.

La pena tocca ai traditori, tra cui rientrano gli adulteri, ma anche ai malfattori, gruppo che può comprendere gli omicidi.

La vicenda di Eratostene ed Eufileto, avvenuta nel V secolo avanti Cristo, può essere intesa solo facendo un passo indietro: la legislazione ateniese, infatti, vive un momento di svolta circa due secoli prima, quando le norme vengono riordinate e codificate dal grande legislatore Dracone.

Il principio che anima Dracone è che la risposta ai crimini non debba essere lasciata nelle mani dei cittadini, che possono eccedere o, viceversa, mostrarsi troppo moderati.

Dev'essere la *polis* a farsene carico, secondo un complesso di pene commisurate al delitto: di fatto la proposta di

Dracone è una grande sistematizzazione della vendetta di Stato.

Ciò tuttavia si rivela, alla lunga, controproducente, perché nel volgere di breve si impone l'idea che a ogni delitto corrisponda una pena.

E che questa sia talmente oggettiva e univoca da poter essere messa in atto anche dai privati cittadini.

È il principio al quale si rifà Eufileto, colpendo a morte l'uomo che ha sedotto sua moglie, perché la legge lo prevede.

Dracone, fra l'altro, è il primo a distinguere i vari tipi di omicidio.

L'omicidio premeditato viene punito con la morte mentre all'involontario tocca l'esilio.

Resta il caso dell'omicidio legittimo, quello in cui Eufileto pretende di rientrare.

Gli omicidi legittimi sono di quattro specie: l'uccisione di un avversario durante una lotta, purché avvenuta accidentalmente; l'uccisione di un soldato nemico in guerra, o, se del proprio stesso esercito, dovuta a un errore; la legittima difesa, ovvero l'omicidio di un aggressore criminale; infine, l'uccisione dell'uomo che ha commesso adulterio con la moglie, la figlia, la sorella o la madre dell'omicida.

È proprio questo il caso in cui rientra la complicata storia di Eufileto.

Per venire assolto, deve dimostrare di non avere compiuto un delitto, ma di avere messo in atto, autonomamente, la vendetta già prevista dallo Stato.

Adulteri e traditori

L'adulterio, nell'Atene antica, è definito col termine *moicheia* e, secondo le leggi draconiane, è un reato che merita la morte.

Il responsabile può anzi essere condannato per direttissima, se sorpreso in flagrante, dalla stessa persona tradita: dove, per persona tradita, non si intende solo il marito ma anche un qualsiasi altro parente il cui onore sia stato leso dall'adulterio. Un padre, un fratello, un figlio.

A costoro, l'arcaica legge di Dracone assicura di non rischiare una condanna per omicidio.

È, di fatto, l'invenzione del delitto d'onore.

Al marito, però, tocca l'obbligo di ripudiare l'infida donna.

Se un uomo non allontana la moglie che l'ha tradito, secondo la legislazione ateniese si macchia lui stesso di un reato e viene colpito dall'*atimia*, vale a dire la perdita dei diritti che gli spettano come cittadino.

E all'adultera cosa succede?

Se l'accusata è una schiava la si può mettere alla ruota, spezzandole le ossa; se invece è moglie di un cittadino, il supplizio più probabile è la precipitazione, l'altra grande pena capitale tipica dell'antica Grecia.

Se ne conoscono due versioni, chiamate *barathron* e *katapontismos*.

Il *barathron*, il baratro, non è che una voragine in cui viene gettato il criminale, mentre il *katapontismos* ne rappresenta la versione, possiamo dire, «acquatica». In questo caso il condannato non viene gettato nel vuoto, ma in un corso o una distesa d'acqua con un peso al collo, che lo zavorra mortalmente.

In realtà sarebbe più corretto definirle ordalie che condanne.

La precipitazione viene infatti inflitta per reati che riprendono in senso lato il concetto di tradimento, non solo sessuale, ma anche politico.

È la pena delle persone inaffidabili.

Poiché la fiducia costituisce il sacro legame fra esseri umani, ed è spesso vincolata a giuramenti, il tradimento di qualsiasi genere va considerato un sacrilegio.

Pertanto, tramite la precipitazione da una rupe o in acqua, il condannato si confronta con il giudizio divino.

Se sopravvive, significa che gli dèi lo hanno ritenuto innocente, e quindi nessuno ha diritto di torcergli più un capello.

Se però il condannato si sfracella o annega, allora il giudizio degli dèi è inequivocabile: ciò per cui è stato condannato è un sacrilegio.

Non è stato ucciso perché colpevole, ma è colpevole perché è stato ucciso.

Il logografo

Il fatto che nell'antica Atene non vi siano giudici di professione significa che, all'epoca, la giustizia non fa parte di un percorso autonomo di studi.

Non esiste la figura dell'esperto delle leggi, che giudica in base alla loro conoscenza astratta, per poi applicarla in concreto.

Di conseguenza, durante il processo conta solo la ricostruzione degli eventi.

Ciascuna delle parti in causa presenta la propria versione e fornisce alla giuria popolare tutte le informazioni che ritiene rilevanti.

Non solo: è sempre la parte a dover far riferimento alle leggi che ritiene opportuno citare a proprio vantaggio, insieme ai documenti che trova utili.

Può dunque capitare che, durante un processo, chi accusa si rifaccia ad alcune norme e chi si difende ad altre di senso opposto.

La giuria, invece, non si rifà a nessuna legge.

Si limita ad ascoltare e a decidere chi dei contendenti abbia ragione.

Il dibattito è pertanto il momento fondamentale del processo. Ognuno, presentando le proprie argomentazioni, punta a convincere la giuria di essere dalla parte del giusto.

Ovviamente, per farlo, ricorre a qualsiasi mezzo, cercando di dimostrare d'essere una persona corretta, che paga le tasse e sacrifica agli dèi; e che naturalmente questo non vale per la parte avversa, dipinta nel peggior modo possibile.

Chi accusa, così come chi si difende, è chiamato a parlare in prima persona con un'unica eccezione, riservata a chi non possiede lo status di cittadino: donne, stranieri e schiavi non possono intervenire a pieno diritto in tribunale, neanche quando sono direttamente coinvolti.

Perciò al loro posto parla il tutore legale, la persona da cui dipende, economicamente e giuridicamente, la loro vita.

È ovvio che non tutti sono in grado di preparare adeguatamente un'orazione tribunalizia.

Perciò si sviluppa una figura particolare, quella del logografo.

Il termine deriva da due parole che spiegano esattamente in cosa consista il suo ruolo: *graphein* significa «scrivere», mentre *logos* sta per «discorso».

Il logografo è perciò colui che viene pagato da chi deve presentarsi in tribunale, affinché gli scriva l'orazione d'accusa o di difesa.

L'incontro fra il logografo e il cliente è molto simile a quello che oggi avviene fra un avvocato di fiducia e il suo assistito.

Il primo chiede al secondo un'esposizione degli eventi più chiara possibile; poi, intorno a essi, costruisce un'argomentazione suddivisa in tre parti.

Prima c'è il tentativo di presentare la versione più vantaggiosa dei fatti, facendo riferimento ai documenti o alle leggi in vigore che più possono fare gioco.

Quindi si passa alla sistematica ricostruzione della vita del cliente, che talora rasenta l'agiografia; infine, si chiude con la *diabolè*, la descrizione in maniera assolutamente denigratoria della controparte.

Il compito del logografo è dunque duplice: curare l'immagine del cliente davanti alla giuria e convincere i giurati che la propria versione dei fatti è l'unica credibile.

E, di conseguenza, quella vera.

Inutile dire che l'opinione del logografo non conta.

A un bravo autore di orazioni tribunalizie non interessa essere d'accordo con il proprio cliente o meno; non deve neanche essere convinto della sua innocenza o della colpevolezza della parte avversa.

Il logografo non pensa, scrive.

O meglio, pensa nella misura in cui escogita stratagemmi per la miglior difesa di chi lo paga.

Del resto, non appare mai in tribunale, in quanto è sempre il suo cliente a dover parlare.

Neanche al cliente, del resto, importa nulla di cosa pensi il logografo, a quali principi morali si ispiri o a quale corrente politica appartenga.

Gli interessa soltanto che sia bravo.

E, possibilmente, non troppo costoso.

È per questo che Eufileto, per ottenere ragione in tribunale, si rivolge a uno specialista di cui si dice un gran bene e che ha bisogno di denaro.

Una scelta azzeccata, perché nel giro di pochi anni sarà destinato a diventare uno dei più grandi oratori di ogni tempo.

Questo logografo si chiama Lisia.

Lisia: vita di un oratore

La famiglia di Lisia ha origini siracusane e il padre Cefalo è il primo a nascere ad Atene, dove ha impiantato una bottega d'armi.

Cefalo è un meteco, ovvero un immigrato naturalizzato dopo che la città ha riconosciuto che ci vive in maniera stabile e ci lavora onestamente.

Tuttavia, non possiede gli stessi privilegi degli ateniesi, a cominciare dal diritto di voto nelle assemblee.

Per giunta, paga più tributi: in particolar modo il *metoikion*, una tassa di soggiorno vitalizia piuttosto sgradevole.

Viste le sue origini, di Lisia sappiamo molto poco; nemmeno la data di nascita, che gli storici stimano tra il 459 e il 443 avanti Cristo.

A quindici anni, insieme al fratello Polemarco, viene mandato a Thurii, una colonia della Magna Grecia dove studia retorica sotto il maestro Tisia.

Aderisce alla corrente filosofica dei sofisti, menti abbastanza colte e intelligenti da essere in grado di dimostrare una teoria e il suo contrario.

Una caratteristica che gli tornerà utile nella futura professione.

Tornato ad Atene, prova ad aprire un'accademia di retorica, ma scopre che una cosa è fare l'oratore, un'altra è essere in grado di insegnarlo.

La sua scuola non ha grande successo (i giovani vanno tutti dal suo rivale, tal Teodoro di Bisanzio), e allora Lisia si concentra sulla carriera di logografo.

Vende le proprie parole a chi ne ha bisogno per attaccare o difendersi in tribunale.

E si fa rapidamente un nome.

Passa un brutto periodo fra il 404 e il 403 avanti Cristo, quando i Trenta tiranni assumono il potere politico ad Atene accanendosi sulle famiglie straniere, compresa la sua.

Lisia si schiera dalla parte dei democratici e fornisce loro due strumenti decisivi: le armi, visto il mestiere del padre, e la propaganda, grazie al proprio talento oratorio.

Quando la democrazia viene ripristinata, nel 403 avanti Cristo, fa domanda di cittadinanza ma viene beffato: la burocrazia è ottusa in tutti i secoli, e il suo modulo di richiesta viene respinto per via di un vizio di forma.

Quanto meno, però, Lisia riesce a ottenere l'*isotelìa*, il diritto di non pagare più tasse rispetto ai cittadini ateniesi, pur restando formalmente un meteco.

Anche perché, economicamente, Lisia non se la passa benissimo. I Trenta tiranni hanno requisito tutti i beni della sua famiglia, e i democratici, non si sa se per malafede o, anche qui, per una burocrazia troppo intricata, gliene restituiscono solo una parte.

Trovare sempre più clienti per i quali scrivere orazioni diventa così una priorità assoluta.

Tutti i discorsi che ci sono arrivati sono compresi fra il 403 e il 380 avanti Cristo; poi di Lisia si perdono le tracce, e anche la data della sua morte, avvenuta fra il 380 e il 361 avanti Cristo, è incerta.

Le orazioni di Lisia

La stessa incertezza l'abbiamo sul numero di orazioni che Lisia compone.

E non è che gli storici dell'epoca ci vengano in aiuto.

Dionigi di Alicarnasso parla di 233 discorsi, cifra già notevole, ma Plutarco, pur in uno scritto di dubbia attribuzione, arriva al numero poco attendibile di 425.

È pur vero che molte saranno andate perdute, trattandosi di lavori destinati a un uso immediato, ma quel che è certo è che oggi disponiamo di 34 orazioni scritte di suo pugno, la prima delle quali, e forse la più famosa, è proprio quella in difesa di Eufileto.

Le sue arringhe si basano su un paio di principi, che tornano a ogni occasione: la descrizione degli avvenimenti è veloce e gradevole, e magistrale è la sua capacità di ritrarre i protagonisti della vicenda, seminando qua e là fatterelli utili al cliente che potrebbero non essere mai accaduti.

In altre parole, trova sempre dettagli che descrivono un soggetto o una situazione meglio delle roboanti figure retoriche usate dai colleghi.

Non stiamo parlando di verità, ma di verosimiglianza, e qui sta il talento di Lisia: fosse nato ai nostri tempi, anziché un logografo sarebbe stato un grande romanziere.

Dionigi di Alicarnasso racconta fosse capace di far passare il vero per falso e il falso per vero, con le giurie che non riuscivano più a capirci nulla.

Probabilmente è un'esagerazione, anche perché non conosciamo il risultato di tutte le orazioni scritte da Lisia.

Di certo, però, col passare del tempo la fama che lo circonda supera perfino il risultato del suo lavoro. O, se preferite, il risultato del suo lavoro è frutto della fama che lo circonda.

Se ne accorgono perfino i clienti, come dimostra un curioso aneddoto tramandato da Plutarco.

Un uomo si rivolge a Lisia per un'orazione da presentare in tribunale.

Il grande oratore scrive il testo e glielo consegna affinché lo studi e lo impari a memoria.

Ma il cliente, dopo poco, torna da Lisia e gli dice: «Il discorso non mi piace. La prima volta fila benissimo, ma più lo rileggo meno mi convince».

Al che, anziché irritarsi, Lisia gli risponde sorridendo: «Non preoccuparti. Tanto i giudici dovranno ascoltarlo solo la prima volta».

La giustificazione dell'omicidio

Nell'orazione in difesa di Eufileto, è facile distinguere due livelli di scrittura.

Uno riguarda la ricostruzione degli eventi, ed è frutto della testimonianza di Eufileto, che Lisia rivede correggendola qua e là per renderla più convincente agli occhi della giuria.

L'altro è quello in cui viene portata avanti una sottile argomentazione allo scopo di giustificare il crimine commesso: dimostrare la piena legittimità dell'uccisione di Eratostene, il rispetto della legge nell'eliminarlo e anzi la necessità di dare la morte a un seduttore compulsivo, in quanto nemico dell'ordine sociale su cui si regge Atene.

E, su questo livello, Eufileto non c'entra nulla: si limita a recitare ciò che Lisia ha pensato e scritto al posto suo.

Lo stratagemma di Lisia è far leva sullo sdegno dei giudici popolari, e visto che non sono specialisti, richiamare alla loro mente cosa prevede la legge, e perché Eufileto ha esercitato un suo diritto uccidendo Eratostene.

A sostegno presenta due fatti: il primo è che da sempre e in tutta la Grecia l'adulterio viene ritenuto una delle più gravi offese a un uomo e alla comunità cui appartiene.

Il secondo è che l'unico movente di Eufileto è stato riparare all'oltraggio.

Dice Eufileto, imbeccato da Lisia: «Il mio compito è dimostrarvi che Eratostene andava a letto con mia moglie dopo averla sedotta, disonorava i miei figli e oltraggiava me introducendosi furtivamente nella mia casa. Fra me e lui non c'era nessun altro motivo di astio. Non ho commesso quest'azione per avidità, né per diventare ricco. Non intendo ottenere nessun vantaggio che non sia la giusta vendetta, ovvero quella riconosciuta dalla legge».

E a questo punto, con un colpo di scena, nel bel mezzo dell'orazione, l'omicida chiede che il *grammatèus*, una specie di cancelliere, reciti la legge di cui Lisia ha recuperato una copia.

Viene fermata la clessidra che calcola il tempo rimanente per l'arringa e il *grammatèus* declama la norma secondo cui chi commette adulterio introducendosi in casa di qualcuno lede l'onore del tradito.

Poi quella per cui fra gli omicidi meritevoli di pena capitale non rientra il caso di chi, trovando la moglie a letto con qualcuno, si vendica uccidendolo.

Infine, la regola secondo cui chi violenta una donna non deve essere punito con la morte.

Quest'ultimo passaggio crea qualche perplessità, ma Lisia ha preparato un altro colpo a effetto.

Il suo assistito infatti riprende: «La legge ha voluto che i violentatori ricevano una pena minore dei seduttori, perché i violentatori danneggiano il corpo, ma i seduttori corrompono l'animo. Sottraggono le mogli all'affetto dei mariti. Le influenzano nell'amministrazione della casa. Prendono così possesso di tutti i beni del tradito, rubandogli il denaro e sottraendogli l'educazione dei figli. Per questo sono dei ladri; e, per i ladri, la legge prevede la morte».

Un'esclamazione di meraviglia percorre la giuria.

Eufileto continua: «Se invece riteneste che gli adulteri non meritano la pena di morte, spingereste quindi i ladri a essere anche adulteri. Se uno si introducesse in casa di qualcuno per rubargli del denaro, allora gli converrebbe andare a letto con sua moglie! Perché come ladro sarebbe condannato a morte, ma se dimostra di essergli entrato in casa per commettere adulterio allora ne avrebbe salva la vita».

L'ipotesi della premeditazione

La giuria inizia a prendere le parti dell'omicida.

Lisia lo ha previsto, perciò alza ulteriormente la posta.

Finora ha dimostrato che Eufileto ha compiuto un delitto d'onore, uccidendo Eratostene in modo giustificato dal fatto che l'adultero, per legge, deve morire.

Così facendo, ha solo anticipato l'azione della legge.

Ora però bisogna dimostrare che Eufileto non ha commesso un omicidio premeditato, reato per cui è prevista la pena di morte.

Non è facile riuscirci.

Eufileto ha di fatto teso un agguato a Eratostene, chiedendo alla serva d'essere avvertito per tempo.

Quindi ha pianificato l'omicidio?

In realtà no, spiega l'oratore.

Anzitutto, dice Lisia per bocca di Eufileto, sarebbe stato un agguato se lui avesse chiesto alla serva di attrarre Eratostene in camera della moglie. Eratostene invece si è presentato spontaneamente, ed Eufileto si è limitato a riceverne notizia.

Poi, ha agito d'impulso.

E a riprova del fatto gli torna utile Sostrato.

I due parenti e amici, infatti, la sera del delitto hanno cenato insieme. Eufileto dice quindi alla giuria: «Ebbene, pensate che se avessi premeditato un omicidio per quella sera avrei invitato Sostrato a mangiare da me, col rischio che la cosa andasse per le lunghe? Non potevo sapere in anticipo che fosse stanco e volesse andare a dormire presto».

E aggiunge: «Anzi, se avessi voluto tendere un tranello a Eratostene avrei magari chiesto a Sostrato di restare, per essere in due contro uno. E invece lui è tornato a casa sua, e sono andato a chiamarlo come testimone solo dopo avere saputo che l'amante di mia moglie era in casa mia».

Pezzo per pezzo, l'orazione di Lisia smonta l'ipotesi della premeditazione.

Se il delitto fosse seguito a un tranello, Eufileto avrebbe poi chiamato un gran numero di testimoni allertandoli durante il giorno, non recuperando poche persone a caso e col buio.

Se l'omicidio fosse stato premeditato, Eufileto si sarebbe fatto affiancare da gente armata, magari qualche servo, non da un'accolita di curiosi.

La clessidra viene fermata di nuovo: a uno a uno, tutti i presenti al delitto vengono chiamati a testimoniare, e confermano la versione di Eufileto.

La giuria ormai sembra convinta.

E Lisia si gioca la carta del paradosso.

A escludere la premeditazione è lo stesso comportamento della vittima.

Infatti, argomenta Eufileto, adulterio a parte, Eratostene è stato corretto nei suoi confronti.

Non ha mai rivelato il rapporto con sua moglie, né gli ha mai fatto causa in modo pretestuoso.

Insomma, Eufileto non ha mai avuto un movente per eliminare Eratostene, se non lo sdegno alla visione di quell'uomo nudo nel letto di sua moglie.

La giuria è conquistata, ma c'è ancora spazio per il tocco finale.

Quello presentato potrebbe sembrare un fatto privato e non una questione di più ampio respiro; con il richiamo al rispetto delle leggi e dell'onore come cardine per la pacifica convivenza, Lisia batte per la prima volta su quello che diventerà il suo cavallo di battaglia: l'idea che la concordia è ciò che consente a una società di sopravvivere, e l'uccisione di chi commette un reato grave è l'unica difesa contro la distruzione della *polis*.

Perciò anche un privato cittadino ha diritto di farsi giustizia, quando agisce nell'interesse della società.

Finita l'orazione, i giurati pongono i loro sassolini nell'urna per il voto.

Eufileto viene assolto.

Il suo omicidio è ritenuto legittimo.

L'uccisione di Polemarco

Un'unica volta Lisia si presenta a esporre un'orazione, chiedendo la condanna di chi ha ucciso suo fratello Polemarco.

Anche in questo caso, non si tratta di una questione puramente familiare; Lisia agisce infatti anche con un obiettivo politico.

Come già accennato, l'oratore appartiene a una famiglia di meteci naturalizzati, e tra il 404 e il 403 vive un anno terribile.

È l'anno dei Trenta tiranni, dittatori di un regime oligarchico creato con il supporto di Sparta e destinato a durare solo otto mesi.

Otto mesi durante i quali, tuttavia, vengono compiute le peggiori nefandezze; e fra le vittime di violenza, rastrellamenti e sequestri ci sono gli stranieri che fino ad allora hanno vissuto ad Atene pacificamente.

Come Lisia e i suoi parenti.

Nell'orazione che ha composto, si scaglia contro un solo tiranno, che curiosamente porta anch'egli il nome di Eratostene.

Accusarlo, per Lisia, non significa solo ottenere giustizia per il fratello, ma richiamare gli ateniesi alle leggi che hanno fatto grande la città.

Quello contro Eratostene è un processo contro la tirannide e l'arbitrio.

«I Trenta tiranni» afferma Lisia «consideravano cosa da

niente far uccidere delle persone, ritenendo fondamentale solo il proprio arricchimento.»

E per sostenerlo racconta l'episodio che lo ha coinvolto: per far bottino, i tiranni decidevano di fermare dieci cittadini alla volta, ma volendo salvare le apparenze, due di loro li sceglievano poveri, usandoli come specchietto per le allodole.

Agli altri otto, ricchissimi, sequestravano ogni bene.

Nelle retate, una volta, era caduto anche Lisia.

Gli scagnozzi dei tiranni erano entrati nella bottega di armi e da lì avevano fatto irruzione in casa, cogliendolo a cena con alcuni ospiti.

Allontanati i commensali, avevano consegnato Lisia a uno dei Trenta, Pisone.

L'oratore, ben sapendo come l'uomo fosse più interessato ai soldi che alla giustizia, gli aveva proposto d'essere rilasciato in cambio di una cospicua somma.

A Pisone l'accordo andava bene e, coi suoi soldati, aveva accompagnato Lisia affinché prendesse quanto pattuito dal forziere di famiglia.

Peccato che la cassa contenesse ben più del valore concordato, almeno il triplo.

Il tiranno ne era stato ben felice, e approfittando dell'insperata fortuna, si era preso tutto.

A nulla erano valse le rimostranze di Lisia, che gli fosse lasciato almeno l'indispensabile alla sopravvivenza in esilio.

Niente da fare.

Pisone era uscito con Lisia incatenato e lo aveva portato nella casa di Polemarco, poco lontana, così da requisire anche i beni del fratello.

Poi aveva affidato Lisia a un altro dei Trenta tiranni, Teognide, affinché lo custodisse, tradendo così la parola data.

Lisia, per sua fortuna, conosceva bene la casa familiare.

Nella confusione aveva approfittato della distrazione di Teognide per darsi alla fuga, riparando nella casa di un amico.

Una volta al sicuro Lisia si era preoccupato per le sorti del fratello, e le notizie non lo avevano confortato.

Polemarco era stato visto con Eratostene, che lo aveva arrestato e lo stava conducendo in carcere.

Non lo avrebbe più rivisto.

Lisia si era imbarcato per Megara, in attesa che la situazione si placasse.

Polemarco, invece, era stato costretto a togliersi la vita proprio come Socrate, bevendo una coppa di cicuta.

Ma i tiranni non si erano limitati a questo.

Non avevano restituito il cadavere ai parenti, gettandolo senza indumenti in una catapecchia.

Poi avevano dato ordine di sequestrare tutto ciò che era appartenuto alla famiglia di Polemarco, compresi gli orecchini che la mano criminale di Melobio, altro tiranno, aveva strappato dalle orecchie di sua moglie.

Una quantità incredibile di crimini, e Lisia aveva giurato che non sarebbero andati impuniti.

Quando era rientrato ad Atene, dopo il ripristino della democrazia, aveva mosso causa a Eratostene, affrontandolo con la sua vibrante e commovente testimonianza.

Eratostene, il tiranno

L'accusa, per il tiranno Eratostene, è di omicidio.

Agli occhi di Lisia va ritenuto colpevole perché esecutore materiale dell'arresto che ha portato alla morte per cicuta, ed è dunque direttamente e individualmente responsabile dell'accaduto.

La difesa di Eratostene è molto semplice, e farà scuola

nei processi intentati ai tiranni, anche a distanza di secoli e millenni.

Argomenta di non aver agito su proprio impulso, ma perché condizionato dagli eventi, che la responsabilità non è sua ma è da attribuirsi, in generale, alla dittatura.

Quando parla di Eratostene, Lisia utilizza il termine *prothymos*: significa «dotato di indole violenta», «propenso a commettere violenza».

Sostenendo che Eratostene è violento, Lisia non si limita a contestargli un comportamento, che la parte avversa potrebbe negare di aver adottato o attribuire al clima sociale del momento.

A quel punto, la giuria si sarebbe trovata a dover decidere fra la parola di Lisia e quella di Eratostene.

No, Lisia descrive il tiranno come «propenso alla violenza» proprio per insinuare nella giuria l'idea che si tratti di una sua caratteristica essenziale, qualcosa che inevitabilmente lo porta a compiere azioni violente.

In questo modo, una volta convinti i giurati che l'indole di Eratostene è violenta, sarà non solo facile convincerli del fatto che ha commesso dei crimini, ma che qualsiasi sua azione è votata alla prevaricazione.

Pertanto, anche l'arresto e la successiva condanna a morte di Polemarco rientrano in questo disegno criminoso che è l'intera vita da tiranno di Eratostene: una *character assassination* in piena regola.

Il confronto diretto fra i due uomini è serrato.

Dalla tribuna, Lisia punta l'indice contro il nemico e gli domanda: «Hai arrestato tu Polemarco?».

Sì, risponde l'altro.

«E ti trovavi nella sala insieme agli altri tiranni quando è stato deciso di procedere agli arresti.»

La risposta è di nuovo sì.

«Ed eri d'accordo con la loro condanna a morte?»

Eratostene risponde di no, perché si era opposto.

«Quindi non credevi che la condanna fosse giusta?»

Eratostene risponde che, secondo lui, era ingiusta.

Lisia allora alza il tono della voce e, richiesto che Eratostene taccia, parte all'attacco: «Allora perché non hai fatto niente per salvarci? Perché hai materialmente condotto tu Polemarco in carcere, dopo averlo incontrato per strada? Pensi di essere una persona onesta solo perché ti sei opposto alla condanna a parole, ma non coi fatti?».

Non conosciamo l'esito del processo.

A proprio vantaggio Lisia aveva un'argomentazione molto forte: era assurdo che Eratostene si difendesse dicendo di avere agito su ordine dei Trenta tiranni, quando lui stesso ne faceva parte.

Ma, d'altro canto, Eratostene poteva contare su alcuni elementi che lo scagionavano, a cominciare dai testimoni che confermavano il suo voto contrario alla condanna a morte di Polemarco.

Resta però che, con queste due orazioni, Lisia ha stravolto il comune sentire riguardo all'omicidio dei suoi tempi.

Da un lato dimostrando che esistono casi, come quello dell'Eratostene adultero, in cui l'uccisione può essere giustificata dalla legge anche quando è brutalmente inflitta a un uomo supplice e disarmato.

Dall'altro rivendicando che esistono casi, come quello dell'Eratostene tiranno, in cui dare la morte non può essere giustificato anche se disposto dalla legge voluta da chi governa in quel momento.

Da cosa deriva la disparità?

Non certo solo dall'opportunismo di Lisia, al quale preme che il suo cliente Eufileto venga assolto e che il suo nemico tiranno venga condannato.

La discriminante sta nella «concordia».

Su di essa, secondo Lisia, deve basarsi la giurisprudenza in materia di delitti di sangue. Se a essere ucciso è qualcuno che è causa di discordia e crea dissapori nella società, quell'omicidio è giusto.

Ma se a uccidere è qualcuno che mette a rischio la concordia, lacerando il tessuto sociale, come nel caso dei Trenta tiranni, l'omicidio non può mai essere giustificato.

La concordia è la suprema legge.

16
L'omicidio nel mito

Edipo

Se non l'omicidio più famoso della storia, è certo quello che più di ogni altro ha incuriosito psicologi e scienziati della mente.

Eppure, è un omicidio mitologico, difficile sia davvero avvenuto, ma esprime qualcosa di talmente profondo e radicato da apparire mostruosamente vero.

Perché ci racconta della parte più profonda e oscura di noi, quella zona d'ombra che fatichiamo ad accettare, innesco e propellente di gesti indicibili.

Parliamo della storia di Edipo, l'uomo che ha ucciso suo padre e sposato sua madre.

Tutto ha inizio a Tebe, antica città della Beozia, a nord di Atene. Il nuovo re di Tebe, Laio, ha per moglie Giocasta, ma non è felice, perché non riesce ad avere figli.

Si reca allora a Delfi, presso l'oracolo di Apollo, e lo interroga per scoprire se mai avrebbe avuto il favore di una discendenza.

La vestale lo sorprende, rispondendogli che, in realtà, per lui non avere figli è una benedizione, non una maledizione.

Infatti, se avesse avuto un bimbo, costui lo avrebbe ucciso.

Laio torna a Tebe raggelato.

Per prima cosa, decide di allontanare Giocasta; e la legge del tempo gli permette di farlo, anche senza un motivo particolare.

La donna è ferita dal gesto del marito, e decisa a vendicarsi.

Così, facendolo ubriacare, riesce a sedurlo, si corica con lui e resta incinta.

Alla nascita del bambino, Laio non sa se essere più spaventato o furioso. Opta comunque per le maniere forti: sa che quel neonato è il suo potenziale omicida, quindi deve liberarsene.

Dà ordine affinché sia subito ucciso, e in modo tremendo.

Gli fora i piedi e, attraverso i buchi, fa passare una corda che li leghi insieme, così da impedirgli ogni movimento.

Poi lo abbandona sul monte Citerone, a una trentina di chilometri da Tebe. E per evitare di dare spiegazioni, appena Giocasta si riprende dal parto, le comunica che ha dato alla luce un piccolo già morto.

Nei miti greci, tuttavia, nulla può fermare il destino.

Un pastore originario di Corinto trova il bambino in gravi condizioni, e si impietosisce.

Gli libera i piedi dai legacci e, visto che le ferite suppurando li hanno deformati, lo chiama «Edipo», che in greco significa «dai piedi gonfi».

Lo prende con sé, ma non per crescerlo.

Intuisce che a quel bambino non è riservato un futuro banale, perciò lo porta a Corinto e lo consegna a re Polibo.

Polibo e Peribea sono nella stessa condizione di Laio e Giocasta: regnano senza la prospettiva di un erede, poiché non riescono ad avere figli.

Quel piccolo regalo inatteso sembra loro una benedizione, perciò lo accolgono come una loro creatura e lo educano a essere il prossimo re di Corinto.

Edipo, convinto di essere figlio di Polibo e Peribea, cresce felice; o quasi. Perché a ferirlo ci sono le continue battute dei coetanei, che lo prendono in giro perché non somiglia ai genitori; e allora potrebbe essere frutto di un adulterio, o magari è un trovatello.

Il sospetto tormenta Edipo che, stanco delle maldicenze, appena può viaggia fino a Delfi per interpellare l'oracolo.

Anche a lui la sacerdotessa dà una risposta terribile.

Turbata dalla sua stessa presenza, la Pizia lo caccia, perché su di lui pesa una colpa senza uguali.

Edipo è sconcertato: finora ha vissuto senza mai recare offesa ai genitori. Ma la veggente non intende ragioni e gli grida: «Tu ucciderai tuo padre e sposerai tua madre!».

Così, proprio come aveva decretato Laio, Edipo decide di sparire per sempre.

Ma il fato lo attende all'incrocio della strada che da Delfi porta al monte Parnaso.

Il parricidio

Edipo vaga senza una meta, cammina cercando di tenersi il più lontano possibile da Corinto, per evitare il rischio di incrociare qualcuno che lo riconosca.

Quando è nei pressi di Daulis, città della Focide, arriva a un crocicchio insieme a un carro trainato da possenti cavalli.

Il passeggero, di nobile lignaggio, gli intima di spostarsi e di far passare chi gli è superiore.

In fondo non ha torto.

Ma, giovane e comprensibilmente turbato da quanto gli sta accadendo, Edipo non vuol sentire ragioni.

Ne segue un alterco, con l'uomo sul carro che ordina di avanzare senza occuparsi del pedone.

Il cocchiere sprona i cavalli, che stanno per travolgere Edipo e lo calpestano su uno dei piedi martoriati.

Con tutta la rabbia che ha in corpo, Edipo afferra allora la propria lancia e la affonda nel petto del cocchiere, uccidendolo sul colpo.

Si volge quindi al passeggero, che cerca di fuggire ma inciampa nelle redini e resta impigliato per una caviglia.

Edipo allora lo trascina al galoppo, martoriandone le carni e sfigurandolo in volto.

Neppure Giocasta avrebbe riconosciuto in quei lineamenti quelli del suo sposo.

Così si realizza la prima parte della profezia: senza sapere chi sia davvero suo padre, anzi convinto di fuggirlo, Edipo lo ha incontrato e ucciso.

Per certi versi, l'incontro lo ha favorito proprio la veggente.

Laio, infatti, era diretto a Delfi per interrogarla su una faccenda della massima gravità: la città di Tebe era assediata dalla Sfinge, una mostruosa creatura con testa di donna, corpo di leone, coda di serpente e ali di aquila.

Ancora dopo la morte di Laio, il mostro se ne sta accovacciato nei pressi della città e, non appena qualcuno si avvicina, gli pone un indovinello:

«Quale animale cammina al mattino con quattro zampe, al pomeriggio con due, alla sera con tre?»

Se il malcapitato non scioglie l'enigma, la Sfinge lo divora seduta stante.

Continuando il suo peregrinare senza meta, Edipo viene a sapere dell'orripilante presenza della Sfinge e decide di sfidarla.

Giunto ai piedi del monte Ficio, alle porte di Tebe, vede il gigantesco animale pronto per la prossima vittima.

Edipo si fa avanti e la Sfinge propone anche a lui il misterioso indovinello.

Senza pensarci troppo, Edipo risponde: «Quell'animale è l'uomo. Perché da bambino va carponi, quindi cammina su quattro zampe. Da adulto è saldo sulle gambe, quindi cammina su due zampe. Ma da vecchio deve ricorrere al bastone, quindi cammina su tre zampe».

È la risposta esatta.

Umiliata dalla rapidità con cui Edipo ha risolto l'enigma, la Sfinge lancia un ruggito e si getta giù dal monte, sfracellandosi.

Tebe è libera dall'incubo, Edipo è il nuovo eroe, accolto con tutti gli onori.

Visto anzi che di Laio non si hanno più notizie, e considerato che il giovane Edipo si è mostrato coraggioso e intelligente, gli viene proposto di sostituirlo e diventare così il nuovo re di Tebe.

Edipo, ignaro di correre fra le fauci spalancate del proprio destino, accetta.

L'incesto

In fin dei conti, Edipo pensa che gli sia andata bene.

È vero che l'oracolo del dio Apollo lo ha costretto ad allontanarsi da Corinto, ma così facendo si è guadagnato un regno e l'ammirazione di tutto un popolo.

Oltre a una moglie.

Infatti, i tebani, al suo ingresso trionfale in città, oltre a sceglierlo come re lo hanno anche dato in sposo alla regina, la donna che dopo la scomparsa di Laio è rimasta vedova e sola.

Quella donna, ovviamente, è Giocasta: la madre di Edipo.

I due, ignari l'uno dell'identità dell'altra, giacciono insieme e hanno quattro figli.

I due maschi si chiamano Eteocle e Polinice, le due ragazze Antigone e Ismene.

Intanto i fili del destino continuano a intrecciarsi, del tutto incuranti delle ragioni umane.

Dopo qualche tempo che Edipo regna su Tebe, nella città scoppia una tremenda pestilenza. I cittadini, disperati, si rivolgono al re perché faccia qualcosa, ma Edipo non sa come agire.

In suo soccorso arriva uno strano personaggio, di nome Tiresia.

Tiresia un tempo era stato punito dagli dèi, che lo avevano trasformato in donna per sette anni, per poi privarlo della vista.

Tornato uomo, come parziale risarcimento, aveva ricevuto il dono della chiaroveggenza.

Tiresia è in grado di conoscere esattamente il motivo di tutto ciò che accade e il modo per cambiare il corso degli eventi.

Disperato per l'avanzare del contagio, Edipo convoca Tiresia nel palazzo reale, dove l'indovino gli dice che l'epidemia cesserà quando morirà un parente stretto di Giocasta, che si è macchiato di una colpa indicibile.

Alla corte di Tebe si fanno due conti.

I parenti più stretti, quelli coi quali la donna ha un legame di sangue, possono essere i genitori, i fratelli o i figli.

Le alternative sono, dunque, sacrificare uno dei figli, Eteocle o Polinice, che però sono così piccoli da dover essere giocoforza innocenti.

Il fratello di Giocasta, Creonte, che però è noto per la sua specchiata moralità.

Oppure Meneceo, il padre della regina.

Meneceo, che è vecchio e pensa di aver pur commesso qualche colpa nella sua lunga vita, sale sulle mura della città e, davanti al popolo, si getta nel vuoto.

È convinto che con la propria morte la peste sarebbe cessata.

E così credono tutti i tebani, Edipo per primo.

Il contagio, tuttavia, non si ferma.

Tiresia torna dunque al palazzo reale e stavolta parla con Giocasta.

Dice alla regina che la morte di Meneceo è stata vana, poiché per porre fine alla pestilenza è necessario che compia un atto di espiazione un altro dei parenti stretti della regina: un uomo che ha ucciso il padre e si è coricato con sua madre, spiega l'indovino.

Giocasta non crede alle proprie orecchie.

Tiresia le sta annunciando che il re di Tebe, suo marito, è in realtà il figlio che lei credeva non essere sopravvissuto al parto.

Tutti dubitano della sanità mentale del veggente, fino a quando non arriva una lettera da Corinto. È della regina Peribea, che annuncia la morte dell'amato marito; ne approfitta per chiedere notizie del figlio che, tanto tempo prima, era partito per consultare l'oracolo di Delfi e non era mai tornato.

Nella lettera, Peribea racconta le circostanze dell'adozione di Edipo: il ritrovamento sul monte, la consegna da parte del pastore, le insinuazioni dei coetanei.

Soprattutto, racconta dei piedi bucati e gonfi, proprio come quelli di Edipo.

È lo svelamento.

Giocasta mette insieme le due storie e capisce di avere sposato suo figlio. Edipo scopre così che, oltre ad avere ingravidato più volte la madre, l'uomo che ha ucciso al crocicchio sulla via di Delfi era suo padre.

Giocasta non resiste alla vergogna.

Oppressa da un peso immane che non riesce a sopportare, fugge dal palazzo, esce dalla città, si sfila la cinghia dall'abito e si impicca al ramo di un albero.

Così, priva di vita, la trova Edipo.

Dall'abito che veste il corpo ormai freddo di Giocasta prende uno dei grandi spilli che lo tengono chiuso.

Lo serra in pugno e, con un colpo secco, se lo conficca in un occhio. Poi passa all'altro.

Accecato, il volto rigato da lacrime di sangue, Edipo torna a vagare senza meta, schiacciato dal peso della colpa.

Continuerà a farlo per tutta la vita.

Il complesso di Edipo

Ci potrebbe essere un fondo di verità nell'intricata vicenda.

È possibile che Edipo sia stato uno straniero, originario di Corinto, e che intorno al XIII secolo avanti Cristo abbia conquistato Tebe.

All'epoca, a Tebe, si veneravano creature fantastiche, come appunto la Sfinge, che avevano come sacerdotesse alcune donne legate al re, come appunto Giocasta.

Conquistando Tebe, Edipo potrebbe avere abolito il culto. L'evento, nel mito, si rispecchierebbe nella precipitazione della Sfinge dal monte e nel suicidio di Giocasta, che pagherebbe il tradimento nei confronti della divinità.

Del resto, tuttavia, quella di Edipo è una storia talmente fitta di archetipi sull'animo umano, da apparire quasi didascalica.

Tantissimi suoi elementi sono presenti nelle più diverse fonti mitologiche.

È davvero una storia universale, che non parla solo di Edipo o dell'antica Grecia.

Parla dell'uomo in assoluto.

Per esempio, pur con qualche variazione, la storia del trovatello destinato a condurre un popolo è narrata nella Bibbia: è la storia di Mosè, che da neonato viene chiuso in una cesta e salvato dalle ancelle del faraone.

Alla sua corte, Mosè viene cresciuto come un nobile, fino a che non uccide un egizio.

Come Edipo, Mosè diventa il capo di un popolo da cui non sa di provenire, quello ebraico. E, come Edipo, anche lui vaga per buona parte della propria vita, finendo per morire senza avere messo piede nella terra promessa.

Quanto alla morte di Laio, afferrato e trascinato, è facile vederci la metafora del cammino del Sole che, secondo i Greci, percorre il cielo a bordo di un carro alato.

L'uccisione di Laio potrebbe poi avere più agganci con la realtà di quanto immaginiamo.

Ai nostri occhi è inaccettabile che un sovrano sia ucciso e che la moglie venga data in sposa al successore, indipendentemente dal fatto che costui sia suo figlio.

Ma era intollerabile anche nella Grecia arcaica?

Probabilmente no.

Nella civiltà minoica, per esempio, il nuovo re era ritenuto figlio del predecessore, anche se i due non avevano legami di parentela.

Era usanza che il nuovo re sostituisse il precedente quando costui era troppo vecchio. Praticava dunque un omicidio rituale per scalzarlo e, dopo averlo simbolicamente ucciso, si impossessava del suo palazzo e dei suoi beni, primo fra tutti la moglie.

La storia di Edipo potrebbe essere una rivisitazione metaforica del rituale: un invasore straniero, giovane e forte, che si disfa di un vecchio re al tramonto e s'impadronisce della sua consorte, oltre che del regno.

Se la teoria fosse corretta, mancherebbero i due crimini che più ci scandalizzano: il parricidio e l'incesto. O meglio, sarebbero solo metaforici, non essendoci legame di sangue fra il nuovo re, il suo predecessore e la donna che sposa entrambi.

Ed è stato proprio il malinteso attorno alla tradizione minoica a fondare il complesso più noto della psicoanalisi, il complesso di Edipo, codificato da Sigmund Freud.

Si tratta dell'istinto primordiale, presente in ogni maschio, che spinge a «uccidere» il padre e a sostituirsi a lui nel letto con la madre.

Scrive Freud nelle *Lezioni di psicoanalisi:*

> Si vede facilmente che il maschietto vuole avere la madre soltanto per sé, avverte come scomoda la presenza del padre, si arrabbia se costui compie gesti teneri nei confronti della madre e, invece, è tutto contento quando il padre parte per un lungo viaggio ed è assente. Spesso il bambino esprime direttamente i propri desideri, e dice alla madre che la sposerà.

E conclude:

> Si pensa che ciò sia poca roba se paragonato alle gesta di Edipo: di fatto, però, più che sufficiente. In germe, è la stessa cosa.

Qualsiasi uomo, dunque, è come Edipo: perché, secondo Freud, da bambino ha provato il desiderio di eliminare il padre per conquistare i favori della madre.

Certo, stiamo parlando di istinti simbolici che il bimbo, crescendo, impara a governare; anziché sopprimerli, li mette in atto simbolicamente, ribellandosi alla famiglia di origine e creando un nuovo focolare cui dare le proprie regole.

Nessuno muore trascinato da un carro, nessuno si impicca e nessuno si cava gli occhi.

O almeno, accade raramente.

Agamennone e Ifigenia

C'è un'altra storia che parla di miti, omicidi e archetipi, nata nell'antica Grecia e sopravvissuta sino a noi per la sua forza comunicativa e simbolica.

Il protagonista è Agamennone, re dell'Argolide, che durante la guerra con la Lidia uccide il re nemico Tantalo.

Costui era un uomo malvagio, capace di sfidare gli dèi invitandoli a un banchetto e servendo loro, bollito, il suo stesso figlio, Pelope.

Voleva dimostrare che gli dèi non erano onniscienti, cosa su cui viene chiaramente contraddetto.

Giunto nell'oltretomba è costretto a una pena proverbiale: immerso a pelo d'acqua in un lago sotto un albero, è condannato ad avere sempre fame e sempre sete.

Quando cerca di bere, le acque del lago si ritirano. Quando cerca di mangiare, i rami degli alberi s'innalzano allontanando i frutti.

Dopo essere stato ucciso, Tantalo lascia una vedova, Clitemnestra, da cui ha appena avuto un secondo bambino.

Agamennone se ne innamora e la sposa, contro la sua volontà; uccide perfino il piccolo, per eliminare un possibile erede di Tantalo.

Alla donna non resta che accettare il suo destino, dandogli quattro figli: il maschio si chiama Oreste, le ragazze invece Elettra, Ifigenia e Crisotemi.

Agamennone, creando la famiglia, non sa di avere firmato la propria condanna a morte.

Pensa ad altro, perché c'è da combattere contro i Troiani e a lui è affidato l'esercito degli Achei, che riunisce tutti i Greci.

La guerra però stenta a iniziare, per un problema causato proprio da Agamennone.

Amante della caccia, un giorno abbatte una cerva con una freccia scagliata da distanza impossibile; e subito si vanta che nemmeno Artemide, la dea della caccia, avrebbe saputo fare di meglio.

È un sacrilegio, e la dea si vendica scatenando una bufera che blocca le navi achee in porto.

I condottieri si consultano e decidono di placare l'ira divina con un'offerta chiamata *protelèia*: i genitori accompagnano una figlia vergine sull'Acropoli dove la offrono in sacrificio ad Artemide.

Di solito il sacrificio è incruento, perché a restare sull'Acropoli è una ciocca di capelli, un lembo della veste, un oggetto caro alla fanciulla.

Si tratta di un rito di passaggio, un momento di crescita che porta la ragazza a diventare donna, pronta per il matrimonio.

In questo caso, però, appare chiaro che Artemide non si accontenta. Per riparare all'offesa di Agamennone, pretende il sangue di Ifigenia, la più bella delle sue figlie.

Agamennone, che dà la priorità alla guerra rispetto alla famiglia, non si fa scrupoli: per lui la vita della figlia non vale la prospettiva di un combattimento e una vittoria.

Come fare però a convincere la ragazza e, a maggior ragione, sua madre?

Opta allora per uno stratagemma.

Comunica a Clitemnestra di voler dare in sposa Ifigenia al più valoroso dei guerrieri achei, Achille, e che costui si rifiuta di partire prima che le nozze siano celebrate.

Dà dunque indicazione a Clitemnestra di portare subito Ifigenia all'accampamento, così da celebrare il matrimonio in fretta. Senza Achille, infatti, non c'è speranza di battere Troia.

Quando le donne arrivano col corteo nuziale, tuttavia, viene rivelato loro il vero motivo del viaggio: non ci sarà alcun matrimonio, ma un sacrificio mortale.

Artemide vuole la vita di Ifigenia.

La ragazza è sgomenta, ma sa di dover rispettare una richiesta più grande, onorare l'ordine degli dèi.

Indossa una candida veste e, docilmente, si lascia condurre all'altare. Il sacerdote alza la mannaia per decapitarla ma, dopo aver colpito, si rende conto che sotto le sue mani c'è solo del pelo morbido e caldo.

Artemide, per premiare la dedizione di Ifigenia, l'ha fatta scomparire alla vista di tutti e l'ha condotta lontano, nella Tauride, dove Ifigenia diventa sua sacerdotessa, consacrando alla dea la propria castità.

Al posto della ragazza, sull'altare, Artemide ha fatto comparire una cerva come quella colpita dalla freccia di Agamennone.

È l'animale che il sacerdote ha decapitato.

Clitemnestra ed Egisto

Come racconta Omero nell'*Iliade*, alla fine gli Achei riescono a prevalere solo grazie allo stratagemma di Ulisse, che fa trovare davanti alle porte di Troia un enorme cavallo di legno.

Convinti sia un dono agli dèi lasciato dai Greci prima di abbandonare la battaglia, i Troiani lo trascinano all'interno delle mura.

Nella notte, i più valorosi guerrieri, nascosti nel ventre del cavallo di legno, escono da un passaggio segreto e sterminano i nemici, conquistando Troia prima di distruggerla.

Sono passati dieci anni da quando Agamennone è partito; certo non immaginava che il conflitto durasse tanto, e durante la sua lontananza Clitemnestra si è trovata un amante: Egisto, nipote di Tantalo, figlio di quel Pelope cotto e servito in pasto agli dèi.

Anche Agamennone, per la verità, non è uno stinco di santo. Durante la spedizione conosce Cassandra, la figlia di Priamo re di Troia, e con lei mette al mondo due gemelli, ripromettendosi di portare in Argolide tutti, figli e amante.

Ancora una volta, abbiamo un re malvagio che sparisce

per qualche tempo, una regina che si sente tradita e un giovane che vuole scalzare il sovrano in carica.

È lo stesso schema di Laio, Giocasta e Edipo, con alcune variazioni che rendono, se possibile, questo mito ancor più cruento.

Egisto decide infatti di uccidere Agamennone non appena tornato dalla spedizione di Troia.

Gli appare tuttavia Ermes, il dio messaggero, che lo induce a ragionare: se Egisto uccide Agamennone, il primogenito del re, Oreste, vorrà vendicarsi uccidendo Egisto, dando avvio a un'infinita catena di delitti.

Agamennone, del resto, non si fida del tutto della moglie. Partendo per Troia, ha dato disposizioni a Nauplio, poeta di corte, di sorvegliarla attentamente.

Per prima cosa, dunque, Egisto si disfa di Nauplio: lo rapisce e lo conduce su un'isola deserta e brulla, dove lo lascia a morire di fame.

Poi, per convincere Clitemnestra a diventare sua complice, Egisto usa un metodo infallibile: le racconta un pettegolezzo che circola a corte da qualche tempo, e che riguarda Agamennone: pare che durante la guerra sia andato a letto con la figlia del re di Troia, e abbia avuto da lei due gemelli.

Ora di motivi ne ha in abbondanza, perciò Clitemnestra accetta di assecondarlo.

Per non essere presi alla sprovvista, chiede ad Agamennone una cortesia: vinta la guerra e pronto a rientrare, che accenda un falò sul monte Ida, visibile dall'Argolide; lei potrà così preparare i festeggiamenti che merita.

Per un anno una vedetta aspetta di vedere il fumo, che finalmente si innalza.

A quel punto la coppia diabolica sa che Agamennone è di ritorno, e può dare inizio al suo piano.

Appena sbarcato in Argolide, Agamennone si getta a terra e bacia il suolo da cui è mancato per dieci anni.

Egisto, intanto, fa sistemare venti uomini di fiducia, armati e nascosti attorno al palazzo reale.

Clitemnestra non si scompone quando nota che Agamennone è in compagnia di Cassandra. Le leggi arcaiche prevedono infatti che il sovrano possa avere più mogli, ma soprattutto sa che la sua vendetta sarà più sottile se saprà mostrarsi indifferente.

Fa dunque stendere un tappeto rosso dalla spiaggia al palazzo, ma giunti alla soglia delle mura, accade una cosa strana.

Cassandra si ferma all'improvviso.

Avverte un fortissimo mal di testa e le lacrimano gli occhi. Interrogata da Agamennone su cosa stia accadendo, risponde: «Sento l'odore del sangue».

Agamennone scrolla le spalle; pensa siano solo capricci.

Non sa che Cassandra possiede un dono che è anche una maledizione.

Di Cassandra si era infatti innamorato il dio Apollo che, per convincerla a giacere con lui, le aveva promesso il dono della profezia.

Cassandra aveva accettato, ma poi si era negata al dio che, adirato, l'aveva maledetta: Cassandra avrebbe sempre previsto le sventure, ma nessuno l'avrebbe creduta.

Proprio Cassandra, infatti, aveva avvertito i Troiani di stare alla larga dal misterioso cavallo di legno. Ma, naturalmente, i Troiani non l'avevano ascoltata.

Con Agamennone accade esattamente la stessa cosa: Cassandra predice l'omicidio ma il re ignora le sue parole e segue la prima moglie, che lo conduce a fare un bagno in una vasca d'argento.

Non appena Agamennone mette piede fuori dall'acqua, Clitemnestra è di nuovo lì ad accoglierlo. Sembra voglia porgergli un panno per asciugarsi, ma in realtà è una rete che lei stessa ha tessuto nell'anno di attesa.

Gliela getta addosso cogliendolo di sorpresa e, mentre l'uomo si divincola, irrompe Egisto, armato di spada, che colpisce il re dell'Argolide due volte.

Agamennone, ferito, cade nella vasca. Egisto fa per finirlo ma Clitemnestra lo ferma con un gesto: vuole essere lei a uccidere il marito. Afferra una scure e, con alcuni colpi netti, lo decapita.

Staccata dal corpo, la testa di Agamennone galleggia nella vasca, con gli occhi e la bocca aperti in un urlo di sorpresa e di terrore.

Brandendo la scure dalla lama insanguinata, Clitemnestra corre allora fuori dal palazzo per raggiungere Cassandra e finirla.

Intanto, nel luogo dov'è previsto il banchetto, Egisto ha fatto entrare i suoi uomini che attaccano quelli di Agamennone.

È una mattanza: chi ha lottato a fianco del re durante la guerra di Troia viene sgozzato e cade riverso sulle tavole imbandite, inondandole di sangue.

Una volta che gli uomini di Egisto hanno la meglio, ecco un rumore sordo: dalla porta d'ingresso nella stanza qualcosa cade e rotola sul pavimento.

È la testa di Cassandra.

Con la stessa scure con cui ha decapitato il marito, Clitemnestra l'ha spiccata dal corpo. Si è pulita le mani insanguinate sui capelli del cadavere e poi, afferrate le lunghe chiome, l'ha lanciata nel mezzo della sala, al culmine di un'orgia di sangue.

Che non è finita, perché Egisto ancora deve mietere due vittime innocenti: i gemellini che Agamennone ha avuto da Cassandra.

Clitemnestra, nel lezzo di morte via via più intenso, proclama un giorno di festa solenne.

Oreste ed Elettra

E i figli di Agamennone e Clitemnestra?

Ifigenia, come sappiamo, è volata lontano.

Crisotemi è ancora piccola e accetta il cambiamento senza farsi troppi problemi.

Se qualcuno deve vendicare la morte del padre e il tradimento della madre, spetta ai due figli più grandicelli: Oreste ed Elettra.

Elettra è andata in sposa a uno spartano. Rimasta vedova, viene raggiunta dalla notizia della morte del padre e decide di rifiutare tutti i pretendenti fino al momento in cui suo fratello Oreste non si sarà vendicato.

Clitemnestra allora la prende con sé, di fatto sorvegliandola e costringendola a vivere in miseria dopo che ha osato accusare pubblicamente la madre e l'amante di essere adulteri e assassini.

Al momento della tragedia Oreste aveva solo dieci anni, tuttavia era lui l'erede al trono, e per questo Egisto si era convinto che dovesse essere anch'egli eliminato.

Si era introdotto nottetempo nella camera in cui dormiva e, vedendo il rigonfiamento del corpicino sotto le lenzuola, vi aveva affondato più volte la spada, fino a che non era stato certo d'averlo ucciso.

Non sapeva che, sentito il caos nella sala del banchetto, la nutrice di Oreste si era allarmata e senza la minima esitazione lo aveva portato in salvo, lasciando che a morire fosse uno dei propri figli.

Oreste era stato portato nel capanno di una famiglia di pastori, che una volta cresciuto lo aveva condotto a Crissa, dove regnava il fratello di Agamennone, Strofio.

A lui viene svelato che Oreste non è morto, e anzi è giunto il tempo che vendichi la morte del padre.

In quegli anni Egisto si è comportato in modo infame, dileggiando la memoria di Agamennone, bevendo in maniera spropositata e scialacquando il suo denaro.

Clitemnestra, intanto, lo comanda a bacchetta, dopo avergli dato tre figli. Sembra in perfetto controllo, tranne che per via degli incubi: sogna che dal suo ventre esca un serpente, che le striscia verso il seno cercandone il latte, ma così facendo la morde avvelenandola.

Non è difficile leggervi il presagio della vendetta di Oreste, pronto a rivoltarsi contro la madre.

Ancora una volta, lo snodo decisivo arriva da Delfi.

Ormai adulto, Oreste va a consultare l'oracolo, per sapere se debba uccidere gli assassini di suo padre.

La sacerdotessa risponde che, se non lo farà, verrà contagiato da una lebbra tanto ripugnante che nessuno gli si avvicinerà mai più.

Il figlio di Agamennone torna così in Argolide, determinato a vendicare il padre.

Per prima cosa, si reca sulla sua tomba, ma deve subito nascondersi perché sente dei rumori. Sono le ancelle di Clitemnestra, mandate a compiere riti propiziatori sulla tomba di Agamennone, nella speranza di far cessare gli incubi.

Fra le ancelle c'è anche Elettra, ma le sue preghiere non mirano alla serenità della madre, quanto alla vendetta per la morte del padre.

Oreste emerge dal nascondiglio e la raggiunge.

Poi le ordina di tornare a palazzo senza dire nulla.

Il suo piano è di giungere lì camuffato da nobile straniero, farsi accogliere e poi colpire.

È ciò che succede.

Il travestimento è così efficace che Clitemnestra non riconosce il figlio.

Il misterioso nobile straniero dice di portare cattive notizie: purtroppo, Oreste è morto; e per rendere più credibile la messinscena, le consegna anche un'urna di bronzo con le sue ceneri.

A stento la regina contiene il sollievo.

E la stessa cosa prova Egisto.

Ma Oreste non regge all'indignazione, e appena lo scorge, gli pianta la spada nell'addome per poi volgersi alla madre, decapitandola.

Quindi esce dalla sala dov'era stato accolto: spiega che Egisto è stato punito con la morte, la pena che spetta agli adulteri. Quanto all'uccisione di Clitemnestra, aggiunge, lui non si ritiene colpevole di matricidio. Il matricidio, infatti, è l'orribile crimine del figlio ingrato che si ribella alla madre; lui, invece, si è limitato a vendicare la morte del padre uccidendo la sua assassina nello stesso identico modo.

Tagliandole la testa.

La vendetta

Le parole di Oreste possono apparire crude, ma sono coerenti con il comune sentire della Grecia arcaica. La sua figura non si limita a incarnare un personaggio letterario, destinato per secoli a ispirare scrittori e drammaturghi, ma è la rappresentazione stessa di un principio fondamentale: l'idea che la vendetta non è solo un diritto, ma un dovere sacro per ristabilire l'ordine.

Bisogna comprendere che, ai tempi di Omero e dei miti greci, la figura dell'eroe si manifesta come tale proprio per il coraggio che dimostra attraverso gli omicidi.

Se giudicassimo secondo i nostri parametri attuali, condanneremmo come assassini Achille, Ettore, Ulisse, e ovviamente Agamennone e tutta la compagnia che lo circonda, Oreste compreso.

In realtà, il fatto che l'eroe, per certificare un valore superiore all'avversario, debba arrivare all'omicidio è poco più che un effetto collaterale.

Inoltre, in quel contesto, non vige la stessa distinzione che facciamo noi fra omicidio volontario e omicidio colposo.

Nella Grecia arcaica le cose sono più sfumate: l'omicidio è volontario solo se compiuto in maniera pienamente razionale. Viene invece ritenuto involontario il crimine commesso quando si è sottoposti a un particolare condizionamento.

La costrizione può essere legata alla rabbia o a un sentimento che acceca l'omicida, facendolo agire d'impulso. Ma non solo. Conta ogni tipo di costrizione, che sia fisica o psichica: nel primo caso, è ritenuto involontario l'omicidio compiuto da chi, per esempio, è prigioniero o impegnato in battaglia; nel secondo caso, quello commesso da chi si trova in uno stato di vessazione e soggezione.

Perciò viene ritenuto involontario anche l'omicidio compiuto per ordine di qualcun altro; e, fra gli ordini altrui, i più elevati sono proprio quelli degli dèi.

Quando Oreste ammazza Egisto e la propria madre, sta commettendo di fatto un omicidio involontario. Non sta infatti compiendo un reato per propria scelta. Sta obbedendo all'ordine che gli è arrivato dagli dèi: quello di vendicarsi.

È stato lo stesso Apollo, tramite il suo oracolo, a dirgli che se non avesse vendicato la morte di Agamennone sarebbe stato punito con la lebbra e rifiutato dalla società.

La vendetta è pertanto qualcosa di giusto e necessario: nella mentalità greca antica, le due cose coincidono, in quanto indicano ciò che deve inevitabilmente realizzarsi.

Perciò il duplice omicidio compiuto da Oreste può essere considerato involontario: in quanto condizionato da un ordine superiore.

Quello compiuto da Clitemnestra decapitando Agamennone, invece, è un delitto volontario perché non eseguito dietro un ordine superiore né sotto un condizionamento contingente, ma pianificato e portato a termine con l'obiettivo dell'arricchimento personale.

Per giunta con l'aggravante dell'inganno, che rende particolarmente grave l'uccisione per la cultura greca.

Medea

In questa ridda di figli che uccidono i genitori e di mogli che uccidono i mariti, c'è spazio anche per un mito che richiama un altro archetipo: quello di Medea, la madre che uccide i figli.

E dire che, all'inizio, si tratta di una bella storia epica.

Narra infatti di cinquanta eroi che, guidati da Giasone, si mettono in viaggio per mare alla ricerca del vello d'oro, un manto miracoloso che è in grado di guarire qualsiasi ferita o malattia.

Poiché la nave su cui solcano le acque si chiama Argo, gli uomini a bordo prendono il nome di Argonauti.

Giasone ha un motivo ulteriore per impossessarsi del vello: suo zio Pelia, infatti, gli ha promesso che se riuscirà a portarglielo, gli cederà il trono.

Il vello si trova nel territorio del re Eete, la cui figlia Medea è dotata di poteri magici. Ma è anche molto romantica: quando arrivano gli Argonauti, costei si innamora del loro condottiero e, pur di stare con lui, trova modo di consegnargli il vello.

Eete, naturalmente, non ha nessuna intenzione di farselo sottrarre, e organizza una spedizione navale per inseguire gli Argonauti, pronti a scappare col prezioso trofeo.

Medea però non vuole che Giasone lo perda, o ancor peggio sia catturato o ucciso.

Ricorre allora a uno stratagemma terribile: chiama a sé suo fratello Apsirto, lo uccide e lo fa a pezzi, spargendoli in mare.

In questo modo Eete, per garantire al figlio una degna sepoltura, è costretto a fermare l'inseguimento e raccogliere ciò che resta del ragazzo.

Peccato che una volta arrivati da Pelia e consegnato il vello, questi si rifiuti di cedere il trono.

Giasone è adirato e vorrebbe compiere una strage, ma Medea lo supplica di lasciar fare a lei.

Confidandosi con le figlie di Pelia, racconta loro di avere poteri magici. Sa, per esempio, preparare un intruglio che è in grado di ringiovanire chiunque, restituendogli bellezza e vigore.

Solo che, perché l'intruglio sia efficace, non bisogna berlo. Bisogna buttarci dentro la persona interessata, fatta a pezzi, così che dal liquido risorga giovane e forte.

Per convincerle, Medea ricorre a un gioco di prestigio.

Si fa portare una pecora, la sgozza, la fa a pezzi, e dopo avere gettato via ossa e carne, rovescia il liquido addosso a un agnello che ha tenuto nascosto.

Le figlie di Pelia sono così ingenue da cascarci, e regalare il trattamento di bellezza al loro padre.

Che naturalmente non ringiovanisce, ma libera il trono per Giasone.

Dopo una serie di avventure, la coppia va a vivere a Corinto, dove regna il re Creonte.

Ma dopo dieci anni di governo, Giasone decide di ripudiare Medea, nonostante la coppia abbia due figli, per sposare Glauce, figlia di Creonte

Quando Giasone le comunica le sue intenzioni, Medea gli rinfaccia che, ai tempi del vello d'oro, lui le aveva giurato eterna fedeltà, pur di ottenerlo.

Come Clitemnestra, anche Medea fa buon viso a cattivo gioco. Per mostrare a Glauce che non c'è animosità né gelosia, le manda in dono una corona d'oro e un mantello bianco... avvelenati.

Vanitosa e piuttosto ingenua, Glauce indossa subito abiti e ornamenti, e mal gliene incoglie.

Il veleno di cui è intriso il mantello la uccide, e dall'oro della corona si sprigionano fiamme che ne avvolgono il corpo e il capo, carbonizzandola. Anche Creonte, accorso per tentare di salvare la figlia, trova la morte.

A questo punto, le versioni del mito divergono.

La più «tranquilla» è quella secondo cui gli abitanti di Corinto, compreso che da Giasone e da Medea sono arrivati solo guai, se la prendono coi loro eredi, lapidandoli.

La versione più interessante è tuttavia quella di Euripide.

A portare alla morte i piccoli non è la vendetta dei corinzi, bensì quella di Medea.

Notando l'indifferenza di Giasone, che nemmeno con la scomparsa di Glauce è tornato a desiderarla, Medea decide di colpirlo nei suoi affetti più cari: i bambini.

E pazienza se sono anche suoi. Una donna che ha sacrificato con disinvoltura il fratello, gettandone i pezzi in mare affinché il padre si fermasse a raccoglierli, non si fa scrupoli nel riservare ai figli un trattamento simile.

L'omicidio di Medea, tuttavia, non è una vendetta come quella di Oreste. Con i suoi crimini la donna vuole solo punire il marito che intende lasciarla.

Anzi, secondo buona parte degli autori antichi, quello compiuto da Medea non è nemmeno un atto autolesionistico.

Essendo versata nella stregoneria, infatti, è incapace di soffrire per la perdita dei suoi stessi figli.

Amore e morte

C'è un filo rosso che lega la morte di Giocasta, il sacrificio di Ifigenia e la strage compiuta da Medea; una sorta di costante sottotesto che pone a confronto le donne con il sesso e con la morte.

Giocasta si impicca perché ha compiuto un incesto. Ifigenia viene messa a morte sull'altare perché è ancora vergine. Medea ricorre all'omicidio delle figlie e dei figli, pur di punire il marito adultero.

È qui, in questa connessione fra sesso e morte, che va forse individuato il punto fondamentale dei grandi miti greci e ciò che li rende universali.

L'essere umano è infatti il risultato di due istinti: il piacere sessuale e quello distruttivo.

Nei miti gli istinti, che abitualmente teniamo a bada, assumono il comando e viaggiano a briglia sciolta, mostrandoci cosa accadrebbe se li lasciassimo scatenare.

Scomodando di nuovo Freud, è di questo che parliamo quando ci riferiamo a *eros* e *thanatos*, «amore» e «morte».

La stretta connessione fra gli estremi è testimoniata da una caratteristica costante della cultura greca arcaica, che riaffiora più o meno deformata anche in Giocasta, in Ifigenia e in Medea: l'impiccagione della vergine.

O della donna che avrebbe fatto meglio a restare tale.

È un topos poco noto ma che si rivela frequente nella mitologia.

Eva Cantarella, grande storica e studiosa della classicità, ne ha individuati numerosi esempi celati nelle storie più disparate.

Ulisse, quando torna a Itaca dopo vent'anni, afferra un cavo dalla prua della nave e lo usa per impiccare, una a una, le giovani schiave di Penelope, che non lo avevano aspettato con la stessa fedeltà, concedendo ai Proci i propri favori.

L'infedele Elena che causa la guerra di Troia si nasconde da un'amica a Rodi. Ma quando il marito dell'amica muore combattendo in quel conflitto, la vedova manda le proprie ancelle a prendere Elena perché la portino in un campo, dove la impiccano al ramo di un albero.

Si appende Antigone, la figlia di Edipo che ha trasgredito le leggi della propria città per garantire una sepoltura al fratello traditore.

Si impicca Erigone, la figlia di Clitemnestra ed Egisto, che non regge al dolore e alla vergogna dopo che Oreste ha vendicato la morte di Agamennone.

La stessa cosa fa Fedra, dopo avere falsamente accusato di stupro un giovane di cui si è innamorata e dal quale è stata respinta.

Si impicca Charila, un'orfanella che ha l'ardire di andare a chiedere del cibo direttamente al re, venendo scacciata a calci.

Quest'epidemia di impiccagioni ha, secondo Eva Cantarella, una ragione che risale al culto di Artemide: proprio la dea della caccia in onore della quale andava sacrificata Ifigenia.

In Arcadia esisteva una cerimonia rituale in cui alcune giovani si appendevano a un albero per ricordare un evento tragico che si perdeva nella notte dei tempi: un suicidio di massa da parte di un gruppo di ragazze abusate da uno stupratore.

In Tessaglia, la versione differiva e raccontava che a impiccarsi era stata Aspalide, una vergine intenzionata a sfuggire alle sistematiche aggressioni di un tiranno.

Nella morte di Giocasta, nel sacrificio di Ifigenia, nell'uccisione delle figlie, oltre che dei figli di Medea, possiamo trovare lo stesso impeto: una punizione letale per una colpa di natura sessuale, propria o altrui.

Può apparire sorprendente che i miti ce ne forniscano versioni tanto cruente.

Ma tra amore e morte la connessione è così radicata che finiamo per non notarla, neppure quando ci è familiare.

Pensiamo per esempio all'altalena, un gioco infantile per eccellenza, tradizionale già nei tempi arcaici.

Ebbene, si tratta di qualcosa di innocente solo in apparenza, poiché rimanda a due aspetti: da un lato il dondolio del rapporto sessuale, dall'altro il penzolare dell'impiccato dall'albero.

È il ritratto del suicidio, volontario o rituale, delle vergini.

Una ragazza sull'altalena, ai nostri occhi, appare una delle immagini più spensierate.

Per gli antichi Greci, invece, era l'incarnazione dell'inestricabile legame fra amore e morte su cui si fondano tutti i miti.

17
I sovrani assiri

La Mesopotamia

La parola Mesopotamia deriva dal greco e significa «terra tra i fiumi»; nota anche come «Mezzaluna Fertile», si estende dal Golfo Persico fino alle regioni montuose a nord e a ovest, coprendo, oltre all'Iraq, parte di Iran, Siria e Turchia.

Fertile lo è per l'abbondanza dei raccolti che regala ai suoi abitanti, garantendo un benessere e la possibilità di uno sviluppo economico senza pari.

Tutto dipende dalle inondazioni del Tigri e dell'Eufrate, che, nel ritirarsi, si lasciano alle spalle uno strato di limo, una fanghiglia ricca di nutrienti ideali per coltivare orzo e frumento e promuovere la pastorizia.

Centri abitati risalgono al Neolitico, settemila anni prima di Cristo, e insediamenti come quelli di Jarmo e Çatalhöyük rappresentano le prime forme di organizzazione sociale nella storia dell'uomo.

Con il passare del tempo, ecco lo sviluppo di città-Stato, come Uruk, Ur, Lagash e Nippur, luoghi di cultura, commercio e potere politico.

Per avere un termine di paragone, basti pensare che i primi faraoni regnano sull'Egitto non prima del 4000 avanti Cristo, tre millenni dopo la comparsa della civiltà mesopotamica.

È in Mesopotamia che si creano le premesse per ciò che oggi chiamiamo politica, con tutte le congiure e i complotti che da sempre l'accompagnano.

Tra il 7000 e il 1000 avanti Cristo, la Mesopotamia è abitata da una successione di popoli che partecipano a plasmare la sua storia.

I primi abitanti dell'era neolitica, come quelli di Jarmo, sono agricoltori e pastori che però già vivono in comunità stabili.

Non solo sviluppano tecniche agricole avanzate, ma erigono strutture permanenti, sia in senso architettonico che politico e sociale.

Intorno al 4000 avanti Cristo appare la cultura di Ubaid, con avanzamenti nell'agricoltura, nella ceramica e nell'architettura.

Agli Ubaidi segue la cultura di Uruk, che vede la comparsa della scrittura cuneiforme.

Nel corso del terzo millennio, a dominare la Mesopotamia meridionale arrivano quindi i Sumeri.

A loro si devono grandi novità in materia di scrittura, matematica, astronomia e architettura.

Dopo i Sumeri, ecco l'inarrestabile ascesa degli Accadi, il cui re Sargon unifica l'intera zona sotto la propria corona.

Siamo nel 2334 avanti Cristo ed è il primo impero conosciuto della storia.

Ma anche il primato degli Accadi dura poco.

Dopo il breve intermezzo dei Gutei, si instaura la terza dinastia di Ur, che riporta il controllo dei Sumeri sull'intera regione, sempre più ricca e prospera.

I popoli mesopotamici destinati a lasciare una traccia indelebile nella storia sono però quelli che s'impongono nel secondo millennio.

A sud ci sono i Babilonesi, un popolo semitico che abbandona la vita nomade. Sotto la guida del re Hammurabi, intorno al 1700 avanti Cristo si impongono sulle altre città, radendole al suolo dopo guerre sanguinose.

Grazie a un'inflessibile fermezza il re babilonese riesce a garantire un lungo periodo di pace, e per mantenere l'ordine promulga leggi che portano il suo nome: il codice di Hammurabi.

A nord della Mezzaluna, più o meno nello stesso periodo, si insediano gli Assiri.

Gli Assiri

Si stanziano lungo il Tigri, nella città di Assur, che dicono fondata da un omonimo avventuriero figlio di Sem, discendente di Noè.

Più probabilmente hanno notato alcuni insediamenti lungo il fiume e se ne sono impossessati dopo averli razziati. Poi, per giustificarsi, hanno inventato un mitico leader, Assur.

Quale che sia il mito della fondazione assira, la città di Assur diviene un importante centro commerciale e religioso, da cui i suoi abitanti traggono una specifica identità culturale e politica.

La loro economia è diversificata e si basa su tre settori: l'agricoltura, il commercio e le imposte.

La fertile valle del Tigri permette infatti una produttività elevata, con ricche messi di cereali e ortaggi, accompagnate da una pratica sempre più evoluta nel campo dell'allevamento.

La posizione strategica di Assur lungo le rotte commerciali del Tigri consente inoltre agli Assiri di proporsi come intermediari commerciali tra la Mesopotamia meridionale, la zona della Turchia e l'Oriente.

Diventano così i principali esportatori di stagno, rame, tessuti e prodotti agricoli, ma ciò li rende un popolo potenzialmente pericoloso per i paesi confinanti.

Ed è per questa ragione che iniziano a curare la loro preparazione militare.

Tuttavia, gli Assiri non sono interessati solo alle armi e al denaro. La loro cultura, profondamente influenzata dalle precedenti civiltà sumere e accadiche, sviluppa caratteristiche uniche.

Costruiscono palazzi impressionanti, decorano i templi con rilievi in pietra che raffigurano scene di vita quotidiana, di caccia e di battaglia.

Hanno una vera passione per l'arte monumentale e celebrativa, coltivata allo scopo di glorificare il re, il suo dominio e l'eccellenza del suo popolo.

Sono, in sostanza, opere architettoniche di propaganda.

Dai Sumeri, gli Assiri ereditano la scrittura cuneiforme, che utilizzano per amministrare l'impero e registrare gli eventi.

Fondano le prime biblioteche.

La più celebre, quella di Ninive, raccoglie un inestimabile patrimonio di testi letterari, religiosi e scientifici.

Anche se politeisti, la loro religione è centrata sul culto del dio Assur, fondatore e patrono dell'omonima città, nonché protettore dell'impero.

Certo, ci sono altri dèi, come Ishtar, dea della guerra e dell'amore, Enlil, dio del vento e della terra, Shin, dio della Luna, oppure Shamash, dio del Sole e della giustizia.

Ma la supremazia di Assur è netta e, anche in questo caso, giocano un ruolo centrale la propaganda politica e la volontà di dominare.

Assur è infatti visto come il dio supremo, la cui autorità conferisce ai re assiri il diritto di governare. È su suo mandato che il sovrano può dare ordini ai sudditi e caricarli di tasse.

È su suo comando e per sua gloria che vengono combattute le guerre contro i popoli vicini.

I re assiri sono considerati rappresentanti di Assur sulla

terra e perciò svolgono un ruolo centrale nei rituali religiosi. Costruire un tempio o dedicare una statua a qualcuno degli dèi, e in particolare ad Assur, è dunque un atto che va oltre la devozione e la richiesta di protezione divina.

È un modo di dimostrare la grandezza della civiltà assira e di pregare per il successo nelle campagne militari.

Gloria e guerre degli Assiri

La storia assira è tradizionalmente divisa in tre periodi: Antico, Medio e Nuovo Regno.

Durante l'Antico Regno, fra il 2025 e il 1378 circa avanti Cristo, gli Assiri sono una potenza regionale, contenuta nelle zone attorno alla capitale.

L'espansione territoriale resta dunque limitata, mentre la città sviluppa una forte identità culturale e religiosa di cui il popolo si mostra particolarmente orgoglioso.

A partire dal 1365 avanti Cristo, e fino al 934 avanti Cristo, il Medio Regno vede un maggiore ampliamento e rafforzamento del potere.

È in questo periodo che Assur diviene il più importante centro commerciale della zona.

Gli Assiri sono ormai abbastanza organizzati e armati da opporsi all'invasione degli Amorrei e, in previsione di possibili conflitti, puntano sui propri tradizionali aspetti di forza.

Con il denaro riscosso dai tributi e con i ricchi proventi del commercio costruiscono avamposti militari in punti strategici e imponenti fortificazioni a difesa dei confini.

Al tempo di Assurnasirpal II, nel IX secolo avanti Cristo (Nuovo Regno, 911-612 avanti Cristo), gli Assiri dominano ormai su un vastissimo impero, che si estende dal Golfo Persico al Mediterraneo.

L'espansione, tuttavia, trascina con sé una maggiore incertezza politica.

Più il re assiro diventa potente, più aumenta il rischio di rivolte interne e ribellioni dei popoli assoggettati.

Se ne accorge il re Assur-nirari V, che a metà dell'VIII secolo avanti Cristo regna per soli nove anni, interamente passati a sedare ribellioni e complotti.

Sembra l'inizio di uno scontato declino, per una civiltà che ha già alle spalle quasi duemila anni di storia.

Ma non è così, e a provvedere ci pensa il successore, Tiglatpileser III.

Nei vent'anni di regno che vanno dal 745 al 727 avanti Cristo, il sovrano ripristina l'ordine e favorisce una nuova espansione assira, grazie a riforme tanto radicali che gli storici parlano di «secondo impero».

Fra gli obiettivi del cambiamento spicca ovviamente l'esercito, che elabora la sua struttura e adotta nuove strategie.

Ciò consente agli Assiri di conquistare territori in Siria, Palestina e in parti dell'Anatolia.

Consapevole, tuttavia, che la conquista è solo una parte del governo, Tiglatpileser III rivede l'organizzazione amministrativa, creando un sistema di controllo centralizzato delle regioni più lontane.

Quando diventa sovrano Sargon II, nel 721 avanti Cristo, il suo impero rappresenta il più progredito e sofisticato sistema politico presente nella zona.

Ma le mire espansionistiche non rallentano. Il re muove contro gli Urartei, i Frigi e il Regno di Giuda; conquista la città di Samaria, ponendo fine al Regno di Israele e obbligando all'esilio le sue genti, in quella che è nota come la prima diaspora.

Dei destini degli Ebrei agli Assiri, però, importa poco.

Piuttosto, per celebrare gli straordinari risultati, il sovrano fonda una nuova capitale.

Si chiama Dur-Šarrukin, l'attuale Khorsabad, oggi a nord di Mosul, in Iraq.

La città diviene il simbolo più manifesto e sfrontato del potere e della grandezza assira. Ma qualcuno ha da obiettare, perché abbandonare l'antica capitale Assur significa tradire la divinità che le dà nome.

Vuol dire ignorare la protezione del dio Assur e mettere a rischio tanto i successi militari degli Assiri quanto la sicurezza personale dei loro re.

Quantunque irrazionale, l'intuizione ha una sua logica, e il primo ad accorgersene, a proprie spese, è Sennacherib: il figlio di Sargon II, che gli succede al trono nel 705 avanti Cristo.

Sennacherib

Sennacherib si trova a dominare su un impero dove il padre ha lasciato traccia. E lui non vuole essere da meno.

Sviluppa e rafforza Ninive, di fatto rifondando una città che in origine era solo un piccolo borgo.

Fa costruire nuove strade e piazze, e una reggia a cui, con poca modestia, dà il nome di «Palazzo senza pari»: è un edificio con un'ottantina di stanze, fra cui una fornitissima biblioteca e maestosi giardini pensili.

Meno di vent'anni dalla fondazione di Dur-Šarrukin e Sennacherib torna nella vecchia capitale.

Ci arriva che è già maturo, ha circa trentacinque anni, per buona parte passati seguendo le campagne del padre, affiancandolo sul campo di battaglia o amministrando territori lontani.

E la sua vera ossessione è la Babilonia.

Agli albori della civiltà assira, la parte meridionale della Mesopotamia appariva remota e inoffensiva; ma ora sembra pericolosamente vicina.

Sargon II ha gestito la situazione firmando un trattato con Marduk-apla-iddina II, principe di origine caldea, riconoscendogli un sostanziale dominio sui territori babilonesi, a patto che si dichiarasse vassallo del re assiro.

Ma Marduk-apla-iddina II, una volta morto Sargon II, non ha alcuna intenzione di rispettare i patti.

Organizza perciò una lega delle genti sottomesse agli Assiri, con l'obiettivo di ribellarsi. Ci sono Sumeri e Arabi, Israeliti ed Elamiti, e lo scontro è inevitabile e imponente.

Alcuni storici sostengono si tratti della prima vera battaglia mai combattuta, con Sennacherib che muove a sud affrontando una serie di scontri con il nemico che via via gli si oppone.

Il conflitto finale avviene a Kish. E Sennacherib non mostra alcuna pietà.

Massacra l'esercito elamita, decima quello arabo, fa migliaia di prigionieri tra le fila dei Caldei: tra i catturati, anche il figlio di Marduk-apla-iddina II.

Il re caldeo riesce a mettersi in salvo, ma è ormai privo di qualsiasi potere.

La vendetta di Sennacherib è tremenda.

Lo racconta l'incisione su una lapide, in cui il re assiro parla in prima persona, dichiarando:

> Ho assediato, conquistato e razziato ottantotto città caldee cinte di solide mura, con ottocentoventi villaggi all'interno dei loro confini.
>
> Ho lasciato che le mie truppe mangiassero il loro grano, i loro datteri, i loro raccolti.
>
> Ho abbattuto le loro città, le ho demolite e vi ho dato fuoco, così da ridurle a dei cumuli di cenere dimenticati.

Come suo padre, anche Sennacherib preferisce tuttavia non regnare direttamente su Babilonia.

Nomina allora un suo facente funzione, tale Bēl-ibni: ma il nome potrebbe non essere vero, perché sembra proprio un soprannome. Significa infatti «Babilonese che ho allevato nel mio palazzo come se fosse un cagnolino».

L'assedio di Gerusalemme

Se quello degli Assiri contro i Babilonesi è il primo vero conflitto mai combattuto, Sennacherib è probabilmente il primo criminale di guerra della storia.

Lo dimostra il suo comportamento nel risalire verso Ninive. L'esercito assiro, ormai ingovernabile, si lascia alle spalle distruzione e morte, facendo vittime innocenti e trascinando in catene oltre duecentomila deportati ridotti in schiavitù.

Ma c'è un territorio che cerca di opporsi, quello della Palestina, come riporta anche la Bibbia.

Nel 712 avanti Cristo, attorno alla figura di Ezechia, re di Giuda, si organizza infatti una sacca di resistenza. Nel territorio sorge la città di Gerusalemme, ed Ezechia è convinto che Sennacherib voglia conquistarla.

Perciò, pensa, è meglio organizzare un attacco preventivo.

Si allea dunque con Lule, re della Fenicia, ed è probabilmente questo l'errore che gli costa più caro.

Infatti, la notizia dell'ambasceria dei Giudei ai Fenici giunge alle orecchie di Sennacherib, dotato di una capillare rete di spie; prima ancora che Giudei e Fenici organizzino i propri eserciti, le truppe di Sennacherib stanno già avanzando verso Tiro e Sidone, centri nevralgici della Fenicia.

Lule fugge e gli Assiri si impossessano delle città.

Poi tocca al Regno di Giuda, la cui conquista nel 701 avanti Cristo è ritenuta il capolavoro militare di Sennacherib.

In breve tempo, infatti, l'avanzata dell'esercito assiro persuade Ezechia a chiudersi tra le mura di Gerusalemme, in attesa che sia cinta d'assedio.

Sennacherib, tuttavia, ha altri progetti.

Lascia Ezechia bloccato nella capitale e inizia a conquistare sistematicamente tutte le altre città – ben quarantasei – del Regno di Giuda.

Devasta i raccolti, sradica le colture, abbatte le mura, distrugge i canali di irrigazione; soprattutto, deporta in massa i Giudei.

Rinchiuso a Gerusalemme e terrorizzato dall'avanzata assira, Ezechia assiste impotente alla devastazione del proprio regno. Sennacherib gli fa terra bruciata attorno, prima di dare l'assalto alla capitale.

Asserragliati all'interno delle mura, Ezechia e i gerosolimitani resistono come possono.

I viveri iniziano a scarseggiare, e in molti si vedono costretti, scrive la Bibbia, a nutrirsi dei propri escrementi e a bere solo urina.

Alla fine, la situazione è talmente tragica che, prima ancora di un vero combattimento, Ezechia si arrende e chiede pietà a nome di un regno in ginocchio.

Mostrando grande sagacia, Sennacherib gli propone una soluzione di compromesso.

Non solo non distruggerà Gerusalemme, ma consentirà a Ezechia di restare sul trono, a patto che il popolo di Giudea gli paghi una tassa esorbitante.

Ezechia accetta, e così per il resto dei suoi giorni Sennacherib potrà concentrarsi su Babilonia.

L'uccisione di Ashur-nadin-shumi

Mentre Sennacherib osserva le velleitarie mosse di Ezechia, la situazione a Babilonia torna a farsi incandescente.

Si rifà vivo infatti Marduk-apla-iddina II, dopo un periodo di latitanza seguito all'infamante sconfitta militare di qualche anno prima.

Il pretendente al trono babilonese riesce a scacciare Bēl-ibni, il re-fantoccio degli Assiri, e riconquista buona parte del territorio, grazie a un accordo con gli Accadi.

Da Ninive parte allora il figlio di Sennacherib, Ashur-nadin-shumi, che segue il metodo paterno: devastare i territori di chiunque tenti di opporsi e deportarlo.

Così fa con gli Accadi, riuscendo a mettere di nuovo in fuga Marduk-apla-iddina II, che si rifugia dai suoi vecchi alleati, gli Elamiti, che vivono a ridosso del Golfo Persico.

Sennacherib, tornato trionfante da Gerusalemme, decide a questo punto di risolvere la questione babilonese.

Una volta per tutte.

Sa che il problema è la presenza di Marduk-apla-iddina II, quindi stabilisce che, per prima cosa, bisogna punire gli Elamiti perché gli hanno offerto rifugio e ospitalità.

Il piano di Sennacherib è elementare.

Colpire gli Elamiti ed eliminare il pretendente al trono babilonese; poi insediare come re di Babilonia il suo figlio prediletto, quell'Ashur-nadin-shumi che si è dimostrato un valido condottiero tenendo in scacco gli Accadi mentre lui assediava Gerusalemme.

Nel 694 avanti Cristo Sennacherib mette in atto un piccolo genocidio.

Invade infatti il territorio di Elam allo scopo di sterminare tutti i Caldei che, al seguito di Marduk-apla-iddina II, hanno passato il confine e in quelle terre hanno trovato rifugio.

La sua assomiglia a una moderna operazione di marina militare.

Mette in acqua una cospicua flotta che raggiunge il Golfo

Persico, per poi far sbarcare migliaia di soldati pronti ad avanzare nel terreno desertico.

Forti dell'effetto sorpresa arrivano fino a Elam, e uccidono sistematicamente i Caldei.

Tutti, tranne uno.

Il loro leader Marduk-apla-iddina II, infatti, è morto per cause naturali solo alcuni giorni prima.

Ciò non basta a placare la sete di sangue degli Assiri, che anzi si danno al saccheggio e alla distruzione indiscriminata delle città elamite.

Il re di Elam, Khallutash-Inshushinak, decide allora di rendere la pariglia. Mentre impazzano le devastazioni assire, gli Elamiti contrattaccano con una flotta che sbarca non nel territorio assiro, troppo rischioso, ma nella zona di Babilonia.

L'obiettivo dell'incursione è stanare il figlio di Sennacherib, Ashur-nadin-shumi, così da ottenere un duplice vantaggio: da un lato, catturarlo così da poter ricattare il re assiro e imporgli di cessare le ostilità; dall'altro, sostituirlo sul trono con qualcuno più gradito agli Elamiti.

L'operazione ha successo.

Ashur-nadin-shumi viene accerchiato durante la battaglia di Sippar e portato a Susa, la capitale del regno di Elam.

Lì, come punizione per le atrocità commesse, Ashur-nadin-shumi viene trascinato nelle segrete del palazzo reale.

Mentre è incatenato, vede avvicinarsi un arciere del re. Pensa sia giunta la sua ora e che l'arciere gli pianterà una freccia nel cuore, ma ha ragione solo in parte.

L'arciere sfila la corda dall'arco, sottile e tesissima, aggira l'uomo immobilizzato e, quando gli è alle spalle, gli avvolge la corda intorno al collo.

Poi stringe fino a che il figlio di Sennacherib smette di respirare.

La vendetta di Sennacherib

Il dolore, per il re assiro, è intollerabile.

Non sa se lo colpisca più la sofferenza per la perdita del figlio prediletto, il ragazzo in cui confidava per la successione al trono, o la ferita inferta alla fama di invulnerabilità degli Assiri.

Come che sia, la sua vendetta è in linea con la grandiosa crudeltà delle precedenti azioni militari.

Per prima cosa, organizza rapidamente una spedizione contro Babilonia.

Nella Mesopotamia del Sud, rapito e ucciso Ashur-nadin-shumi, il re degli Elamiti ha posto sul trono il suo alleato Nergal-ushezib, per nulla in grado di competere per valore e crudeltà con Sennacherib.

Il re assiro lo sfida in una battaglia campale a Nippur, un'antica città babilonese a est dell'Eufrate.

È il 693 avanti Cristo e, nel volgere di una clessidra, l'esercito assiro sconfigge il sovrano babilonese, che Sennacherib continua a definire usurpatore poiché occupa il trono destinato a suo figlio.

Il regno di Nergal-ushezib è durato solo un anno e mezzo: pochissimo, per tempi in cui i convogli militari si muovono con grande lentezza.

La notizia della sconfitta arriva subito a Elam, dove si sparge il terrore che Sennacherib, dopo avere facilmente vinto su Babilonia, possa di nuovo attraversare il Golfo Persico e invadere il territorio del re Khallutash-Inshushinak.

Per timore della vendetta di Sennacherib, a Elam scoppia una rivolta durante la quale Kallutash-Inshushinak trova la morte, e al suo posto viene incoronato Kutir-Nakhunte III.

Gli Elamiti sperano forse che l'omicidio del loro re, materialmente responsabile del rapimento e della morte di Ashur-nadin-shumi, possa bastare a tranquillizzare Sennacherib.

Eppure, l'ira del sovrano assiro non si placa per nulla.

Ma non si lancia a capofitto in uno scontro diretto contro il nuovo sovrano, tentando di attaccare la capitale.

Sceglie piuttosto una mossa diversiva: invade una regione periferica e la conquista senza sforzo, oltre che con le solite devastazioni e stragi.

In questo modo, Sennacherib ottiene una base che gli permette di attaccare il nemico con più facilità, e insieme distrugge la fiducia riposta in Kutir-Nakhunte III.

I sudditi di quest'ultimo, infatti, dopo soli dieci mesi di regno capiscono che il nuovo sovrano è un debole, e riprendono a tramare per fargli fare la stessa fine del predecessore.

Ma mentre Sennacherib si distrae dirigendosi verso Elam, Babilonia cade di nuovo in altre mani.

Si chiama Mushezib-Marduk, un altro principe caldeo, che approfitta dell'assenza del re assiro per riconquistare il territorio meridionale della Mesopotamia.

Cerca di riorganizzare l'antica coalizione anti-assira, mossa già tentata da Marduk-apla-iddina II.

Ma, proprio come lui, non fa i conti con la spietatezza di Sennacherib.

L'inizio della fine

La battaglia di Halule viene combattuta nel 691 avanti Cristo.

Da una parte, un coacervo di Babilonesi, Caldei, Persiani, Medi, Aramiti e, ovviamente, Elamiti: tutti popoli che gli Assiri hanno soggiogato o concretamente minacciato.

Sull'altro fronte l'esercito di Sennacherib, per nulla fiaccato dalle continue campagne militari cui il sovrano l'ha sottoposto.

Gli storici concordano nel ritenerla la più sanguinosa battaglia mai combattuta fino ad allora.

Lo raccontano le stesse tavolette in cui viene immortalata la cronaca degli eventi, narrati in prima persona da Sennacherib, quasi sicuramente tramite uno scriba.

Il testo è a dir poco vivace nel soffermarsi sui dettagli macabri e cruenti:

> Al comando del grande signore, il dio Assur, mi sono avventato sui nemici come un uragano che avanza impietoso, e così li ho messi in rotta e respinti.
>
> Ho trafitto le loro truppe con frecce e giavellotti.
>
> A Humban-undasha, comandante in capo dell'esercito del re di Elam, e ai suoi nobili generali ho tagliato la gola come a delle pecore.
>
> I miei destrieri rampanti, adusi alla fatica, hanno continuato ad avanzare immergendo le zampe nel sangue che zampillava dai corpi dei nemici, come se guadassero un fiume.
>
> Le ruote del mio cocchio da guerra si sono macchiate di melma e di sangue.
>
> Ho riempito un'intera pianura coi corpi dei guerrieri nemici, falciati come una distesa d'erba.
>
> Ho tagliato loro i testicoli. Ho strappato dai loro corpi i peni, come quando si raccolgono i cetrioli a giugno.

Tuttavia, seppure trionfale, la battaglia sembra segnare l'inizio della fine.

Forse è colpa della paventata maledizione del dio Assur, offeso dal cambio di capitale, prima in favore di Dur-Šarrukin e poi di Ninive.

Dalla terra insanguinata di Halule, l'esercito di Sennacherib riemerge falcidiato e sfinito, incapace di condurre nuove campagne militari per oltre un anno.

Lo stesso Sennacherib non si preoccupa più di strategia, mandando al massacro i suoi uomini; l'unico suo pensiero, anzi, ossessione, è vendicare la morte del figlio.

È quel che accade nel 689 avanti Cristo, quando mette Babilonia sotto assedio per nove lunghissimi mesi.

La fame e le epidemie logorano i nemici di Sennacherib, asserragliati entro le proprie mura, ma gli stessi problemi sono condivisi dall'accampamento assiro che stringe d'assedio la città.

Alla fine, la spunta Sennacherib, e i suoi soldati, una volta abbattute le mura, perdono qualunque controllo.

Sennacherib è il primo a incitarli a compiere ogni nefandezza, pensando che nulla possa comunque pareggiare i conti.

Così gli Assiri irrompono in Babilonia con l'intento di colpire chiunque.

Non fanno distinzione fra giovani e vecchi, soldati e civili.

Balzano loro addosso con furia animale e li sventrano.

Seminano le strade della città di cadaveri che lasciano a marcire.

Radono al suolo le case, lanciano torce sui tetti così che brucino mentre crollano.

L'ultima azione, la più blasfema, la compiono contro i templi dove i Babilonesi venerano Marduk, sovrano di tutti gli dèi e protettore del re e dell'esercito, esattamente ciò che per gli Assiri è Assur.

I sacri edifici vengono allagati e aperti a decine di bestie da soma, che li utilizzano per abbeverarsi e liberarsi gli intestini.

Le statue degli dèi babilonesi vengono deturpate o distrutte.

Solo quella di Marduk, il re degli dèi, viene risparmiata: Sennacherib dà ordine che venga portata a Ninive, come se il dio fosse un prigioniero di guerra.

Un prigioniero nobile, l'unica figura in grado di saldare il conto per la morte di Ashur-nadin-shumi.

L'uccisione di Sennacherib

Nessuno, dopo la conquista di Babilonia, immagina che la fine del regno di Sennacherib sia prossima, che di lì a poco l'intera civiltà assira sia destinata a dissolversi.

Certo i segnali non mancano: le campagne militari sconsiderate sostenute con spese devastanti, i forzieri svuotati per rendere Ninive ancor più bella.

Ma a causare la morte ingloriosa di Sennacherib non è una rivolta popolare né un golpe militare. È un complotto tutto interno al palazzo reale, anzi, alla cerchia strettissima della famiglia.

Rapito e ucciso Ashur-nadin-shumi, Sennacherib nomina come erede al trono il più grande dei figli viventi, Arda-Mulissu.

Dopo le ultime battaglie, tuttavia, Sennacherib cambia improvvisamente idea e lo sostituisce con Esarhaddon, il fratello, nato da una diversa madre.

Anche se le ragioni di un cambiamento così improvviso non ci sono note, è verosimile che a persuadere Sennacherib sia stata Naqi'a, la madre di Esarhaddon, che con lusinghe e profferte convince il sovrano a nominare erede il proprio figlio.

Arda-Mulissu è ovviamente scontento, anche perché ha ricoperto per anni il ruolo di erede designato, che alla corte di Ninive è un incarico politico ufficiale.

Ciò gli ha consentito di crearsi un proprio entourage, su cui può contare quando viene scalzato dal fratello minore.

La convinzione dei congiurati raccolti attorno ad Arda-Mulissu è che Sennacherib abbia perso la testa, corrotto da una moglie, e che perciò la nomina di Esarhaddon non vada nemmeno presa in considerazione

Il legittimo erede è e resta Arda-Mulissu.

La crescente popolarità di Arda-Mulissu a corte preoccupa sempre più Sennacherib, che per non mettere a rischio l'incolumità di Esarhaddon, lo manda a governare nelle lontane province a ovest dell'impero, con la scusa di maturare esperienza come futuro sovrano.

È una mossa sbagliata, per più motivi.

Anzitutto perché viene interpretata da Arda-Mulissu e dai suoi sostenitori come un segnale di debolezza e di timore, il primo mostrato da un sovrano che in guerra non ha mai avuto paura di nulla.

Ma soprattutto perché il re è tanto ingenuo da pensare che sia il figlio la persona da proteggere; non gli viene in mente che, alla corte di Ninive, si stia tramando per uccidere proprio lui, Sennacherib.

Arda-Mulissu è furbo e dopo anni a palazzo sa come muoversi con disinvoltura nel labirinto di invidie e tensioni, alleanze e conflitti che animano ogni centro di potere.

Si mette allora d'accordo con Nabu-shar-usur, il fratello più piccolo ma figlio della stessa madre.

Lo convince che un regno di Esarhaddon sarebbe una iattura per entrambi e che bisogna colpire Sennacherib ora che il nuovo erede al trono è lontano.

È tempo di compiere un colpo di Stato. È tempo di assassinare Sennacherib.

L'omicidio avviene nel 681 avanti Cristo.

Sennacherib, dopo la conquista di Babilonia, ha dedicato buona parte del proprio tempo all'abbellimento di Ninive e al culto religioso.

Quel giorno, si trova nel tempio di Shin, il dio della Luna. È intento ai riti che spettano al re, e appare molto concentrato. Le dispute dinastiche sembrano lontane dai suoi pensieri.

Ha abbassato la guardia, ed è il momento di agire. È proprio Arda-Mulissu a incaricarsi personalmente dell'omicidio, che probabilmente avviene per accoltellamento.

Sbuca dal fondo buio del tempio e, mentre il padre si sta rivolgendo alla divinità, lo colpisce lasciandolo in una pozza di sangue, fra l'orrore dei sacerdoti.

La vendetta di Esarhaddon

L'assassinio di Sennacherib, sovrano di uno degli imperi più potenti del tempo, è forse la prima notizia che sconvolge i contemporanei a livello globale.

Nel Vicino Oriente, la notizia viene accolta con forti emozioni. Nei territori dell'Oriente e di Babilonia viene celebrata come una punizione divina per le brutali campagne militari compiute da Sennacherib.

Nel regno di Giudea, dove non è stato dimenticato l'assedio di Gerusalemme, al sollievo per la morte di Sennacherib corrisponde l'orrore per il parricidio e regicidio compiuto da suo figlio.

Arda-Mulissu verrà infatti identificato dagli ebrei in Adrammalech/Adramelech (letteralmente, «Arda re»), un demone metà asino e metà pavone.

Quanto agli Assiri, la notizia della morte di Sennacherib semina il terrore.

Capiscono subito che bisogna o rassegnarsi a vivere sotto un sovrano come Arda-Mulissu, spregiudicato e crudele al punto da uccidere con le proprie mani il padre; oppure attendere la vendetta di Esarhaddon, che minaccia di essere proporzionata all'enormità del crimine e alla vastità del complotto ordito dai cortigiani.

Paradossalmente, nonostante il successo del colpo di Stato, Arda-Mulissu non riesce ad accaparrarsi il trono in maniera definitiva.

L'assassinio così brutale del re, per giunta in un luogo sacro, finisce infatti per alienargli le simpatie anche fra molti dei suoi sostenitori.

L'incoronazione, che Arda-Mulissu sperava essere immediata, viene tenuta in sospeso.

Il figlio di Sennacherib si trova così a sedere come un usurpatore sul trono del padre che lui stesso ha assassinato.

Intanto, Esarhaddon apprende dell'evento e raduna un esercito, marciando rapidamente verso Ninive.

Anche Arda-Mulissu raccoglie degli uomini e cerca di prevenire l'arrivo del fratello, andandogli incontro per bloccarlo e magari uccidere anche lui.

Le truppe di Arda-Mulissu e Nabu-shar-usur si scontrano con quelle di Esarhaddon a Mitanni, nella parte occidentale dell'impero.

Qui, tuttavia, la maggior parte dei soldati al seguito di Arda-Mulissu decide di disertare e di unirsi a Esarhaddon, forse per sdegno nei confronti del parricidio, forse per timore di venire puniti con la morte dal legittimo erede in caso di sconfitta.

Esarhaddon si ritrova così a marciare su Ninive di fatto senza opposizione.

Arriva nel giro di poco tempo e si fa proclamare trionfalmente nuovo re di Assiria.

È lì che si compie la sua vendetta in nome di Sennacherib. Poco dopo aver preso il trono, Esarhaddon fa mettere a morte tutti i cospiratori, compresi coloro che erano solo sospettati, così da far fuori ogni possibile nemico politico.

Fa giustiziare perfino i servitori di palazzo, poiché con la loro muta presenza si sono di fatto resi complici del complotto ordito dai cortigiani.

Solo Arda-Mulissu e Nabu-shar-usur riescono a sopravvivere. Per farlo, però, devono fuggire verso nord, rifugiandosi nel regno di Urartu, più o meno nell'attuale Armenia, e non mettere mai più piede nel territorio assiro.

Le follie di Assurbanipal

Prima della fine della civiltà assira, c'è tempo per un ultimo re destinato a passare alla storia: il figlio di Esarhaddon, Assurbanipal, che la Bibbia chiama Osnapar e molte fonti chiamano Sardanapalo.

Proprio con quest'ultimo nome, diventerà proverbiale a causa degli eccessi con il cibo e con le donne. Eccessi che lo porteranno alla morte e, di lì a poco, faranno crollare su sé stesso lo sterminato Impero assiro.

Re degli Assiri a partire dal 669 avanti Cristo, Assurbanipal riprende la politica militare del nonno Sennacherib, continuando a rafforzare e consolidare il dominio assiro nella Mezzaluna Fertile.

Diventa presto noto per la sua strategia aggressiva e per l'efficacia del suo esercito; estende il controllo dell'Assiria su vasti territori, mantenendo un saldo dominio sulle regioni già conquistate e reprimendo con fermezza qualsiasi ribellione.

Come il nonno, conduce una significativa campagna militare contro Elam. Tra il 640 e il 639 avanti Cristo, Assurbanipal lancia una serie di attacchi devastanti che culminano con la distruzione della capitale di Elam, Susa.

Non si tratta solo di conquiste mirate al prestigio o alla vendetta per gli antichi dissapori.

Come da tradizione assira, l'economia sotto il regno di Assurbanipal è fortemente basata sul sistema tributario, e i territori conquistati sono obbligati a versare annualmente all'Assiria denaro, preziosi, materie prime e derrate alimentari, contribuendo significativamente alle risorse economiche dell'impero.

In generale, Assurbanipal si comporta da buon sovrano. Favorisce il commercio internazionale, incrementando le rotte che partono da Ninive, e investe in grandi progetti di irrigazione per migliorare la produttività agricola, assicurandosi che le risorse alimentari siano sufficienti per sostenere l'impero.

Se pure nel complesso si dimostra un buon sovrano, il problema di Assurbanipal è la sua vita privata.

È colto, con un profondo interesse per la letteratura, l'arte e la conoscenza.

Arricchisce moltissimo la biblioteca di Ninive, rendendola forse uno dei più grandi tesori dell'antichità: un vero e proprio tempio del sapere su vari argomenti, dalla mitologia alla medicina, dalla matematica alla poesia.

È anche un appassionato cacciatore, ma non si accontenta della selvaggina. Preferisce cacciare leoni, ritenendo l'esercizio un simbolo di potere e coraggio reale, in grado di consolidare la sua immagine di sovrano forte e virile.

Ma è soprattutto a tavola e a letto che Assurbanipal costruisce quest'immagine.

Oltre ai successi politici e militari, Assurbanipal diviene rapidamente celebre anche per gli eccessi personali.

È noto per organizzare sontuosi banchetti presso la sua corte, caratterizzati da una vasta gamma di piatti elaborati e bevande alcoliche in abbondanza.

Parliamo di festini che durano giorni interi, con l'intero palazzo coinvolto in un consumo smodato di cibo e vino. Per quei giorni, la vita politica dell'impero viene praticamente bloccata.

Forse più della caccia ai leoni, Assurbanipal ama inseguire le donne. Dispone di un harem vasto e variegato, con un numero esorbitante di consorti e concubine.

A questo sterminato catalogo Assurbanipal attinge secondo la voglia del momento, concedendosi senza moderazione ai piaceri della carne e dando al sesso precedenza su tutto, senza curarsi né delle tensioni personali che crea a corte né della stabilità dello Stato.

Con questi eccessi, è inevitabile che il regno assiro si indebolisca, anzitutto dal punto di vista finanziario.

E i popoli vicini, ancora schiacciati dalle vessazioni imposte sin dai tempi di Sennacherib, se ne accorgono e vogliono approfittarne.

La leggenda vuole che siano proprio gli eccessi di Assurbanipal la motivazione del crollo dell'Impero assiro.

Pare infatti che tale Arbace, un satrapo proveniente dalla Media, si presenti al palazzo reale di Ninive per ottenere udienza dal sovrano assiro, sotto il cui dominio rientra il suo territorio.

Assurbanipal lo riceve senza nemmeno interrompere il banchetto con annessa orgia in cui è impegnato.

Arbace si scandalizza oltremodo. Come può il suo territorio obbedire a un sovrano che non solo è straniero ma si comporta in quella maniera inaccettabile?

Rientrato in patria, Arbace organizza una spedizione contro gli Assiri.

L'obiettivo, spiega alle truppe, è ciò che nessuno ha mai osato fare fino ad allora: conquistare Ninive.

È tuttavia una lotta impari. I Medi sono molto più deboli economicamente, quindi Assurbanipal non si preoccupa minimamente della minaccia.

I fatti sembrano dare ragione al re assiro, che vince agevolmente le prime tre battaglie.

Convinto che ciò sia sufficiente a ricacciare indietro Arbace, Assurbanipal se ne torna a palazzo e lì ricomincia con gozzoviglie straordinarie e indicibili scene di lussuria.

Ma Arbace, che non ha intenzione di demordere, sa che deve approfittarne. Bisogna colpire Assurbanipal nel momento in cui non solo si sente sicuro, ma è talmente concentrato nei suoi piaceri da non pensare minimamente alla guerra.

L'incursione a Ninive, ritenuta impensabile fino a poco prima, riesce.

L'esercito di Arbace fa irruzione nel palazzo reale e prende prigioniero Assurbanipal, mezzo nudo, ubriaco e incredulo.

Arbace, tuttavia, vuole trattarlo con il rispetto che si deve a un grande sovrano.

Acconsente dunque all'unica richiesta di Assurbanipal: va bene la sconfitta, va bene lasciare il trono, ma l'importante è che in prigionia possa portarsi dietro tutte le proprie concubine e abbastanza beni da mantenersi fino alla fine della propria vita.

Si avvia così verso la Media uno strepitoso corteo: i soldati di Arbace portano con sé Assurbanipal e forse un centinaio di donne giovani e belle, oltre a carri carichi di ogni bendidio.

Verità storica o leggenda che sia, Assurbanipal, prigioniero in Media, resiste qualche tempo in una vita di soli piaceri.

Poi, quando ne ha abbastanza, chiede ad Arbace di realizzare il suo ultimo desiderio. Si tratta di questo: far innalzare una pira funebre, di quelle che si usano per bruciare i cadaveri.

Lì fa salire a una a una le sue concubine. Poi, per ultimo, si getta fra i loro corpi in fiamme, morendo carbonizzato insieme a loro, come se volesse fondere la propria cenere e quella delle sue donne in un ultimo, estremo amplesso.

Siamo nel 631 avanti Cristo e, di fatto, l'Impero assiro finisce così, con questo spettacolare omicidio-suicidio.

Di lì a poco, nel 612 avanti Cristo, a invadere Ninive sono i Persiani.

Distruggono il palazzo reale tanto maestoso voluto da Sennacherib e, radendolo al suolo, schiacciano sotto le sue rovine l'ultimo re assiro, Sin-shar-ishkun.

È il tramonto definitivo, dopo due millenni, della grande civiltà degli Assiri.

18
Uccidere nell'Antico Testamento

I libri

L'Antico Testamento raccoglie tutti i libri che precedono la nascita di Gesù.

Corrisponde più o meno a ciò che per gli ebrei è il Tanakh, o Bibbia ebraica, ed è distinto in quattro parti: il Pentateuco, i libri storici, i poetici e i profetici.

In particolare, il Pentateuco racconta il periodo che va dalla creazione dell'universo all'antica storia di Israele, ed è diviso in cinque volumi: Genesi, Esodo, Levitico, Numeri e Deuteronomio.

Nonostante sia un testo sacro, o forse proprio in virtù di questo, le sue pagine raccolgono e descrivono un numero sconcertante di morti violente.

A partire dal Settecento, quando ha iniziato a imporsi un metodo scientifico di approccio alla Bibbia, storici ed esegeti si sono assunti l'onere di calcolare quanti omicidi siano citati nell'Antico Testamento, e nonostante qualche diversa interpretazione, sono arrivati a una cifra intorno alle 240.000 vittime.

Ma, al di là degli episodi, è l'intera impostazione dell'Antico Testamento ad apparire oggi particolarmente cruda.

Non è infatti raro che l'ordine di combattere i popoli rivali con letale fermezza arrivi direttamente da Dio, un Dio definito «Signore degli eserciti».

Occorre però precisare che tale appellativo potrebbe riferirsi alle schiere d'angeli che lo affiancano, e non a truppe armate di uomini.

Certo ci sono passaggi inequivocabili sul ricorso alla violenza.

Per esempio, nel Deuteronomio sta scritto che i figli che si ribellano contro i padri meritano la morte per lapidazione, così come le donne adultere e le ragazze che non si presentano pure al momento delle nozze.

Una cosa tuttavia è certa quando parliamo di religioni abramitiche (e non solo), ossia di fedi che riconoscono nella propria storia la presenza fondante di Abramo: si tratti di giudaismo, cristianesimo o islam, cercano tutte di marcare le differenze, di attribuire all'altra una maggiore o minore legittimazione alla violenza sulla scorta di quanto narrato nei propri testi di ispirazione.

Per comprendere la durezza dei termini utilizzati nell'Antico Testamento, e la crudeltà di molti episodi che racconta, bisogna considerare due aspetti sostanziali.

Il primo è che il testo va letto alla luce dell'epoca in cui è stato composto.

Tradizionalmente, l'origine dell'uomo veniva stimata nel 4004 avanti Cristo. L'Antico Testamento coprirebbe dunque un arco temporale di quattro millenni.

In realtà si tratta di un mosaico di testi scritti in momenti più lontani e distinti; le parti più antiche risalgono infatti al XIII secolo avanti Cristo, con aggiunte fino al VII, e sostanziali rimaneggiamenti fra il VI e il V secolo avanti Cristo.

Un periodo estremamente ampio, caratterizzato tuttavia da un elemento comune: la scarsa considerazione per la vita umana se paragonata a quella attuale… al netto delle manifestazioni di intolleranza e odio che ancora continuano ad avvelenare il mondo.

Il secondo aspetto consiste nel pensare a chi era destinato l'Antico Testamento, il quale ha una duplice identità: da un lato è un documento storico, il resoconto di tempi arcaici, e come tale non è diverso dai miti nella Grecia dell'età classica.

Dall'altro, però, è un testo sacro che narra del rapporto speciale fra gli Ebrei e il loro Dio, che li porta a ritenersi il «popolo eletto».

Tale legame si fonda tuttavia su una complessa alternanza di patti e tradimenti; accade quando Dio impone una direzione e i fedeli obbediscono oppure no.

È in questo contesto che vanno letti i gesti più crudeli.

Può per esempio capitare che Dio, per mettere alla prova il suo popolo, esiga gesti di prevaricazione che i più inflessibili non esitano a compiere.

La violenza, in questo caso, finisce per rappresentare il sigillo dell'alleanza tra Dio e gli uomini.

Ma accade anche il contrario, ossia che qualcuno compia atti violenti senza che Dio lo abbia mai richiesto, solo per un tornaconto personale.

In questo caso è l'aggressore a infrangere il patto con Dio, non rispettando il comandamento che il Signore ha dettato: «Non uccidere».

L'antica storia del popolo eletto

La storia del popolo ebraico, secondo la narrazione dell'Antico Testamento, inizia con la figura di Noè, vissuto intorno al 2500 avanti Cristo.

Terminato il diluvio universale, Noè e la sua famiglia sono i soli umani sopravvissuti, e a loro Dio affida il compito di ripopolare la Terra.

Tocca così ai tre figli del patriarca, Sem, Cam e Jafet, dare origine alle genti che abiteranno il mondo.

Il popolo ebraico discende da Sem, e dal suo nome origina il termine «semiti».

Il secondo personaggio chiave della storia ebraica è Abramo, discendente di Noè, vissuto intorno al 2000 avanti Cristo.

È lui che Dio invita a lasciare la terra natale, Ur dei Caldei, nella bassa Mesopotamia.

Gli comanda di incamminarsi verso una terra sconosciuta, lungo un percorso che lui stesso gli avrebbe mostrato; dopo un lunghissimo viaggio, Abramo giunge così a Canaan, la terra promessa.

Nonostante l'età avanzata e la sterilità della moglie Sara, Abramo genera Isacco, da cui nascono due figli, Esaù e Giacobbe. Giacobbe, pur essendo il secondogenito, ottiene il riconoscimento della primogenitura con uno stratagemma: cogliendo il fratello affamato, si prende il suo titolo offrendogli in cambio un piatto di lenticchie.

Poi, approfittando del fatto che il padre è vecchio e cieco e il fratello molto peloso, si presenta al capezzale di Isacco coperto di pelli d'animali, così da ingannarlo e ottenere la sua benedizione.

L'altro momento importante della vita di Giacobbe, e della storia degli Ebrei, avviene quando ingaggia una lotta con un'entità che si rivela essere un angelo.

Dallo scontro Giacobbe esce malconcio ma ottiene da Dio la conferma della benedizione paterna, oltre a essere ribattezzato con un nuovo nome: Israele.

Da quel momento la parte abitata dalla discendenza di Abramo si chiamerà *Eretz Israel*, terra di Israele, nel senso di terra di Giacobbe.

Eppure, il momento di stabilità non è destinato a durare.

Giacobbe ha dodici figli, capostipiti delle dodici tribù di

Israele, almeno fino a quando uno di loro, Giuseppe, viene venduto dai fratelli e finisce in Egitto; ma qui, grazie alla sua capacità di interpretare i sogni, diventa l'uomo più potente del paese, dopo il faraone.

Tuttavia, con il passare del tempo, i discendenti di Giacobbe diventano schiavi degli Egizi e lo rimangono per circa quattrocento anni.

Fino a quando, nel XIII secolo avanti Cristo, il rapporto fra gli Ebrei e il loro Dio va incontro a una svolta epocale.

Il personaggio chiave è Mosè, un uomo che, come scrive Filone Alessandrino, per il suo popolo sarà «re, sacerdote, legislatore e profeta».

E all'origine della storia di Mosè ci sono una strage di bambini e un omicidio.

Mosè, l'Egizio

Al faraone Ramesse non basta tenere in cattività gli Israeliti che abitano le sue terre; preoccupato che acquistino troppo potere, ordina che tutti i loro neonati maschi siano gettati nelle limacciose acque del Nilo, tra la disperazione delle madri.

Una di loro, tuttavia, non accetta di perdere il proprio bimbo e riesce a tenerlo nascosto per tre mesi; ma quando comprende che sta per essere scoperta, prepara una cesta di papiro, la riveste di bitume e pece per renderla impermeabile, e vi adagia il neonato.

Poi affida il destino dell'improvvisata imbarcazione e di suo figlio alle acque del fiume e al suo Dio.

Il caso vuole che la figlia del faraone, intenta a rinfrescarsi chilometri a valle, si accorga della cesta da cui arriva il pianto di un neonato.

Intenerita, decide di adottarlo affidandolo a una nutrice che se ne prenda cura; e che, per una sorprendente coincidenza, è proprio la madre del piccolo, al quale viene dato il nome di Mosè, che in ebraico significa «salvato dalle acque».

Mosè cresce così alla corte del faraone, educato ai costumi egizi e godendo dei privilegi della famiglia reale, ma mantenendo tramite l'anonima madre un legame con le proprie origini.

Solo da adulto Mosè si rende conto delle dure condizioni in cui vivono gli Ebrei, ormai schiavizzati.

Il libro dell'Esodo è asciutto e perentorio nel resoconto di ciò che accade:

> In quei giorni, Mosè, cresciuto in età, si recò dai suoi fratelli e notò i lavori pesanti da cui erano oppressi. Vide un Egiziano che percuoteva un Ebreo, uno dei suoi fratelli. Voltatosi attorno, e visto che non c'era nessuno, colpì a morte l'Egiziano e lo seppellì nella sabbia.

Il giorno successivo, mentre cerca di sedare una lite tra due Ebrei, uno dei due gli chiede: «Vuoi forse uccidermi, come hai ucciso l'egiziano?».

Sapendo d'essere stato identificato, e temendo per la propria vita, Mosè fugge nel deserto, nel paese di Madian.

Qui, di fatto, cambia identità.

Si stabilisce presso Ietro, un sacerdote, e ne prende in sposa la figlia, Zippora. Diventa pastore e conduce una vita tranquilla fino a quando, un giorno, avviene l'incredibile.

Mentre pascola il proprio gregge sul monte Oreb, nota un roveto che arde senza incenerirsi.

Avvicinandosi per vedere meglio, Mosè sente provenire dal cespuglio una voce che lo chiama; è Dio, che gli rivela la sua volontà: deve tornare in Egitto per liberare i suoi fratelli.

Inizialmente è restio, ma la voce lo rassicura che nell'impresa lo aiuterà il fratello Aronne, e che insieme riporteranno il popolo eletto nella terra promessa, da cui mancavano da più di quattro secoli.

Sulle prime, Mosè ci prova con le buone, supplicando il faraone.

Ramesse però si rifiuta e allora Mosè, su comando di Dio, colpisce l'Egitto con una serie di sciagure e calamità, passate alla storia come le «piaghe d'Egitto».

L'acqua del Nilo si trasforma in sangue; una pioggia di rane si abbatte sulle città; la polvere della terra si trasforma in agguerrite zanzare; i mosconi invadono le case, posandosi sui letti, sui tavoli, sui corpi e sui visi; una peste implacabile colpisce il bestiame decimandolo; un misterioso pulviscolo entra a contatto con la pelle aprendo dolorosissime ulcere; le città vengono devastate da una grandine di violenza mai vista; l'intero Egitto viene invaso da sciami di cavallette; su tutto il regno piombano le tenebre che, per tre giorni, non permettono di vedere nulla.

La decima e ultima piaga è la più terribile: la morte di tutti i primogeniti.

Perché ciò accada senza che si commettano errori, Dio ordina agli Israeliti di segnare con sangue d'agnello gli stipiti dei loro ingressi, così che l'angelo della morte li riconosca e passi oltre.

È la notte di *Pesach*, la Pasqua ebraica, che è il preludio della fuga dall'Egitto verso la libertà.

Dopo che l'angelo del Signore si è preso la vita dei primogeniti di ciascuna famiglia, il faraone si arrende e accetta di lasciar partire gli Ebrei.

Poco dopo, però, ci ripensa, e invia i suoi soldati all'inseguimento.

Mosè e i suoi si trovano così intrappolati: davanti la distesa del Mar Rosso, e alle spalle gli uomini di Ramesse pronti a caricarli. Ecco però che, istruito da Dio, stende la mano e le acque miracolosamente si ritirano, permettendo agli Ebrei di camminare sul fondale asciutto.

Gli Egizi, naturalmente, non mollano la presa.

Mosè però, una volta constatato che tutti i suoi fratelli hanno raggiunto la riva opposta, stende nuovamente la mano.

Le acque si richiudono sui carri, sui cavalli e su centinaia di soldati presto ridotti a cadaveri che galleggiano tra i flutti.

Punire gli Ebrei

Così inizia la traversata del deserto, quarant'anni di cammino dall'Egitto alla terra promessa.

Può sorprendere che per un viaggio relativamente breve occorra tanto tempo; ma va considerato che gli Ebrei portano con sé tutto ciò che possiedono, come mandrie e greggi che vanno abbeverate spesso, obbligando a compiere tratti non superiori ai venti chilometri al giorno.

Ci vogliono poi ore per montare gli accampamenti ogni sera e smontarli la mattina successiva.

Quanto al percorso, Mosè segue una pista che già da millenni viene battuta da Oriente a Occidente per il trasporto degli schiavi, a conferma della duplice natura dell'Antico Testamento: quella di testimonianza storica di una pratica citata da altre fonti e di rappresentazione simbolica, nella quale la libertà si trova risalendo in senso opposto alle carovane di schiavi, da ovest a est.

È probabile che in modo simbolico vada letta anche la cifra tonda di quarant'anni necessaria per concludere il viaggio.

Al numero quaranta sono infatti collegati tanti momenti importanti narrati nella Bibbia: Noè trascorre infatti quaranta giorni nell'arca, dopo la fine del diluvio universale, così come a quarant'anni Isacco lascia la casa del padre.

E sempre in chiave emblematica vanno interpretati i tanti

fatti singolari che accadono durante la traversata; a cominciare dalla densa nube che cela la presenza di Dio, il quale si rivolge solo a Mosè, dichiarandolo così l'interprete unico e incontestabile del suo volere.

Accade quando gli Ebrei si accampano nei pressi del monte Sinai. La nuvola guadagna la vetta della montagna, dove si scatena una tremenda tempesta, che fra tuoni e fulmini culmina in un lungo suono inquietante, come di un corno possente.

Tocca a Mosè raggiungere la cima, dove Dio lo ha chiamato per affidargli i dieci comandamenti, le leggi che suggellano l'alleanza tra il Signore e il popolo eletto.

Ma gli Ebrei sono perplessi.

Come ordinato, si fermano alle pendici del monte, osservando con apprensione i lampi che ne illuminano la sommità.

Il tempo passa, e di Mosè non c'è traccia.

Ecco che allora, improvvidamente, la loro fede vacilla, al punto che domandano ad Aronne di affidarsi a una nuova divinità.

Il fratello di Mosè requisisce tutti i bracciali e gli orecchini e con l'oro che ne ricava realizza la statua di un vitello, cui si rivolge dicendogli: «Ecco il tuo Dio, Israele, che ti ha fatto uscire dall'Egitto!».

È una blasfemia e un sacrilegio.

Quando Mosè scende dal monte, nota che nell'accampamento fervono canti e danze in onore dell'idolo. Accecato dall'ira, afferra il vitello d'oro e lo fa a pezzi, per poi scagliarlo nel fuoco; non pago ne raccoglie le ceneri che getta nella riserva d'acqua di chi fino a poco prima gli era fratello, costringendolo a berla.

Quindi chiama a sé i pochi Ebrei che sono rimasti fedeli, i discendenti di Levi, terzo dei figli di Giacobbe. A loro Mosè ordina:

Dice il Signore, Dio di Israele: ciascuno di voi tenga la spada al fianco. Passate e ripassate nell'accampamento da una porta all'altra e ciascuno uccida il proprio fratello, il proprio amico, il proprio parente.

Nel corso della notte, i leviti mettono in atto la carneficina. Muoiono, trafitti dalle lame, circa tremila Ebrei.

Punire gli stranieri

Fra le parole che Dio consegna a Mosè, ve ne sono alcune particolarmente inquietanti:

> Manderò il mio terrore davanti a te, e metterò in rotta ogni popolo in mezzo al quale entrerai; davanti a te, farò scappare tutti i tuoi nemici.

Mosè non riesce a raggiungere la terra promessa; muore di vecchiaia prima di arrivarci, ma trova il tempo di farsi portare sulla cima del monte Nebo, in realtà una collina alta ottocento metri in Giordania, e da lì riesce a cogliere in lontananza la meta del suo lungo viaggio.

Ma l'arrivo nella terra promessa non mette fine alle traversie del popolo eletto, che si ritrova presto a fronteggiare attacchi tanto territoriali che religiosi.

I popoli confinanti cercano di conquistare le terre di cui gli Ebrei hanno ripreso possesso, ma vogliono anche combattere il primo monoteismo della storia.

Fra i nemici degli Ebrei, spiccano gli abitanti di Canaan, il cui nome suggerisce che discendano da Cam, figlio di Noè e fratello di Sem.

Secondo la ricostruzione biblica, i Cananei abitano l'attuale Fenicia, e coltivano una fede politeista piuttosto sofisticata e improntata alla violenza.

In cima alla gerarchia delle loro divinità c'è infatti El, capace di esercitare il proprio dominio sopraffacendo il fratello, uccidendo uno dei suoi figli e decapitando la propria figlia.

Sotto El si trova invece Baal, divinità della tempesta e della fecondità. A lui si affidano i Cananei, sacrificandogli bambini prima delle battaglie contro gli Ebrei.

Tra i due popoli scoppia una vera e propria guerra di religione che rende impossibile una pacifica convivenza.

Alla fine, prevalgono gli Ebrei, e Baal viene per così dire assorbito nella teologia ebraica.

Diventa infatti Belzebù, il demonio, il nemico di Dio contro cui gli uomini devono combattere quotidianamente.

È impossibile ricostruire gli innumerevoli conflitti che, in difesa della propria terra e della propria fede, gli Ebrei si vedono costretti a combattere.

C'è però una storia che merita d'essere raccontata, ed è quella di Iefte, un combattente galaadita proveniente dalle terre di là dal fiume Giordano.

Il libro dei Giudici racconta che, scoppiata l'ennesima guerra fra i Galaaditi e gli Ammoniti che vogliono invadere il loro territorio, i conterranei nominano Iefte come loro condottiero.

Prima della battaglia, Iefte fa un voto solenne a Dio: se gli avesse concesso la vittoria sugli Ammoniti, avrebbe sacrificato la prima persona che avesse incontrato al suo ritorno dal combattimento.

La sorte arride ai Galaaditi, e gli Ammoniti vengono sconfitti.

Iefte rientra trionfante ma presto viene colto dallo sconforto: la prima a corrergli incontro per festeggiarlo è la sua giovane e unica figlia.

Un voto fatto a Dio dev'essere comunque onorato, pena il tradimento del patto che lo lega al popolo.

A Iefte non resta che raccontare tutto alla ragazza, per

poi mandarla tra le montagne un paio di mesi a piangere la propria sorte con le amiche più fidate.

Trascorso il periodo, mantiene il suo impegno.

Manda a prendere la figlia, la piazza sull'altare e la offre in sacrificio a Dio, a dimostrazione di una fede che non arretra davanti a nulla, nemmeno agli affetti familiari più importanti.

Un'intransigenza assoluta che lo renderà responsabile di un altro tra i fatti di sangue più gravi raccontati nell'Antico Testamento.

I Galaaditi discendono da Manasse, primogenito del patriarca Giuseppe; dal fratello minore di Manasse, Efraim, discendono i loro vicini Efraimiti, che abitano sull'altra sponda del Giordano.

Tra Efraimiti e Galaaditi non corre buon sangue; colpa di Iefte che non ha chiesto il loro aiuto nel conflitto contro gli Ammoniti. Minacciano così di attaccare il suo territorio e bruciare tutte le case, pur essendo fratelli nella fede.

Iefte decide allora di piazzare i suoi soldati nel punto in cui gli Efraimiti debbono passare per guadare il Giordano.

Deve però risolvere un problema, e lo fa con un'astuzia crudele: gli Efraimiti sono di fatto indistinguibili dai Galaaditi se non per un difetto di pronuncia: non riescono a pronunciare il suono «sh», come in «sciare», ma mettono la lingua fra i denti e quel che ne esce è un «th».

Quando gli Efraimiti arrivano al posto di blocco dichiarano d'essere Galaaditi di ritorno a casa.

Non sanno che Iefte ha dato ai suoi soldati un ordine, quello di far pronunciare a chiunque chieda di passare la parola *shibboleth*, che significa «spiga».

Se la dizione è corretta, può avanzare, ma se invece dice «thibboleth», vuol dire che è un Efraimita e allora non ha scampo.

Alla fine, secondo l'Antico Testamento, sulle rive del Giordano giacciono i cadaveri di 42.000 Efraimiti.

L'integerrimo Samuele

C'è però una figura nell'Antico Testamento che supera Iefte quanto a fermezza nel rispondere agli ordini di Dio: si tratta di Samuele, sacerdote, giudice e profeta.

Sua madre Anna è una donna sterile cui le incessanti e infervorate preghiere consentono di restare gravida; e lei, in segno di gratitudine, decide di dedicare il figlio a Dio, affidandolo al sacerdote Eli, affinché lo prenda con sé nel tempio di Silo.

Col tempo, Samuele cresce ed Eli invecchia.

Il giovane si prende cura di lui e, mentre l'anziano riposa, il ragazzo è vigile, sistemato in una camera lì vicino.

A un certo punto sente chiamare: «Samuele! Samuele!». Risponde: «Eccomi» e accorre temendo che Eli si senta male.

Ma il vecchio non ha aperto bocca.

Il giovane torna allora nella sua stanza dove gli arriva di nuovo la voce, ma ancora una volta Eli gli risponde che non è stato lui.

La terza volta Eli comprende: quella è la voce di Dio. Allora suggerisce al giovane che la prossima volta risponda: «Parla, Signore, il tuo servo ti ascolta».

È un momento decisivo non solo per il ragazzo ma per la storia di Israele.

La voce di Dio gli rivela che gli Ebrei stanno infrangendo il patto, ed è sua volontà punirli.

Samuele, da questo momento, diventa il rappresentante di Dio in terra: veste il ruolo di sacerdote, intermediario fra la terra e il sacro; quello di profeta, portavoce delle intenzioni di Dio; e infine assume i compiti di capo politico, militare e giuridico della sua gente.

Possiamo perciò immaginare il suo sgomento quando

una delegazione gli si presenta innanzi con una richiesta a nome di tutto il popolo, quella di avere un re che li governi.

Fino ad allora, infatti, gli Ebrei non hanno mai avuto un sovrano; come popolo eletto di Dio, per millenni si sono affidati a chi, come Samuele, deteneva il potere spirituale.

Sono tuttavia spesso impegnati in guerra con le nazioni confinanti e per avere la meglio è necessaria una buona organizzazione militare e politica, al cui capo porre una figura competente: un re, per l'appunto.

A Samuele la motivazione non basta, anzi: instaurare una monarchia abbandonando la teocrazia significa allontanarsi da Dio. E allora li ammonisce dicendo loro:

> Queste saranno le pretese del re che regnerà su di voi: prenderà i vostri figli per destinarli ai suoi carri e ai suoi cavalli, li farà correre davanti al suo cocchio, li farà capi di migliaia e capi di cinquantine; li costringerà ad arare i suoi campi, a mietere le sue messi, ad apprestargli armi per le sue battaglie e attrezzature per i suoi carri. Prenderà anche le vostre figlie per farle sue profumiere e cuoche e fornaie. Si farà consegnare ancora i vostri campi, le vostre vigne, i vostri oliveti più belli e li regalerà ai suoi ministri. Sulle vostre sementi e sulle vostre vigne prenderà le decime e le darà ai suoi consiglieri e ai suoi ministri. Vi sequestrerà gli schiavi e le schiave, i vostri armenti migliori e i vostri asini e li adopererà nei suoi lavori. Metterà la decima sui vostri greggi e voi stessi diventerete suoi schiavi.

Nonostante le sue parole, gli Ebrei insistono, e Samuele si vede perciò costretto a consultarsi con Dio, che gli concede di fondare la monarchia in Israele.

A una condizione, però: Samuele dovrà mettersi in cammino e trovare un giovane alto e bello, intento a pascolare le asine del padre. Quando lo avrà incontrato, lo ungerà con olio sacro, a ricordargli che il suo ruolo politico deriva dall'investitura religiosa e dal volere di Dio.

In questo modo non verrà infranto il patto millenario.

Siamo intorno al 1020 avanti Cristo, quando ha inizio il regno di Saul, uscito alla ricerca di un gregge e tornato a casa unto re degli Ebrei.

La coesistenza fra Saul e Samuele, tuttavia, non è affatto pacifica. Samuele non perde occasione per rivendicare la supremazia del potere spirituale su quello politico; in particolare insiste sul fatto che Saul ha solo il compito di regnare, mentre a lui spetta l'incarico ben più importante di parlare con Dio e farsi interprete del suo volere.

L'apice della crisi avviene quando Dio comunica a Samuele di far guerra agli Amaleciti, un popolo che secoli prima si era opposto alla fuga degli Ebrei dall'Egitto.

Samuele non perde un istante, convoca Saul e gli dice:

> Ora va' e colpisci gli Amaleciti: sterminerai tutto quel che appartiene loro. Non avere pietà: uccidi uomini e donne, bambini e lattanti, buoi e pecore, cammelli e asini.

Saul obbedisce, reclutando un esercito di duecentomila soldati con cui attacca i poveri Amaleciti sterminandoli tutti.

Con una sola eccezione: Agag, il re degli sconfitti, che viene fatto prigioniero ma la cui vita viene risparmiata.

Davide e Golia

La decisione non piace per nulla a Samuele, convinto che, graziando Agag, Saul abbia trasgredito ai suoi ordini e si sia opposto al volere di Dio.

La sua reazione è perentoria.

Si presenta al sovrano annunciandogli che Dio lo ha ripudiato: non è più re degli Ebrei perché si è rifiutato di obbedire ai suoi comandi.

Saul protesta, si rifiuta di lasciare il trono, ma Samuele non demorde; chiede che gli venga condotto Agag e afferrata una spada, proclama: «Come la tua spada ha privato di figli le donne di Israele, così tra le donne sarà privata di figli tua madre».

Detto ciò, trafigge l'Amalecita, uccidendolo sul colpo.

Il gesto, tuttavia, non fa cambiare idea a Saul, costringendo Samuele a cercare un nuovo re.

Guidato da Dio, arriva a Betlemme, alla casa di Iesse, uno dei capi del sinedrio, e dopo aver scartato i fratelli maggiori, riconosce nel più giovane, Davide, il prescelto del Signore.

Lo unge, come già aveva fatto consacrando Saul, ma ancora non si tratta di un'incoronazione; sarà Dio stesso, con le sue trame imperscrutabili, a provvedere alla successione.

L'inserimento di Davide a corte è graduale: dapprima, viene preso al servizio di Saul come musico, per l'abilità con cui suona la cetra.

Dopo la rottura con Samuele, Saul è preda di un disagio profondo, forse il primo caso di depressione riportato in un documento storico: «La mia anima è triste fino alla morte» dice a chi gli è vicino, e solo il suono della cetra di Davide riesce a regalargli qualche momento di serenità.

Le cose cambiano durante la guerra fra Ebrei e Filistei, quando questi ultimi schierano il loro campione, il cui nome è Golia. La Bibbia ne parla come di un gigante, alto sei cubiti e un palmo, all'incirca due metri e novanta.

È Golia stesso a proporre una soluzione per evitare l'ennesimo bagno di sangue: anziché uno scontro in campo aperto, perché non ricorrere a un duello fra lui e chiunque dei rivali abbia il coraggio di affrontarlo?

Il vincitore avrebbe poi regnato sul popolo sconfitto.

A farsi avanti è proprio Davide: giovane e minuto, pare la vittima designata di un duello impari.

Golia avanza con una spada, una lancia e uno scudo proporzionati alle sue dimensioni, e minaccia il giovane di dare il suo cadavere in pasto agli animali.

Davide è armato solo di una fionda e cinque ciottoli appena raccolti tra le acque di un torrente, e cammina appoggiandosi al bastone da pastore. Urla a Golia:

> Tu vieni a me con la spada, con la lancia e con l'asta. Io vengo a te nel nome del Signore degli eserciti, Dio delle schiere d'Israele, che tu hai insultato. In questo stesso giorno, il Signore ti farà cadere nelle mie mani. Io ti abbatterò e staccherò la testa dal tuo corpo e getterò i cadaveri dell'esercito filisteo agli uccelli del cielo e alle bestie selvatiche; tutta la terra saprà che vi è un Dio in Israele. Tutta questa moltitudine saprà che il Signore non salva per mezzo della spada o della lancia, perché il Signore è arbitro della lotta e vi metterà certo nelle nostre mani.

Infila poi la mano nella bisaccia, prende uno dei ciottoli, lo carica nella fionda e colpisce Golia in piena fronte, uccidendolo sul colpo.

Non pago, sottrae la spada dalla mano del gigante e gli taglia la testa che mostra ai Filistei, a dimostrazione che per loro la guerra è perduta. Chi ancora non si arrende viene inseguito e ucciso, il suo cadavere dato in pasto alle bestie selvatiche e agli uccelli rapaci.

Proprio come Golia aveva promesso di fare con Davide, prima di cadere a terra senza vita.

La morte di Saul

L'eroica impresa di Davide lo rende il paladino del popolo ebraico, scatenando la gelosia di Saul; un sentimento che gradualmente si trasforma in paranoia.

Inizia così a tramare per disfarsi del presunto nemico, che intuisce il rischio e fugge.

È, di fatto, l'inizio di una guerra civile, con i sostenitori di Davide che insistono affinché elimini Saul e governi come re di Israele.

L'occasione di uccidere il rivale si presenta quando, durante un'ennesima operazione militare contro i redivivi Filistei, Saul lascia il campo di battaglia e si apparta in una grotta per soddisfare un'impellente necessità.

Davide è nascosto lì vicino, pronto a colpire.

Ma anziché affondare la lama, si avvicina alle sue spalle e, non visto, gli taglia con la spada un lembo del mantello.

Poi urla: «O re, mio signore».

Saul sobbalza e Davide gli si para davanti, mostrandogli la striscia di tessuto, a dimostrazione che, per rispetto al suo ruolo di re, ha scelto di risparmiarlo.

Ma anziché tranquillizzarlo, il gesto rende Saul ancor più preoccupato e fragile. A farlo crollare è la morte in battaglia dei suoi figli Gionata, Abinadab e Malkisua.

Anche lui viene ferito, colpito dalle frecce scagliate dai Filistei.

Sconfitto, sanguinante, disperato per la morte dei suoi cari, Saul capisce che non c'è più nulla da fare.

Chiama il suo scudiero e gli ordina: «Estrai la spada e trafiggimi, prima che vengano a farlo e a schernirmi dei nemici non circoncisi».

Inorridito dal comando, lo scudiero si rifiuta.

Saul allora pianta l'elsa della spada nel terreno, con la lama protesa verso l'alto, e vi si getta sopra.

Betsabea e Uria

Davide diventa così re d'Israele intorno al 1010 avanti Cristo, ma anche lui trova il modo di dispiacere il Signore, e lo fa per un motivo assai meno nobile di Saul: la lussuria.

Un pomeriggio, mentre passeggia sul terrazzo della reggia, scorge in lontananza una bellissima donna senza veli, intenta a farsi il bagno.

Manda quindi un suo servo a informarsi su chi sia.

Si chiama Betsabea, viene a sapere dopo la rapida indagine, ed è la moglie di Uria, un Ittita che sta combattendo nell'esercito degli Ebrei.

Davide, accecato dal desiderio, ordina al servo di avvicinarla e convincerla, con le buone o con le cattive, a raggiungerlo nelle sue stanze.

Bastano le buone.

Betsabea arriva presto nella reggia, e si mostra ben felice di giacere con il re. Il problema è che la passione vince sulla cautela, e dopo pochi mesi Betsabea si ritrova incinta, e con un marito impegnato al fronte.

Come fare con l'Ittita?

Davide escogita allora un piano.

Fa ottenere a Uria un congedo affinché torni a casa dalla moglie, ci vada a letto e si illuda d'essere il padre del bimbo.

Ma la strategia non funziona, e Davide è costretto a cambiarla.

Manda a chiamare Uria, gli offre una sontuosa cena, lo fa ubriacare e lo ospita nella reggia.

Dopo di che, lo assegna al contingente di Ioab, suo nipote, che sta prendendo d'assedio Rabbat Ammon, città della Giordania.

Nell'inviarlo a combattere, Davide gli affida una lettera sigillata per il comandante.

L'Ittita, fiero dell'incarico, la consegna senza sapere che si tratta della sua condanna a morte.

C'è scritto, infatti: «Ponete Uria in prima fila, dove più ferve la mischia; poi ritiratevi da lui perché resti colpito e muoia».

Il tranello riesce perfettamente.

È un vero e proprio omicidio su commissione, ideato da Davide, propiziato da Ioab e materialmente eseguito, benché in modo inconsapevole, dai soldati giordani.

Betsabea, ricevuta la notizia, trascorre nove giorni in lutto e poi si trasferisce a vivere con David, diventando sua moglie e partorendo il loro bambino.

«Ma ciò che Davide aveva fatto» commenta la Bibbia «era male agli occhi del Signore.»

Perciò il bambino viene colpito da una misteriosa malattia e, nonostante le suppliche del padre, che passa intere nottate prostrato a terra a pregare dopo avere digiunato tutto il giorno, il neonato muore.

Ricevuta la tremenda notizia, Davide si rialza, si lava, indossa gli abiti regali e si fa portare del cibo.

Il suo comportamento desta scandalo: tutti si aspettano che celebri il lutto, tanto più dopo il lungo periodo di penitenza che ha affrontato.

È tuttavia lui stesso a spiegare le ragioni del comportamento:

> Quando il bambino era ancora vivo, digiunavo e piangevo, perché dicevo: Chi sa? Il Signore avrà forse pietà di me e il bambino resterà vivo. Ma ora che egli è morto, perché digiunare? Posso io farlo ritornare? Io andrò da lui, ma lui non ritornerà da me!

Poi va a cercare Betsabea, e la mette di nuovo incinta.

Il bambino che nascerà si chiamerà Salomone, e succederà al padre sul trono d'Israele.

Come insegnano le vicende con Saul e Betsabea, Davide non è un re che vada tanto per il sottile: l'utilizzo sistematico della violenza è parte integrante del suo programma politico.

La pratica senza pietà per combattere contro i Filistei, i Moabiti, gli Aramei, gli Ammoniti e, di nuovo, gli Amaleciti. È lui stesso che scrive nel Salmo 136: «Beato chi afferrerà i tuoi piccoli e li sbatterà contro la pietra».

La violenza caratterizza il regno di Davide anche nei conflitti interni. Ne resta vittima in particolar modo Is-Baal, uno dei figli di Saul, che, come suo discendente, si proclama legittimo erede al trono di Davide.

Peccato non intuisca che due dei suoi ufficiali, Recab e Baana, non abbiano alcuna intenzione di appoggiarlo, anzi: un giorno, approfittando del riposo pomeridiano, entrano nella sua camera e lo colpiscono a morte.

Poi lo decapitano e portano la testa in omaggio a Davide, dicendogli: «Oggi Dio ha concesso al nostro re la vendetta contro Saul e la sua discendenza».

Davide, tuttavia, non è per nulla soddisfatto.

La sua intenzione era vedere Is-Baal morire in battaglia, non grazie al tradimento di due infami, capaci di uccidere un giusto mentre dormiva in casa propria.

A Recab e Baana risponde: «Ora devo chiedere conto del suo sangue alle vostre mani, ed eliminarvi dalla faccia della terra». Dà perciò ordine ai suoi soldati di mutilare gli assassini tagliando loro mani e piedi, per poi appenderne i corpi accanto alla piscina sacra.

Gezabele, l'assassina idolatra

Circa centocinquant'anni dopo il regno di Davide, Israele attraversa un altro momento a dir poco complicato.

Re Acab sposa infatti Gezabele, principessa fenicia e fervente adoratrice di Baal.

Complice l'influenza della moglie, Acab abbandona il culto del Dio d'Israele e introduce l'idolatria costruendo un tempio dedicato a Baal a Samaria.

Gezabele non si limita però al semplice ruolo di sacrilega istigatrice, come nel caso della vigna di Nabot, un pover'uomo che ha ereditato un piccolo podere confinante con i terreni del re.

La donna, pur di entrarne in possesso, accusa ingiustamente Nabot, spargendo la voce che sia colpevole di un delitto che i testi sacri non svelano.

Naturalmente Nabot viene processato e condannato alla lapidazione, non prima che le sue terre siano confiscate.

La palese ingiustizia suscita tuttavia la collera di Dio, che per prima cosa ordina al profeta Eliseo di andare da Ieu, comandante dell'esercito, e ungerlo nominandolo nuovo re di Israele al posto dell'indegno Ioram, figlio del defunto Acab.

Ma la volontà del Signore va oltre: Ieu dovrà sterminare la casata di Acab, mentre la punizione riservata a Gezabele sarà quella d'essere divorata dai cani.

Saputo che la donna si è rifugiata nella città di Izreel, circondata da eunuchi che la proteggono, il nuovo re vi si dirige con le sue truppe.

Il primo a opporsi alla sua avanzata è Ioram, figlio di Acab, che a fronte del suo coraggio si prende una freccia nel cuore.

Poi tocca ad Acazia, parente di Acab e suo alleato.

Gezabele non sa che fare, e allora ricorre alle sole armi che ha a disposizione: la seduzione e la calunnia.

Si trucca il viso e si acconcia i capelli, poi si affaccia alla finestra del palazzo rivolgendosi a Ieu in tono sprezzante, dandogli dell'usurpatore e del seminatore di discordia.

Il re tuttavia non si scompone, anzi, nemmeno la sta ad

ascoltare; si rivolge direttamente ai suoi eunuchi, pronunciando due parole secche che carica di tutta l'autorità ricevuta da Dio: «Buttatela giù».

Gli eunuchi afferrano Gezabele e, prima ancora che abbia il tempo di reagire, la lanciano nel vuoto.

L'impatto al suolo è violentissimo, il sangue schizza sui muri e sui cavalli di Ieu, che imperturbabile scavalca il corpo, entra nel palazzo e comanda gli sia servito un pasto.

Solo una volta sazio, dà ordine ai suoi uomini di seppellirla.

Ma del cadavere sono rimasti solo i piedi, le mani e il cranio, completamente spolpato.

Il resto, come anticipato dal Signore, se lo sono divorato i cani.

Ieu, il regno del terrore

Ieu, tuttavia, non è ancora soddisfatto.

Per esaudire fino in fondo il comando di Dio, e per regnare con relativa tranquillità, sa che deve occuparsi degli eredi.

E, di figli, Acab ne aveva settanta, cresciuti dai nobili più in vista del regno, cui Ieu recapita un chiaro messaggio: per mostrarsi fedeli al loro nuovo sovrano, dovranno decapitare ciascuno dei figli di Acab a loro affidato.

Terrorizzati, i nobili eseguono, e le settanta teste, ciascuna contenuta in un paniere, vengono recapitate a Ieu in una macabra processione.

Una volta giunte all'ingresso della città, Ieu dà ordine che vengano accatastate in due mucchi, lasciati a marcire un giorno e una notte prima di annunciare al popolo che nessuno degli amici di Acab avrà scampo.

Ha così inizio una mattanza che non risparmia alcuno: perde la vita chi è solo sospettato di contatti con la casata di Acab; muoiono i nobili che hanno consegnato le teste dei suoi figli, i servitori, i sacerdoti che hanno compiuto i riti sacrileghi per Baal ordinati da Gezabele, la regina idolatra.

Poi è la volta dei fratelli di Acazia, che si presentano a Izreel per l'ultimo saluto ai figli di Acab e Gezabele.

Ieu dà ordine che vengano afferrati e, uno dopo l'altro, gettati in un pozzo, coi cadaveri lasciati sul fondo a marcire.

«Erano quarantadue» racconta l'Antico Testamento «e non ne rimase neppure uno.»

Quindi Ieu sposta le sue truppe nella vicina Samaria, dove annuncia: «Acab è stato un servitore del dio Baal, ma io sarò un servitore ancora più grande».

Convoca tutti i sacerdoti e i seguaci della religione cananea, con la scusa di voler offrire un grande sacrificio in onore di Baal, per ringraziarlo d'essere diventato re.

Ovviamente, è una trappola.

Radunati tutti i fedeli in quello che era stato il tempio dedicato al dio, ordina ai suoi soldati di entrare con le armi in pugno e non risparmiare nessuno.

Prima si occupano di uomini e donne, poi passano agli oggetti sacri al dio di Canaan, ne fanno a pezzi statue ed effigi, infine devastano il tempio trasformandolo in una discarica, funzione che rimarrà tale per secoli a venire.

Una nota finale, dopo tanti racconti terribili.

Quando una fonte si propone come verità assoluta, è inevitabile che si generi violenza; questo perché i fedeli finiscono per credere che la verità assoluta appartenga loro in esclusiva, essendogli stata rivelata da Dio, ovviamente il loro vero e unico Dio.

19
Ötzi e Ramesse III

L'Età del rame

Ci sono tragedie lontane, che il tempo ha velato di una patina di mistero, così da farci dubitare che siano realmente accadute.

Solo da pochi decenni la scienza ha conquistato un posto a fianco del mito e della storia, permettendoci di riscrivere con più certezza le sorti di due sciagurate vittime d'omicidio.

Sulle loro mummie sono stati condotti esami e vere e proprie autopsie, non diverse da quelle che oggi si praticano nei laboratori della scientifica.

Parliamo di due personaggi che più diversi non potrebbero essere: un uomo preistorico e un faraone dell'Antico Egitto.

Cominciamo dal primo, che ha spento le cinquemila candeline e da un quarto di secolo rappresenta una delle principali attrazioni del Museo archeologico di Bolzano, con tutto il suo equipaggiamento di attrezzi e utensili.

È l'uomo di Similaun, dal luogo dov'è stato ritrovato, o più amichevolmente «Ötzi».

Si tratta di un *Homo sapiens* di sesso maschile, fra i quaranta e i cinquant'anni, vissuto nell'Età del rame, intorno al 3000 avanti Cristo; i suoi resti sono giunti a noi perfettamente conservati, al punto da farci dubitare che non sia morto per cause naturali.

L'uomo del Similaun abita la terra in un periodo di transizione, l'Età del rame appunto, che si colloca tra il Neolitico e la successiva Età del bronzo.

Rispetto alla pietra, il rame permette all'uomo di fabbricare utensili, armi e ornamenti di miglior qualità, e poi ha un indubbio vantaggio: si trova puro in natura ed è facilmente lavorabile, a differenza per esempio del bronzo, frutto della fusione di rame e stagno.

Ma nell'Età del rame, non tutto è solo… rame.

L'uomo fa grandi passi avanti anche nella ceramica, nella tessitura e nell'agricoltura.

Disporre di indumenti, monili e vasellame porta poi allo sviluppo di un senso estetico, ancora grezzo ma indubbiamente presente; inizia a farsi strada il pensiero che un oggetto, benché dotato di una funzione pratica, possa anche essere «bello».

Attorno a coltivazioni più progredite, si sviluppa un'economia dove l'uso del metallo affianca l'elementare pratica del baratto.

L'intensificarsi dei commerci porta con sé il contatto fra genti diverse, con decisivi scambi di opinioni.

È una caratteristica fondamentale dell'uomo che vale ancora oggi: il progresso è garantito dal contatto tra chi ha conoscenze diverse, tra uomini e donne da cui poter apprendere nuove esperienze.

L'uomo dell'Età del rame è un *sapiens*, come lo siamo noi.

Com'è noto, il *sapiens* compare in Africa circa 300.000 anni fa. A caratterizzarlo sono le sue competenze cognitive, avanzate e complesse, le quali gli permettono di sviluppare un pensiero astratto che gli consente, per esempio, di trarre informazioni generali da fatti specifici; o di riutilizzare le strategie che si sono rivelate efficaci in contesti simili.

Vita da Homo sapiens

È la capacità di astrazione a fare la differenza tra l'*Homo sapiens* e i suoi predecessori.

L'*Homo habilis*, infatti, vive da 2,3 a 1,65 milioni di anni fa e non va oltre la fabbricazione di strumenti elementari.

L'*Homo erectus*, presente dai 2 milioni ai 110.000 anni fa, migra dall'Africa verso Asia ed Europa ed è il primo a utilizzare due risorse che mancano all'*habilis*: l'abitazione, ovvero un riparo efficace, e il fuoco.

Tutte cose scontate per il *sapiens*, che dalla capacità di pensare astrattamente deriva due qualità decisive: la prima è un linguaggio complesso: l'*Homo sapiens* è in grado di comunicare in modo sofisticato come nessuna specie prima di lui; così, al pensiero articolato inizia a corrispondere un linguaggio altrettanto articolato.

L'altra, strettamente connessa alla prima, è l'implementazione tecnologica.

Trarre criteri astratti dalla soluzione di problemi concreti e trasmetterli ad altri permette di organizzarsi meglio e proteggersi.

Col passaggio all'agricoltura, molte comunità di *sapiens* iniziano poi a stabilirsi in villaggi prossimi a corsi d'acqua; questo assicura nel contempo una fonte potabile, una risorsa per l'irrigazione e una via di trasporto.

Lo sviluppo di agricoltura e allevamento comporta poi un surplus di provviste alimentari, che i *sapiens* imparano a conservare in previsione dei periodi di carestia.

All'Età del rame risalgono i primi esempi di un'organizzazione sociale con capi-comunità, il cui ruolo è principalmente quello di gestire le risorse e assumere decisioni per conto del gruppo.

Compaiono anche i primi momenti di spiritualità, con l'evocazione delle forze della natura e delle anime dei defunti, cui chiedere protezione e benevolenza.

Chi era Ötzi?

Le ricostruzioni degli scienziati hanno stabilito che Ötzi è vissuto in una regione che corrisponde all'attuale Alto Adige.

Nel momento in cui viene scoperto, indossa un mantello d'erba intessuta, un giaccone di pelle di pecora e capra per ripararsi dal freddo, una cintura che non ha solo valore decorativo ma serve ad agganciarvi numerosi utensili: un raschiatoio, una scheggia di selce, un punteruolo d'osso.

Non gli manca il necessario per accendere il fuoco e un contenitore con funghi essiccati, probabilmente dotati di proprietà medicinali.

In testa ha un cappello di pelle d'orso, legato sotto il mento con un cinturino di cuoio.

Che sia spesso obbligato a camminare in terreni fangosi o innevati ce lo dice l'attenzione con cui sono state fabbricate le sue scarpe: la suola è in pelle d'orso, la tomaia è fatta con cotenna di cervo e corteccia d'albero ammorbidita dall'erba.

Calzature impermeabili, dunque, secondo alcuni studiosi tanto sofisticate da essere il prodotto di un artigiano specializzato.

Siamo quindi di fronte a un uomo dalle esigenze ricercate, e lo conferma il fatto che possiede armi di tutto rispetto.

Porta infatti con sé un'ascia di rame e un coltello di selce, rispettivamente con un manico di tasso e uno di frassino. Ha pure una faretra con quattordici frecce e un arco lungo circa due metri.

Tante risorse possono significare due cose, entrambe possibili: la prima che Ötzi sia un pastore, e come tale impegnato in transumanze che gli raccomandano di viaggiare ben armato.

Altri ritengono invece che la quantità davvero notevole di utensili portati da Ötzi, unita a una certa eleganza dei suoi indumenti, siano il segno dell'appartenenza a una classe superiore. Magari non è il capo di un'intera comunità, ma probabilmente un autorevole rappresentante.

Un dettaglio che colpisce particolarmente è che Ötzi ha ben sessantuno tatuaggi, molto piccoli, difficili da scorgere a occhio nudo.

In molti casi si tratta di linee parallele verticali, lunghe al massimo quattro centimetri, di cui ben dodici sulle gambe. Dietro il ginocchio destro e sulla caviglia destra ha impresso il segno di una croce, cui ovviamente non possiamo attribuire un significato come faremmo oggi.

L'ipotesi sui tatuaggi è che abbiano una ragione medica; sono infatti concentrati su articolazioni soggette a usura, come le caviglie, o in zone facili al dolore, come nel caso dell'addome.

Ötzi, infatti, non gode di ottima salute.

Pratica sì una dieta variegata, mangiando non solo cereali e frutta ma anche molta selvaggina, per lo più carne di cervo e di stambecco; ma ciò non lo risparmia da una serie di acciacchi dovuti al logorio di una vita stressante.

Soffre di artrite degenerativa e di aterosclerosi che gli causano problemi circolatori, e il suo intestino è infestato da parassiti.

Le arcate dentarie sono cariate e frammentate, com'è inevitabile in un'epoca in cui l'igiene orale è sconosciuta, inoltre è il primo caso documentato della malattia di Lyme, che gli provoca eritemi, scompensi neurologici e cardiaci.

Eppure, nessuna di queste malattie lo ha ucciso.

La sua morte potrebbe essere legata a qualcosa di completamente diverso.

L'omicidio

Portato in laboratorio, sottoposto a RX, TAC e risonanze, Ötzi rivela i segni di traumi legati ad atti violenti, a cominciare da una ferita infetta nella parte superiore del braccio sinistro; nella lesione è ancora presente una scheggia di legno, compatibile con le punte di freccia utilizzate nel Neolitico.

Il suo cranio presenta poi una frattura da corpo contundente, ma non è dato sapere se si tratti di un colpo letale o il risultato di una lotta che lo ha lasciato debilitato e, come tale, più vulnerabile a successivi scontri.

Non sembrano del tutto naturali nemmeno i traumi alle costole e agli arti inferiori.

Quindi, come possiamo ricostruire le ultime ore di Ötzi?

Naturalmente è difficilissimo dare una versione certa dei fatti, ma per gli studiosi è probabile che le cose siano andate così: Ötzi è in un momento di pausa nella zona del giogo di Tisa, un punto delle Alpi Venoste al confine fra Italia e Austria.

Lì, mentre sta consumando un pasto, viene aggredito, come dimostra una ferita sulla mano destra. È possibile riporti anche un trauma cranico, ma nello scontro finisce per avere la meglio mettendo in fuga l'avversario, che si allontana meditando vendetta.

Ma, considerato che nel corpo a corpo ha perso, il nemico di Ötzi decide di cambiare strategia; in un momento in cui l'altro è esposto e vulnerabile, gli scaglia una freccia che affonda nella spalla.

Ötzi, colto di sorpresa, non sa come reagire; si accascia mentre il sangue scorre e non ha modo di fermare l'emorragia.

Forse cerca di estrarre la freccia, ma la punta resta incastrata.

Cerca allora di nascondersi temendo che il suo avversario possa tornare e finirlo.

Stremato, si libera degli utensili ormai diventati una zavorra, dispone gli oggetti attorno a sé e si sdraia a terra, per respirare meglio.

All'infezione della ferita si somma il dissanguamento, e il risultato è letale.

Ötzi muore.

Il suo avversario si è vendicato, è riuscito a ucciderlo.

Ma chi è l'assassino, e qual è il suo movente?

Un giallo preistorico

Nell'Età del rame, le cause di uno scontro violento sono sostanzialmente tre.

La prima nasce dall'appartenenza a gruppi rivali; la morte di Ötzi, in questo caso, sarebbe un episodio maturato all'interno di una ritorsione, di una faida.

Il secondo movente è quello predatorio.

E qui un indizio arriva dall'equipaggiamento di Ötzi.

Il rame della sua ascia, infatti, non è dello stesso tipo che si trova nelle zone delle Alpi, ma proviene dal Centro Italia, più precisamente dal sud della Toscana.

Ötzi è dunque in possesso di un oggetto prezioso, fabbricato con materiale raro in quel contesto.

Si può pensare dunque che chi lo ha aggredito abbia agito per impadronirsi della sua pregiata scure.

Quest'ipotesi viene però contraddetta dai fatti.

Anzitutto, se l'arma è arrivata fino a noi, significa che non gli è stata sottratta, così come gli altri oggetti che c'è da presumere fossero rari per l'epoca, a cominciare dalle scarpe.

Ostilità tra gruppi, una rapina, e poi c'è il terzo movente: armi, indumenti e utensili ci raccontano di una persona socialmente in vista e, per più motivi, invidiabile.

È dunque possibile che l'assassino di Ötzi abbia agito sulla scorta di un rancore personale, magari una promessa non mantenuta, oppure semplicemente per gelosia.

A causare la fine di Ötzi può dunque essere stata la posizione occupata all'interno della propria comunità.

Qualcuno lo ha visto come una minaccia o considerato come un rivale.

Così, il misterioso assassino ha scagliato la freccia la cui punta è giunta fino a noi, lasciandoci con uno dei gialli più antichi della storia.

Il ritrovamento

Ma all'inizio le cose sono diverse, e come si dice, le apparenze ingannano.

È il 19 settembre 1991, quando Helmut ed Erika Simon, una coppia di turisti tedeschi, è impegnata in un'escursione sulle Alpi Venoste, a circa 3200 metri di altezza.

Mentre camminano alle pendici del ghiacciaio del Similaun, qualcosa attira la loro attenzione.

Pensano sia un oggetto caduto a qualcuno che ha battuto la pista prima di loro, e incuriositi si avvicinano.

Non si tratta però di una sciarpa, o di un guanto dimenticato per sbaglio, ma dei resti di un corpo di cui affiorano gli arti e il torace.

Purtroppo, succede che un alpinista risulti disperso, e il suo cadavere venga ritrovato a distanza di mesi, quando le temperature si fanno più miti.

Questo pensano i due turisti che, vinta l'iniziale repulsione, cercano di estrarne i resti dal ghiaccio.

Ingenuamente, provano a sollevarlo, ma poi si accorgono degli abiti che indossa, degli attrezzi che ha con sé, e allora capiscono che è meglio fermarsi e avvisare subito le autorità.

Agli uomini del soccorso alpino Ötzi appare subito come

una mummia in condizioni eccezionali, grazie alla protezione naturale dovuta al freddo estremo.

Viene allora organizzata una spedizione per recuperare il corpo e trasportarlo a Bolzano, dove i ricercatori del Museo archeologico dell'Alto Adige confermano che si tratta di una figura umana completamente conservata, le cui ossa, organi e tessuti molli sono rimasti perfettamente intatti.

Una serie di radiografie permette di rilevare i dettagli della sua struttura ossea, mentre l'analisi del DNA racconta della sua appartenenza a un gruppo genetico raro e privo di discendenti diretti.

Dal contenuto di stomaco e intestini si scopre la sua dieta abituale, e che nel suo ultimo pasto si è cibato di carne cruda ed essiccata di stambecco, una specie di antenato dello speck.

Vestiario e attrezzatura consentono infine di ricostruire perfettamente lo stile di vita di un uomo dell'Età del rame.

Naturalmente, non ci si ferma ai primi accertamenti.

Con l'evoluzione delle tecniche di analisi, altri elementi consentono di ottenere nuovi dati: la spettrometria di massa rivela dettagli sulla composizione chimica di pelli e attrezzi, così come le analisi isotopiche sui denti contribuiscono a ricostruire non solo le condizioni ambientali in cui ha vissuto, ma anche i suoi possibili spostamenti.

L'esame del radiocarbonio, effettuato nel 2008, consente di collocare Ötzi nel tempo, ovvero fra il 3300 e il 3200 avanti Cristo, una datazione perfettamente coerente con le caratteristiche sociali e antropologiche di un uomo dell'Età del rame.

Si riesce perfino a scoprire che era intollerante al lattosio.

Uniti tutti gli elementi clinici e diagnostici, la conclusione sulle cause del decesso indica come più probabile un problema cardiocircolatorio.

Ma come è possibile, con tutte le ragioni che abbiamo presentato, con le ferite e i traumi e le frecce?

Il fatto è che nel 2014 il Museo archeologico dell'Alto Adige incarica un profiler, il commissario della polizia criminale di Monaco di Baviera Alexander Horn, affinché utilizzi i più avanzati metodi criminologici.

Horn procede da vero detective.

Interroga gli archeologi, consulta esperti di medicina legali, compie ripetuti sopralluoghi sul luogo del ritrovamento.

La ricostruzione della morte di Ötzi è il frutto delle ricerche di Horn e della sua squadra; ed è loro il merito di aver riaperto un cold case che rischiava, letteralmente, di rimanere per sempre congelato.

Un giallo in Egitto

Duemila anni dopo, ecco un altro delitto per certi versi simile, un giallo archeologico che sfida la medicina forense.

Dal freddo dei ghiacciai altoatesini ci spostiamo al caldo delle rive del Nilo.

Di nuovo un attacco violento, di nuovo una morte dalla dinamica incerta, e di nuovo la vittima è un personaggio potente.

Ma, stavolta, molto più potente di Ötzi, perché a morire è il faraone Ramesse III.

Siamo nel XII secolo avanti Cristo.

La civiltà egizia prospera da quasi tremila anni, ed è destinata a sopravvivere ancora per otto secoli, prima che Alessandro Magno conquisti l'Egitto e lo annetta ai propri territori.

Se fino all'inizio del IV millennio si parla ancora di preistoria, da qui in poi piccole comunità di cacciatori e raccoglitori prendono ad abitare le rive del Nilo, dando origine a gruppi stanziali dediti all'agricoltura.

Si sviluppano tecniche di irrigazione che favoriscono una

coltivazione intensiva, con una massiccia crescita demografica e l'ampliamento dei villaggi.

I manufatti in ceramica appaiono più elaborati e sono utilizzati per il commercio; iniziano a comparire pratiche funerarie strutturate con la realizzazione delle prime necropoli.

Anche in Egitto diventa fondamentale l'uso del rame, che si affianca a quello della selce per realizzare attrezzi e armi. E, come nel resto del mondo conosciuto, ecco comparire le prime forme sociali e politiche.

Le due cose non vanno separate.

Per procurarsi il rame è necessario andarne alla ricerca, e ciò comporta incontri fra comunità diverse tra loro; da qui la formazione di strutture politiche più ampie e i primi tentativi di centralizzazione del potere.

Agli albori della sua storia, l'Egitto è diviso in due grandi aree: l'Alto Egitto, che si trova a sud e comprende la sorgente del Nilo, e il Basso Egitto, che vede il grande fiume sfociare nel Mar Mediterraneo.

È fra il IV e il III millennio che l'Egitto viene unificato sotto la spinta di Menes, fondatore della prima dinastia. E da questo momento il paese registra un'evoluzione impressionante.

Nella civiltà egizia ogni aspetto della vita sociale, e quindi ogni scambio economico, finisce per essere regolato da gerarchie complicatissime; al centro dell'organizzazione del regno c'è la classe dei funzionari, diffusi capillarmente sull'enorme vastità del territorio; il loro compito è conoscere ogni dettaglio sull'estensione degli spazi, le coltivazioni cui sono destinati, le tasse che ogni appezzamento deve pagare.

Quanto alla religione, vengono costruiti grandi templi, per onorare le tante divinità del pantheon egizio, che ancora conserva tutto il suo enorme fascino.

Tra gli dèi più noti c'è Anubi, dalle forme di sciacallo antropomorfo cui spetta il compito di traghettare gli spiriti nell'oltretomba.

C'è Osiride, il dio della morte, con fattezze umane.

Ci sono Ra, il dio del sole, e Iside, la dea della luna e della fertilità, madre di Horus, cui è affidato l'equilibrio dei cicli della natura.

C'è anche Seth, il dio della violenza.

Ha sempre sembianze animali, che tuttavia possono cambiare: viene raffigurato talvolta come una volpe, oppure un asino, una capra o anche lui uno sciacallo.

A lui si devono il caos, le tempeste, la distruzione, la morte violenta.

A proposito di Seth e Osiride, suo fratello, c'è un mito che vale la pena raccontare.

Seth prova un profondo astio nei confronti di Osiride, di cui invidia il potere; così, approfittando di una festa, lo chiude in una bara che getta nel Nilo.

Disperata, la moglie di Osiride, Iside, si mette a cercarlo e con l'aiuto di Anubi riesce a ritrovarlo e riportarlo in Egitto.

Ma non è finita, perché Seth, furioso, scovato il corpo del fratello, lo smembra in quattordici parti che disperde per tutto il paese.

Iside e Nefti, dea dell'oltretomba, recuperano tuttavia ogni frammento e, sempre con l'aiuto di Anubi, Osiride viene mummificato e magicamente risuscitato, divenendo il signore dell'aldilà.

Nel frattempo, Horus, figlio di Osiride e Iside, cresce con il proposito di vendicare il padre, e dopo una serie di epiche battaglie contro Seth, riesce infine a sconfiggerlo, ristabilendo l'ordine e la giustizia.

Horus assume il trono d'Egitto, mentre Osiride regna nel mondo dei defunti, garantendo la continuità tra la vita e la morte, secondo l'ordine cosmico.

Anche l'uccisione di Ramesse III è una questione di invidie e tradimenti familiari.

E tutto accade per un motivo che ancora oggi causa le più terribili sciagure: la brama di potere!

Il faraone

Una società rigidamente gerarchizzata, un regno enorme e complesso: l'Egitto è suddiviso in numerose province e distretti, ma tutto viene scrupolosamente riportato all'amministrazione centrale, che risiede nella capitale; anticamente si tratta di Menfi, che poi viene spostata in base alle preferenze e talora al capriccio dei singoli faraoni.

L'Egitto, infatti, è proprietà del faraone.

Vale per i suoi territori ma anche per i suoi abitanti.

Il faraone è un re-dio: non si limita a interpretare la volontà divina, non è un tramite o un portavoce; è proprio l'incarnazione della divinità.

Perciò svolge il ruolo di principale sacerdote del regno, a capo di una casta religiosa numerosa e potente.

Partecipa alle principali cerimonie, e offre preghiere e sacrifici agli dèi per garantire che siano benevoli nei suoi confronti, così che anche il regno prosperi.

Sovrintende alla costruzione dei templi, eretti con stile grandioso non solo per onorare Horus, Osiride e gli altri, ma per mostrare la propria grandezza.

In una società ossessionata dalla morte, il faraone è responsabile della preparazione della propria tomba e del rito funerario in proprio onore.

La piramide finisce per essere il segno più tangibile della sua presenza. Sia come testimonianza del progresso del suo popolo, che come simbolo della propria immortalità.

Espressione di eternità, gli consente di vegliare per

sempre sull'Egitto attraverso il succedersi della propria dinastia.

Il potere del faraone, pertanto, si suddivide su due piani: quello concreto e attuale e quello eterno.

Dal punto di vista tangibile e reale, a lui spetta guidare l'apparato burocratico dello Stato, nominando i funzionari di più alto rango, amministrando la giustizia ed emanando decreti, comandando l'esercito allo scopo di espandere i territori e difendere l'Egitto da eventuali invasori.

Dal punto di vista eterno, invece, ha il compito di assicurare ordine e prosperità all'Egitto anche dopo che si è conclusa la parabola della sua incarnazione.

È un dio, non un uomo, quindi il suo potere non può essere limitato dal tempo.

Perciò, per i faraoni, è fondamentale la stabilità della successione.

È scontato che, collocandosi ben al di sopra dei propri sudditi, il faraone goda di privilegi negati a tutti, anche nella gestione della vita familiare.

Ha più mogli, con una grande sposa reale gerarchicamente superiore alle altre e che lo assiste nelle cerimonie religiose.

Il faraone può poi sposare membri della propria famiglia, incluse sorelle e figlie, e ciò sempre nell'ottica di mantenere l'ordine; perché, nella logica del tempo, un matrimonio incestuoso consente di preservare la purezza del sangue più dell'unione con donne di altri gruppi o etnie.

La successione al trono è dunque, insieme alla preparazione della propria sepoltura, la questione cruciale per un faraone. Serve a consentirgli di superare la morte e, di fatto, trasmettere il potere certifica la sua divinità.

Solitamente, la linea di successione passa al figlio primogenito che il faraone ha avuto con la grande sposa reale; è solo in mancanza di un erede diretto che vengono scelti altri membri della famiglia.

Il più delle volte, per rendere chiara la continuità del potere, il faraone designa espressamente chi è destinato a succedergli già nel corso della propria vita.

In questo modo, il futuro governante viene coinvolto subito anche nei ruoli religioso e divino che il faraone esercita.

Ciò comporta due vantaggi: da un lato, consente all'erede di fare esperienza; dall'altro, evita lotte dinastiche per la successione.

O, almeno, dovrebbe evitarle.

Ramesse III: un regno in crisi

Quando il potere arriva nelle mani di Ramesse III, la successione dei faraoni dura da più di mille anni e molte cose sono cambiate nella storia dell'Egitto.

All'inizio del II millennio avanti Cristo, il regno ha spostato i propri confini più a sud e, qualche secolo dopo, si è espanso a Oriente.

La svolta principale si verifica intorno alla metà del XIV secolo, quando Amenofi IV compie una vera e propria rivoluzione religiosa, cancellando il politeismo e sostituendolo con il culto del solo dio Aton, con cui identifica il Sole; motivo per cui lui stesso cambia il proprio nome in Akhenaton.

Poco dopo la sua morte, però, si torna alle antiche pratiche religiose con l'avvio di una nuova dinastia, che spezza la continuità ereditaria e condanna Amenofi IV all'oblio, cancellando il suo nome da documenti e monumenti.

Nato a Tebe intorno al 1218 avanti Cristo, Ramesse III è il più celebre tra i faraoni della XX dinastia; la grandezza del suo nome appare però legata soprattutto a guerre di difesa, contro nemici che premono ai confini, mettendo in luce i primi segnali di un declino del potere egiziano.

Ramesse III affronta i popoli del mare, tribù di navigatori che mettono a ferro e fuoco il Mediterraneo orientale, e riesce a sconfiggerli nella battaglia del Delta del Nilo.

Premono però anche le tribù libiche, che cercano di sfondare il confine egiziano, e ben due volte Ramesse III è costretto ad affrontarle, riuscendo ad avere la meglio.

Come tutti i faraoni, Ramesse III non dimentica la propria morte.

Fa costruire per sé un tempio funerario a Medinet Habu, nei pressi di Luxor, con un'estensione di circa 60.000 metri quadrati e mura che presentano 7000 metri quadrati di decorazioni e bassorilievi.

Le sue preoccupazioni più urgenti, tuttavia, riguardano la vita e la prosperità: non solo le proprie, ma quelle dell'intero Egitto.

Durante il suo regno, il paese va incontro a una grave crisi economica, in parte legata a una burocrazia paralizzante, in parte ai costi di campagne militari che non hanno aggiunto nuovi territori, limitandosi a difendere quelli preesistenti.

È indicativo che, sotto il suo regno, si verifichi il primo sciopero mai documentato nella storia.

Accade intorno al 1160 avanti Cristo.

Alcuni lavoratori della necropoli di Deir el-Medina, responsabili della costruzione delle tombe reali, sono scontenti per il ritardo nei pagamenti: cosa gravissima, in quanto i compensi consistono in generi alimentari.

Non venire pagati significa perciò patire la fame.

Ecco allora che, di comune accordo, incrociano le braccia.

La costruzione della necropoli viene interrotta, nonostante gli scribi e i preposti alla sorveglianza insistano perché riprendano, con le buone o con le cattive.

I lavoratori, tuttavia, non vogliono sentire ragioni.

Oltre al versamento regolare dei pagamenti, chiedono condizioni di lavoro più umane; e anche attenzioni all'apparenza banali, ma che possono fare la differenza, come la distribuzione di unguenti rinfrescanti per proteggersi dai raggi del sole.

Alla fine, è il faraone stesso a dover intervenire, siglando un decreto che riorganizza la distribuzione delle derrate, rendendola più semplice e sicura.

Solo a questo punto lo sciopero viene interrotto, e i cantieri tornano a brulicare di operai.

La congiura dell'harem

È questo il contesto in cui si creano i presupposti per una congiura.

Il piano è di uccidere Ramesse per cambiare la linea di successione, trasferendo ad altri l'immenso potere che possiede.

Certo il faraone non fa nulla per apparire gradevole, perché è solito fermare i cortigiani che incontra a palazzo per lanciarsi in incontenibili autocelebrazioni.

Non c'è argomento in cui dimentichi di esaltare le proprie azioni militari ed economiche, tutte operazioni, ovviamente, di grande successo.

Qualunque sia il problema, lui è in grado di risolverlo.

Un atteggiamento che non aiuta quando bisogna gestire non solo uno Stato complesso e una corte piena di intrighi, ma pure un harem di cui fa parte un numero imprecisato di mogli.

Ciascuna di loro guarda con invidia la grande sposa reale, e alla corte di Ramesse III il ruolo spetta a Tyti, madre del futuro Ramesse IV, il più anziano dei figli del faraone.

Ma, fra le altre mogli, una in particolare non accetta la linea di successione stabilita.

Si chiama Tiye, e vuole che sul trono sieda suo figlio Pentawer, un giovane che non ha nemmeno vent'anni.

Per cambiare le sorti dinastiche dell'Egitto, Tiye organizza un complotto, cercando congiurati disponibili fra i cortigiani e le altre mogli del faraone.

Come merce di scambio, usa promesse per il futuro.

Assicura a tutti che, se l'aiuteranno a uccidere Ramesse, Pentawer saprà come essere generoso con loro e i loro discendenti.

Fra i congiurati, Tiye si preoccupa di includere anche dei maghi. Sa che il faraone è una creatura «divina», quindi chiede loro di praticare riti su tavolette di cera, tali da indebolire le sue difese «magiche».

L'azione si svolge nel palazzo reale di Tebe, sulla riva occidentale del Nilo.

L'ingresso della camera in cui si riposa il faraone è, come di consueto, protetto da poche guardie quando un gruppo armato fa irruzione e le uccide, per poi presentarsi al cospetto del sovrano.

A questo punto, ciò che accade, secondo i documenti, non è chiaro.

Alcuni scrivono che lo costringono a ingerire del veleno; altri, che lo accoltellano a morte.

Il piano prevede che a questo punto la folla insorga in favore di Pentawer; eppure, non accade nulla, o accade molto poco.

Intanto, allarmate dal trambusto, altre guardie intervengono e arrestano i congiurati.

Così, quella che passa alla storia come la «congiura dell'harem» fallisce e l'ordine viene mantenuto.

Non è Pentawer a succedere a Ramesse III; secondo quanto già stabilito, è il figlio di Tyti, la grande sposa reale, a prendere il nome di Ramesse IV.

Pur trattandosi del primo complotto politico chiaramente documentato, e di certo del primo assassinio di una celebrità, non è facile capire cosa sia veramente accaduto durante la congiura dell'harem.

Non facilita la ricostruzione dei fatti la presenza di altri documenti che raccontano di come Ramesse III si sia vendicato dei suoi assassini.

Circostanza a dir poco singolare, se si considera che il faraone doveva essere morto.

In realtà, ci sono due ipotesi al riguardo.

La prima è che il faraone sia stato ferito, o avvelenato, e poi si sia ripreso; almeno quel che bastava a celebrare un processo, solenne ma sommario, nei confronti dei congiurati.

La seconda ipotesi è più interessante, e coerente con l'idea che il faraone sia l'incarnazione della divinità.

Se il suo corpo mortale è stato ucciso da un gruppo di congiurati, non si tratta solo di un delitto e di un sacrilegio.

Si tratta di un tentativo di sovvertire l'ordine del regno e del mondo, di cui il faraone stesso è il garante.

Uccidere il faraone significa sopprimere il suo corpo umano, ma non l'immortalità a cui è destinato, e per la quale sta preparando il monumentale complesso funebre di Medinet Habu.

Un'immortalità testimoniata anche dalla scelta del successore, indicato nel figlio della grande sposa reale, così da garantire continuità dinastica ai suoi voleri.

La vendetta del faraone

Che sia stata opera di un Ramesse III ferito, oppure del figlio, in nome dell'immortalità del padre, fatto sta che la vendetta contro i responsabili del complotto non si fa attendere ed è tremenda.

Il numero di persone uccise è imprecisato.

Fuori dall'harem, muoiono cinque donne ritenute complici di Tiye; nell'harem non abbiamo numeri certi, ma è probabile si sia trattato di una mattanza.

Quanto agli uomini, sappiamo che ne vengono giustiziati almeno ventisette, ma la cifra non pretende di essere esaustiva.

Per essere condannati non è necessario avere partecipato attivamente, basta essere sospettati.

Viene istituita una commissione speciale per valutare i congiurati, con giudici scelti tra gli alti funzionari e i nobili del regno.

Vengono dettagliatamente esaminate le accuse nei confronti di ciascun imputato.

Nell'antico Egitto, e ai tempi di Ramesse III, la pena di morte è la pratica più comune per punire crimini gravi come l'omicidio, il tradimento e il sacrilegio.

La condanna più frequente è all'impalamento, che non solo causa una morte lenta e dolorosa, ma ha un significato simbolico: dilaniare chi, con il suo crimine, ha cercato di lacerare il tessuto sociale e religioso del regno.

A chi viene risparmiato il palo, tocca la miglior sorte di venire decapitato.

Pentawer, il pretendente al trono attorno a cui ruota la congiura, è costretto a suicidarsi, come sarà prassi frequente in Grecia e nell'antica Roma.

Si tratta di un modo per concedergli una morte onorevole, trattandosi comunque del figlio del faraone. Ed è anche una maniera per evitare lo scandalo di un'esecuzione pubblica, lasciando che sia lo sventurato a togliere il disturbo, probabilmente avvelenandosi.

Altri congiurati non vengono uccisi ma sottoposti a sevizie e crudeltà efferate: ad alcuni viene tagliato il naso, ad altri le orecchie, ad altri ancora entrambi.

In questo caso, lo scopo è opposto rispetto alla morte di Pentawer.

La mutilazione ha infatti l'obiettivo di lasciare il colpevole marchiato per il resto dei suoi giorni, sottoposto all'umiliazione di mostrarsi con il volto deturpato e la colpa scritta in faccia, nel senso letterale del termine.

A differenza di quanto avviene abitualmente, i cadaveri dei traditori non vengono imbalsamati, così che non si possano conservare.

E mentre Ramesse III viene seppellito nel monumentale complesso funerario di Medinet Habu, i corpi dei congiurati vengono gettati in una fossa comune, avvolti in pelli di capra, e senza alcun oggetto che li accompagni nel viaggio per gli inferi.

Un faraone assassinato?

Il dubbio su cosa sia davvero accaduto a Ramesse III ci ha accompagnato per millenni; tant'è che fonti diverse, parlando della riuscita della congiura, oscillano tra il completo successo e il totale fallimento.

Almeno fino al 2012, quando una parola definitiva arriva grazie a un lavoro al contempo antropologico, forense, radiologico e genetico, coordinato da Zahi Hawass e dal centro nazionale di ricerca del Cairo; una ricerca cui partecipa, e non è certamente un caso, il paleopatologo tedesco Albert Zink, già impegnato nel caso di Ötzi.

Punto di partenza dello studio è un papiro custodito nel Museo Egizio di Torino che fa riferimento al fallimento della congiura, senza tuttavia chiarire se il faraone sia rimasto ucciso o meno, pur dando per assodato che nel frattempo Ramesse III fosse comunque morto.

I precedenti tentativi di effettuare una perizia forense sulla mummia del faraone non avevano avuto successo.

Lo studio del 2012, combinando più competenze scientifiche, permette invece di ottenere alcuni risultati certi.

La mummia di Ramesse III è sottoposta a un'ispezione morfologica dettagliata per valutarne lo stato di conservazione e registrare eventuali lesioni, distinguendole dalle fisiologiche alterazioni post mortem.

Parallelamente alle scansioni tomografiche, viene condotta un'indagine antropologica e forense. Utilizzando aghi per biopsia vengono prelevati alcuni campioni di osso, per procedere alla tipizzazione del DNA.

Ma è la tomografia a restituire un'informazione determinante: la presenza di una ferita profonda alla gola della mummia, direttamente sotto la laringe.

Si tratta di una lesione lunga circa sette centimetri, che arriva a intaccare le vertebre cervicali, recidendo tutte le aree di tessuto molle nella parte anteriore del collo.

La trachea risulta completamente tagliata, con uno squarcio di circa tre centimetri. Allo stesso modo appaiono sezionati l'esofago e i grandi vasi sanguigni.

Una ferita così estesa e così profonda non può lasciare nessun dubbio: Ramesse III è stato ucciso con un colpo di lama alla gola.

Ulteriori prove dell'assassinio provengono da un amuleto a forma di occhio di Horus, inserito nella ferita.

La presenza dell'oggetto in profondità nel tessuto molle, insieme al materiale omogeneo penetrato fino all'osso, avvalora l'ipotesi che la ferita fosse già presente al momento dell'imbalsamazione, e non sia il frutto di un inspiegabile errore da parte degli imbalsamatori egizi.

È anzi molto probabile che essi abbiano cercato di riparare lo squarcio durante la mummificazione, inserendo l'amuleto, generalmente usato per scopi curativi, e coprendo il collo del faraone con spesse strisce di lino.

Ci sono voluti più di tremila anni ma, alla fine, la scienza ha dimostrato che la congiura dell'harem è riuscita.

Il complotto di Tiye e di Pentawer per uccidere Ramesse III ha avuto successo.

A fallire, dunque, è stata la seconda metà del piano, che prevedeva la sollevazione popolare e l'insediamento di Pentawer sul trono.

Ma la ricerca del 2012 svela un altro straordinario retroscena.

Inumato nella stessa necropoli di Ramesse III viene rinvenuto e quindi analizzato il corpo di uno sconosciuto.

Curiosamente, l'ignoto soggetto ha subito un processo di mummificazione insolito, senza la rimozione degli organi interni o del cervello. Inoltre, il cadavere è ricoperto di pelli di capra, come i corpi dei congiurati.

A far drizzare le orecchie ai ricercatori è il fatto che la mummia possa avere un'età compresa fra i diciotto e i vent'anni.

Viene allora effettuato un confronto fra il DNA di Ramesse III e quello dello sconosciuto. Per scoprire che le due mummie condividono lo stesso profilo genetico. Come accade ai padri con i loro figli.

Una scoperta sensazionale, se si pensa che fino ad allora il luogo di sepoltura di Pentawer era ignoto.

Gli scienziati hanno dunque dimostrato con ragionevole certezza che, nello stesso complesso funebre di Ramesse III, è stato seppellito anche Pentawer, figura centrale della congiura dell'harem.

Il perché è ancora un mistero.

20
Caino

Caino tra creazionisti ed evoluzionisti

Impossibile parlare del primo assassino della storia, Caino, senza citare il libro della Genesi, e altrettanto lo è affrontare il testo della Bibbia trascurando il conflitto, ancor oggi irrisolto, tra creazionisti ed evoluzionisti.

Un dibattito che nasce con *L'origine delle specie*, pubblicato nel 1859, e che registra straordinari momenti di scontro, come quello che l'anno successivo vede protagonista il vescovo Samuel Wilberforce o, com'è soprannominato dai suoi avversari, «Soapy Sam», Sam l'untuoso.

La sottigliezza non è certo una delle sue doti, ma la posta in gioco è alta, perché l'evoluzionismo sta mettendo in discussione l'interpretazione letterale della Genesi; e ciò preoccupa Wilberforce, perché molti uomini di Chiesa hanno iniziato a adattare i propri principi religiosi alle nuove teorie.

Cosa che per il vescovo rappresenta un'autentica eresia.

A dargli filo da torcere, tra gli altri, è il biologo Thomas Huxley, detto il «mastino di Darwin» per via della ferocia con cui ne difende l'opera.

Il programma della riunione dell'Associazione britannica per l'avanzamento della scienza del 1860 non prevede una discussione sulle concezioni darwiniane, ma giovedì 28 giugno e sabato 30 sono in calendario due interventi che le chiamano in causa.

Giovedì tocca al chimico, botanico e geologo Charles Daubeny prendere la parola, discettando «Sulle cause finali della sessualità delle piante, con particolare riferimento ai lavori del signor Darwin».

In assenza del principale interessato, costretto a casa da un acciacco, viene chiesto a Thomas Huxley se desideri dire la sua, ma il professore rinuncia.

Allora prende la parola Richard Owen, illustre paleontologo, sostenendo che le affermazioni di Darwin sono solo fandonie, portando a esempio le evidenti differenze tra il cervello di una scimmia e quello di un uomo.

Su questo però Huxley non può lasciar correre e interrompe il collega; le cose non stanno affatto così, e non bisogna aver paura di sostenere che l'uomo non occupa poi quel posto privilegiato sulla terra che ha sempre creduto di meritare.

Il tutto si conclude con una breve e accesa schermaglia, ma è solo l'anticipazione dello scontro di sabato, cui partecipano almeno settecento tra universitari, fedeli e semplici curiosi.

Terminati gli interventi, il moderatore apre il dibattito: gli animi si accendono e i creazionisti si scatenano, gridando che Darwin non ha dimostrato nulla sulle origini dell'uomo a partire dalle specie inferiori.

Il moderatore fatica a gestire la sala, e chiede ai presenti di rispettare le regole di un confronto civile.

Finora ha dato spazio ai critici dell'evoluzione, e per questo passa la parola a Huxley, che declina nuovamente l'invito.

È il momento che il vescovo di Oxford aspettava; Wilberforce si alza lentamente, dando alla folla dei partecipanti ciò che attendeva.

Per prima cosa attacca la metodologia del rivale.

Secondo i principi delle scienze induttive, afferma, le teorie di Darwin non possono essere provate. Dove sono i fossili che dimostrano ogni passaggio dell'evoluzione? E perché quelli scoperti non potrebbero essere il risultato di un simultaneo atto divinamente creativo? Quel che è evidente, aggiunge, non è il cambiamento, ma la permanenza delle specie.

Il libro di Darwin contiene della filosofia, non della scienza, e quanto a filosofia, la Bibbia ne offre certo una migliore.

Infine, girandosi verso Huxley, lo addita dicendogli: «Vedo che non sono riuscito a fare breccia sul signor Huxley, allora gli farò una domanda, una sola: "Vorrei sapere se è per parte di suo nonno o per parte di sua nonna che si dichiara discendente dalla scimmia"».

Un ruggito di approvazione si leva dai sostenitori di Wilberforce, che proprio questo volevano dal loro beniamino.

Ma, a dispetto dei tanti consensi per il rivale, Thomas Huxley non si scompone, e replica tranquillo: «Quel sagace vecchio gentiluomo mi fissa come se io fossi svenuto. Ma, di fatto, le sue parole di dura contestazione giustificano la mia replica.

«Presterò comunque attenzione a non rendere pan per focaccia e a lasciare che la discussione parli per me.

«Ho ascoltato attentamente le parole del vescovo, ma non vi ho trovato alcun punto nuovo, a parte la questione sollevata in merito alla mia particolare predilezione in materia di antenati.

«Se dovessi scegliere di avere come antenato una miserabile scimmia, o un uomo altamente dotato dalla natura e con grandi strumenti per influenzare gli altri, che li utilizzasse al mero scopo di ridicolizzare i colleghi in un'importante discussione scientifica, non esito ad affermare che la mia preferenza andrebbe alla scimmia».

Un fragoroso applauso accompagna le parole del mastino di Darwin, chiudendo di fatto il confronto.

Almeno per quella giornata.

Genesi

Il libro della Genesi è il testo che apre la Bibbia, e basta arrivare al quarto capitolo per imbattersi nel primo omicidio della storia.

La vicenda è questa:

> Adamo si unì a Eva sua moglie, la quale concepì e partorì Caino e disse: «Ho acquistato un uomo da Dio».
>
> Poi partorì ancora suo fratello Abele.
>
> Ora Abele era pastore di greggi e Caino lavoratore del suolo.
>
> Dopo un certo tempo, Caino offrì frutti del suolo in sacrificio al Signore; anche Abele offrì primogeniti del suo gregge e il loro grasso.
>
> Il Signore gradì Abele e la sua offerta, ma non gradì Caino e la sua offerta.
>
> Caino ne fu molto irritato e il suo volto era abbattuto.
>
> Il Signore disse allora a Caino: «Perché sei irritato e perché è abbattuto il tuo volto?
>
> «Se agisci bene, non dovrai forse tenerlo alto? Ma se non agisci bene, il peccato è accovacciato alla tua porta; verso di te è il suo istinto, ma tu dominalo».
>
> Caino disse al fratello Abele: «Andiamo in campagna!».
>
> Mentre erano in campagna, Caino alzò la mano contro il fratello Abele e lo uccise.
>
> Allora il Signore disse a Caino: «Dov'è Abele, tuo fratello?».
>
> Egli rispose: «Non lo so. Sono forse il guardiano di mio fratello?».

Riprese: «Che hai fatto? La voce del sangue di tuo fratello grida a me dal suolo! Ora sii maledetto lungi da quel suolo che per opera della tua mano ha bevuto il sangue di tuo fratello.

«Quando lavorerai il suolo, esso non ti darà più i suoi prodotti: ramingo e fuggiasco sarai sulla terra».

Disse Caino al Signore: «Troppo grande è la mia colpa per ottenere perdono? Ecco, tu mi scacci oggi da questo suolo e io mi dovrò nascondere lontano da te; io sarò ramingo e fuggiasco sulla terra e chiunque mi incontrerà mi potrà uccidere».

Ma il Signore gli disse: «Però chiunque ucciderà Caino subirà la vendetta sette volte!».

Il Signore impose a Caino un segno, perché non lo colpisse chiunque l'avesse incontrato. Caino si allontanò dal Signore e abitò nel paese di Nod, ad oriente di Eden.

Affrontare i testi sacri significa porsi sempre un problema di interpretazione; quanto ci è stato tramandato è realmente accaduto oppure dobbiamo accettarlo nel suo valore simbolico?

L'Antico Testamento non rende la vita semplice ai suoi studiosi, privo com'è di dettagli cronologici, mentre abbonda di interminabili inventari che irrompono nella narrazione per dirci che Tizio generò Caio, Caio generò Sempronio e così via, per pagine intere.

Tuttavia, c'è chi ha provato a datare gli eventi della creazione.

È il caso del vescovo inglese James Ussher che nel 1650 pubblica un'opera: *Annali dell'Antico Testamento, a partire dalla prima origine del mondo*.

Contando le generazioni da Adamo fino a Gesù, e assegnando a ciascuna un determinato numero di anni, Ussher arriva a concludere che Dio ha completato la creazione domenica 23 ottobre del 4004 avanti Cristo.

Altri esegeti tanto medievali che dell'età moderna suggeriscono date simili, grossomodo fra il 3992 e il 3761.

Perfino Isaac Newton non ha dubbi sul fatto che tutto abbia avuto origine non più di quattromila anni prima della comparsa di Gesù.

Da tempo sappiamo che la stima è inverosimile, e che rimanda alla scelta della cornice utilizzata: o la collochiamo agli albori della storia ebraica, e allora coincide grossomodo con l'antichità egizia, a ridosso dell'Età del rame; oppure la leggiamo come un mito fondativo dell'intera umanità.

E come tale legato a un'impenetrabile preistoria.

Il paradiso terrestre

Il resoconto biblico sulle origini è essenziale, forse anche scarno.

Dopo avere creato l'universo, Dio completa la sua opera dando vita all'uomo e poi alla donna, ponendoli in un giardino, l'Eden, genericamente situato «a Oriente».

Lì è concentrata la vita, ed è la stessa Bibbia a dirci che altrove, «quando il Signore Dio fece la terra e il cielo, nessun cespuglio campestre era sulla terra, nessuna erba campestre era spuntata».

Adamo ed Eva vivono nello stato di natura: nudi, senza leggi e regole, guidati in sostanza da un istinto innocente.

La condizione idilliaca si accompagna alla convivenza pacifica con gli animali, cui Adamo impone un nome e che lo seguono docilmente, e alla libertà di cibarsi dei rigogliosi frutti del giardino senza compiere alcuna fatica.

I nostri progenitori possono quindi sfamarsi senza coltivare né macellare, non debbono lavorare, vivendo uno stato ideale destinato a durare in eterno.

Ma al centro del giardino Dio ha posto l'albero della conoscenza del bene e del male.

Sebbene l'iconografia parli spesso di un melo, con Eva tentata dal serpente a mangiarne un frutto e il compagno a seguirla, il testo biblico non precisa mai la sua natura.

Con il gesto di disobbedienza l'uomo scopre che esiste un bene e un male, la distinzione tra cosa è giusto fare e cosa no.

La cacciata dall'Eden avviene con lo spettacolare intervento dei cherubini, messi a guardia del giardino con tanto di spada fiammeggiante.

Da questo momento Adamo ed Eva dovranno soffrire per sopravvivere, proveranno fatica lavorando e la donna partorirà i suoi figli con dolore.

Caino e Abele

Torniamo al resoconto biblico del primo omicidio.

L'Antico Testamento lascia molti punti oscuri sulla storia.

A partire dal perché Dio preferisca Abele.

Che differenza c'è fra la fatica dell'agricoltore e quella del pastore?

E poi, da dove arrivano gli altri uomini da cui Caino dev'essere protetto mentre muove verso una destinazione lontana e ignota?

C'è quindi il tema della gerarchia, perché Caino è il primogenito, la figura chiamata a ricevere l'eredità del padre, e perciò investita di una responsabilità maggiore rispetto ad Abele.

È per questo, spiegano gli studiosi, che Eva pronuncia la misteriosa frase: «Ho acquistato un uomo da Dio».

Gli esegeti aggiungono che in ebraico il verbo *kanah* significa «acquistare» ma anche «creare», e che da *kanah* deriva probabilmente il nome Caino; mentre Abele deriverebbe da *hevel*, che tra le varie accezioni indica qualcosa di impalpabile e debole, un «niente».

Per questo motivo, Dio si rivolge a Caino, mentre non interpella direttamente Abele.

È come se riconosca di avergli affidato una grande responsabilità, in quanto primogenito. E, se non gradisce il suo sacrificio, è perché si rende conto di aver mal riposto la sua fiducia.

Un'interessante interpretazione suggerisce che, prediligendo Abele anziché Caino, Dio abbia voluto mostrarsi attento verso i più deboli.

Caino è colui che possiede la terra, in quanto la coltiva, mentre Abele non ne ha, perciò è costretto a spostarsi di volta in volta con il proprio gregge.

L'offerta di Abele, dunque, è più importante agli occhi di Dio perché comporta un sacrificio maggiore.

Per offrire animali a Dio, Abele li deve abbattere; mentre, offrendo vegetali, Caino dona qualcosa che comunque la terra gli restituirà.

È per questo motivo che Dio preferisce Abele, ponendosi accanto a chi ha meno e nonostante questo dà di più, schierandosi dalla parte di chi è «niente» ma vuole donare qualcosa.

A irritare Caino, e a spingerlo a uccidere Abele, è dunque la scoperta che il Dio della Genesi preferisce i deboli ai potenti, chi non ha nulla ai possidenti.

Anche nel racconto della fondazione di Roma tutto comincia con due fratelli e un omicidio.

La differenza, tuttavia, è enorme: nella mitologia romana, le divinità, in particolar modo Marte, prendono le parti del più forte, Romolo.

Anche nella Bibbia Caino compie un atto d'arbitraria violenza, ma Dio non si mostra affatto benevolo nei suoi riguardi.

Anzi, poiché Caino ha ucciso scegliendo il male pur conoscendo il bene, ne è pienamente responsabile e a lui tocca il fardello della colpa.

Pastori e agricoltori

Con la forte caratterizzazione di Caino come agricoltore e di Abele come pastore, il libro della Genesi ci aiuta a definire il contesto in cui si muovevano i nostri progenitori.

Quello, appunto, in cui gli uomini iniziano a gestire greggi e terreni.

Accade nel Neolitico, quando gli esseri umani cominciano a seminare grano, orzo e riso, a addomesticare animali come capre, pecore, maiali e bovini, e a addestrare i primi cani, utilizzandoli sia nella caccia che nella protezione di sé e dei propri averi.

L'introduzione di agricoltura e pastorizia segna una svolta nella civiltà umana, con le comunità che si trasformano da nomadi a stanziali.

Le nuove pratiche portano poi a un flusso più affidabile di cibo, rendendo gli uomini meno vulnerabili agli incerti della caccia e della pesca.

Si fa centrale il concetto di proprietà privata, che porta alla nascita di sistemi economici ancora semplici ma già basati sul cumulo di beni.

Le disuguaglianze sociali si fanno dunque più marcate.

Allo stesso tempo, pastori e agricoltori sviluppano due diversi modelli di vita, come simboleggiato nella vicenda di Caino e Abele.

Gli agricoltori diventano i detentori del territorio, i garanti della stabilità sociale, il fulcro attorno a cui la comunità si identifica.

I pastori, spostandosi con le proprie greggi, entrano in contatto con genti diverse; scambiano beni materiali, ma anche idee e rudimentali innovazioni che consentono il progresso.

È però inevitabile che fra pastori e agricoltori non corra sempre buon sangue. I due stili di vita portano con sé esigenze differenti, da cui sorgono conflitti per il controllo delle risorse.

Non è difficile immaginare come i pastori, alla continua ricerca di nuovi pascoli, entrino in competizione con gli agricoltori sull'occupazione dei terreni; conflitti che lasciano spazio a gesti di violenza, anche omicida.

La storia di Caino e Abele sarebbe perciò la metafora delle tensioni tra i prototipi dell'agricoltore e del pastore.

Lamech

Ma cosa accade dopo il primo omicidio della storia?

Adamo giace nuovamente con Eva, allo scopo di generare un nuovo figlio.

Lo chiama Set, con un termine che in ebraico può significare «sostituto». E infatti dice espressamente: «Dio mi ha concesso un'altra discendenza al posto di Abele, poiché Caino l'ha ucciso».

È da Set che prende avvio la generazione portante di cui si parla nell'Antico Testamento: suoi eredi sono infatti Noè, Abramo e Giacobbe.

La civiltà giudeocristiana, dunque, inizia con un omicidio ma non si sviluppa da un carnefice.

Quanto a Caino, fugge verso Oriente, trova una moglie di cui non conosciamo il nome, e con lei genera un figlio, Enoch.

Dargli un erede è la dimostrazione che Dio ha concesso un futuro all'assassino.

Non solo la sua vita non sarà presa con la violenza, come punizione per il crimine che ha commesso, ma il suo sangue continuerà a scorrere in generazioni successive.

Enoch fonda a sua volta una città, e da lui nascono altri discendenti, tra cui Tubalcain.

Primo a lavorare il rame e il ferro, viene riconosciuto come l'inventore della musica; due realtà correlate, perché Tubalcain scopre ritmo e melodia battendo ritmicamente col suo martello sull'incudine, generando suoni diversi col variare dell'intensità e della direzione dei colpi.

Prima di Tubalcain, il quinto discendente di Caino segue invece l'esempio criminale dell'antenato.

Si chiama Lamech, ed è il responsabile dei successivi omicidi gratuiti di cui parla la Bibbia.

È scritto infatti nel libro della Genesi che Lamech prende due mogli, Ada e Zilla, e un giorno torna da loro raccontando di avere incontrato un ragazzo e un uomo. Per ragioni non chiare i due l'avrebbero aggredito, e mentre l'uomo gli ha procurato una lieve ferita, il colpo del ragazzo gli ha lasciato soltanto un livido.

Nulla di particolarmente grave, ma Lamech, come reazione, ammazza entrambi.

Poi aggiunge: «Ho ucciso un uomo per una mia scalfittura e un ragazzo per un mio livido. Sette volte sarà vendicato Caino, ma Lamech settantasette volte».

Più generazioni si sono avvicendate, ma nel testo biblico solo quattordici versetti dividono il gesto fratricida di Caino dal duplice omicidio di Lamech.

In poche righe l'uomo raddoppia il numero delle vittime, il movente si fa più futile, e aumenta la sete di vendetta che lo spinge al delitto.

I preadamiti

La storia di Caino che si dirige in Oriente e vi trova moglie fa sorgere dei dubbi fra gli antichi esegeti.

In sostanza, la questione è: se Adamo ed Eva sono i primi esseri umani sulla faccia della Terra, e Caino l'unico figlio sopravvissuto, come fa quest'ultimo a imbattersi in un'altra donna da sposare?

È ovvio che la risposta sta nella natura simbolica del racconto biblico: non significa che in principio esistano solo Adamo, Eva, Caino e Abele, finché vive, ma che l'intero genere umano deriva dalla stessa famiglia, e che tutti gli uomini sono fratelli, come insegna la tradizione giudeocristiana.

Ma non tutti si accontentano della spiegazione, e così nasce la leggenda dei preadamiti, che sostiene come già prima della creazione di Adamo ed Eva esistessero esseri umani o, quanto meno, degli umanoidi.

E la moglie di Caino sarebbe stata una di loro.

La teoria appare fugacemente in alcuni testi cabalistici della tradizione ebraica, ma è nel Seicento che prende forma e si sviluppa; si tratta, in fin dei conti, del primo tentativo di stabilire laicamente quali siano le origini dell'uomo.

Ne parla il teologo francese Isaac La Peyrère, che nel 1655 pubblica il libro *Preadamitae*.

Scrive La Peyrère che le vicende di Adamo e poi di Caino hanno a che fare esclusivamente con la storia ebraica, e che esistono altri popoli le cui radici affondano in tempi più antichi, con altri progenitori già presenti sulla Terra.

La teoria, naturalmente, scatena roventi polemiche: fino ad allora, per oltre duemila anni, nessuno aveva prestato grande attenzione al dettaglio della moglie di Caino.

Le autorità religiose bollano l'ipotesi come eretica e La

Peyrère è costretto a fare pubblica ammenda ritrattando il proprio pensiero.

Il testo però circola, e diventa rapidamente un punto di riferimento per chiunque valuti il libro della Genesi con spirito critico se non con ostilità.

Durante l'Illuminismo, in un'epoca di grandi esplorazioni, si ricorre poi alla teoria dei preadamiti per dimostrare l'esistenza delle diverse etnie.

Si argomenta che un'unica coppia progenitrice non può avere generato una così grande varietà di uomini; ne discende perciò che ciascuna etnia abbia avuto il suo capostipite.

Adamo viene così ridotto a essere soltanto il progenitore degli Ebrei e, per estensione, dei cristiani.

A risultare decisivo per le sorti della teoria è l'incontro con il darwinismo, nel corso dell'Ottocento.

Quando Darwin pubblica *L'origine delle specie*, i pochi sostenitori dei preadamiti ancora attivi riprendono coraggio.

Sostengono che l'evoluzione dell'uomo dimostra l'esistenza degli umanoidi come anelli di congiunzione con le scimmie.

Ma la scienza fa passi da gigante e l'estremo tentativo di legare la teoria di La Peyrère a quella di Darwin crolla miseramente.

Le discipline antropologiche, genetiche e archeologiche consegnano spiegazioni più solide e dettagliate sull'origine e l'evoluzione dell'umanità, a partire dal gruppo di antenati vissuti in Africa centinaia di migliaia di anni fa.

Lo stato di natura

L'uccisione di Abele suscita inevitabilmente importanti considerazioni filosofiche.

Nel momento in cui Caino lo commette, non esiste alcun delitto, e non potrebbe essere altrimenti, visto che i fratelli vivono in una realtà priva di leggi.

È leggendo il libro della Genesi che, sempre fra il Seicento e il Settecento, si sviluppa la teoria dello stato di natura, il cui più autorevole sostenitore è il filosofo Thomas Hobbes, che nel 1651 pubblica il *Leviatano*, opera destinata a un grande successo.

Secondo Hobbes la natura umana è caratterizzata da due elementi inestricabili.

Il primo è la bramosia naturale; il termine, che riprende la «bramosia del peccato» di cui Dio parla a Caino, indica la spinta comune a tutti gli uomini di appropriarsi dei beni posseduti dagli altri.

La ragione naturale nasce invece dalla considerazione che se un uomo è disposto a uccidere per invidia o gelosia, altrettanto reale è il pericolo che si trasformi a sua volta in vittima.

È proprio ciò che manca ad Abele: vivendo dove mai è stato commesso un omicidio, non può temere che qualcuno lo uccida.

Nella vicenda di Caino e Abele, così come negli innumerevoli esempi di violenza accaduti in epoca più prossima, Hobbes coglie tutto il paradosso della condizione umana.

Da un lato, gli uomini sono esseri deboli, che per sopravvivere hanno bisogno gli uni degli altri.

Dall'altro, però, non possiedono un istinto naturale che li porti alla comprensione reciproca e alla concordia.

Caino e Abele fanno parte della stessa piccola comunità perché da soli soccomberebbero; tuttavia, non riescono a mantenere una convivenza pacifica.

L'invidia prevale e uno uccide l'altro.

Lo stato di natura, secondo Hobbes, è dunque una situazione in cui gli uomini vivono allo stato brado, convinti di avere tutti diritto a tutto, disposti a uccidere chiunque pur di impossessarsi di qualcosa.

Sono però anche impauriti dalla presenza degli altri, perché convinti che, da un momento all'altro, potranno essere aggrediti e uccisi.

È la situazione che Hobbes chiama «guerra di tutti contro tutti», una sorta di altalena, in cui tutti sono a un attimo dal colpire, e a un attimo dall'essere colpiti.

Come Abele scopre a sue spese, accettando di seguire Caino in campagna, dove scatterà l'agguato.

Omicidio nel Pleistocene

Se dobbiamo leggere la storia di Caino e Abele come una prova della violenza insita nella natura umana, cosa ci racconta la scienza al riguardo?

È davvero esistito un periodo storico in cui l'uomo, ancora allo stato primordiale, viveva in continuo pericolo di vita?

E quando è possibile datare il primo vero omicidio volontario?

Una risposta è arrivata nel 2015, grazie al lavoro di un team di ricerca guidato da Nohemi Sala, del Centro Nacional de Investigación sobre Evolución Humana di Burgos.

Lo studio si è concentrato su un sito in particolare, quello di Sima de los Huesos, una voragine profonda tredici metri nei pressi di Burgos, in Spagna, che conserva in grande abbondanza fossili di ominidi del Pleistocene medio, risalenti a circa 430.000 anni fa.

Le ossa, nel complesso, sono 6700, e riordinandole si è giunti alla conclusione che appartenessero ad almeno ventotto soggetti diversi, i cui corpi sono stati deposti completi.

Ma ad attrarre l'attenzione degli scienziati è stato il cranio numero 17, composto da ben cinquantadue frammenti ossei, compresa una buona parte della dentatura, l'osso frontale, la maggior parte dell'occipitale, oltre al parietale e al temporale sinistri.

L'analisi di uno dei molari ha permesso di stabilire che si trattava di un giovane adulto, ma per capire se fosse morto per cause naturali, o se qualcuno lo avesse ucciso, occorreva scoprire la presenza di colpi letali.

Il cranio 17

Il cranio 17 è un reperto estremamente raro, per epoca, conservazione e completezza; così è stato analizzato con microscopi stereoscopici e digitali, per ottenere immagini dettagliate delle fratture, generando poi un modello virtuale digitalizzato in tre dimensioni.

Questo ha permesso ai ricercatori di studiare il cranio dell'antichissimo e anonimo giovane come fosse lì, di fronte a loro.

I segni di denti mancavano del tutto, quindi niente cannibalismo.

È invece emerso che i cinquantadue frammenti mostravano lungo i bordi delle chiare fratture ossee post mortem; ma per gli scienziati si trattava di lesioni dovute alla diagenesi, ovvero alla degenerazione legata a processi chimici e fisici dovuti al trascorrere del tempo.

I contorni delle altre fratture, con superfici frastagliate, combaciavano con il tipo di frattura ossea secca che nelle perizie forensi viene ritenuto specificamente post mortem.

Fin qui nulla di sorprendente.

C'erano invece due lesioni di forma più o meno rettangolare, sulla parte sinistra dell'osso frontale, che hanno attirato l'attenzione, perché non rispondevano al solito modello di frattura ossea secca.

Una aveva contorni ben definiti, con linee di frattura che si irradiavano dal centro del trauma, l'altra presentava un angolo di frattura obliquo, anche qui con linee che si irradiavano.

Inoltre, lungo il bordo superiore si è notata una tacca piccola ma distinta e, appena di fianco, una delaminazione corticale di un centimetro e mezzo che esponeva il tessuto osseo spugnoso, deputato ad attutire i traumi.

L'analisi forense condotta dal team di Burgos è arrivata passo passo a un risultato sorprendente: le lesioni presenti nel cranio 17 corrispondevano esattamente a quanto generato da un trauma che ha colpito un cranio «fresco», vale a dire con una componente di collagene ancora elastica e resistente.

Certo, stiamo parlando di resti gettati in una voragine profonda tredici metri, e le fratture avrebbero potuto essere conseguenza della caduta, ma le caratteristiche non corrispondevano.

Inoltre, la morfologia, l'angolo d'impatto e la delaminazione corticale testimoniavano l'uso di uno strumento contundente.

Significa che le fratture sono state inferte da un altro ominide, che sono il frutto di violenza interpersonale probabilmente letale.

Per gli scienziati era fatta.

Quel cranio di 430.000 anni fa apparteneva alla vittima di un omicidio, la prima.

Almeno per quanto scoperto finora.

La morte violenta: istinto o condizionamento?

Stiamo parlando di un tempo lontanissimo.

E questo apre la strada a un'altra questione.

Possibile che uccidere un proprio simile faccia parte di un istinto atavico?

Sul concetto di atavismo, la comparsa di caratteristiche assenti negli ascendenti prossimi ma eredità di un passato primitivo, ha dedicato la sua vita Cesare Lombroso, il padre della moderna criminologia.

Collezionare, osservare e dedurre sono stati i capisaldi del lavoro dello scienziato, che nel dicembre del 1870, esaminando il cranio di un certo Giuseppe Villella, nota un'anomalia, una fossetta occipitale pronta ad accogliere un lobo mediano del cervelletto; Lombroso si convince così d'avere trovato il cosiddetto «marchio di Caino», la dimostrazione che alcuni individui sono votati al crimine perché portatori di caratteri ancestrali, di una struttura e di una psicologia primitive.

Peccato che il suo entusiasmo si sia scontrato con la dura realtà: in nessun'altra delle autopsie condotte su delinquenti Lombroso ha mai ritrovato la stessa singolarità, la presenza di un segno tanto diretto e significativo.

Oggi, per comprendere l'origine della violenza umana, occorre adottare un approccio multidisciplinare, che coinvolga la biologia evolutiva, la psicologia, l'antropologia e la sociologia.

Secondo la biologia evoluzionistica, l'uomo condivide con altre specie una propensione innata alla violenza, e quindi all'omicidio.

Si tratterebbe di un risultato della selezione naturale.

I nostri antenati capaci di competere efficacemente per risorse limitate quali cibo, territorio e partner con cui accoppiarsi avevano più probabilità di sopravvivere e di riprodursi se attrezzati alla lotta.

I tratti specifici che favorivano la violenza sarebbero stati così selezionati e trasmessi in modo privilegiato alle generazioni successive.

Pure gli scimpanzé, che con noi condividono circa il 98,6% del genoma, uccidono i propri simili. I maschi in particolare arrivano a riunirsi con lo scopo di attaccare ferocemente membri di gruppi rivali.

Anche la psicologia evoluzionistica ritiene che la violenza si sia diffusa in risposta a specifici problemi adattivi.

E la dimostrazione l'abbiamo ancora oggi nei tragici casi di cronaca nera.

Un cosiddetto omicidio d'onore, legato alla gelosia sessuale, è spesso il precipitato di pressioni ataviche che in passato rendevano l'accoppiamento e la riproduzione, letteralmente, questioni di vita o di morte.

Non possiamo tuttavia dimenticare che quando ragioniamo di assassini, stiamo comunque parlando di esseri umani.

E per quanto la componente biologica sia importante, nel modellare ogni condotta gioca un ruolo decisivo la cultura, il condizionamento sociale.

Anche in questo caso, le prove sono sotto i nostri occhi.

Sociologi e antropologi culturali hanno infatti documentato come i tassi di criminalità, omicidio compreso, varino significativamente a seconda delle comunità esaminate.

In sintesi, la «cultura» ha il potere di amplificare o ridurre la «natura», intesa come la tendenza innata che porta l'uomo ad aggredire il proprio simile.

Perché (non) uccidiamo

Ma in che modo l'uomo può essere indotto a controllare il suo istinto o, al contrario, a liberarlo senza freni?

La teoria del controllo sociale ritiene che commettere atti di violenza estrema sia un impulso senza dubbio presente negli esseri umani.

A dissuaderli è la consapevolezza delle conseguenze.

Non tanto il fatto che uccidere significhi fare del male e procurare sofferenza, quanto piuttosto l'evidenza che l'agire criminale porta a conseguenze legali, a punizioni più o meno aspre, e comunque a un discredito sociale che spesso si traduce in un totale ostracismo.

Vivendo in collettività, gli uomini sanno che uccidere li porrebbe al di fuori della società stessa.

Ecco dunque perché, salvo eccezioni statisticamente circoscritte, le leggi che condannano gli omicidi ottengono risultati; non perché li impediscano materialmente, ma perché ricordano ai potenziali assassini che se agiranno, la società li punirà e li emarginerà.

L'uomo però è anche un animale economico, e questo è un fattore che ha un grande peso nel comportamento omicida.

Povertà, diseguaglianza economica e mancanza di opportunità sono elementi che in situazioni estreme riportano l'uomo a una competizione per il controllo delle risorse, a una questione di vita o di morte.

Va poi considerato che se da un lato non esiste l'«essere umano» in astratto, non sono pochi a condividere caratteristiche comuni, come dimostrato dalle neuroscienze; e sempre parlando di crimini, sono state individuate anomalie strutturali e funzionali in determinate aree cerebrali di soggetti che si sono macchiati di comportamenti violenti.

La cosa, tuttavia, non funziona al contrario.

Proprio perché compiere un omicidio è un'azione complessa, non è corretto affermare che chi presenta determinate alterazioni sia automaticamente un omicida in attesa dell'occasione giusta per scatenarsi.

Se l'uomo uccide non è solo per istinto naturale e non è solo per condizionamento sociale: le due componenti non si escludono a vicenda, ma interagiscono in maniera complessa e non sempre comprensibile.

Almeno per quanto oggi la scienza è in grado di dimostrare.

La predisposizione genetica può tanto esaltare che contrastare il condizionamento sociale, e viceversa.

In fin dei conti, il racconto della Genesi ci ricorda che il crudele Caino era un uomo e anche il mite Abele era un uomo.

Nella mente dell'assassino

Sondare la mente di un assassino può essere un'operazione del tutto semplice. Accade quando l'omicidio nasce sulla spinta di un'emozione distruttiva, come accade in quelli che chiamiamo delitti passionali.

In questi casi a stupire non è la dinamica del delitto, quanto l'apparente banalità del movente, se riportata alla gravità dell'esito.

Altra cosa quando si affronta un delitto senza apparente giustificazione e insieme particolarmente efferato, oppure quando ci si trova davanti a una serie di omicidi.

In questi casi Robert Ressler, uno dei primi criminal profiler degli Stati Uniti, cita una frase di Nietzsche particolarmente inquietante: «Chi lotta contro i mostri deve fare attenzione a non diventare lui stesso un mostro. E se tu guarderai a lungo in un abisso, anche l'abisso vorrà guardare dentro di te».

Parole suggestive, che spiegano quanta ambivalenza nascondano i crimini accompagnati da crudeltà e sadismo, un'ambivalenza che porta l'uomo della strada ad affermare che «chi commette certi atti non può essere normale», e allo stesso tempo a sostenere che «non può passarla liscia, perché una perizia gli riconosce magari la solita incapacità di intendere e di volere».

In realtà, non più del 20 per cento degli assassini seriali ha una storia di malattia mentale significativa, ma i loro comportamenti sono così orribili e al di là dell'umana comprensione che devono essere per forza il frutto della follia; come direbbero gli esperti di diritto, «*res ipsa loquitur*».

Ma nemmeno quel 20 per cento significa automaticamente incapacità di intendere e volere.

Il male purtroppo esiste e alcuni, volutamente, ne scelgono la seduzione.

Prevedere per prevenire

Lo abbiamo visto in tutta la storia dell'omicidio: prevedere un comportamento criminale è il più delle volte un'operazione impossibile.

Soprattutto se l'aggressione è figlia di un impulso emotivo.

Ma possiamo fare qualcosa per chi un crimine lo ha già commesso e potrebbe uccidere di nuovo, una volta scontata la sua pena?

Esiste un modello per ridurre il margine d'errore di chi, per professione, è chiamato a operare scelte sul futuro di un soggetto violento?

Si chiama Depravity Standard, e si propone di standardizzare il grado di efferatezza e depravazione di un delitto attraverso uno strumento condiviso.

Lo ha messo a punto lo psichiatra americano Michael Welner, e la validità della sua proposta è tale da occupare un intero capitolo del *Crime Classification Manual*, il manuale dell'FBI sulla classificazione e investigazione dei crimini violenti.

Il dottor Welner parte dall'analisi delle aggravanti riconosciute dalle corti, e di come sia difficile definire concetti come «lucida crudeltà» o «futili motivi» in modo condivisibile da tutti gli operatori della giustizia.

Propone allora che nella stima siano considerati intento, attitudini e azioni del criminale, insieme agli aspetti legati alla vittimologia.

La sua scala di valutazione comprende ventisei punti, e uno dei più significativi è rappresentato dal terrore e dal grado di sofferenza emotiva patito dalla vittima durante la commissione del crimine.

I criteri della depravazione sono ugualmente riconosciuti se la persona deceduta ha dovuto affrontare l'idea concreta di una morte imminente, o è stata sottoposta a minacce fisiche all'integrità del proprio corpo, in condizioni di totale perdita di speranza.

Welner ha pure cercato di identificare quali sono i quadri patologici più frequentemente legati ai peggiori delitti, scoprendo che si tratta in gran parte di disturbi della personalità, soprattutto narcisistici e antisociali.

È con questi strumenti che può essere analizzato e spiegato il primo omicidio della storia umana?

Possiamo tratteggiare un profilo di Caino?

Assurdo, secondo le teorie creazioniste del vescovo Wilberforce, sostenute nel famoso dibattito presso l'Associazione britannica per l'avanzamento della scienza nel lontano 1860; possibile per Thomas Huxley, che invece difendeva quelle evoluzioniste di Darwin.

Una cosa è certa. Nonostante ciò che spesso critici e scrittori affermano, l'omicidio di Abele non è stato il primo «giallo» della storia.

Con due unici personaggi in causa, di cui uno è morto e l'altro è il principale sospettato, e soprattutto con un detective onnisciente sul «caso Caino» non è proprio possibile costruire nessuna suspense e nessun mistero.

Indice

Questo libro è stampato fabbricato da Grafica Veneta S.p.A.
con un processo di stampa e rilegatura certificato 100% carbon neutral
in accordo con PAS 2060 BSI

Finito di stampare nel mese di settembre 2024
per conto di RCS MediaGroup S.p.A.
da Grafica Veneta S.p.A., via Malcanton 2, Trebaseleghe (PD)
Printed in Italy